Programmation HTML5 avec CSS3 POUR LES NULS

Programmation HTML5 avec CSS3 POUR LES NULS

Ed Tittel, Chris Minnick

FIRST
Interactive

Programmation HTML5 avec CSS3 pour les Nuls

Titre de l'édition originale : *Beginning HTML5 & CSS3 For Dummies®*

Collection dirigée par Jean-Pierre Cano
Traduction : Denis Duplan, Stéphane Bontemps
Mise en page : maged

Edition française publiée en accord avec Wiley Publishing, Inc.

Éditions First, un département d'Édi8
12 avenue d'Italie
75013 Paris
Tél. : 01 44 16 09 00
Fax : 01 44 16 09 01
E-mail : firstinfo@efirst.com
Web : www.editionsfirst.fr
ISBN : 978-2-7540-5578-9
Dépôt légal : 4e trimestre 2013

Imprimé en France

Sommaire

Introduction

Tout un chacun peut créer ou modifier des pages web. La réalisation de ces pages ne nécessite pas un QI particulièrement élevé, ni un diplôme d'études supérieures. La création ou la modification de pages web ne nécessite que d'avoir le désir d'apprendre et suffisamment de jugeote pour mener le processus jusqu'à son terme – l'affichage d'une page sur le web.

Dans ce livre, nous révélons les tenants et les aboutissants des langages de balisage, piliers du web, tels que – l'*Hypertext Markup Language* (HTML) utilisé pour structurer du texte, des images et d'autres contenus, et le langage CSS (feuilles de style en cascade) qui permet un affichage adapté des pages indépendamment du support physique où elles apparaissent.

La connaissance du HTML et des CSS, qui sont les blocs de construction de base de la création de pages web, vous fera entrer dans l'univers des auteurs web et des développeurs de contenu.

Vous avez déjà essayé de réaliser vos propres pages web, mais vous avez trouvé cela trop difficile, détendez-vous... Si vous êtes capable de composer un numéro de téléphone ou de retrouver vos clés le matin, alors vous êtes aussi capable de créer des pages web. Sans rire !

Ce livre maintient un niveau de technoblabla minimum et essaye d'utiliser un français aussi simple que possible. Nous essayons de parler clairement de l'hypertexte du HTML et du web en nous appuyant sur de nombreux exemples, présentant des instructions pour chaque balise afin de vous aider à construire des pages web en toute simplicité, avec un minimum d'effort.

Nous fournissons également des exemples de manipulation de vos pages web après leur réalisation afin que vous puissiez les publier en ligne. Nous expliquons les différences entre les versions de HTML (HTML4, HTML5, et même XHTML) pour que vous soyez en mesure de choisir le style le mieux adapté à vos besoins. Attention : nous pensons que vous devriez choisir HTML5, mais c'est à vous de voir.

Ce livre est accompagné d'un site contenant les exemples utilisables en HTML et CSS décrits dans ces chapitres. En plus des exemples présents dans ce livre, nous publions uniquement sur le web des informations et des liens sur les widgets, sites web, et autres trucs cool auxquels nous faisons référence. N'hésitez pas à les utiliser pour embellir vos pages web et étonner vos amis. Rendez-vous sur `www.dummieshtml.com/html5cafe` pour débuter votre navigation (l'annexe B de ce livre couvre l'ensemble de ces contenus de manière plus détaillée.)

À propos de ce livre

Considérez ce livre comme un guide, une aide pour réaliser des pages HTML et CSS lisibles et attrayantes. Ces points ne sont pas difficiles à assimiler, mais ils couvrent beaucoup de détails. Les sujets abordés dans ce livre sont les suivants :

- Comprendre l'organisation et la structure d'une page web
- Télécharger et publier des pages web visibles du monde entier.
- Vérifier et valider vos pages web
- Plonger en profondeur dans le balisage avec HTML5 et CSS3.

Vous pouvez vous aussi réaliser des pages web sans avoir des années d'entraînement intensif à votre actif. Si vous êtes en mesure d'expliquer à un ami la façon de préparer votre plat préféré, vous êtes en mesure de réaliser un document web. Le but de ce livre n'est pas de vous transformer en gourou de la programmation, mais de vous présenter les éléments structurels et techniques nécessaires à la réalisation d'une page web lisible et bien formée, tout en vous donnant l'envie de réaliser les vôtres.

Ce livre explique comment employer HTML et CSS pour réaliser des pages fonctionnelles sur le World Wide Web. Nous vous indiquons les points importants lors de la structuration et de la création de documents web efficaces qui seront capables de porter vos idées et vos informations au travers de l'ensemble du monde en ligne.

Pour permettre une lecture aisée de ce livre, gardez à l'esprit les points suivants concernant l'emploi des balises :

- Par convention pour ce livre, toutes les balises HTML et CSS apparaissent en caractères à espacement fixe comme ceci :

  ```
  <head> <title> Qu'est-ce qu'un titre? </title> </head>
  ```

- Lorsque vous tapez une balise HTML, CSS ou autres éléments liés, copiez les informations exactement comme vous les voyez, y compris les chevrons (< >) car ils sont nécessaires à leur bon fonctionnement.

- Les marges des pages de ce livre ne nous laissent pas autant de place que dans les vastes étendues du cyberespace. Ainsi, les balises contenant de longs codes HTML et de CSS ou des URL (*Uniform Resource Locators*), peuvent être affichées sur plusieurs lignes. Rappelez-vous, votre ordinateur voit ces lignes comme *une seule ligne de code HTML ou CSS*, ou une *URL unique*, donc si vous tapez tout ce texte, veillez à le mettre sur une seule ligne. N'insérez pas de retours à la ligne (ou n'appuyez pas sur la touche Entrée) même si vous en voyez. Nous vous indiquons que tout doit tenir sur une seule ligne en insérant un retour chariot puis en indentant comme ceci :

```
www.infocadabra.transylvania.co/nexlus/plexus/Lexus/
        praxis/bien/voici-une-ressource-au-nom
        vraiment-long.html
```

- HTML4 ne se soucie pas de savoir si vous tapez du texte en majuscules, minuscules ou en mélangeant les deux (à l'exception des codes de caractères). HTML5 et CSS, cependant, ne prennent en charge que le texte en minuscules dans leurs balises. Ainsi, pour que votre travail ressemble au nôtre autant que possible, tapez le HTML et les balises CSS ainsi que toutes les autres balises seulement en minuscules.

- Les codes en exemple peuvent avoir un code couleur, où les couleurs spécifiques indiquent différentes balises. Nous l'expliquons au chapitre 2 dans la section dédiée au code couleur. (Remarque : Toutes les illustrations utilisent de jolies couleurs, aussi !)

Une dernière chose : les lecteurs remarqueront peut-être que nous écrivons « web » et « sites web » alors que nous écrivons quelques fois « World Wide Web ». Nous avons décidé de suivre l'usage courant, qui ne traite plus « web » comme un nom propre et avons retiré la capitale initiale « W » du web !

Quelques hypothèses

Vous n'avez pas besoin d'être un magicien versé dans l'art des arcanes de la programmation, pas plus que vous n'avez besoin de doctorat en informatique. Vous n'avez pas besoin non plus d'une connaissance détaillée du fonctionnement interne de votre ordinateur pour comprendre le contenu de ce livre.

Cependant, voici les suppositions que nous faisons sur vous, cher lecteur. Vous êtes capable de mettre votre ordinateur sous tension ainsi que de l'éteindre, vous savez comment utiliser une souris et un clavier, et vous voulez réaliser vos propres pages web que ce soit pour le plaisir, le profit ou une raison tout autre. Nous supposons également que vous disposez d'une connexion Internet et d'un navigateur web.

Si vous pouvez écrire une phrase et connaissez la différence entre un titre et un paragraphe, vous pouvez créer et publier vos propres documents sur le web. Le reste n'est que détails – nous sommes là pour vous les expliquer.

Icônes utilisées dans ce livre

Voici une liste des icônes que nous utilisons dans ce livre pour souligner les informations particulièrement intéressantes.

Cette icône signale les détails techniques qui sont informatifs ou intéressants, mais qui ne sont pas absolument indispensables pour l'écriture ou la compréhension de HTML et CSS.

Cette icône signale des informations utiles qui rendent HTML ou d'autres éléments plus simples à utiliser que vous ne le pensiez.

Cette icône indique les points que vous ne devriez pas négliger (la page que vous enregistrez pourrait être la vôtre.)

Cette icône vous met en garde contre des choses que vous ne devriez pas tenter. Les conséquences peuvent être graves si vous ignorez ces avertissements.

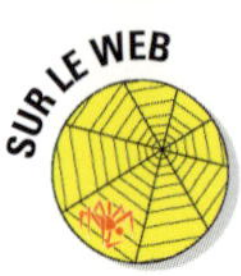

Cette icône vous indique les ressources disponibles en ligne, dont notamment `www.dummieshtml.com/html5cafe` où vous trouverez les exemples des fichiers dont nous parlons ici.

Aller plus loin

Nous avons mis à votre disposition des ressources complémentaires à ce livre. Certaines d'entre elles se trouvent sur le site `www.dummies.com`, d'autres

– y compris tous les exemples des balises décrites dans le livre – sont disponibles sur www.dummieshtml.com/html5cafe :

- **des antisèches** : visitez www.dummies.com/cheatsheet/beginninghtml5css3 pour voir un rapide florilège des balises HTML et CSS, ainsi que quelques graphiques en couleur bien pratiques.
- **des extra** : nous avons publié des articles qui prolongent le contenu abordé dans le livre en ajoutant un court article supplémentaire pour les parties II à IV de ce livre. Les parties II et III traitent HTML et les parties III et IV les CSS. L'URL correspondante est www.dummies.com/extras/beginninghtml5css3.
- **des mises à jour** : tous les livres techniques de la collection *Pour les nuls* indiquent aux lecteurs où télécharger les modifications importantes d'une édition. C'est là où vous trouverez les mises à jour ou les corrections que nous avons faites lors de la parution de notre livre, les erreurs sont corrigées. Son URL est www.dummies.com/extras/beginninghtml5css3.

  Comme tout le code de balisage de ce livre est en HTML5 et CSS3 et que les spécifications de ces deux langages sont en cours de développement, il est évident qu'il y aura des changements dans les mois, voire les années qui suivent la parution du présent ouvrage.
- **des fichiers** : le site du livre propose de télécharger le code source HTML et/ou les fichiers CSS par chapitre. Vous pouvez aussi télécharger le livre complet depuis www.dummieshtml/html5cafe. Pour plus d'informations sur notre site web HTML pour les nuls, reportez-vous à l'annexe B.

Par où commencer ?

Vous voilà prêt à partir. L'endroit par où vous commencez n'a pas d'importance, ne vous inquiétez pas, vous y arriverez, vous allez même sans doute y prendre un grand plaisir. Amusez-vous bien !

Première partie

Débuter sur le Web avec HTML et CSS

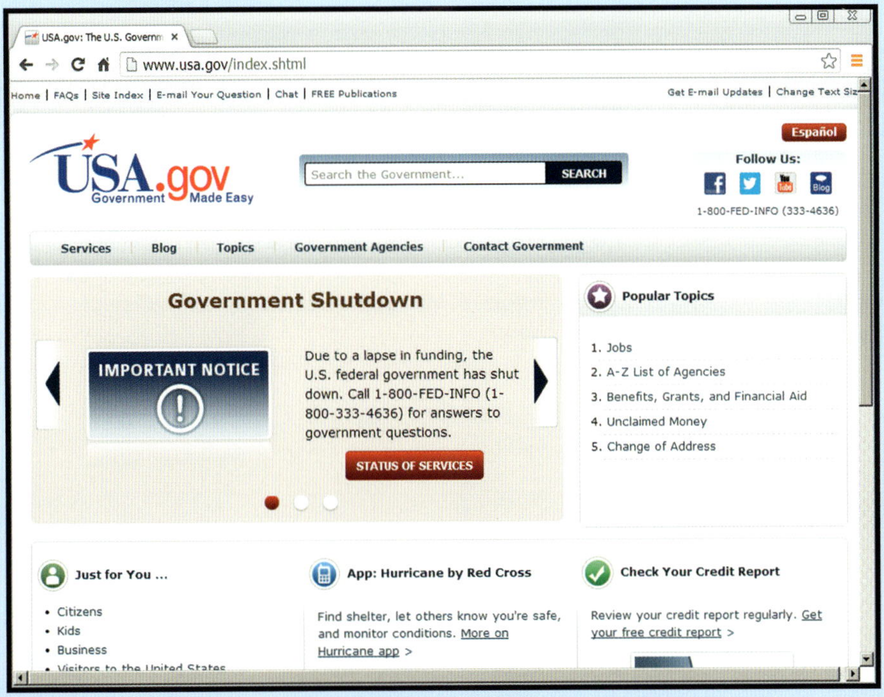

Pour obtenir davantage de contenus en ligne, visitez www.dummies.com.
Ce livre dispose également d'un site dédié www.dummieshtml.com.

Dans cette partie :

- Survoler le HTML
- Comprendre le rôle que les Cascading Style Sheets (CSS) jouent sur le web
- Comprendre le jargon HTML : balisage, éléments, balises, entités, et plus encore
- Organiser ses pages web
- Créer et afficher sa première page web
- Déplacer ses pages de son PC à un serveur web en ligne

Chapitre 1

Un aperçu du langage HTML et CSS sur le web

Dans ce chapitre :

- Donner naissance à une page web
- Comprendre le rôle que joue HTML sur les pages web
- Apprécier le rôle de CSS pour ajouter du style aux pages web
- Explorer et analyser des exemples de balisage simple

Bienvenue dans le monde merveilleux du web, de HTML et des CSS. Avec juste un peu de connaissance, un peu de pratique et quelque chose à dire, vous pouvez créer votre propre petit arpent virtuel du cyberespace ou améliorer des travaux existants.

N'OUBLIEZ PAS

Nous utilisons le terme HTML tout au long de ce livre. Avec l'utilisation de ce terme, nous nous référons à l'*HyperText Markup Language* en général. Bien que HTML4 et HTML5 soient différents (et que le XHTML diffère des deux précédents), ils sont tous assez proches pour que cette référence ait du sens.

Ce livre est votre carnet de route pour comprendre les documents web, mettre à jour des pages existantes et élaborer des pages complexes et passionnantes basées sur des structures avancées, du contenu multimédia et des scripts.

La meilleure façon de commencer à travailler avec HTML est de vous y plonger directement, c'est ce que ce chapitre vous propose : il explique les bases du fonctionnement de HTML et CSS et vous présente ses blocs de construction sous-jacents. Lorsque vous terminerez ce chapitre, vous en saurez suffisamment pour créer immédiatement de simples pages avec HTML et CSS.

Comment et où les pages web prennent vie en ligne ?

Les pages web peuvent accueillir de nombreux types de contenus, tels que textes, graphiques, formulaires, fichiers audio et vidéo, streaming, et même des jeux interactifs.

Si vous naviguez sur le web, ne serait-ce que quelques instants, vous verrez un florilège d'informations et de contenus de toutes sortes. Chaque site est différent, mais tous ont une chose en commun : ils utilisent l'*HyperText Markup Language* (aussi connu sous le nom de HTML) et aussi fréquemment les *Cascading Style Sheets* (CSS).

Quel que soit son contenu, une page web est créée en utilisant le HTML. C'est le mortier qui soutient les pages web : les graphiques, le texte et les autres informations en sont les briques. Les CSS indiquent aux pages web la manière dont elles doivent être affichées à l'écran.

Qu'ils contiennent du HTML4, du HTML5, voire du XHTML, les fichiers HTML qui produisent les pages web sont de simples fichiers texte. Il en va de même pour les CSS. Le recours à de simples documents textes explique pourquoi le web fonctionne aussi bien. Le texte est un moyen universel de la représentation des données pour les ordinateurs. N'importe quel fichier texte que vous créez sur un PC Windows – y compris tous les fichiers HTML ou CSS – fonctionne aussi bien sur Mac, Linux/Unix, ou n'importe quel autre système d'exploitation.

Mais les pages web *ne sont pas juste* de simples documents texte. Elles sont réalisées avec beaucoup d'attention dans les langages HTML ou CSS. Chaque page web utilise les instructions et les directives que vous incluez (avec votre contenu) à l'intérieur des fichiers texte de manière à indiquer le comportement et l'aspect des informations à afficher. Restez avec nous, vous allez découvrir tout ce que vous devez savoir sur les langages HTML et CSS !

HyperText

Des instructions spéciales HTML permettent à des lignes de texte de pointer (*liens*) vers quelque chose d'autre dans le cyberespace. Ces pointeurs sont appelés *hyperliens*. Les liens hypertextes sont la colle qui lie le World Wide Web. Dans votre navigateur web, les liens hypertextes apparaissent généralement en bleu et sont soulignés. Lorsque vous cliquez sur un lien hypertexte, il vous emmène ailleurs.

Hypertext ou non, une page web est un fichier texte, ce qui signifie que vous pouvez créer et éditer une page web dans une application qui gère du texte (telle que Notepad ou TextEdit). Certains logiciels proposent des options supplémentaires (que nous aborderons au chapitre 23) pour vous aider à créer des pages web, mais au final, ils génèrent les mêmes fichiers texte que vous pouvez créer au moyen d'un éditeur. Nous vous recommandons de commencer avec un éditeur de page web, simple et gratuit, appelé Aptana Studio. Visitez `www.aptana.com`, où vous pourrez télécharger ce programme ; vous y trouverez également la documentation pour Windows, Mac OS et Linux.

Méfiez-vous des traitements de texte tels que WordPad ou Microsoft Word lors de la création de page HTML. Ces outils introduisent toutes sortes de balises supplémentaires dans les pages web qui risquent de compliquer inutilement votre travail. Si vous ne nous croyez pas, essayez de créer une page web avec Word puis, en utilisant un autre éditeur, regardez tout ce qu'il a ajouté dans le fichier. Vous n'en croirez pas vos yeux !

Le nom World Wide Web veut bien dire ce qu'il veut dire. C'est littéralement un réseau de pages en ligne hébergées sur des serveurs web dans le monde et connectées des milliers de milliards de fois par des hyperliens qui lient des pages individuelles entres elles. Sans ces liens, le web serait juste un tas de documents isolés et sans rapport. Triste non ?

Un des intérêts majeurs de l'Internet vient de sa capacité à lier des pages et d'autres ressources (telles que des images, des fichiers téléchargeables et les médias de toutes sortes) sur un seul site web, ou au contraire au travers de nombreux sites web. Ainsi, par exemple, USA.gov (ww.usa gov) est un site web *portail* – sa fonction principale est de fournir un accès vers d'autres sites. Si vous recherchez des informations sur l'organisme qui gère l'octroi des prêts gouvernementaux aux primoaccédants, ou si vous voulez faire le tour du Capitole, visitez le site illustré à la figure 1-1 pour obtenir plus d'informations.

Les navigateurs web ont été créés spécifiquement dans le but de lire des balises HTML et de générer à l'écran les pages décrites par ces dernières. Les balises sont incluses dans un fichier texte (avec votre contenu) afin de donner des ordres au navigateur. Ainsi, par exemple, regardez la page web illustrée à la figure 1-2. Vous pouvez voir comment la page est constituée en examinant son code HTML et comment elle est mise en forme via les CSS.

Cette page contient juste un graphique, un titre qui décrit la page (Café HTML5: Accueil), une phrase d'accueil et le texte de navigation.

Ici, les différentes composantes de la page utilisent une mise en forme différente :

- Le titre de la page apparaît dans l'onglet du navigateur.
- Une barre de navigation succincte (Accueil | À propos | Menu | CONTACT) apparaît dans la partie supérieure.

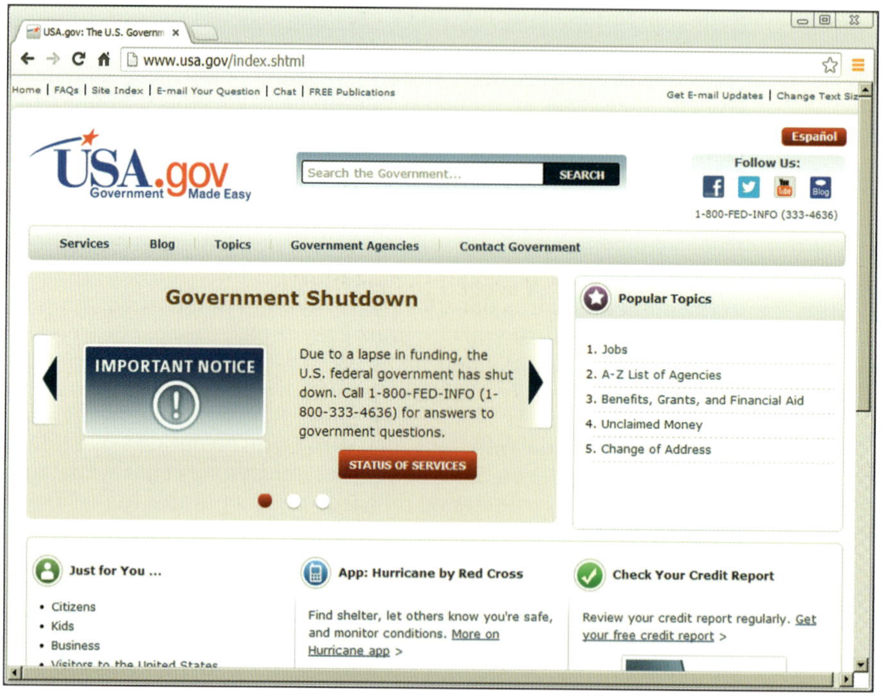

Figure 1-1 : USA.gov utilise des hyperliens pour aider les visiteurs à localiser l'information gouvernementale.

Figure 1-2 : Cette page est composée de plusieurs parties et inclut de nombreux éléments réalisés en HTML et en CSS.

- La phrase de bienvenue est un intitulé de type grand format, suivi d'une brève description.
- Une image de tasse à café apparaît ensuite, suivie de notre slogan.

Le navigateur sait comment afficher les éléments de la page de façon spécifique grâce au HTML quelque peu simplifié pour cette page que nous vous présentons dans le listing 1-1 :

Listing 1-1: La page d'accueil du Café HTML5.

```
<!DOCTYPE html>
 <head>
   <meta charset="utf-8">
   <title>HTML5 Cafe: Home</title>
   <meta name="description" content="sample site for 9781118657201">
   <meta name="viewport" content="width=device-width">
   <link rel="stylesheet" href="css/normalize.css">
   <link rel="stylesheet" href="css/main.css">
 </head>
 <body>
   <div id="container">
   <nav id="topnav">
     <a href="index.html">HOME</a> |
     <a href="about.html">ABOUT US</a> |
     <a href="menu.html">MENU</a> |
     <a href="contact.html">CONTACT US</a>
   </nav>
  <div id="content">
   <h1>Bienvenue au café HTML5!</h1>
    <p>Vous trouverez ici toutes sortes de gâteries HTML5 et CSS3.
      <a href= "http://www.amazon.com/Beginning-HTML5-CSS3-Dummies-
               Computer/dp/1118657209">Beginning HTML5 and CSS3 for
               Dummies</a>, by
<a href="http://www.edtittel.com">Ed Tittel</a> and
<a href="http://www.chrisminnick.com">Chris Minnick</a>. To view all of the
         code samples from the book, visit the
      <a href="menu.html">Menu</a>. </p>
      <figure id="home-image">
       <img src="img/pitr_Coffee_cup_icon.png"
          width="400" height="400" alt="delicious coffee">
     <figcaption class="warning">powered by coffee.</figcaption>
     </figure>
    </div>
   <footer>
       copyright &copy; dummieshtml.com
  </footer> </div>
</body> </html>
```

Presque tous les textes inclus entre crochets (signes inférieur ou supérieur < >) représentent des *tags* HTML (souvent appelés *balises*). Par exemple, le `p` entre crochets (`</p>`) indique que le texte est à l'intérieur d'un paragraphe. Le texte situé entre `<head>` et `</head>` au début du document définit les données utilisées pour décrire l'ensemble du document, tel que le jeu de caractères utilisé (`charset = " UFT -8")`, le titre qui apparaît sur l'onglet du navigateur ou la description. Il contient également des liens vers des feuilles de style standard qui permettent de gérer l'aspect et le comportement de la page. Le balisage entre `<body>` et `</body>` contient tout ce que vous pouvez voir sur la page (ainsi que les valeurs qui indiquent la taille de l'image de la tasse de café).

C'est vraiment tout ce qu'il y a à faire : intégrez des balises dans le fichier en y incluant le texte à afficher et laissez au navigateur le soin de faire le reste.

Contenu versus présentation

Dit simplement, le *contenu* correspond à ce que vous pouvez voir sur une page web. Généralement, lorsque des développeurs parlent du « contenu d'une page web », ils se référent souvent aux informations textuelles qui sont affichées sur cette dernière. Cependant, les images forment également du contenu tout autant que les divers types de médias que vous trouvez sur de nombreuses pages web de nos jours, tels que de la musique, des vidéos, des animations, des diaporamas, et toutes sortes d'autres choses.

Dit tout aussi simplement, la présentation correspond à l'aspect du contenu lorsqu'il est affiché sur une page web. Lorsque les développeurs web parlent de « présentation », ils se réfèrent à une multitude de caractéristiques qui comprennent une pléthore de contrôles de typographie pour le texte (famille, poids, taille, couleur de police, et bien plus encore), mais également aux contrôles de positionnement précis qui permettent de déterminer exactement où les éléments apparaissent et la manière dont ils sont affichés. CSS comprend des centaines de commandes de présentation, qui définissent l'aspect à donner au contenu lorsqu'il est affiché, imprimé ou même parlé (pour les personnes faisant usage des options d'accessibilités de type text-to-speech).

Les navigateurs web

L'outil principal pour arpenter le web est nommé *navigateur web*. Les navigateurs web sont les programmes qui lisent le HTML et les CSS et utilisent leurs instructions pour créer le contenu de la page web qui s'affiche à écran.

N'OUBLIEZ PAS

Écrivez toujours votre HTML avec l'idée que les gens vont voir le contenu à l'aide d'un navigateur web. Rappelez-vous également qu'il existe plusieurs types de navigateur, et que chacun se décline en plusieurs versions.

Généralement, les navigateurs web affichent des pages qui proviennent d'un serveur web situé sur Internet. Cependant, vous pouvez également afficher des pages HTML que vous avez enregistrées sur votre machine avant de les publier sur un serveur web sur Internet. Lorsque vous développez vos propres documents HTML (pages web), vous affichez ces pages (appelées *pages locales*) dans votre navigateur. Vous pouvez également utiliser ces dernières pour vous faire une idée de ce que les gens verront une fois ces pages publier sur Internet.

N'OUBLIEZ PAS

Chaque navigateur web interprète le HTML à sa façon (même si le HTML5 a été pensé pour améliorer cette situation). Ainsi, un même code HTML peut ne pas apparaître exactement de la même manière d'un navigateur à l'autre. Lorsque vous faites un code HTML simple, ces variations seront mineures, mais si vous ajoutez d'autres types d'éléments (tels que des scripts et du multimédia), cela risque de se compliquer un peu. Encore une fois, le HTML5 est censé résoudre nombre de ces problèmes, mais ce dernier n'est pas encore complètement finalisé au moment où nous écrivons ce livre. Il est donc encore trop tôt pour dire si cette capacité théorique demeurera dans la pratique.

Pléthore de navigateurs

Le web peut être consulté par les navigateurs de plusieurs types, chacun ayant ses propres versions ayant elles-mêmes leur propre ensemble de fonctionnalités. Les navigateurs les plus populaires sont Microsoft Internet Explorer, Mozilla Firefox, Apple Safari et Google Chrome. Cependant, d'autres navigateurs, tels que Lynx et Opera, sont aussi largement utilisés. En tant que développeur HTML, vous devez vous projeter au-delà de votre propre expérience utilisateur, car vos visiteurs disposeront de navigateurs configurés de manière très différente de la vôtre. En effet, le rendu HTML est légèrement différent sur chaque navigateur. De même, chaque navigateur gère le JavaScript, les feuilles de style, le multimédia et les autres contenus de manière différente. Ajoutez à cela différents systèmes d'exploitation fonctionnant sur smartphones, tablettes, portables et PC de bureau, et les choses deviennent vraiment intéressantes.

En général, les différences entre les navigateurs sont mineures. Cependant, il arrive qu'une association de HTML, de texte et de multimédia mette un navigateur spécifique à genoux. Aussi, lorsque vous travaillez avec HTML, testez vos pages sur autant de navigateurs différents que possible. Pour vos tests, installez au moins quatre navigateurs sur votre système. Nous vous recommandons les dernières versions d'Internet Explorer, Safari, Chrome et Firefox.

Si vous souhaitez obtenir des informations sur d'autres navigateurs, Yahoo! propose une liste assez complète (plus de 60 articles au total) :

```
http://dir.yahoo.com/computers_and_internet/software/internet/world_wide_web/
browsers
```

Le chapitre 3 vous explique la manière d'utiliser un navigateur web pour afficher une copie locale de votre première page web, au cas où vous ne sauriez pas déjà le faire.

ATTENTION

Certaines personnes utilisent seulement des navigateurs qui, tel Lynx, ne sont capables que d'afficher du texte, soit parce que :

- Ils sont malvoyants et ne peuvent pas utiliser un affichage graphique.
- Ils aiment utiliser un navigateur web léger et rapide qui n'affiche que du texte.

Se familiariser avec les protocoles Internet

Sous le capot, si l'Internet fonctionne, c'est qu'il est soutenu par un ensemble de règles et de formats dédié à la communication en réseau extrêmement solide appelé *protocoles*. Ces derniers définissent la manière dont les ordinateurs peuvent communiquer entre eux à travers l'Internet.

Le web est constitué de milliards de ressources, chacune disposant d'une adresse (*Uniform Resource Locator* ou URL) permettant de les atteindre directement via la barre d'adresse du navigateur web.

N'OUBLIEZ PAS

Les URL constituent le système d'adressage standard pour les ressources web. Chaque ressource (page web, site ou fichier individuel) dispose d'une URL unique. L'URL fonctionne un peu comme votre adresse postale. La figure 1-3 identifie les composantes d'une URL.

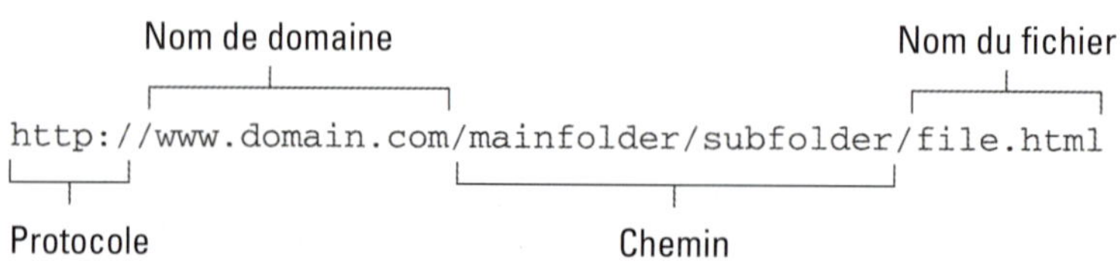

Figure 1-3 : Les composants d'une URL permettent de définir l'emplacement exact d'un fichier sur le web.

Chaque composant d'URL permet de définir l'emplacement d'une page web ou d'une ressource :

- **Protocole** : indique le protocole que le navigateur devrait utiliser pour demander la ressource. Il s'agit généralement de HTTP, mais ce pourrait être HTTPS (HTTP sécurisé), FTP, ou quelque chose d'autre.
- **Domaine** : pointe un site général, comme `www.usa.gov`, où réside la ressource. Un domaine peut héberger quelques fichiers (comme un site

personnel) ou des milliers de fichiers (comme un site gouvernemental ou un site d'entreprise, tels que `www.usa.gov` ou `www.ibm.com`).

- **Chemin d'accès** : nom de la séquence des dossiers à travers laquelle il faut naviguer pour obtenir un fichier ou une ressource spécifique.

  Par exemple, pour récupérer un fichier dans le dossier des services qui réside dans le dossier système, utilisez la commande/system/services/chemin.

- **Nom du fichier** : indique le fichier dans un chemin d'accès au navigateur pour y accéder.

Bien que l'URL affichée dans la figure 1-3 ne soit pas accessible au public, elle pointe vers un domaine et définit un chemin qui mène à une ressource spécifique nommée `file.html` :

```
http://www.domain.com/mainfolder/subfolder/file.html
```

Le chapitre 8 fournit les détails complets sur la façon d'utiliser le langage HTML et les URL à ajouter des liens hypertextes vers vos pages web, et le chapitre 3 montre comment obtenir une URL pour votre site web une fois que vous êtes prêt à passer à un serveur web.

NOTE TECHNIQUE

Le diable réside dans les détails... du protocole

Une collection de protocoles est souvent appelée *suite de protocoles*. Pour l'Internet, la suite de protocole est TCP/IP dont le nom est tiré de l'abréviation des noms de deux de ses protocoles les plus importants – à savoir le Protocole de contrôle de transmission (TCP) et le protocole Internet (IP).

Ensemble, ils permettent de transporter en toute sécurité des données du web à travers l'Internet. Ils prennent également en charge le protocole de transfert hypertexte, aussi connu sous le sigle *HTTP*, qui permet le transfert des pages web et des documents complémentaires (images, graphiques, médias, etc.) via Internet. Mais HTTP n'est pas le seul protocole qui repose sur TCP et IP. Ainsi, le *Simple Mail Transfer Protocol* (SMTP) et le message Office Protocol (POP) se chargent du transfert des e-mails, alors que le *File Transfer Protocol* (FTP) vous permet de télécharger, de déplacer, de copier et de supprimer des fichiers et des dossiers sur l'Internet.

La bonne nouvelle est que les navigateurs et les serveurs web font tout le travail HTTP pour vous, il vous suffit de mettre vos pages sur un serveur ou de taper une URL dans un navigateur.

Pour en savoir plus sur le fonctionnement du HTTP, consultez les chapitres écrits par David Gourley et Brian Totty sur les messages HTTP, disponibles sur Google Book. Pour cela, rendez-vous sur `http://books.google.com` et faites la recherche en anglais suivante « understanding HTTP transactions », puis double-cliquez sur *HTTP : The Definitive Guide* et parcourez cette excellente référence.

Comprendre HTML et ses versions

Vous savez déjà que le travail principal de HTML est d'étiqueter et de recevoir du contenu sur les pages web. Mais HTML est disponible en différentes versions, dont chacune gère le contenu, mais chacune est légèrement différente de l'autre. Les règles et les composants de base restent plus ou moins les mêmes, mais certains détails importants diffèrent. Les sections suivantes explorent ces versions et présentent ce qui les rend différents.

Différentes versions de HTML

HTML signifie *HyperText Markup Language*, balisage développé à la fin des années 1980 et au début des années 1990 pour décrire les pages web. HTML est désormais inscrit dans de nombreuses descriptions standard appelées *spécifications* du World Wide web Consortium (W3C) et le groupe de travail web *HyperText Demand Technology Working Group* (WHATWG). Leurs travaux sur les spécifications HTML pour les versions 1.4 se sont terminés en 1999.

Lorsque vous ajoutez un X en face de HTML, vous obtenez *XHTML*, une version remaniée de HTML basée sur le langage de balisage extensible (XML). XML a été conçu pour travailler et bien se comporter avec les ordinateurs, les logiciels et l'Internet.

Les versions originales (1.4) de HTML incluent certaines irrégularités qui pourraient causer des brûlures d'estomac à un logiciel qui lit les documents HTML. XHTML est conçu pour utiliser une syntaxe extrêmement régulière et prévisible qui est plus facile à manipuler pour les logiciels. XHTML est censé remplacer le HTML, mais sa complexité technique dans les versions ultérieures l'a fait tomber dans l'oubli. (XHTML 2.0 était si compliqué, qu'il n'a été ni adopté ni largement utilisé.)

En 2004, le WHATWG a commencé à travailler sur ce qu'on appelle un « Living Standard » pour ce qui est appelé aujourd'hui HTML5. Il est en cours depuis longtemps, et la norme est enfin en voie d'achèvement au moment où nous écrivons ce livre. Certaines zones du HTML5 sont encore en cours de développement ou soumises à controverse non résolue. Nous n'en parlons pas dans ce livre afin que nous puissions vous fournir une base solide pour vos pages web dans un avenir prévisible.

HTML5 semble déjà réussir là où XHTML a échoué. Même si la norme est encore en construction, HTML5 est largement adopté et utilisé sur le web aujourd'hui. En fait, la spécification HTML5 est dans ce qu'on appelle le formulaire « Recommandation Candidate » de décembre 2012. C'est une étape avant que le statut de recommandation finale soit atteint. La plupart des experts s'attendent à ce que la version finale soit approuvée et ratifiée fin 2013 ou début 2014.

Ce livre se concentre sur les éléments de sécurité de HTML, qui utilise le même type de syntaxe régulière et directe que XHTML offrait, mais est beaucoup plus simple à comprendre et à utiliser. Les livres précédents que nous avons écrits montraient comment créer avec HTML et XHTML, dans ce livre, nous nous tenons à HTML5.

Créer une balise HTML

HTML est un langage simple pour décrire le contenu des pages web. Ses composants sont faciles à utiliser et sont disponibles en trois types de base :

- **Éléments** : identifient les différentes parties d'un document HTML à l'aide de mots-clés.
- **Attributs** : fournissent des informations supplémentaires sur un cas particulier d'un élément.
- **Entités** : les caractères non ASCII, comme le symbole de copyright (©) et les lettres accentuées (É). Les entités proviennent de la norme *Standard Generic Markup Language* (SGML) utilisée pour définir les versions HTML précédentes.

TRUC

Ce chapitre traite la forme de base et la syntaxe des éléments, attributs et entités. Les parties II à V de ce livre montrent comment les éléments et attributs font ce qui suit :

- Décrire les différents types de texte (comme des paragraphes, des articles, ou des tables).
- Créer des effets sur une page web (comme changer les polices ou les couleurs ou créer des boutons avec des coins arrondis et des bords biseautés).
- Ajouter des images et des liens vers une page.

SUR LE WEB

Nous fournissons des liens vers des tables d'entités de base sur notre site web, où vous pouvez consulter le code de graphiques complets de caractères Unicode à l'adresse `www.unicode.org/charts`. Vous y trouverez des codes pour presque toutes les langues humaines connues et une énorme collection de formes abstraites et de symboles. Recherchez ces informations en parcourant le site :

```
www.dummieshtml.com/html5cafe
```

Construire des documents HTML

La construction d'un document HTML nécessite l'assemblage d'une séquence d'éléments. Une partie de cette séquence est imposée, ce qui signifie que certains éléments apparaissent toujours dans un ordre spécifique. D'autres éléments de la séquence sont facultatifs, ce qui vous permet de choisir les éléments d'une page en particulier qui sont les mieux adaptés pour loger et présenter votre contenu.

C'est la raison pour laquelle la construction de documents HTML commence par de squelettes prédéfinis appelés *templates*. Parce que chacun sait d'avance quels sont les éléments HTML imposés et dans quel ordre ils doivent apparaître, il n'y a aucune raison pour que le travail sur une page web ne puisse pas démarrer avec un tel squelette – qui est plus ou moins libre de contenu lorsque vous commencez à travailler de toute façon. Les modèles vous permettent d'étoffer votre page web un peu plus vite et plus facilement (et de ne pas oublier l'un de ces éléments obligatoires).

L'erreur humaine sur les pages web est inévitable, même si les navigateurs sont conçus pour faire de leur mieux pour compenser les erreurs et omissions dans ces pages. Mais même si HTML5 est simple et direct, il est livré avec certaines exigences de base qui doivent être remplies pour qu'une page web puisse s'afficher correctement. Nous présentons en détail ces exigences au chapitre 2 et dans les deuxième et troisième parties du présent livre. Pour l'instant, sachez qu'il y a de bonnes raisons à suivre les règles de la route du HTML. L'avantage est que si vous le faites, vos pages fonctionneront bien dans presque n'importe quel navigateur web.

Fondamentalement, la construction d'une page web consiste à insérer une séquence d'éléments HTML dans un document, avec le texte et des pointeurs vers des ressources pour donner à la page un peu de contenu. Cela signifie l'ajout d'éléments (ainsi que parfois d'attributs et de valeurs), la rédaction, la préparation des images ou des médias, et ainsi de suite. Lorsque toutes les pièces sont réunies, vérifiez votre travail : la page indique-t-elle ce que vous voulez, fonctionne-t-elle comme vous le voulez et s'affiche-t-elle comme vous le voulez ?

Comprendre le rôle de CSS

Les *Cascading Style Sheets* (CSS) gèrent la présentation d'une page web ainsi que la façon dont ces pages seront affichées et se comporteront sur les écrans des utilisateurs (ou en cours d'impression sur papier ou écoutées dans un convertisseur text-to-speech). CSS est un autre langage de balisage qui mêle des symboles spéciaux et des mots-clés pour définir des règles pour le traitement des éléments HTML spécifiques (et même, cas particuliers des éléments HTML, quand un « traitement spécial » est nécessaire). CSS est davantage considéré comme un outil pour gérer la mise en forme, la disposition et le comportement sur les pages web.

CSS offre une incroyable panoplie de contrôles de présentation, y compris le positionnement et la disposition des éléments du document, l'identification et l'attribution de couleurs pour le texte, et la sélection et la manipulation des polices spécifiques, appelées *polices*, de l'information textuelle. CSS fournit des méthodes afin qu'une seule page de balisage puisse être présentée dans des styles différents pour les différentes formes de rendu, ainsi qu'un document puisse être modifié et paramétré pour un affichage sur écran, une page imprimée, par la voix, ou même sur un appareil tactile en braille.

Quand un auteur construit une page web, il peut définir une feuille de style pour ce document. Néanmoins, le navigateur web du lecteur peut passer outre ses définitions avec une feuille de style différente si le lecteur le souhaite. CSS définit un ordre de priorité, appelé la *cascade*, qui définit les règles de style qui doivent être appliquées à des éléments HTML individuels dans un document. Ces priorités ou les poids sont calculés pour appliquer les règles de style afin que les résultats soient prévisibles et répétables.

Différentes versions ici aussi...

Comme HTML, CSS existe depuis un certain temps. Aujourd'hui, trois versions finalisées de CSS ont été définies :

- **Version 1, également appelée CSS niveau 1**, a été publiée par le W3C en décembre 1996. Cette version définit toutes les fonctionnalités CSS de base, y compris les propriétés de la police comme le style de la police, la couleur du texte et l'arrière-plan, les attributs de texte pour l'espacement entre les lettres, les mots et les lignes du texte, ses valeurs d'alignement, des images et des tableaux, des marges, des bordures, le remplissage et le positionnement des éléments et des identificateurs uniques et les classifications génériques pour des groupes d'attributs.
- **Version 2 (CSS niveau 2)**, publiée en mai 1998, ajoute le positionnement absolu, relatif et fixe des éléments et un z-index de position de plusieurs couches sur un document, ainsi que les types de médias, de styles sonores (sons), du texte bidirectionnel et de nouvelles propriétés de police telles que les ombres portées.

  Version 2.1 (CSS niveau 2 révision 1, également connue sous le nom CSS2.1) corrige les erreurs de CSS2. Cette version a subi de nombreuses révisions, passant d'abord à l'état de candidat au statut de Recommandation en février 2004. Elle n'a finalement pas été publiée comme recommandation avant juin 2011.

- **Version 3 (CSS niveau 3)** est divisée en une collection d'objets appelés *modules*, dont chacun développe les propriétés définies dans CSS2. À l'heure actuelle, 50 modules CSS ont été publiés par le groupe de travail CSS du W3C, mais seulement quatre ont obtenu le statut de recommandation – à savoir les requêtes des médias, les espaces, les sélecteurs de niveau 3 et la couleur. D'autres sont relativement stables et ont atteint le statut de candidat à la recommandation, comme les modules d'arrière-plan et de bordure ainsi que la mise en page multicolonne. Le reste est encore à divers stades d'achèvement.

CSS4 suit l'approche du module introduit par CSS3. Il n'y a donc aucune spécification CSS4 unique, monolithique. Seuls quelques modules de niveau 4 sont actuellement en développement, parce que très peu de modules de niveau 3 ont été terminés. (Les modules de Valeurs Photo, d'arrière-plan, de bordure et sélecteurs sont les modules de niveau 4 en cours d'élaboration les plus connus.)

Les navigateurs web actuels, comme Internet Explorer versions 9 et 10, Chrome 20 et ultérieur, Firefox version 17 ou plus, et ainsi de suite prennent complètement en charge CSS2.1. Mais concernant CSS3, la prise en charge variera selon le module, pour lequel on tiendra compte de tous les éléments de l'état de recommandation, mais à des degrés variables de support pour les autres modules. Ces mêmes navigateurs ne prennent pas en charge ou très peu CSS4 (sauf pour les implémentations expérimentales ou beta).

Comme pour HTML5, nous présentons dans ce livre uniquement le balisage CSS largement adopté et utilisé. Nous supposons que vous voulez construire des pages et des sites web exploitables en utilisant des CSS qui ont fait leur preuve. C'est pourquoi nous ne parlerons pas des spécifications et des modules qui ne sont ni bien interprétés ni bien implémentés.

Créer un balisage CSS

Fait intéressant, un document HTML peut contenir des informations de style écrites avec le balisage CSS. Néanmoins, la plupart des développeurs web isolent le balisage CSS dans des feuilles de style séparées et utilisent des liens vers ces feuilles de style externes et indépendantes dans leurs pages web (documents HTML). Cette technique permet de séparer le contenu de la présentation, encourageant la réutilisation des feuilles de style, et facilitant ainsi la mise à jour de la présentation de plusieurs pages en modifiant les feuilles de style auxquelles elles font référence au lieu d'intégrer des changements dans toute une série de pages web. Un autre avantage important de cette approche est qu'elle encourage l'utilisation de feuilles de style standard – comme celle référencée dans le listing 1-1 de ce chapitre, dans laquelle la personnalisation en local provient de la référence à des feuilles de style locales.

Pour construire une feuille de style, il faut connaître les éléments HTML qui apparaîtront sur vos pages web, et donc définir les propriétés et les valeurs pour gérer la manière dont ces éléments apparaîtront et où ils doivent être positionnés sur ces pages. CSS offre un contrôle incroyable sur la présentation, ce qui nécessite de nombreux tests et ajustements afin que tout se passe pour le mieux. De plus, CSS permet d'utiliser des classes ou des identificateurs uniques de sorte à pouvoir associer un ensemble de règles de style à un seul type ou même à une seule instance d'un élément HTML de vos pages. Ainsi, vous pouvez définir des règles de style de base à des éléments HTML entiers, puis les remplacer par des règles spécifiques pour entre autres les en-têtes, pieds de page, certains types de paragraphes, voire les instances individuelles d'éléments HTML. Cela offre une puissance incroyable à la disposition, au look et à l'ambiance de vos pages web.

Exemple d'un balisage simple

Reportez-vous au listing 1-1. En le relisant attentivement, vous verrez un peu de HTML, composé uniquement de références indirectes aux CSS.

Où est le HTML ?

Les éléments HTML du listing 1-1 sont par ordre d'apparition :

- La balise `<html>` commence la page web et la balise `</html>` la termine.
- Les balises `<head>` et `</head>` définissent les informations générales sur la page web.
- Le texte entre l'élément `<title> </title>` donne le titre de page.
- L'élément `<meta>` donne des informations sur le contenu de page et l'affichage.
- Un élément `<link>` définit un lien vers une ressource externe ; dans notre exemple, vers deux feuilles de style CSS différentes.
- Le balisage entre `<body>` et `</body>` fournit le contenu de la page actuelle.
- L'élément `<div> </div>` définit deux divisions différentes du contenu sur la page, l'une pour la navigation, l'autre pour le contenu de la page.
- L'élément navigation `<nav> </nav>` définit une barre de navigation.
- L'élément anchor `<a> </a>` définit des liens hypertextes.
- L'élément heading1 `<h1> </h1>` définit un en-tête de niveau 1.

- L'élément paragraph `<p> </p>` définit un paragraphe du texte.
- Un élément figure `<figure> </figure>` définit une image avec une légende.
- L'élément image `<img>` relie une image à l'affichage avec les dimensions horizontales et verticales et un texte alternatif dans le cas où l'image n'apparaîtrait pas.
- Un élément figure caption `<figcaption> </figcaption>` étiquette la légende de l'image.
- Un élément document footer `<footer> </footer>` définit le texte du bas de la page.

Rassemblez tous ces éléments, ajoutez des valeurs d'attributs et du texte, vous obtiendrez la page web représentée à la figure 1-2.

Où est CSS ?

Il n'y a aucun CSS dans le listing 1-1. En fait, vous remarquerez les liens vers deux feuilles de style externes, l'une nommée `main.css` et l'autre `normalize.css`. Ces deux feuilles de style sont le résultat du travail considérable de la communauté HTML5 pour créer un style HTML standard qui semble identique (ou du moins très proche) dans plusieurs navigateurs. Ce projet est appelé *HTML5Boilerplate* et il se présente lui-même comme « un template professionnel pour créer des applications ou sites web rapides, robustes et adaptables ». Jetez un œil sur le site `http://html5boilerplate.com`, vous trouverez également un bel aperçu d'exemples de ce template sur `http://h5bp.net`.

Un partenariat équilibré

Il est tentant de considérer CSS comme une suite de HTML ou quelque chose de secondaire à HTML. Il vous faut du contenu avant de penser à la forme, n'est-ce pas ? C'est vrai, mais vous ne pouvez pas non plus donner du contenu sans présentation. La forme joue un rôle tout aussi important que le fond dans le succès et la convivialité d'une page web affichée dans un navigateur web.

C'est pourquoi il est primordial de bien connaître les rouages du HTML et de CSS. HTML vous permet de contrôler ce qui se passe sur une page web et CSS de contrôler où et comment le contenu de la page apparaît, et comment elle est (aussi bien le son que l'ambiance). HTML et CSS sont essentiels pour créer une page bien conçue, c'est pourquoi vous leur accorderez la même attention et la même énergie et ne favoriserez pas l'un au détriment de l'autre.

Tout est dit.

Chapitre 2

Découvrir la structure et les composants du HTML

Dans ce chapitre :

- Comprendre la syntaxe et les règles dans les langages de balisage
- Examiner les entités du balisage
- Organiser des pages web
- Explorer une page web

Travailler avec un langage de balisage tel que HTML nécessite que vous compreniez les conventions utilisées pour insérer des balises dans un fichier texte et donner un sens aux chaînes de caractères parfois énigmatiques qui en résultent. Mais comme vous entrez maintenant dans les détails, tout devrait commencer à faire sens – sens que vous devriez chercher à développer et à cultiver si vous voulez construire ou modifier des balises sur les pages web. Ne nous quittez pas maintenant s'il vous plaît, car nous allons parler des points importants concernant la lecture et la compréhension du HTML.

Comme pour tout langage : il y a une syntaxe et des règles

HTML est appelé langage de balisage pour une très bonne raison : il collecte du texte ordinaire et y insère différentes chaînes afin de définir, organiser et gérer le contenu et le flux des pages web. Les chaînes insérées définissent le balisage que les navigateurs web – ou d'autres programmes spéciaux appelés *agents utilisateurs*, utilisent (avec les CSS bien sûr) pour décrire la manière d'afficher le contenu.

Comme tout langage, HTML est soumis à une syntaxe spécifique, qui définit l'ordre dans lequel les balises doivent ou peuvent apparaître dans une page web. Il existe également des règles spécifiques qui indiquent si les types de balisage sont permis à certains endroits, mais pas dans d'autres. C'est un concept qui semble un peu difficile, mais en lisant la liste de restrictions ci-après, vous comprendrez mieux le sens de tout cela :

- L'élément `<caption>` correspond à la légende d'une table. Ainsi, il ne peut apparaître qu'à l'intérieur de la balise `<table>`. De même, si vous voulez afficher la légende d'une figure, vous devez utiliser l'élément `<figcaption>` à la place. En général, pour les bons usages du HTML, vous devez employer le balisage adéquat.

- HTML reconnaît différents types de listes, qui permettent, selon la balise employée, d'organiser les éléments de texte avec des numéros ou des puces. Une liste d'articles utilise les balises `<li> </li>` pour identifier des éléments individuels. C'est pourquoi ces balises particulières ne sont permises que si elles apparaissent en tant qu'élément d'une liste telle que `<ul> </ul>` (liste non ordonnée ou liste à puces) ou `<ol> </ol>` (liste ordonnée ou liste numérotée).

  Le chapitre 5 aborde le sujet des listes en détail. Ce chapitre vous indique comment employer les bonnes balises pour créer différents types de listes dans les pages web en utilisant HTML.

- HTML prend en charge tous les types de champs et de contrôles d'entrée que l'on rencontre dans les formulaires en ligne. Comme avec les tables, les éléments relatifs aux formulaires ne peuvent apparaître qu'à l'intérieur d'une paire de balises `<form> </form>`. Il existe de nombreux éléments et attributs qui ne peuvent apparaître que dans un tel contexte. Il s'agit notamment de types d'entrée relatifs aux différents types de zones de texte, de contrôles de bouton. Ces derniers, pour être fonctionnels, ne sont autorisés sur une page web uniquement qu'à l'intérieur d'un formulaire `<form>` et `</form>`.

Le chapitre 7 traite des formulaires dans les moindres détails. Ce chapitre vous indique le balisage nécessaire pour créer toutes sortes de formulaires sur des pages web en utilisant HTML.

Comprendre le HTML se résume en grande partie par saisir la manière de créer un balisage adapté (il s'agit de la syntaxe) et à la compréhension de l'ordre (ou du contexte) dans lequel des éléments de balisage individuels peuvent apparaître. Ces deux aspects forment les règles qu'il faut suivre pour la création d'un code HTML valide. Une grande partie de ce livre est consacrée à ces deux sujets. Ces observations sont aussi valables pour les CSS, même si la syntaxe et les règles d'expression diffèrent, car CSS est un langage de balisage différent du HTML.

Codage couleur du balisage

Dans ce livre, nous vous présentons du code illustrant l'emploi du HTML et de CSS. Pour cela, nous utilisons un code couleur pour vous aider à distinguer les différents types de balisage. Voici le code de couleur que vous devez garder à l'esprit lorsque vous parcourez nos exemples de code :

Violet : indique un élément de balise HTML (balise seule ou appariée), ainsi que la déclaration DOCTYPE.

Bleu : Sélecteur CSS (propriété CSS) en gras

Bleu foncé : Valeur des attributs HTML en texte normal

Bleu clair : Valeur pour les sélecteurs/propriétés CSS

Vert : Commentaires de balises en HTML et CSS

Marron : Noms des attributs HTML, Classes CSS, ID et références

Nous ne colorons les balises que dans les listes et les blocs de code, car cela affecte trop la lisibilité quand le code apparaît dans le corps du texte. Ainsi, dans les paragraphes de texte ordinaire comme celui-ci, nous utilisons simplement une police à espacement fixe différente – comme vous l'avez déjà rencontré dans la section précédente lors de nos discussions sur les balises `<form>` et `<table>`.

Une dernière chose : si vous utilisez un éditeur HTML, comme Aptana Studio, HTML-Kit, Dreamweaver, KompoZer, ou autre, vous découvrirez que ces outils colorisent également le texte afin de vous aider à identifier les différents types de balisage. Hélas, aucun d'entre eux n'utilise les mêmes codes couleur, de sorte que le schéma de couleurs que nous présentons ici dans ce livre sera probablement différent de l'éditeur HTML que vous utilisez.

Affronter les éléments

Les éléments sont les blocs de construction du HTML. Vous les utilisez pour décrire les morceaux de texte de votre page web. Il existe deux principaux types d'éléments :

- Les éléments constitués par une paire de balises délimitant le texte du contenu.

- Les éléments utilisés pour une insertion dans la page qui n'utilisent qu'une seule balise.

Balises appariées en HTML

Ce sont des éléments qui utilisent une paire de balises pour marquer le début et la fin d'un contenu. Les balises appariées commencent par une balise d'ouverture, suivie du contenu et se terminent par une balise fermante comme ceci : `<title> titre du contenu </title>`.

Le contenu – tel que articles, apartés, paragraphes, titres, tableaux et listes – utilise toujours des balises appariées, où :

- la balise d'ouverture (`<tag>`) indique au navigateur : « l'élément commence ici. » ;
- la balise de fermeture (`</tag >`) indique au navigateur : « L'élément se termine ici. »

Le contenu réel correspond au texte entre les balises d'ouverture et de fermeture. Voici un paragraphe extrait de la biographie d'Ed à `www.edtittel.com/about/about-ed`.html :

```
<p> Ed Tittel a travaillé pendant 30 ans dans l'industrie informatique. Il a
travaillé en tant que développeur de logiciels et directeur du développement,
consultant réseau, concepteur de cours, évangéliste technique . . . </p>
```

Balises simples

Les éléments qui insèrent quelque chose dans une page sont appelés éléments *vides* (car ils ne délimitent pas de contenu). Ils n'utilisent qu'une seule balise, comme ceci : `<single-tag>`. Ainsi, les images et les sauts de ligne, respectivement `<img... >` et `<br>`, insèrent quelque chose dans un fichier HTML en n'utilisant qu'une seule balise (élément vide).

NOTE TECHNIQUE

En HTML5, les éléments vides ne nécessitent pas de traitement spécial. Dans une version antérieure connue sous le nom de XHTML (basé sur le langage de balisage XML), les éléments vides doivent se terminer par une barre oblique juste avant le signe de fermeture, donc ce que nous écrivions `<single-tag>` en HTML5 (et aussi en HTML4) serait écrit `<single-tag/>`.

Pour assurer une rétrocompatibilité avec HTML4, on écrit souvent `<single-tag/>` parce que l'espace qui précède la barre oblique permet aux anciens navigateurs de reconnaître l'élément correctement, même s'il n'analyse pas le balisage XHTML. Ainsi, si vous rencontrez cet espace supplémentaire suivie d'un slash de fermeture dans les pages que vous regardez, ne vous en faites pas. Ces contorsions ne s'appliquent plus en HTML5.

Par exemple, les éléments `<img>` référencent une image. Lorsque le navigateur affiche la page, il remplace l'élément `<img>` avec le fichier indiqué par celui-ci (attribut de pointage, comme nous le verrons dans la section suivante).

ATTENTION

Même si le concept paraît attrayant, vous ne pouvez pas créer vos propres éléments HTML. Le jeu d'éléments valides pour HTML est bien délimité. Si vous utilisez des éléments qui n'appartiennent pas à ce dernier, le navigateur les ignore tout simplement. Les éléments que vous pouvez utiliser sont définis dans les différentes spécifications HTML (la version courante à l'heure où nous écrivons ce livre se trouve à l'adresse `www.w3.org/TR/html51`).

Imbrication des balises

Certaines structures de pages HTML peuvent contenir des éléments imbriqués. Considérez-les comme des *valises* qui s'adaptent parfaitement à l'intérieur l'une de l'autre. Par exemple, une liste à puces utilise deux types d'éléments :

- L'élément `<ul>` qui indique que la liste n'est pas ordonnée (liste à puces).
- L'élément `<li>` qui marque chaque élément dans la liste. (Où « li » signifie « élément de la liste »).

Ainsi, lorsque vous combinez des éléments par cette méthode, vous devez fermer toutes les listes dans les éléments item avant de fermer l'élément de liste non ordonnée, comme ceci :

```
        <ul>
          <li> Article 1 </li>
          <li> Article 2 </li>
</ul>
```

Ajouter des attributs à votre HTML

Les attributs introduisent de la nuance dans la description d'un contenu ou spécifient un fonctionnement ou un comportement particulier. Les attributs vous permettent d'utiliser des éléments différemment selon les circonstances. Par exemple, l'élément `<img>` utilise l'attribut `src` pour spécifier l'emplacement d'une image que vous souhaitez afficher :

```
<img src="images/header.png" alt="header graphic" width="800" height="160"
    title="bannière graphique">
```

Dans ce bout de code HTML, l'élément `<img>` indique de manière générale au navigateur que vous souhaitez inclure une image. Les attributs, eux, gèrent tous les petits détails :

- L'attribut `src` fournit les détails de l'image que vous souhaitez utiliser – `header.png` dans ce cas.
- Les attributs `height` (largeur) et `width` (hauteur) fournissent des informations sur la façon d'afficher cette image sur la page.
- L'attribut `alt` offre une alternative texte à l'image, ce qui s'avère utile si le navigateur n'est pas en mesure d'afficher une image ou si un lecteur malvoyant utilise un lecteur de texte.
- L'attribut `title` crée un message au format texte qui apparaît sur l'image sous forme de pop-up lorsque l'utilisateur déplace la souris à l'intérieur du cadre de l'image.

Le chapitre 9 décrit l'élément `<img>` et ses attributs en détail.

Si vous souhaitez définir des attributs pour un élément HTML, ils doivent apparaître dans la balise d'ouverture de ce dernier, ou à l'intérieur de la balise dans le cas d'un élément vide. Ils doivent aussi se trouver après le nom de l'élément, mais avant le signe de fermeture de la balise, comme ceci :

```
<tag attribute1="value" attribute2="value">
```

N'OUBLIEZ PAS

Les règles de syntaxe HTML5 décrètent que les valeurs d'attributs doivent toujours figurer entre guillemets, vous pouvez inclure des attributs et leurs valeurs dans l'ordre que vous souhaitez dans la balise d'ouverture ou de la balise unique s'il s'agit d'un élément vide.

Chaque élément HTML possède une collection d'attributs qui peuvent être utilisés avec lui, mais vous ne pouvez pas mélanger les attributs et les éléments à votre guise.

Certains attributs peuvent prendre n'importe quel texte comme valeur, car cette valeur peut être composée de n'importe quoi, il en va ainsi de l'emplacement d'une image ou d'une page vers laquelle vous souhaitez créer un lien. D'autres attributs imposent une liste précise de valeurs pouvant être prises, il s'agit par exemple des options d'alignement du texte dans une cellule de Tableau (`left`, `right`, `center`, etc.).

Les différentes spécifications HTML définissent exactement les attributs que vous pouvez utiliser avec un élément donné ou les valeurs (si elles sont explicitement définies) que chaque attribut peut prendre.

Les chapitres des deuxième et troisième parties couvrent les attributs que vous pouvez utiliser avec chaque élément HTML qui s'y rapporte. Vous pouvez également, si vous le souhaitez, vous reporter à notre contenu en ligne pour obtenir les listes complètes des balises et attributs HTML obsolètes (et XHTML). (**Note** : Dans le jargon HTML, le mot anglais *deprecated* signifie qu'une balise ou attribut ne devrait plus être utilisé, car il peut devenir obsolète sous peu et être supprimé des spécifications officielles).

Examiner les entités dans le balisage

Le texte rend le web possible, mais il est soumis à des restrictions. Les *entités*, également connues sous le nom *d'entités de caractères*, définissent des codes pour l'affichage des caractères spéciaux de vos pages web.

Les caractères non ASCII

Le texte « Basic American Standard Code for Information Interchange » (ASCII) définit un petit nombre de caractères (127 dans les codes de base sur 7 bits, 255 pour les codes étendus sur 8 bits). Il ne comprend pas certains caractères spéciaux, tels que les symboles de marque, les fractions et les caractères accentués.

Par exemple, si nous traduisons un paragraphe de texte à partir de la biographie d'Ed en allemand, le résultat inclut trois caractères u avec tréma (ü), représentés à la figure 2-1.

Le texte ASCII n'inclut pas la lettre ü, de sorte que HTML utilise des entités pour représenter ces caractères. Le navigateur remplace la référence d'entité avec le caractère qu'elle représente. Chaque entité commence par une esperluette (&) et se termine avec un point-virgule (;). Ces entités proviennent d'un langage de balisage appelé SGML et apparaissent dans une police bleu clair dans Aptana Studio. Dans le listing 2-1, regardez le paragraphe de texte, vous y trouverez les trois instances de l'entité &uuml qui correspondent à chaque ü à afficher.

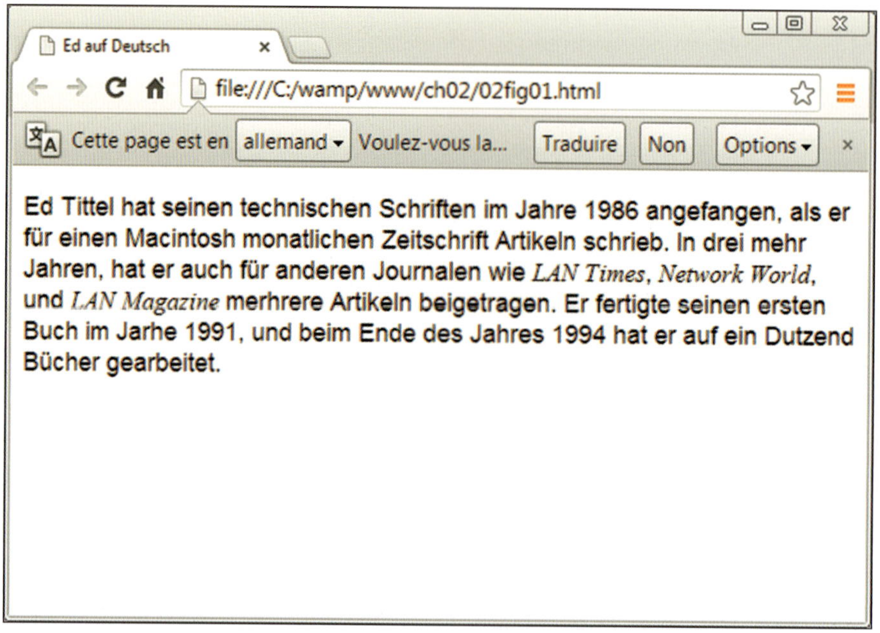

Figure 2-1 : Texte ASCII ne pouvant pas représenter tous les caractères de texte, le HTML utilise des entités.

Listing 2-1: Ajout d'un Umlaut.

```
<!DOCTYPE html>
<html>
<head>
<meta http-equiv="Content-Type" content="text/html; charset=UTF-8" />
<style type="text/css">
  body {
    font-family: sans-serif;
    font-size: large;
    }
  cite {
    font-family: serif;
    font-style: italic;
    }
</style>
<title>Ed auf Deutsch</title>
</head>
<body>
<p>Ed Tittel hat seinen technischen Schriften im Jahre 1986 angefangen, als er
f&uuml;r einen Macintosh monatlichen Zeitschrift Artikeln schrieb. In drei mehr
Jahren, hat er auch f&uuml;r anderen Journalen wie <cite>LAN Times</cite>,
<cite>Network World</cite>, und <cite>LAN Magazine</cite> merhrere Artikeln
beigetragen. Er fertigte seinen ersten Buch im Jarhe 1991, und beim Ende des
Jahres 1994 hat er auf ein Dutzend B&uuml;cher gearbeitet.</p>
</body>
</html>
```

Les codes de caractères

L'encodage pour le jeu de caractères ISO Latin-1 est fourni par défaut dans tous les navigateurs modernes. (Faites une recherche avec « ensemble de caractère ISO Latin-1 » pour trouver la table complète des valeurs.)

Ainsi, les entités de caractères contenus dans ce jeu peuvent être utilisées directement dans des balises HTML sans passer par des étapes supplémentaires. Cependant, l'utilisation d'un autre codage nécessite l'inclusion de balises spéciales afin d'indiquer au navigateur qu'il doit interpréter des codes de caractères Unicode. (Unicode est une norme internationale – norme ISO 10645 qui définit suffisamment de codes pour gérer la plupart des alphabets de l'humanité, ainsi que de nombreux symboles et caractères non alphabétiques.) Cette balise spéciale s'écrit comme ceci :

```
<meta charset="UTF-8">
```

Comme la valeur de `charset` indique UTF-8, vous pouvez référencer toutes les valeurs Unicode communes. (UTF-8 signifie *UCS Transformation Format 8 bits*, un format de codage qui représente tous les caractères Unicode. Si vous faites une recherche « Tableau de caractères Unicode UTF-8 », vous trouverez plus d'un million de caractères.)

Aujourd'hui, la quasi-totalité des navigateurs prennent en charge UTF-8. Dans un proche avenir, ils devront inclure également les codes de caractères UTF-16 qui leur permettront de traiter plus efficacement les alphabets non latins tels que l'arabe, le katakana (idéogrammes japonais) et le hangeul (idéogrammes coréens).

Les caractères de balise spéciaux

Les logiciels affichant du HTML supposent que certains caractères, tels que les signes inférieur et supérieur, sont réservés aux langages mathématiques et ne doivent pas être affichés sur vos pages web. Si cependant, vous voulez vraiment afficher ces caractères sur vos pages, vous devez l'indiquer clairement au navigateur. Pour cela, les entités suivantes permettent l'affichage de caractères qui font normalement partie du balisage HTML :

- **chevron gauche (<) :** <
- **chevron droit (>):** >
- **esperluette (&) :** &.

Si vous avez besoin que ces symboles apparaissent, ajoutez leur entité dans votre balisage comme ceci :

```
<p> élément de paragraphe qui identifie un texte d'un paragraphe : </p>
<p>&lt;p&gt; Ceci est un paragraphe &lt;/p&gt </p>
```

La figure 2-2 montre comment ces entités apparaissent dans une fenêtre du navigateur.

Figure 2-2 : Les entités de caractères permettent l'affichage de caractères spéciaux dans une fenêtre du navigateur.

Organiser des pages web

Les documents HTML – également connus sous le nom de *pages web* – suivent toujours une structure régulière et prévisible. Ils comportent également un type spécial d'élément de balisage, appelé *commentaire*, qui permet aux développeurs de contenu (c'est-à-dire vous) d'insérer des remarques qui ne seront pas affichées dans les navigateurs web, mais qui seront lisibles pour quiconque accède au code HTML lui-même. Vous pouvez lire ce code en vous rendant sur n'importe quelle page web que vous visitez en choisissant → Source dans Internet Explorer ou en effectuant une opération équivalente dans Chrome (Outils→Afficher la source), Firefox (Outils→Développeur web→Code source de la page), et ainsi de suite.

En HTML, les deux séquences particulières de caractères renferment un commentaire :

- Commencer un commentaire par la chaîne `< !--`
- Terminer un commentaire par la chaîne `-->`

Les éléments HTML sont organisés dans une structure où :

- Certains éléments ne peuvent apparaître qu'à l'intérieur d'autres éléments spécifiques.

- Certains éléments doivent apparaître dans un document HTML bien structuré.

Dans le listing 2-2, nous utilisons des commentaires HTML pour documenter la structure du document HTML.

Listing 2-2 : Documenter la structure HTML

```
<!DOCTYPE html>
<html>  <!-- Cette balise doit toujours apparaitre au début d'un document
             HTML bien formé-->
<head>  <!-- L'element head fournit des informations pour étiqueter tout le
             document HTML -->
<title>Bienvenue chez Ed Tittel.com</title> <!-- Le texte à l'interieur de l'élément title
             appapparait dans la barre de titre de la fenêtre du navigateur lorsque la page
             est visualisée-->
</head> <!-- ferme l'élément head -->

<body>  <!-- Le contenu qui apparait sur une page Web
<!-- text -->
  <h1>Contact:</h1>
  <!-- Liste -->
    <ul>
      <li><b>Email:</b> etittel at yahoo dot com</li>
      <li><b>Adresse:</b> 2443 Arbor Drive, Round Rock, TX 78681-2160</li>
      <li><b>Téléphone:</b> 512-252-7497 (Pas de demarchage svp)</li>
      <li>Liste des publications: <a href="docs/v_et.doc"
          target="_blank">MS Word</a></li>
      <li>C.V.: <a href="docs/Resu-et.doc" target="_blank">
          MS Word</a></li>
    </ul></body>  <!-- Fin de la section body -->
</html>  <!-- Fin du document HTML -->
```

Le document précédent est divisé en deux grandes sections : une <head> et un <body>. Dans chacune de ces sections, certains types d'éléments apparaissent. De nombreuses combinaisons sont possibles : c'est ce que vous apprenez dans ce livre !

SUR LE WEB

Le dossier correspondant à l'exemple précédent est nommé `02Listing01.html` et apparaît sous le menu du Café HTML5. Vous trouverez la collection complète d'exemples et de fichiers de balisage évoqué dans ce livre sur :

```
www.dummies.html\html5cafe\menu_f.html
```

Les fichiers associés à des chiffres sont nommés `ccfigurenn.html`, où `cc` correspond au numéro de chapitre en deux chiffres, et `nn` est le numéro de la figure en deux chiffres également.

Organiser le texte HTML

En plus d'une division obligatoire en sections <head> et <body>, le texte résidant dans le corps d'un document HTML peut être organisé d'un certain nombre de façons.

En-tête de documents

À l'intérieur d'une section <head>, vous pouvez (et devriez probablement) définir un titre et un certain nombre d'informations. Ces définitions vous aident à décrire le document qui suit ; elles incluent les jeux de caractères utilisés, les métadonnées pour les moteurs de recherche et les descriptions de page, les instructions au serveur web qui délivre votre page, les feuilles de style par défaut, etc.

(**Note** : Métadonnées signifie littéralement « données sur les données » – dans ce cas, cela signifie qu'il s'agit d'informations sur la page web qui suit). Pour en savoir plus sur l'élément HTML <meta>, veuillez visiter ces sites :

```
www.w3schools.com/tags/tag_meta.asp
www.quackit.com/html_5/tags/html_meta_tag.cfm
www.w3.org/TR/2011/WD-html5-author-20110705/the-meta-element.html
```

La section <body> correspond au contenu affichable des documents HTML. C'est ici où la grande majorité des balises et des éléments HTML apparaissent. Dans les sections suivantes, nous couvrons les éléments typiques rencontrés dans un <body> HTML.

Les titres de document

Les titres au format HTML sont généralement indiqués en utilisant les éléments <h1> à <h6>.

Conteneurs de texte

L'élément de paragraphe (<p>) en HTML est probablement le plus connu des conteneurs de texte, mais HTML en prend toutes sortes d'autres en charge. Dont (par ordre alphabétique) :

- <article> : représente un article, un fragment de contenu autonome.
- <aside> : représente un contenu lié au contenu environnant et qui pourrait être autonome (comme les encadrés dans ce livre).
- <nav> : déclare la section de navigation dans un document HTML. Cet élément est habituellement réservé aux onglets, aux boutons ou à des liens vers les principaux composants du site.
- <header> : présente le contenu standard ou l'information située en haut d'une page web (bannière, aide à la navigation, le texte commun à plusieurs pages, et ainsi de suite).

- <footer> : présente le contenu standard ou l'information située en bas d'une page web (mentions de copyright, navigation auxiliaire, commentaires, et ainsi de suite).

HTML offre également plusieurs façons de mettre en lumière ou d'identifier un texte à l'intérieur des paragraphes ou d'autres conteneurs de texte. Les deuxième et troisième parties du présent livre introduisent les plus importantes.

Listes

HTML permet aisément de réaliser de nombreux types de listes, y compris des listes à puces (non triées), des listes numérotées (ordonnées), et même des listes de définitions (qui comprennent les termes et des descriptions). Vous pouvez imbriquer des listes dans des listes afin de créer autant de niveaux de hiérarchie que vous le souhaitez. (Imbriquer vos listes est particulièrement utile lorsque vous décrivez un sujet complexe ou que vous structurez une table des matières ayant de nombreux niveaux de titre.)

Le chapitre 5 aborde les listes plus en détail.

Tables

En plus d'une variété de types de listes, HTML comporte des balises qui permettent de définir des tables ou tableaux. Ces tableaux étaient très populaires dans les années 1990 pour la gestion des mises en page complexes ; aujourd'hui, ils sont utilisés, comme il se doit, principalement pour réaliser les tables d'informations.

La structure est partie prenante dans le bon fonctionnement du balisage. Aussi, dans les définitions pour un Tableau HTML, vous pouvez :

- Faire la distinction entre les titres de colonnes, les données de table, les pieds de table ou les commentaires.
- Gérer la façon dont les lignes et les colonnes sont définies, en utilisant des commandes qui vous permettent d'étendre ces dernières pour les regrouper et les organiser.

Balises CSS

Le balisage CSS peut s'effectuer dans des documents de feuilles de style différents, dans un bloc de texte à l'intérieur d'un document HTML <head> ou dans un attribut `style` d'un élément HTML situé dans le corps du document, ou encore par une combinaison de ces trois approches.

CSS fournit un contrôle détaillé sur (entre bien d'autres choses) la sélection de la police de caractères, l'utilisation de la couleur du texte et de son arrière-plan, le positionnement des textes et des autres éléments d'une page.

Vous pouvez étudier les CSS plus en détail dans les quatrième et cinquième parties de ce livre. Mais nous en aborderons certains aspects tout au long de cet ouvrage lorsque le sujet s'y prêtera.

Vous pouvez construire un site web sans l'aide des CSS (utiliser les CSS requiert plus de travail), mais c'est l'outil idéal pour contrôler précisément l'apparence et la disposition. Nous vous le recommandons vivement !

Compléter et améliorer le texte

Les pages composées uniquement de texte sont vite ennuyeuses. Une touche de couleur, quelques liens et de jolies images peuvent faire beaucoup pour ajouter un intérêt visuel à ces dernières et à vous aider à conserver l'intérêt et l'attention de vos visiteurs.

C'est pourquoi nous consacrons beaucoup d'attention à ce sujet dans les diverses parties de ce livre.

Insérer des images dans les documents HTML

L'ajout d'une image dans un document HTML est une opération simple. Une utilisation parcimonieuse et bien pensée des images améliore considérablement l'aspect des pages web. Le chapitre 9 explique la manière d'en inclure dans vos pages web et comment les habiller de texte en utilisant un balisage complexe. Chemin faisant, vous apprendrez comment choisir et intégrer ces images pour embellir vos contenus.

Liens et outils de navigation

La structure de la page web doit permettre aux visiteurs de trouver leur chemin dans un ensemble de pages, de rechercher les éléments qui les intéressent, et de leur permettre de se rendre rapidement là où ils le souhaitent.

Les liens fournissent le mécanisme qui rapproche les visiteurs de vos pages web. Le chapitre 8 montre comment mettre en œuvre les opérations suivantes :

- Référencer des éléments ou des ressources externes.
- Aller d'une page à l'autre.

- Se rendre à l'intérieur d'une page.
- Ajouter de la structure et de l'organisation à vos pages.

L'importance de la structure et l'organisation augmentent proportionnellement avec la quantité d'informations que vous souhaitez présenter aux visiteurs. Plus vous aurez de choses à dire ou à montrer, plus la structure et l'organisation compteront.

Les outils de navigation (qui mettent en œuvre des mécanismes et des outils standard pour se déplacer à l'intérieur d'un site web) offrent les moyens de créer et de présenter la structure de votre page web (et de votre site) aux visiteurs.

Lorsque tous ces éléments sont réunis, votre site devrait être bien organisé, facile à comprendre et à utiliser.

Chapitre 3

Créer et visualiser une page web

Dans ce chapitre :

- Planifier ses réalisations et assembler les ingrédients
- Travailler selon le cycle édition - sauvegarde - test
- Afficher sa première page web

Créer votre propre page web peut sembler effrayant, mais cela se révèle aussi très amusant. L'expérience montre que la meilleure façon de commencer est de se jeter à l'eau sans attendre. Vous allez barboter un peu au début, mais avec un minimum de pratique, vous garderez la tête hors de l'eau.

Ce chapitre vous guide à travers les étapes de création d'une page web. Nous ne nous arrêtons pas ici à décrire chaque balise que vous employez, nous le ferons dans d'autres chapitres. Nous souhaitons ici vous mettre à l'aise avec les notions de balisage et de contenu afin que vous puissiez créer et afficher une simple page web.

Avant d'aller plus loin

Sachez que la création de documents HTML diffère de celle de documents de traitement de texte réalisés en utilisant une application telle que Microsoft Word. En effet, pour créer un document HTML, vous aurez besoin de deux applications distinctes :

- un éditeur de texte ou de HTML, pour générer des pages web ;
- un navigateur web pour afficher les résultats.

Même si de nombreux éditeurs HTML tels que Dreamweaver et HTML-Kit, fournissent un aperçu dans le navigateur, il est toujours important de prévisualiser vos pages web dans les navigateurs web actuels (tels qu'Internet Explorer, Chrome, Firefox et Safari) afin de voir le résultat tel que les utilisateurs finaux le verront. Saisir le code avec un logiciel, puis passer à un autre pour voir le résultat peut paraître étrange, mais vous verrez, vous passerez de l'éditeur au navigateur comme un pro en un rien de temps.

Comme tous les navigateurs web ne sont pas identiques, l'aspect des pages web peut différer selon celui utilisé. Aussi, prenez la bonne habitude de prévisualiser vos pages dans différents navigateurs afin de vous rendre compte de ce que vos utilisateurs finaux verront en les ouvrant. À propos, nous avons utilisé Chrome pour réaliser toutes les captures d'écran de ce livre.

Pour réaliser votre première page web, vous avez besoin de deux types de logiciels :

- **La dernière version d'Aptana Studio** : à l'heure où nous écrivons ces lignes, Aptana Studio 3 est la dernière version. Rendez-vous à `www.aptana.com` pour en obtenir une copie.

  Nous discutons de ces outils de manière plus détaillée dans le chapitre 23, mais voici un bref aperçu : Aptana Studio est un outil de création pour le web qui fonctionne sur Windows, Mac OS, Linux et PC.

- **Un navigateur web** : Internet Explorer, Chrome, Firefox et Safari sont les navigateurs web les plus populaires. Dans la mesure du possible, assurez-vous de tester vos pages avec chacun d'entre eux.

Nous utilisons la solution web gratuite d'Aptana Studio development Toolkit dans ce livre, pour les raisons suivantes :

- **Travailler avec des balises** : alors qu'un éditeur HTML avancé tel qu'Expression web ou Dreamweaver cache souvent le code HTML sous-jacent, Aptana vous permet d'interagir directement avec le balisage. Et pour votre première page, il vous faut voir votre code HTML dans toute sa splendeur !

  Lorsque vous vous serez familiarisé avec le balisage, la syntaxe et la structure de XHTML et de CSS, vous pourrez vraiment commencer à tirer parti d'Aptana Studio. C'est un bon outil qui génère un code HTML5 de bonne qualité et qui propose des templates de page web et une bonne intégration de CSS3. Il offre également un bon support pour PHP, Ruby et Rails.

- **Garder le code propre** : les traitements de texte (comme Microsoft Word) insèrent souvent des informations supplémentaires (par exemple, des instructions de formatage pour afficher ou imprimer des fichiers) qu'ils mélangent avec votre HTML et que vous ne pouvez pas voir ou modifier durant l'édition. Rien de tel avec Aptana !

Créer une page à partir de zéro

La création d'une page web HTML à partir de zéro se fait en quatre étapes, étapes auxquelles il faut ajouter un peu de préparation (les programmeurs aiment commencer à compter à partir de zéro, de sorte que nous assignons l'« Étape numéro 0 » à ces activités préalables) :

0. Rassemblez vos outils.
1. Planifiez la conception de votre page.
2. Combinez HTML et texte dans un éditeur de texte pour concrétiser votre conception.
3. Enregistrez votre page.
4. Visualisez votre page dans un navigateur web.

Bien, ouvrez votre éditeur de texte, lancez votre navigateur web et retroussez vos manches...

Étape 0 : Rassembler ses outils

Si vous n'avez pas déjà téléchargé et installé Aptana Studio, il est temps de le faire. Le poids du téléchargement est d'environ 146 Mo (ce poids varie légèrement selon le système d'exploitation que vous utilisez), aussi, en fonction de la vitesse de votre connexion Internet, le transfert peut prendre un peu de temps.

Après avoir téléchargé le fichier, lancez-le sur votre machine. (Il s'installe automatiquement sur les principaux systèmes d'exploitation).

SUR LE WEB

Ensuite, si vous souhaitez que vos listings apparaissent dans Aptana Studio tel que dans ce livre, visitez le site Café HTML5 et téléchargez notre thème spécial Aptana. Vous le trouverez à la rubrique Thème de Livre (*Book Theme*) via le menu de la page `www.dummieshtml.com/html5cafe/menu.html`.

Une fois le thème récupéré (ce qui devrait être rapide car il ne pèse que 17 ko), sélectionnez Window → Preferences → Aptana Studio → Themes, puis cliquez sur le bouton Importer, sélectionnez alors le thème téléchargé et cliquez sur Appliquer. La figure 3-1 montre le résultat tel qu'il apparaît sous Windows, le résultat devrait être assez proche sur les autres systèmes d'exploitation.

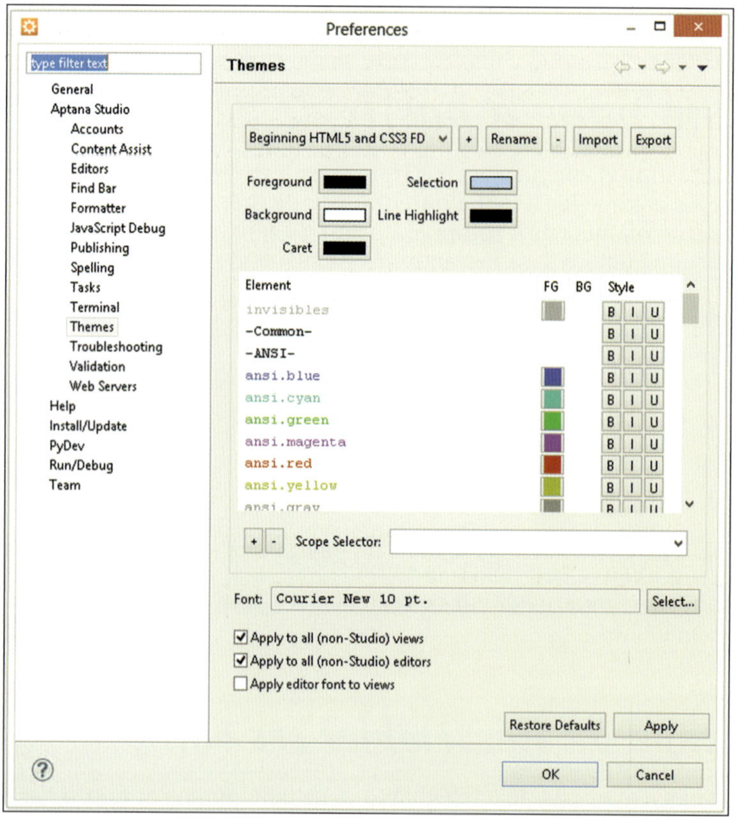

Figure 3-1 : Après avoir importé le thème Beginning HTML5 and CSS3 FD, vos préférences Aptana devraient ressembler à ceci.

Étape 1 : Planifier une simple réalisation

Comme nous l'avons vu, passer quelques minutes à planifier la réalisation d'une page rend sa création plus simple et plus rapide.

Il n'est pas nécessaire ici de créer un diagramme compliqué ou une mise en forme élaborée. Il suffit de noter quelques idées sur le contenu que vous voulez afficher sur cette page et sur la façon d'organiser ce dernier.

TRUC

Vous n'avez pas besoin d'être à votre bureau pour planifier cette simple conception. Prenez un bloc-notes et un crayon, allez à l'extérieur, au soleil, ou griffonnez sur une serviette pendant votre déjeuner. Rappelez-vous, c'est censé être amusant !

Notre exemple repose sur une variation de l'exercice traditionnel "Hello World!" utilisé dans presque tous les langages de programmation. En effet, la première chose que vous apprenez lorsque vous commencez à programmer avec un nouveau langage est de faire apparaître à l'écran la phrase «Hello World!». Dans notre exemple, nous allons créer un texte un peu plus long sous forme de lettre adressée au monde. La figure 3-2 illustre l'aspect donné au contenu de cette page.

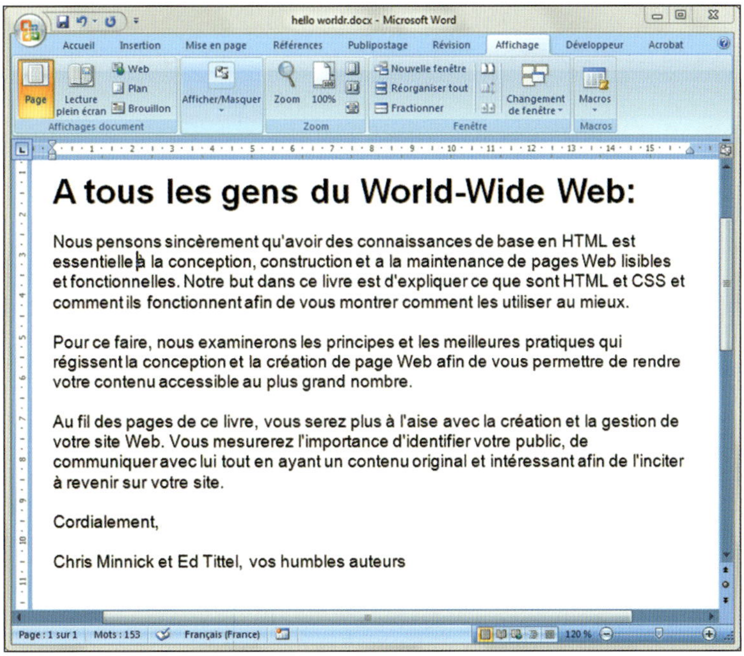

Figure 3-2 : Prendre quelques minutes pour ébaucher votre conception de page facilite l'écriture du HTML.

La page est composée de quatre éléments :

- un titre pratique : « Bonjour tout le monde ! » ;
- quelques paragraphes expliquant la manière dont le HTML peut vous aider à communiquer avec le monde entier ;
- une formule de politesse : « Cordialement » ;
- une signature.

TRUC

Pour commencer, vous pouvez choisir un schéma de couleur de base pour votre page. Pour notre exemple, nous avons choisi un fond turquoise et un texte blanc pour le titre.

Lorsque vous savez quelles sont les informations à afficher sur la page, vous pouvez passer à l'étape 2 – l'écriture des balises.

Étape 2 : Écrire un peu de HTML

Une fois prêt, il existe deux approches pour écrire votre HTML. En général, c'est plutôt une combinaison des deux :

- Votre texte existe déjà et vous souhaitez juste le mettre en forme avec du HTML, pour cela, sauvegardez ce dernier sous forme de fichier texte et y ajoutez les balises HTML nécessaires.
- Vous commencez par créer les balises en ajoutant le contenu au fur et à mesure.

TRUC

Notre exemple commence par un texte créé dans un simple éditeur de texte tel que Notepad (PC) ou TextEdit (Mac). Sauvegardez votre contenu dans un fichier texte. (Laissez votre éditeur de texte ouvert, vous allez y revenir dans une minute). Puis, lancez Aptana et choisissez File → New web Project dans la fenêtre New web Project, cliquez alors sur Next, nommez votre projet BegHTML5 & CSS3, parcourez l'arborescence de votre disque pour placer le projet à un emplacement simple à mémoriser (nous avons utilisé un dossier nommé Aptwork où nous gardons tous nos projets Aptana), puis cliquez sur Finish.

Choisissez ensuite File → New → File, sélectionnez votre dossier de projet sur l'encart du dossier parent puis nommez ce dernier `html-letter.html`.

Vous pouvez maintenant couper et coller le contenu de votre fichier texte dans Aptana et ajouter le balisage autour du texte. Cela terminé, vous devriez obtenir quelque chose de similaire à la figure 3-3.

Le code suivant vous montre ce que vous devez ajouter à cette prose pour la transformer en un fichier HTML entièrement fonctionnel. Lorsque vous tapez des balises HTML dans Aptana, le programme crée des paires de tags appariés dès qu'il reconnaît la valeur saisie.

Le balisage HTML comprend une collection d'éléments de balisage et d'attributs qui décrivent le contenu de la lettre :

- L'élément `<html>` définit le document comme un document HTML.
- L'élément `<head>` crée une section d'en-tête pour le document.

```
A tous les gens du World-Wide Web:

Nous pensons sincèrement qu'avoir des connaissances de base en
HTML est essentielle. La conception, construction et a la
maintenance de pages Web lisibles et fonctionnelles. Notre but
dans ce livre est d'expliquer ce que sont HTML et CSS et comment
ils fonctionnent afin de vous montrer comment les utiliser au
mieux.
Pour ce faire, nous examinerons les principes et les meilleures
pratiques qui régissent la conception et la création de page Web
afin de vous permettre de rendre votre contenu accessible au plus
grand nombre.

Au fil des pages de ce livre, vous serez plus a l'aise avec la
création et la gestion de votre site Web . Vous mesurerez
l'importance d'identifier votre public, de communiquer avec lui
tout en ayant un contenu original et intéressant afin de
l'inciter a revenir sur votre site.
Cordialement,
Chris Minnick et Ed Tittel, vos humbles auteurs
```

Figure 3-3 : Voici le texte brut pour notre page, sans balisage, tel qu'il apparaît dans Aptana.

Listing 3-1 : Le balisage HTML complet pour la lettre "Bonjour tout le monde !"

```
<!DOCTYPE html>
<html>
<head>
    <title>Bonjour tout le monde!</title>
    <meta http-equiv="Content-Type" content="text/html;charset=utf-8" />
    <!-- Je dois ajouter un commentaire pour afficher la couleur verte : c'est fait! -->
</head>
<body style="color: white;
background-color: teal;
font-size: 12pt;
font-family: sans-serif;">
    <h1>A tous les gens du World-Wide Web:</h1>
    <p>
        Nous pensons sincèrement qu'avoir des connaissances de base en HTML est essentielle à la conception,
        construction et a la maintenance de pages Web lisibles et fonctionnelles. Notre but dans ce livre est
        d'expliquer ce que sont HTML et CSS et comment ils fonctionnent afin de vous montrer comment les utiliser
        au mieux.
    </p>
    <p>
        Pour ce faire, nous examinerons les principes et les meilleures pratiques qui regissent la conception et la
        création de page Web afin de vous permettre de rendre  votre contenu accessible au plus grand nombre.
    </p>
    <p>
        Au fil des pages de ce livre, vous serez plus a l'aise avec la création et la gestion de votre site Web.
        Vous mesurerez l'importance d'identifier votre public, de communiquer avec lui tout en ayant un contenu
        original et intéressant afin de l'inciter à revenir sur votre site.
    </p>
    <p>
        Cordialement,
    </p>
    <p>
        Chris Minnick et Ed Tittel, vos humbles auteurs
    </p>
</body>
</html>
```

- L'élément <title> définit un titre de document qui est affiché dans la barre de titre du navigateur.

  L'élément <title> est situé à l'intérieur de l'élément <head>

- L'élément <body> contient le texte qui apparaît dans la fenêtre du navigateur.

  Le balisage qui suit l'attribut de style à l'intérieur de l'élément <body> est du CSS, autrement connu sous le nom de *feuilles de style en cascade*. Cet extrait particulier de CSS indique que nous voulons un texte blanc sur un fond turquoise, un texte plus grand que d'habitude et dans une police sans-serif. (Vous trouverez tout sur les styles et attributs dans les chapitres 11 et 12.)

- L'élément <h1> fait de « à tout... » un en-tête de premier niveau.

- Les éléments <p> identifient chaque paragraphe du document.

Ne vous arrêtez pas pour le moment sur le fonctionnement de ces éléments HTML. Ils sont traités en détail à partir du prochain chapitre. De plus, pour garder l'exemple le plus simple possible, nous avons délibérément omis ici les autres éléments qui composent habituellement une page web tels que les graphiques, les scripts, etc. Nous y reviendrons en détail plus loin dans ce livre.

Après avoir créé une page HTML, vous devez l'enregistrer afin de pouvoir visualiser votre travail dans un navigateur.

Étape 3 : Enregistrer votre page

Vous utilisez un éditeur pour créer des documents HTML et un navigateur web pour les afficher. Avant de pouvoir afficher votre page HTML sur un navigateur, vous devez enregistrer une copie sur votre disque dur local au préalable. Pour enregistrer un fichier dans Aptana, cliquez sur l'icône Save de la barre d'outils située dans le coin supérieur gauche de la fenêtre. (L'icône ressemble à une petite disquette bleue, pour les lecteurs assez vieux pour savoir ce que cela signifie.)

Choisir un emplacement et un nom pour votre fichier

Lorsque vous enregistrez votre fichier sur un disque dur, gardez ceci à l'esprit :

- **Vous devez être en mesure de le retrouver**. Créer un dossier projet sur votre disque dur dédié à vos pages web. Donnez-lui un nom évocateur et choisissez un emplacement facile à retrouver. Nous stockons les nôtres sur un disque dédié dans un dossier projet nommé `BegHTML5 & CSS34D`. Choisissez File → New web Project, cliquez sur le bouton Next, puis sélectionnez l'option Default Project (No Template). Donnez un nom de projet qui fait sens pour vous comme ApprendreHTML.

- **Le nom doit avoir du sens pour vous afin que vous puissiez identifier le contenu des fichiers sans avoir à ouvrir le fichier.** Ne mettez pas d'espace dans les noms de fichiers. Certains systèmes d'exploitation – notamment Unix et Linux (les systèmes d'exploitation d'hébergement web les plus populaires « n'aiment pas » les espaces dans les noms de fichiers) ; utilisez un underscore (_) ou un tiret (-) à la place. Évitez les autres signes de ponctuation dans les noms de fichiers et, sachez qu'employer des noms courts constitue une bonne pratique.

- **Le nom devrait être évocateur dans un navigateur web**. Créez un nom court décrivant bien la fonction de la page. Nous avons utilisé `html-letter.html` pour cet exemple parce qu'il identifie bien le contenu. Vous pouvez également utiliser des noms pour identifier la structure et le contenu, comme `pt1-tbl.html` pour une table des matières de la première partie d'une séquence de page complexe, et peut-être `pt1-pg1.html`, `pt1-pg2.html`, et ainsi de suite pour les pages suivantes.

  Dans notre exemple, nous avons sauvé notre fichier dans un projet appelé BegHTML5&CSS3FD, nous l'avons nommé `html-letter.html`, comme l'illustre la figure 3-4.

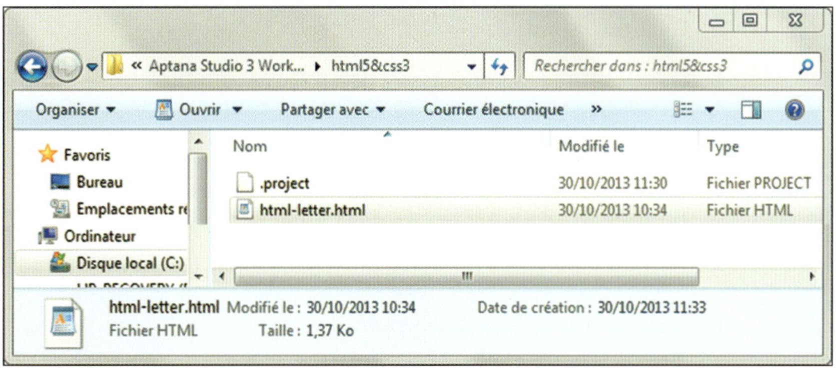

Figure 3-4 : Utiliser un emplacement pratique et logique pour le projet et les noms de fichiers de ses pages web.

Utiliser .htm ou .html

En fait, vous pouvez indifféremment choisir l'un des deux suffixes pour vos pages : `.html` ou `.htm`. (Dans notre exemple, le fichier `html-lettre.html` utilise le suffixe `.html`).

Le plus court (`.htm`) est une relique provenant du temps du DOS 8.3 où les noms de fichiers ne pouvaient comprendre que huit caractères et un suffixe de trois caractères décrivant le type du fichier. Aujourd'hui, les systèmes d'exploitation acceptent les noms de fichiers et des suffixes ayant plus de trois lettres, nous vous suggérons donc d'employer plutôt `.html`.

Les serveurs et les navigateurs web utilisent indifféremment `.htm` et `.html`.

Tenez-vous à une de ces deux approches. Car même si les extensions `.html` et `.htm` sont traitées de la même manière par les navigateurs et les serveurs, elles représentent néanmoins des fichiers différents sur votre disque dur. Ainsi, le fichier `html-letter.html` est différent du fichier `html-letter.htm`. C'est un point très important à avoir en tête pour éviter toute confusion, principalement lorsque vous créez des liens hypertextes (traités au chapitre 8).

Étape 4 : Afficher sa page

Après avoir enregistré une copie de votre page web, vous êtes prêt à l'afficher dans un navigateur. Suivez ces étapes pour afficher votre page web dans Internet Explorer. (Les étapes peuvent être différentes si vous utilisez un autre navigateur) :

1. **Si vous n'avez pas ouvert votre navigateur, faites-le maintenant.**
2. **Choisissez Fichier → Ouvrir dans Internet Explorer. Si vous utilisez Chrome, appuyez sur Ctrl + O (sous Windows) ou ⌘ + O (sur Mac).**
3. **Dans la boîte de dialogue Ouvrir qui s'affiche, cliquez sur le bouton Parcourir.**
4. **Dans la boîte de dialogue qui apparaît, naviguez dans votre système de fichiers jusqu'à ce que vous trouviez votre fichier HTML puis sélectionnez-le afin qu'il apparaisse dans la zone Nom de fichier.**

   La figure 3-5 affiche un fichier HTML surligné prêt à être ouvert.

5. **Cliquez sur le bouton Ouvrir.**

   La boîte de dialogue Ouvrir apparaît. (**Note** : Si vous êtes connecté à Internet, certaines versions d'Internet Explorer vous avertissent que pour des raisons de sécurité, votre fichier local s'ouvrira dans une nouvelle fenêtre du navigateur, c'est parfaitement normal.)

6. **Cliquez sur OK.**

   La page s'affiche dans votre navigateur web dans toute sa splendeur, comme l'illustre la figure 3-6.

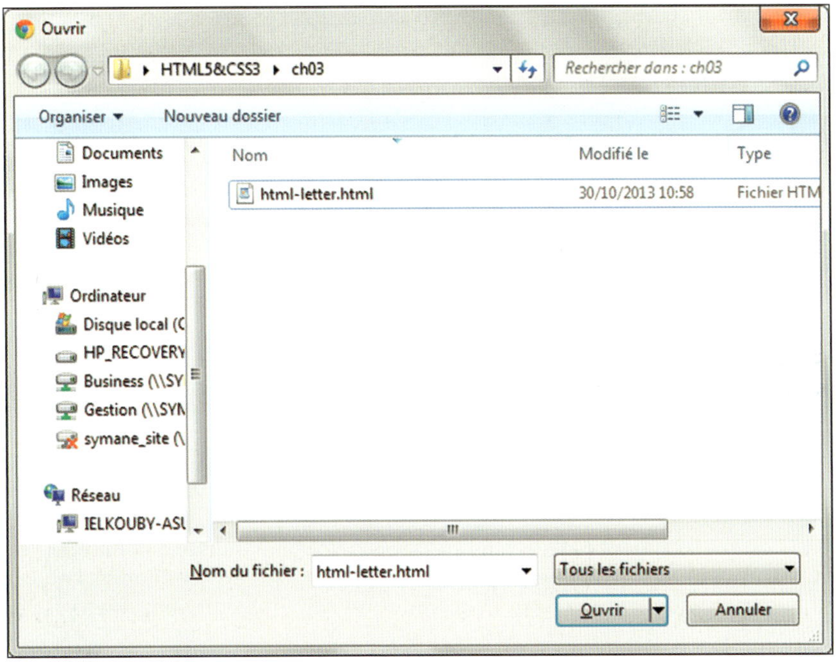

Figure 3-5 : Utilisation de Chrome pour naviguer dans vos pages web.

Figure 3-6 : Afficher un fichier local avec Chrome.

Vous n'êtes pas en train de visualiser le fichier sur le web pour l'instant, vous voyez juste une copie de celui enregistré sur votre disque dur local. Donc, ne donnez pas à quiconque l'URL de ce fichier – mais vous avez libre cours pour éditer le fichier source HTML et afficher toutes les modifications que vous y apportez.

Un moyen encore plus rapide pour afficher une page web localement dans un navigateur consiste à faire glisser et déposer le fichier HTML dans la fenêtre d'un navigateur ouvert. Vous pouvez le faire à partir de l'Explorateur de fichiers, le Finder ou tout programme qui vous donne accès aux fichiers.

Modifier une page web existante

Il y a de bonnes chances pour que vous ayez envie de modifier au moins un des éléments de votre page web une fois que vous l'aurez vue dans un navigateur web pour la première fois. Après tout, vous ne pouvez pas vraiment savoir à l'avance lorsque vous créez le balisage la manière dont la page s'affichera. Vous pourriez décider qu'un titre de premier niveau est trop grand ou qu'un texte pourpre sur un fond vert vous convient mieux (drôle d'idée en fait).

Pour apporter des modifications à la page que vous avez créée dans Aptana et que vous visualisez dans un navigateur, répétez ces étapes jusqu'à ce que vous soyez satisfait par l'apparence finale :

1. **Laissez ouverte la fenêtre du navigateur affichant la page HTML et revenez à Aptana.**

2. **Si la page HTML n'est pas ouverte dans Aptana, rouvrez-la.**

   Vous devriez avoir le même fichier ouvert à la fois dans le navigateur et l'éditeur de texte, comme le montre la figure 3-7.

3. **Apportez vos modifications au code HTML et à son contenu dans l'éditeur de texte.**

4. **Enregistrez les modifications.**

   Cette étape est importante. Si vous n'enregistrez pas vos modifications, vous ne les verrez pas dans le navigateur web.

5. **Revenez au navigateur web et cliquez sur le bouton Actualiser.**

Si vous gardez un fichier HTML ouvert à la fois dans un éditeur et dans un navigateur pendant que vous travaillez, la vérification des modifications devient un jeu d'enfant. Vous pouvez enregistrer rapidement un changement dans l'éditeur, basculer vers le navigateur et rafraîchir, puis retourner dans

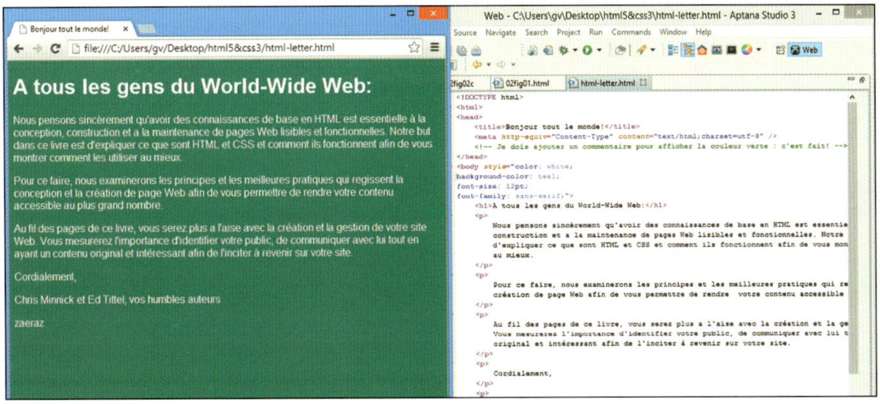

Figure 3-7 : Visualiser un fichier HTML dans votre éditeur et dans votre navigateur web en même temps.

l'éditeur, apporter de nouveaux changements, enregistrer et retourner ensuite dans le navigateur, l'actualiser de nouveau, et ainsi de suite.

Dans notre exemple de lettre, nous avons décidé – après notre ébauche initiale de la page HTML – que nous devrions dater la lettre. La figure 3-8 montre le changement que nous avons apporté dans le code HTML pour ajouter la date et le résultat qui s'affiche dans le navigateur.

ATTENTION

Cette approche pour modifier une page HTML ne s'applique qu'aux pages sauvegardées sur *votre disque dur local*. Si vous souhaitez modifier une page que vous avez stockée sur un serveur web, enregistrez une copie sur votre disque dur, modifiez-la puis vérifiez vos modifications et téléchargez de nouveau le fichier sur le serveur, comme expliqué dans la section suivante.

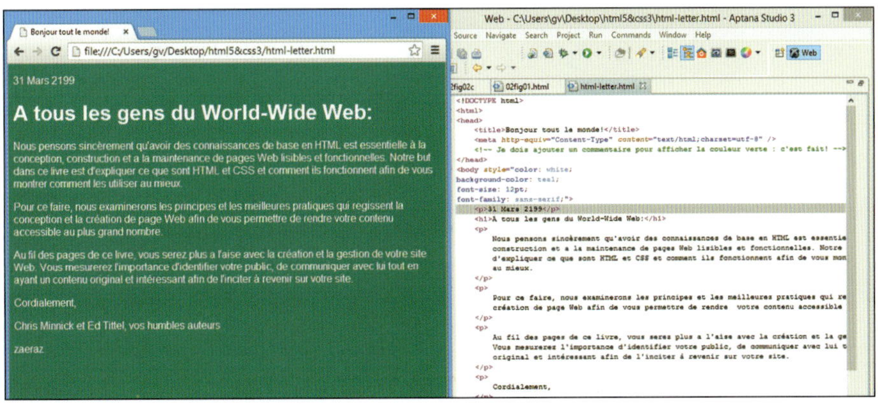

Figure 3-8 : Modification de l'affichage HTML dans un navigateur après une sauvegarde rapide et un rafraîchissement.

Mettre sa page en ligne

Si vous êtes satisfait de votre page web, il est temps de la mettre en ligne. Voici un aperçu rapide de ce processus :

1. **Trouvez un fournisseur d'hébergement web pour présenter vos pages.**

   Votre hébergeur peut être un serveur web dédié ou un serveur fourni par votre fournisseur d'accès internet (FAI). Si vous n'avez pas encore d'hôte, vérifiez auprès de votre fournisseur si votre forfait comprend l'accès à un serveur web. Quelle que soit la solution retenue pour héberger vos pages, il vous faudra récupérer auprès de votre hôte l'URL où stocker les fichiers.

2. **Utilisez un client FTP ou un navigateur web pour établir une connexion à votre serveur web.**

   Utilisez le nom d'utilisateur et mot de passe qui vous ont été spécifiés par votre hébergeur pour transférer les fichiers sur votre serveur web.

3. **Copiez le fichier HTML situé sur votre disque dur vers le serveur web.**

4. **Utilisez votre navigateur web pour afficher le fichier via Internet.**

Figure 3-9 : Un fichier sur un serveur web est accessible à toute personne disposant d'une connexion Internet.

Par exemple, pour accueillir notre lettre en ligne à `www.dummieshtml.com`, nous avons utilisé le client FTP FileZilla afin d'accéder au site. Nous avons fourni un nom d'utilisateur et mot de passe, que nous avons mis en place sur notre serveur. Un ensemble de dossiers et de fichiers apparaît.

Nous avons copié le fichier sur le serveur par une simple opération de glisser-déposer à l'intérieur de FileZilla.

L'URL de cette page est `www.dummieshtml.com/html5cafe/ch03/html-letter.html`, cette page est maintenant consultable depuis Internet, comme le montre la figure 3-9.

Deuxième partie

Bien concevoir sa structure et son texte

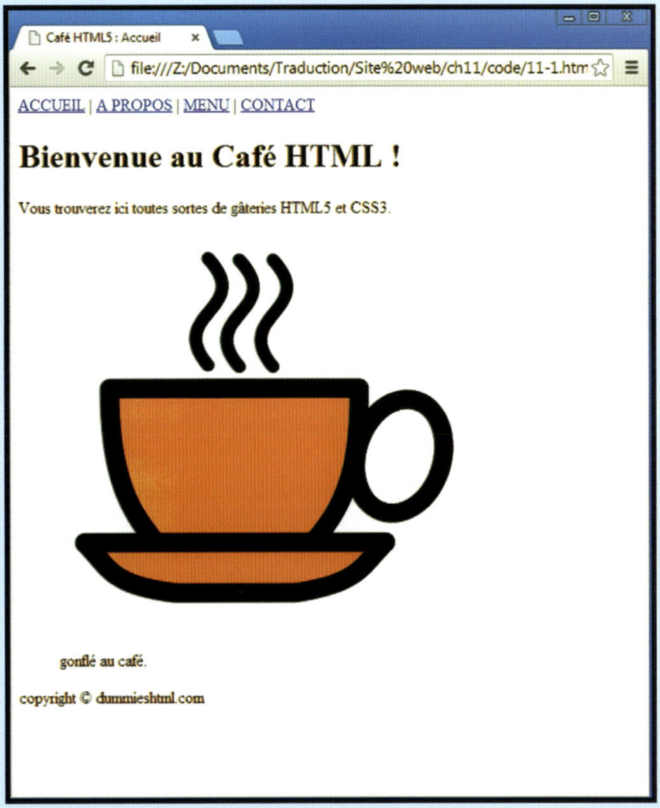

Vous trouverez tous les éléments et attributs du code HTML5 sur le site www.dummies.com/extras/beginninghtml5css3.

Dans cette partie :

- Découvrir la structure d'un document HTML
- Avoir un esprit sain dans un corps sain
- Apprécier les éléments de niveau bloc versus les éléments de niveau texte
- Bien créer des listes à puces, numérotées et de définitions
- Se jouer des tables dans le balisage HTML : utiliser beaucoup d'options !
- Solliciter les utilisateurs via des formulaires HTML

Chapitre 4

Les documents HTML nécessitent une bonne structure

Dans ce chapitre :

- Créer la structure de base d'un document HTML
- Définir l'en-tête du document
- Créer le corps du document

Le cadre d'un document HTML simple se compose d'un en-tête et d'un corps. L'en-tête donne des informations sur le document au navigateur (et parfois aussi sur le serveur web) et le corps comprend tout le contenu qui apparaît dans la fenêtre du navigateur. La première étape de la création d'un document HTML consiste à définir son cadre ou *framework*.

Ce chapitre présente tous les principaux éléments nécessaires pour réaliser la structure basique d'un document HTML, y compris son en-tête et son corps. Même si les informations sur la version du document HTML ne sont pas forcément indispensables pour les utilisateurs, les navigateurs s'y réfèrent pour vérifier qu'ils affichent correctement le contenu du document.

Créer la structure d'un document

Bien que deux pages HTML ne se ressemblent pas, tout un chacun recourt à une combinaison unique de contenu et d'éléments pour définir une page, mais une page HTML bien construite respecte la même structure de base :

- une instruction qui identifie le document comme étant un document HTML ;
- un en-tête de document ;
- le corps du document.

À chaque fois que vous créez un document HTML, vous commencez par ces éléments. Vous remplissez ensuite le contenu et le balisage pour créer une page individuelle.

Même si vous devez respecter scrupuleusement la structure de base d'un document HTML pour en créer un, la faire et refaire encore et encore peut vite devenir monotone. La plupart des outils de création de page web configurent la structure de base automatiquement quand vous créez un nouveau document HTML. Vous pouvez aussi consulter le projet HTML5 Boilerplate (`http://html5boilerplate.com`) pour y voir un modèle de construction complet, mais tout d'abord vous devrez parcourir ce livre afin de mieux comprendre ce projet.

L'organisation d'un document HTML

Un document HTML se compose d'un ensemble d'éléments de balisage, certains sont obligatoires, d'autres sont optionnels. Un document HTML comporte toujours au moins trois éléments :

- Les balises d'ouverture et de fermeture `<html> </html>` qui suivent la déclaration `DOCTYPE` et contiennent tout ce qu'il y a à l'intérieur du document HTML.
- Les balises d'ouverture et de fermeture `<head> </head>` qui se placent après la balise d'ouverture `<html>`. Elles contiennent définitions, étiquettes et informations sur le corps du document HTML qui suit.

  Seuls quelques éléments de balisage sont autorisés à l'intérieur d'un en-tête de document HTML (ce qu'on pourrait résumer par « ce qui peut apparaître entre les balises `<head>` et `</head>` »). Ces éléments sont `base`, `link`, `meta`, `script`, `style` et `title`. (Ils forment ce qu'on appelle HTMLHeadElements dans le jargon de la spécification HTML5).

- Les balises d'ouverture et de fermeture <body> </body> qui se placent après la balise de fermeture </head>. Elles comprennent le contenu et le balisage relatif au document HTML. C'est là que se trouvent 99 % de ce qui s'affiche dans un navigateur web.

N'OUBLIEZ PAS

N'importe quel élément de balisage HTML peut apparaître dans le corps d'un document HTML, excepté si cet élément est le DOCTYPE, le principal conteneur

Remonter le temps, source de complication

Si vous préférez créer un document HTML 4.01 ou XHTML 1.0 en utilisant des versions précédentes des langages de balisage, vous aurez le choix entre trois déclarations DOCTYPE :

- **HTML 4.01 transitionnel** : c'est la version la plus complète du HTML 4.01 qui comporte tous les éléments structurels HTML ainsi que tous les éléments de présentation :

```
<!DOCTYPE HTML PUBLIC "-//W3C//DTD HTML 4.01 Transitional//EN"
"http://www.w3.org/TR/html4/loose.dtd">
```

- **HTML 4.01 Strict** : version simplifiée de HTML qui exclut tous les éléments relatifs à la présentation au profit des feuilles de style pour afficher la page :

```
<!DOCTYPE HTML PUBLIC "-//W3C//DTD HTML 4.01//EN" "http://www.
w3.org/TR/html4/strict.dtd">
```

- **HTML 4.01 Frameset** : cette version commence avec HTML 4.01 transitionnel et ajoute tous les éléments frame (mais les frames ne sont plus recommandés).

```
<!DOCTYPE HTML PUBLIC "-//W3C//DTD HTML 4.01 Frameset//EN"
"http://www.w3.org/TR/html4/frameset.dtd">
```

- **XHTML 1.0 transitionnel** : version la plus complète, comme celle du HTML 4.01 transitionnel :

```
<!DOCTYPE html PUBLIC "-//W3C//DTD XHTML 1.0 Transitional//EN"
"http://www.w3.org/TR/xhtml1/DTD/xhtml1-transitional.dtd">
```

- **XHTML 1.0 strict** : cette version supprime tout balisage de présentation comme en HTML 4.0 strict :

```
<!DOCTYPE html PUBLIC "-//W3C//DTD XHTML 1.0 Strict//EN" "http://www.w3.org/TR/
xhtml1/DTD/xhtml1-strict.dtd">
```

- **XHTML 1.0 Frameset** : comme en HTML 4.01 frameset, cette version ajoute les éléments frame, mais attention les frames ne sont plus recommandés.

```
<!DOCTYPE html PUBLIC "-//W3C//DTD XHTML 1.0 Frameset//EN"
"http://www.w3.org/TR/xhtml1/DTD/xhtml1-frameset.dtd">
```

structuré (à savoir <html>, <head> ou <body>) ou un élément qui n'est autorisé qu'à apparaître dans l'en-tête du document HTML.

Vous pouvez bien sûr créer un document HTML dépourvu de contenu dans <body>. Pourquoi pas ? Seul le titre sera affiché sans aucune autre information. C'est ce que nous allons faire plus loin dans ce chapitre. Vous pouvez considérer cet exercice comme inutile et ne pas le faire.

De même, vous pouvez construire un corps complexe avec un minimum d'éléments de balisage dans la section <head> (seul l'élément <title> est requis, tous les autres éléments d'en-tête sont facultatifs), mais les utilisateurs ou moteurs de recherche qui trouvent votre page peuvent manquer une information importante. C'est pourquoi un document HTML clair et structuré nécessite aussi bien un <head> bien structuré qu'un <body> bien pensé. Pour les documents HTML le corps a besoin de la tête et la tête du corps.

Tout commence par DOCTYPE

N'importe quel document HTML commence par une DTD (Déclaration du Type de Document) ou déclaration DOCTYPE. Cette ligne de balisage spécifie la version de HTML (ou XHTML) que vous utilisez et permet aux navigateurs d'interpréter ce qui suit. Dans ce chapitre, nous utilisons la spécification HTML5 pour que vous puissiez l'utiliser. De plus, elle est simplissime. C'est même la version la plus simple de toutes celles qui ont précédé HTML (ou XHTML).

HTML5 fait une déclaration du type de document minimale en tout début des documents HTML. Elle prend la syntaxe suivante :

```
<!DOCTYPE html>
```

C'est tout ! C'est vraiment très simple.

ATTENTION : L'utilisation de HTML frameset ou XHTML frameset n'est plus considérée comme la meilleure pratique. Elle expose les pages à des problèmes de sécurité et rend très délicats les tests et débogages du balisage. C'est la raison pour laquelle nous ne parlerons pas de frame dans ce livre !

N'OUBLIEZ PAS : Toutes les DTD HTML sont documentées en détail sur www.w3.org/TR/html401/sgml/dtd.html; les DTD XHTML sont documentées sur www.w3.org/TR/xhtml1/dtds.html.

La meilleure solution reste de s'en tenir à HTML5 et de se débarrasser de toutes ces vieilleries HTML 4.01 et XHTML 1.0.

L'élément <html>

Une fois la déclaration DOCTYPE spécifiée, ajoutez l'élément <html> pour contenir tous les autres éléments de balisage HTML ainsi que le contenu du document dans votre page :

```
<!DOCTYPE html>

<html>

</html>
```

L'élément d'ouverture <html> indique que le document HTML commence ici et l'élément de fermeture </html> signale la fin du document. Fin de partie.

Anatomie d'un <head>

La structure d'un document HTML est hiérarchique et doit avoir une section <head>. C'est pourquoi juste après l'élément d'ouverture <html> vous devez définir la section <head> en commençant par un élément d'ouverture <head> et en finissant par un élément de fermeture </head>.

<head>

<head> est l'un des deux composants principaux de tout document HTML ; *l'élément* <body> en est le second. L'en-tête fournit les informations élémentaires sur le document dont le titre et les *métadonnées* (informations sur les informations) comme les mots-clés, l'encodage des caractères, des informations sur l'auteur et une description. Si vous utilisez une feuille de style dans une page, les informations relatives à cette feuille de style se placeront dans l'en-tête. De même, si vous créez une base des URL référencées dans un document ou faites appel à un script, ces informations seront placées dans l'en-tête.

TRUC

Le chapitre 11 est une présentation complète de la création des CSS et vous explique comment les inclure dans des documents HTML.

L'élément <head>, qui définit l'en-tête de la page, se trouve juste après l'élément d'ouverture <html> :

```
<!DOCTYPE html>

<html>
```

```
    <head>
    </head>
</html>
```

<meta>

Littéralement, *métadonnées* signifient des données ou informations sur les données. L'élément <meta> sert donc à donner des informations sur le document HTML dans lequel il apparaît. Tous les éléments <meta> apparaissent toujours à l'intérieur de <head> et permettent de définir l'encodage des caractères, c'est-à-dire le code de niveau de bit utilisé pour représenter les données des caractères dans un document HTML. Elles peuvent aussi définir des mots-clés pour les moteurs de recherche, décrire le contenu d'un document, identifier l'auteur du document, définir l'intervalle de rafraîchissement (l'intervalle au cours duquel une page se recharge automatiquement), etc.

Le listing 4-1 représente tous ces éléments d'un document HTML hypothétique.

Listing 4-1 : Un document HTML.

```
<!DOCTYPE html>


<html>
   <head>
       <meta charset="UTF-8"> <!—définit le code des caractères HTML par
                               défaut-->
        <meta name="keywords" content="HTML, CSS, meta tag examples">
        <meta name="author" content="Ed Tittel"> <!-- identifie auteur -->
       <meta name="description" content="meta element discussion -->
        <meta http-equiv="refresh" content="1800"> <!-- rafraîchissement toutes
                                                    les 30 mins -->
        <title>Beaucoup d'en-têtes, mais pas de corps</title>
   </head>
  <body></body>
</html>
```

Vous devez utiliser un élément <meta> qui identifie un `charset` pour faire valider une page web auprès du `validator.w3.org` (ainsi qu'un élément <title>, présenté à la section suivante). Ne les oubliez pas ! Si vous voulez en savoir plus sur l'élément <meta>, visitez l'une des ressources ci-après qui ont des tas d'informations intéressantes :

- HTML5: Edition for web Authors (The meta Element)

  `www.w3.org/TR/2011/WD-html5-author-20110705/the-metaelement.html`

- HTML <meta> Tag (W3Schools)

  `www.w3schools.com/tags/tag_meta.asp`

- <meta> (Mozilla Developer Network)

  `https://developer.mozilla.org/en-US/docs/HTML/Element/meta`

Si vous prenez le temps de saisir le code du balisage du listing 4-1, vous obtiendrez une page web ayant pour titre « Beaucoup d'en-têtes, mais pas de corps » et sans rien d'autre à montrer. Si vous ne parvenez pas à voir le titre dans son intégralité dans l'onglet du navigateur, maintenez le curseur de la souris sur le titre, il apparaîtra dans une petite zone de texte. Enfin, si vous ne voulez pas saisir tout ce listing, jetez un œil à la copie d'écran de la figure 4-1.

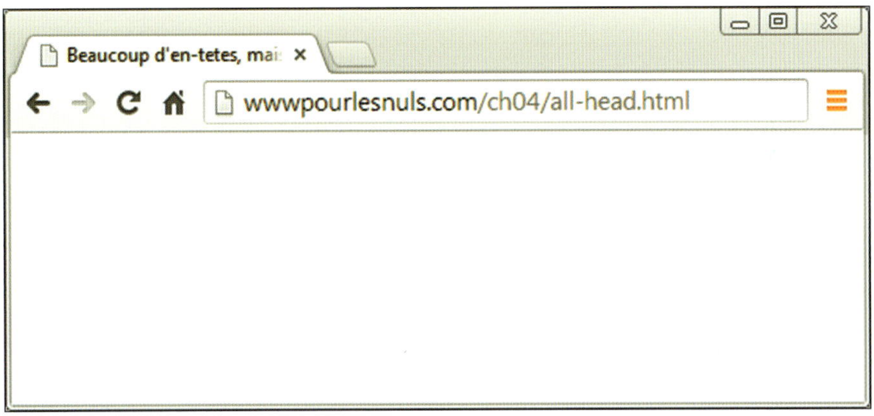

Figure 4-1 : Une page sans contenu affiche le titre dans l'en-tête.

Rediriger les utilisateurs vers une autre page

L'élément `<meta>` de l'en-tête permet aussi d'envoyer des messages aux navigateurs web pour leur indiquer comment afficher (ou gérer) les pages web. Les constructeurs web utilisent généralement l'élément `<meta>` pour rediriger les visiteurs d'une page à l'autre automatiquement. C'est par exemple le cas lorsque vous atteignez une page qui affiche le texte suivant : « `Cette page a été supprimée. Veuillez patienter 10 secondes pour être redirigé vers le nouvel emplacement.` »

Pour envoyer des messages au navigateur avec l'élément `<meta>`, suivez les étapes ci-après :

1. **Utilisez l'attribut** `http-equiv` **à la place de l'attribut** `name`**.**

2. **Sélectionnez dans une liste de valeurs prédéfinies les instructions pour le navigateur.**

   Ces valeurs utilisent des instructions que vous envoyez au navigateur dans l'en-tête HTTP, mais modifier l'en-tête HTTTP d'un document est plus difficile que d'imbriquer des instructions dans la page web elle-même.

Pour signaler à un navigateur qu'il doit rediriger les utilisateurs d'une page à l'autre, voici ce que vous devez faire en particulier :

1. **Utilisez l'élément** `<meta>` **avec** `http-equiv="refresh"`**.**

2. **Ajustez la valeur de l'attribut** `content` **pour spécifier le nombre de secondes avant de rafraîchir la page et indiquer l'URL à laquelle il doit accéder.**

Par exemple, la ligne de l'élément `<meta>` dans le code suivant crée un rafraîchissement qui redirige vers `www.w3.org` après 10 secondes.

```
<!DOCTYPE html>


<html>
   <head>
      <title>Tout sur le balisage</title>
      <meta charset="UTF-8">
      <meta http-equiv="refresh" content="15; url=http://www.w3.org/">
   </head>

   <body>
      <p>cette page est en cours de développement. En attendant, veuillez
         visiter
            <a href="http://www.w3.org">W3C website</a> pour avoir une
             collection de ressources sur le balisage.
     </p>

   <p>SVP patientez 10 secondes pour être redirigé automatiquement vers le
         W3C.</p>
  </body>
</html>
```

Utilisez les métadonnées avec précaution lorsque vous redirigez une page web. Lorsque les moteurs de recherche rencontrent des métadonnées de redirection, ils peuvent supposer que le site tente de créer des spams, ce qui peut avoir pour conséquence que le site ou la page web soit *radiée* ou supprimée des listes du moteur de recherche. Lorsque vous deviendrez un pro de l'utilisation des métadonnées de redirection, vous passerez à un niveau supérieur et essaierez de faire une redirection en utilisant le code de statut http 301 pour forcer une redirection basée sur un serveur dans un fichier `*.htaccess` situé dans le répertoire racine de votre serveur web. Les redirections 301 via un serveur dépassent le cadre de ce livre. Mais vous pouvez toujours lancer une recherche Google où vous trouverez de bonnes ressources comme la page « 301 Redirects » à l'adresse :

```
http://support.google.com/webmasters/bin/answer.py?hl=en&answer=93633
```

Les vieux navigateurs web ne savent que faire des éléments `<meta>` qui incluent l'élément `http-equiv` pour rediriger une page. C'est pourquoi il est préférable d'inclure un texte et un lien sur la page afin que les visiteurs puissent se rediriger manuellement vers la nouvelle page cible si l'élément `<meta>` échoue. Nous abordons les liens qui utilisent l'élément `<a>` (anchor) au chapitre 8.

Si le navigateur de l'utilisateur ne sait que faire avec la redirection, l'utilisateur devra simplement cliquer sur un lien, comme celui représenté à la figure 4-2, pour accéder à la nouvelle page.

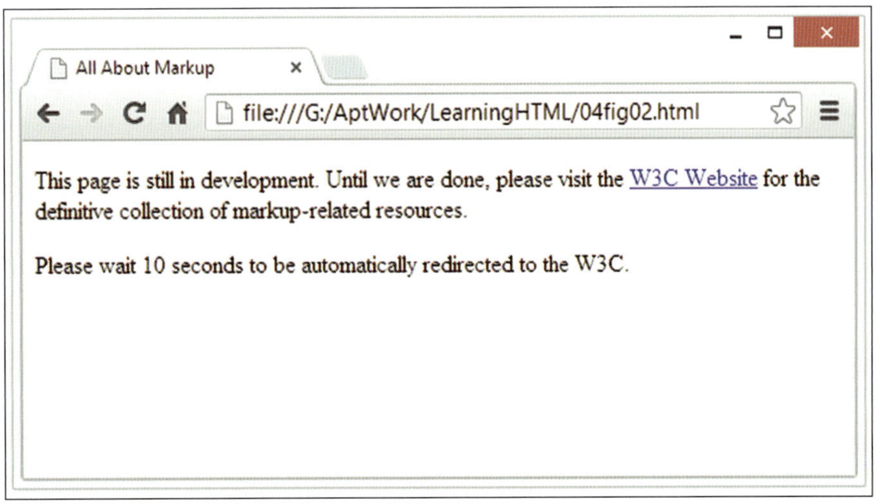

Figure 4-2 : Lorsque vous utilisez un élément <meta> pour rediriger une page, incluez un lien en cas d'échec.

TRUC

Vous pouvez utiliser l'attribut `http-equiv` avec l'élément `<meta>` pour divers objectifs, comme paramétrer la date d'expiration d'une page. Pour en savoir plus sur les options `http-equiv`, consultez le dictionnaire des balises HTML META à l'adresse suivante :

```
http://vancouver-webpages.com/META/metatags.detail.html
```

Nommer une page avec <title>

Chaque page HTML doit avoir un titre descriptif pour indiquer son sujet. Ce texte apparaît dans la barre de titre tout en haut de la fenêtre du navigateur, comme dans la figure 4-1. Un titre doit être concis tout autant qu'informatif. (Par exemple *Ma page d'accueil* n'est pas aussi informatif que les *services web d'Ed*).

Vous définissez un titre de page avec l'élément `<title>` dans l'élément `<head>` :

```
<!DOCTYPE html>

<html>
   <head>
      <meta charset="UTF-8" >
      <title>Les services de conception d'Ed</title>
    </head>
</html>
```

N'OUBLIEZ PAS

Les moteurs de recherche utilisent le contenu de `<title>` pour lister des pages web en réponse à des requêtes. Le titre peut être la première chose que lira un visiteur sur une page, notamment s'il trouve la page via un moteur de recherche. Dans la réalité, un moteur de recherche listera probablement le titre de votre page parmi de nombreuses autres sur sa page de résultats, ce qui vous donne une chance d'attirer l'attention du visiteur et de le convaincre de choisir votre page. C'est pourquoi il est important de bien choisir le titre.

TRUC

Le titre sert aussi aux signets et favoris ainsi qu'à l'historique du navigateur, c'est pourquoi il doit être court et facile à retenir.

<body>

Une fois que vous avez configuré l'en-tête de la page, créé un titre et défini quelques métadonnées, vous pouvez créer le balisage et contenu HTML qui apparaîtront dans la fenêtre du navigateur. L'élément `<body>` contient le contenu de votre document.

Si vous voulez voir afficher quelque chose dans la fenêtre de votre navigateur, mettez-le dans l'élément <body>, comme suit :

```
<!DOCTYPE html>


<html>
  <head>
    <meta charset="UTF-8">
    <title>Les services web d'Ed</title>
    <meta name="keywords"
      content="consultant web, conception de page, construction de site ">
    <meta name="description" content="Compétences et services d'Ed">
  </head>



<body style="color: white;
      background-color: teal;
      font-size: 1.2;
      font-family: sans-serif">
  <h1>Services web d'Ed</h1>
  <p>Ed a aidé de nombreuses entreprises texanes, petites ou grandes,
     à concevoir et publier leur site web professionnel. Il est spécialisé
    dans la conception personnalisée de sites web, dans les solutions
    multimédias dynamiques, et dans l'impression qui s'adaptent aux besoins de
    l'entreprise.</p>


  <p>Pour plus d'infos, envoyez un e-mail
   <a href="mailto:ed@edtittel.com">Ed Tittel</a></p>
  </body>
</html>
```

La figure 4-3 illustre comment un navigateur affiche la page HTML complète :

- Le contenu de l'élément <title> dans la barre de titre de la fenêtre.
- Les éléments <meta> qui n'affectent pas du tout l'apparence de la page ;
- Seul le texte.ontenu entre les éléments <h1> et <p> (dans l'élément <body>) apparaît dans la fenêtre du navigateur.

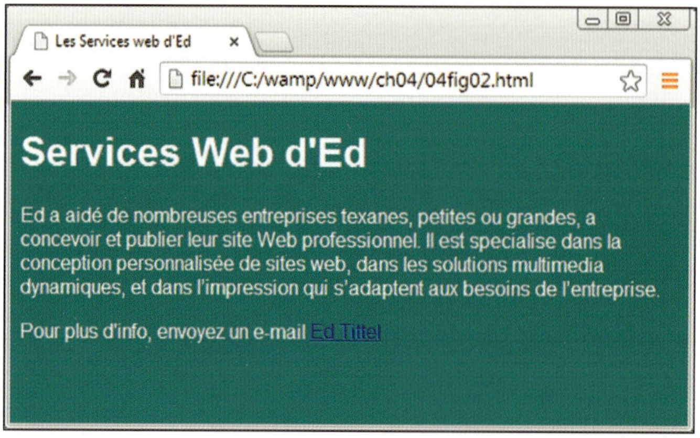

Figure 4-3 : Seul le contenu dans l'élément <body> apparaît dans la fenêtre du navigateur.

Chapitre 5

Textes et listes

Dans ce chapitre :

- Travailler avec des blocs de texte basiques
- Manipuler des blocs de texte
- Créer des listes à puces, numérotées et de définitions

Les documents HTML comprennent du texte, des images, des fichiers multimédias, des liens et d'autres types de contenu que vous modelez en une page web à l'aide d'éléments de balisage et d'attributs. Vous utilisez des blocs de texte pour créer des en-têtes, des paragraphes et des listes. La première étape dans la création d'un document HTML solide consiste à poser des fondations solides pour définir la structure du document.

Formater du texte

La définition ultra technique d'un *bloc de texte* est un bloc de contenu qui remplit une ou plusieurs lignes dans un élément HTML.

En réalité, une page HTML est un ensemble de blocs de texte :

- Chaque élément du contenu d'une page web doit faire partie d'un élément du bloc.
- Les éléments du bloc se terminent généralement par un saut de ligne lors du rendu dans un navigateur web.
- Chaque élément du bloc s'insère à l'intérieur de l'élément `<body>` sur votre page. En fait, `<body>` est le tout dernier bloc !

Éléments de niveau texte versus éléments de niveau bloc

La différence entre les éléments de niveau texte et ceux de niveau bloc est importante. Les éléments HTML dans ce chapitre se rapportent au niveau bloc. Un élément de niveau texte correspond à un mot ou à une suite de mots à l'intérieur d'un élément bloc (par exemple, des éléments de mise en forme des caractères tels que `<em>` et `<strong>`). Les éléments de niveau texte doivent être imbriqués dans un élément de niveau bloc. Sinon votre document HTML n'est pas syntaxiquement correct.

Les éléments de niveau texte comme les liens et la mise en forme sont conçus pour relier (ou modifier l'apparence de) quelques mots ou lignes du contenu situé à l'intérieur de ces blocs.

HTML reconnaît plusieurs types de blocs que vous pouvez utiliser dans vos documents, dont les éléments cités dans le tableau 5-1 (mais cette liste n'est pas exhaustive).

Tableau 5-1 : Les principaux éléments de niveau bloc de HTML5.

Élément	Description	Élément	Description
article	contenu de l'article	header	en-tête de section ou de page
aside	contenu associé	h1-h6	Titre de 1 à 6
blockquote	bloc de citation	hr*	règle horizontale
body	corps de la page	p	paragraphe
br1	saut de ligne	pre	texte préformaté
div	division en page web	table (etc.) 2	tableaux HTML
footer	pied de section ou de page	u1,o1,d1	Listes par type

1 Signifie un élément vide (une seule balise et non une paire)

2 Tous les tableaux entrent dans cette case, mais nous n'avons pas suffisamment de place pour les citer tous. Reportez-vous au chapitre 6 pour en savoir plus.

Pour en apprendre davantage sur les éléments de niveau bloc de HTML, consultez la liste « HTML5 Block Level Elements :Complet List » à

`www.tutorialchip.com/tutorials/html5-block-levelelements-complete-list`

Paragraphes

Les paragraphes sont les blocs de texte les plus fréquents sur les pages web.

N'OUBLIEZ PAS

Les navigateurs HTML ne reconnaissent pas les sauts de ligne que vous insérez quand vous créez une page dans un éditeur. Vous devez utiliser une balise <p> pour indiquer au navigateur de rassembler tout le texte jusqu'à la prochaine balise de fermeture </p> afin de faire un paragraphe.

Formater

Pour créer un paragraphe, suivez ces étapes :

1. **Ajoutez <p> dans le corps du document.**
2. **Tapez le contenu du paragraphe.**
3. **Ajoutez </p> pour fermer ce paragraphe.**

Voici un exemple :

```
<!DOCTYPE html>
<html>
  <head>
   <meta charset="UTF-8">
   <title>Tout sur les Blocs</title>
  </head>


  <body>
   <p>Ceci est un paragraphe. C'est cette structure très simple
      que vous utiliserez tout le temps dans vos pages web.</p>
   <p>Ceci est un autre paragraphe. Quoi de plus simple à créer ?</p>
  </body>
</html>
```

Cette page HTML comprend deux paragraphes, chacun marqué par un élément de séparation <p>. La majorité des navigateurs web ajoutent un retour chariot et un saut de ligne après chaque paragraphe, comme vous pouvez le voir illustré à la figure 5-1.

ATTENTION

Des codeurs HTML négligents n'utilisent pas la balise de fermeture </p> quand ils font des paragraphes. Même si quelques navigateurs tolèrent cette pratique douteuse, l'omission de la balise de fermeture n'est pas une bonne pratique parce que :

- la syntaxe n'est pas correcte ;

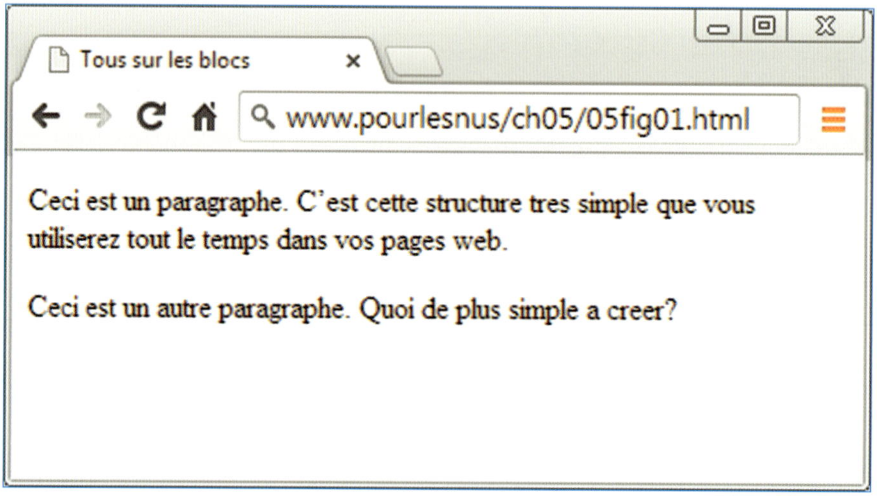

Figure 5-1 : Les navigateurs web délimitent les paragraphes avec des sauts de ligne.

- elle peut créer des problèmes avec les feuilles de style ;
- la page peut s'afficher de manière incohérente d'un navigateur à l'autre.

Reportez-vous aux chapitres 11 à 19 pour savoir comment contrôler le formatage des paragraphes (couleur, style, taille et alignement) avec les CSS (*Cascading Style Sheets*).

Titres

Les titres divisent un document en sections. Ce livre utilise des titres et sous-titres pour diviser chaque chapitre en sections. Il en va de même pour les pages web. Les titres :

- créent une structure organisée ;
- décomposent la fluidité du texte sur la page ;
- constituent des indices visuels du regroupement des sujets abordés dans le contenu.

HTML comprend six éléments pour différents niveaux de titre dans les documents :

- `<h1>` est le titre le plus important (Heading 1).
- `<h6>` est le titre le moins important (Heading 6).

Respectez l'ordre croissant du plus petit au plus grand quand vous utilisez les niveaux de titre de HTML. En d'autres termes, ne prenez pas un titre de deuxième niveau si vous n'avez pas de titre de premier niveau, pas de troisième niveau si vous n'avez pas atteint le niveau 2, et ainsi de suite. Si vous n'en voyez pas l'intérêt, pensez à la manière dont fonctionnent les six styles de titre de Microsoft Word. Si vous voulez changer le look des titres, reportez-vous aux chapitres 11 et 12 qui expliquent comment utiliser des feuilles de style pour le faire.

Formater

Pour créer un titre, suivez ces étapes :

1. **Ajoutez** `<hn>` **dans le corps de votre document.**
2. **Tapez le contenu du titre.**
3. **Ajoutez** `</hn>`.

Dans cet exemple, *n* correspond au numéro du niveau de titre que vous souhaitez créer. Par exemple, pour créer un titre de premier niveau, remplacez le *n* par 1, soit <h1>, pour un titre de deuxième niveau, ajoutez <h2>, etc.

Afficher dans le navigateur

Chaque navigateur a une manière différente d'afficher les niveaux de titre, comme vous pouvez le constater dans les deux sections suivantes.

Les navigateurs graphiques

La plupart des navigateurs graphiques utilisent une taille et une police de caractères distinctes pour les titres.

- Les titres de premier niveau (<h1>) sont les plus grands (en général deux ou trois tailles de police de caractères plus grandes que la taille du texte par défaut des paragraphes).
- Tous les titres sont en gras par défaut et les paragraphes sont en plein texte par défaut (pas de gras).
- Les titres du sixième niveau (<h6>) sont les plus petits et peuvent même être de deux ou trois tailles *plus petites* que le texte par défaut des paragraphes.

L'extrait de code HTML qui est un exemple de la syntaxe des six niveaux de titre :

```
<!DOCTYPE html>
<html>
  <head>
    <meta charset="UTF-8">
    <title>Tout sur les blocs: Titres 1-6</title>
  </head>


 <body>
   <h1>Titre de premier niveau</h1>
   <h2>Titre de deuxième niveau</h2>
   <h3>Titre de troisième niveau</h3>
   <h4>Titre de quatrième niveau</h4>
   <h5>Titre de cinquième niveau</h5>
   <h6>Titre de sixième niveau</h6>
 </body>
</html>
```

La figure 5-2 représente les titres dans une page HTML affichée dans un navigateur.

Passez par CSS pour contrôler le style des titres (couleur, taille, espace et alignement).

Par défaut, la plupart des navigateurs utilisent la police Times Roman pour les titres. La taille de la police diminue au fur et à mesure que le niveau baisse. (Les tailles par défaut des six niveaux sont respectivement 24, 18, 14, 12, 10 et 8). Mais vous pouvez modifier ces formats avec CSS.

Les navigateurs Texte

Les navigateurs texte seul utilisent des conventions de titre qui sont différentes de celles de navigateurs graphiques parce qu'ils utilisent une seule taille de caractères et de police pour afficher tout le contenu. Il n'y a pas beaucoup de navigateurs texte seul considérés comme bons, nous vous conseillons Lynx, Elinks, Cygwin et MIRA.

Contrôler les blocs de texte

Les blocs de texte constituent la base de votre page. Vous pouvez décomposer ces blocs en de plus petits groupes afin de mieux guider les lecteurs à travers le contenu de votre site.

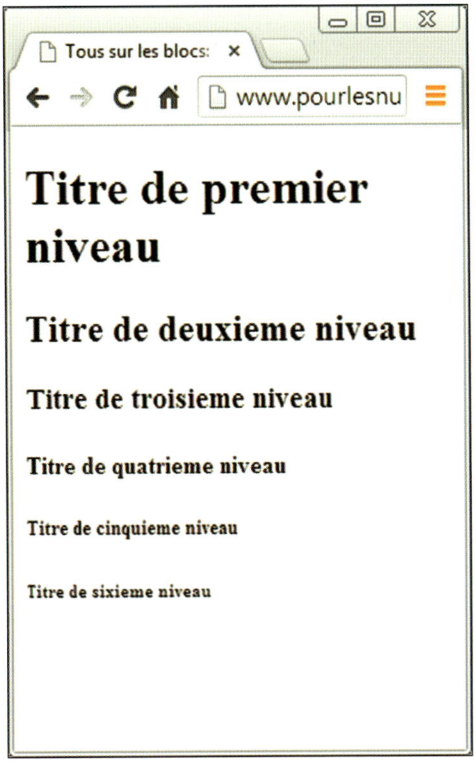

Figure 5-2 : Les navigateurs web affichent les titres du premier au sixième niveau.

Blocs de citation

Un *bloc de citation* est une citation longue ou un extrait de la source du copyright que vous mettez en exergue sur une page. Utilisez l'élément <blockquote> pour délimiter des citations :

```
<!DOCTYPE html>
<html>
  <head>
    <meta charset="UTF-8">
    <title>Citations célèbres</title>
  </head>


  <body>
   <h1>Une phrase qui inspire</h1>
   <p>Quand j'ai besoin d'un peu d'inspiration pour motiver ma présence
```

```
      En classe, je me souviens de ce que Lee Iococca a dit:</p>
    <blockquote>
      Dans une société complètement rationnelle, les meilleurs d'entre nous
      seront professeurs et le reste devra se contenter d'autre chose.
    </blockquote>
  </body>
</html>
```

La plupart des navigateurs affichent le contenu des blocs de citation avec un léger retrait à gauche, comme l'illustre la figure 5-3.

Figure 5-3 : Les navigateurs web affichent généralement un bloc de citation avec un léger retrait pour bien le distinguer des paragraphes.

Texte préformaté

En général, HTML ignore les espaces blancs dans les documents. C'est pour cette raison que les navigateurs web n'affichent pas d'élément de type :

- retour à la ligne forcé ;
- saut de ligne ;
- grands espaces blancs.

L'extrait de code de balisage qui suit comprend retour à la ligne forcé, saut de ligne et beaucoup d'espaces. La figure 5-4 montre bien que le navigateur web les ignore tous.

```
<p>Ceci est un paragraphe


    Avec beaucoup d'espaces blancs


        Pour s'amuser (pour faire un test bien sûr).</p>
```

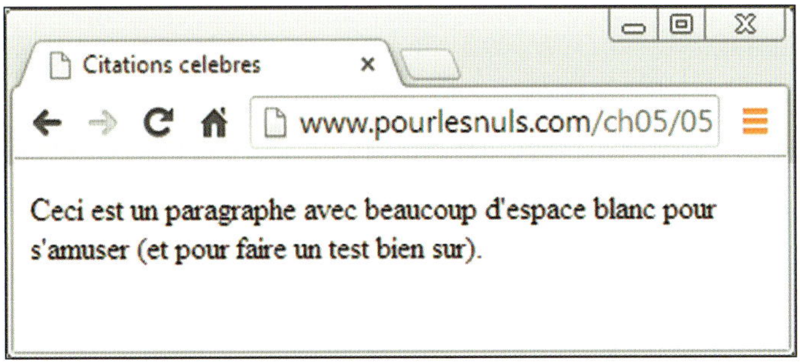

Figure 5-4 : Les navigateurs web ignorent généralement les espaces blancs.

L'élément texte préformaté (`<pre>`) indique aux navigateurs de laisser tels quels les espaces blancs lors de l'affichage du contenu. (Voir le code exemple ci-après). Utilisez l'élément `<pre>` à la place de l'élément `<p>` pour faire appliquer les espaces blancs au navigateur, comme illustré à la figure 5-5.

```
<!DOCTYPE html>
<html>
  <head>
   <meta charset="UTF-8">
   <title>Espace blanc</title>
  </head>


 <body>
  <pre>Ceci est un paragraphe


           Avec beaucoup d'espaces blancs


              Pour s'amuser (et faire un test bien sûr).
   </pre>
  </body>
</html>
```

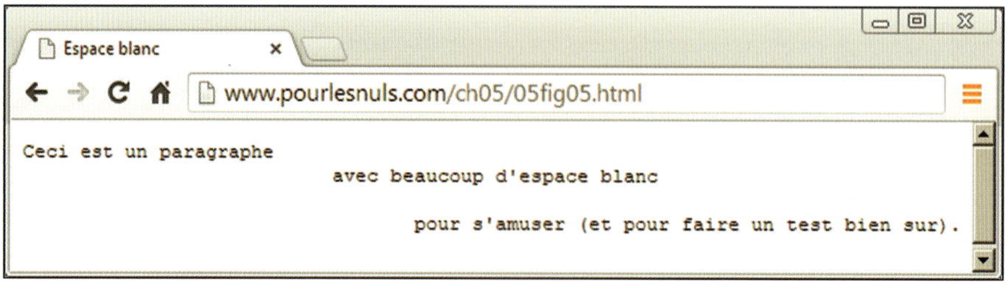

Figure 5-5 : Utiliser du texte préformaté pour forcer les navigateurs à reconnaître les espaces blancs.

Les espaces blancs peuvent être très importants dans une page HTML si vous voulez que le navigateur affiche :

- des exemples de code ;
- des données en colonnes, des chiffres ou du texte sensible au format ;
- des tableaux de texte.

TRUC

Vous pouvez imbriquer des éléments `<pre>` dans des éléments `<blockquote>` pour contrôler précisément la manière dont les lignes du texte cité apparaissent sur la page. Mieux, oubliez ces balises et servez-vous de CSS pour positionner des blocs de texte dans des éléments `<div>`.

Règles horizontales

L'utilisation d'un élément de règle horizontale `<hr>` vous permet d'inclure de solides lignes droites appelées *règles* dans une page.

TRUC

Le navigateur crée la règle en fonction de l'élément `hr` ce qui fait que les utilisateurs savent qu'il ne s'agit pas d'une image. Une règle horizontale est une bonne option pour :

- diviser une page en plusieurs sections logiques ;
- séparer en-têtes et pieds de page du reste de la page.

Formater

Lorsque vous mettez un élément <hr> sur une page, comme dans le code HTML qui suit, le navigateur le remplace par une ligne (voir figure 5-6).

```
<!DOCTYPE html>
<html>
```

```
  <head>
    <meta charset="UTF-8">
    <title>Règle horizontale</title>
  </head>

  <body>
    <p>Ceci est un paragraphe suivi d'une règle horizontale.</p>

    <hr>

     <p>Ceci est un paragraphe précédé d'une règle horizontale.</p>
  </body>
</html>
```

TRUC

Une règle horizontale insère toujours une ligne. Ne pensez pas que vous pouvez faire apparaître une règle au milieu d'un bloc de texte. Vous ne pouvez pas ajouter l'élément <hr> au milieu d'un paragraphe (ou d'un autre bloc).

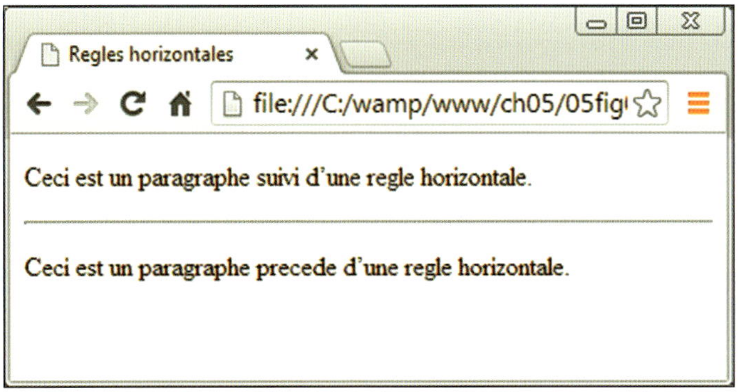

Figure 5-6 : L'élément <hr> permet d'insérer des lignes horizontales dans les pages.

Le morceau de code HTML ci-après crée une ligne horizontale qui occupe 45 % de largeur de la page, elle est de 4 pixels (px), centrée et a l'ombrage désactivé :

```
<p>Ceci est un paragraphe suivi d'une règle horizontale.</p>

<hr width="45%" size="4" align="center" noshade="noshade">

<p>Ceci est un paragraphe précédé d'une règle horizontale.</p>
```

La figure 5-7 représente les modifications apportées à l'exemple précédent grâce à l'ajout des attributs. (**Note** : Ces attributs sont *dépréciés* et mieux vaut les remplacer par leurs équivalents CSS comme expliqué aux chapitres 11 à 19. Vous trouverez beaucoup de ressources en ligne sur les attributs dépréciés. (Attention le code précédent n'est pas valide).

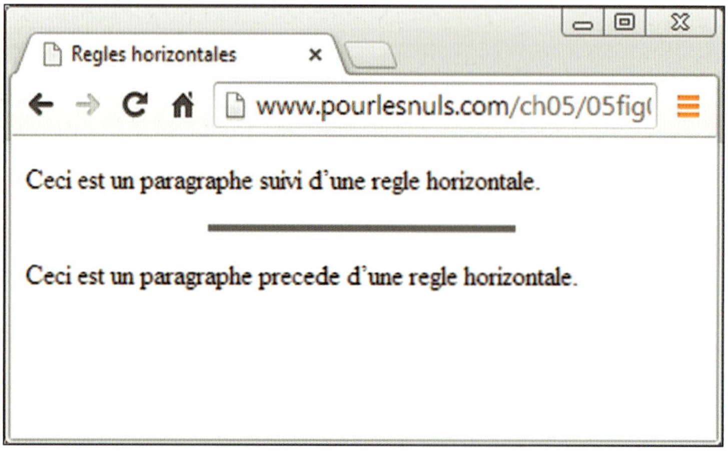

Figure 5-7 : Ne pas utiliser les attributs dépréciés <hr>, préférer CSS.

Organiser les informations

Les listes sont de puissants outils pour regrouper des éléments identiques. Elles permettent aux visiteurs de zoomer facilement sur des groupes d'informations dans votre site. Une liste peut contenir diverses informations du jeu d'instructions à un ensemble de liens.

Les listes utilisent une combinaison d'éléments, du moins elles se composent d'au moins deux éléments :

- un élément de balisage qui indique au navigateur que les éléments qui suivent font partie d'une liste ;
- d'éléments de balisage qui indiquent au navigateur que tel élément est dans la liste.

HTML prend en charge trois types de listes :

- listes numérotées ;
- listes à puces ;
- listes de définitions.

Listes numérotées

Une *liste numérotée* se compose d'un minimum de deux éléments, chacun précédé d'un numéro. On utilise généralement une liste numérotée pour souligner l'importance de l'ordre ou de la priorité des éléments.

Une liste numérotée comporte deux types d'éléments HTML :

- l'élément de liste ordonnée (`<ol>`) spécifie une liste numérotée ;
- des éléments de liste (<li>) désignent chaque élément faisant partie de la liste.

Formater

Une liste de trois éléments respectera l'ordre suivant :

1. `<ol>`
2. `<li>`
3. Contenu du premier élément de la liste
4. `</li>`
5. `<li>`
6. Contenu du deuxième élément de la liste
7. `</li>`
8. `<li>`
9. Contenu du troisième élément de la liste
10. `</li>`
11. `</ol>`

Le code HTML suivant définit une liste numérotée à trois éléments :

```
<!DOCTYPE html>
<html>
  <head>
    <meta charset="UTF-8">
    <title>Liste numérotée</title>
  </head>
```

```
  <body>
    <h1>A faire aujourd'hui</h1>
    <ol>
      <li>Nourrir le chat</li>
      <li>Laver la voiture</li>
      <li>Faire les courses</li>
    </ol>
  </body>
</html>
```

La figure 5-8 représente le rendu de ce code HTML dans un navigateur web. Notez que vous n'avez pas besoin de spécifier le numéro de chaque élément de la liste, le navigateur identifie les éléments de la liste grâce au langage de balisage et ajoute par défaut des numéros suivis d'un point.

Figure 5-8 : Utiliser les balises <ol> et <li> pour créer une liste numérotée.

Si vous invertissez les deux premiers éléments dans la liste, ils continueront d'apparaître dans l'ordre donné et numérotés lors de l'affichage de la page, comme illustré à la figure 5-9.

```
<ol>
   <li>Laver la voiture</li>
   <li>Nourrir le chat</li>
   <li>Faire les courses</li>
</ol>
```

Figure 5-9 : Les navigateurs web insèrent des numéros dans la liste par ordre d'apparition.

Listes à puces

Une *liste à puces* contient un ou plusieurs éléments, chacun précédé d'une *puce* (en général un gros point ; dans ce livre nous utilisons des coches). On utilise en général ce type de liste lorsque l'ordre des éléments n'est pas indispensable pour comprendre les informations données.

Formater

Pour créer une liste à puces, vous avez besoin de :

- l'élément de liste non ordonnée (<ul>) qui spécifie une liste à puces ;
- l'élément de liste (<li>) qui marque chaque élément dans la liste ;
- de la balise de fermeture de l'élément de liste non ordonnée (</ul>) qui indique la fin de la liste.

Une *liste non ordonnée* (autre nom de la liste à puces) respectera l'ordre suivant :

1. `<ul>`
2. `<li>`
3. Contenu du premier élément de la liste
4. `</li>`

5. <li>
6. Contenu du deuxième élément de la liste
7. </li>
8. <li>
9. Contenu du troisième élément de la liste
10. </li>
11. </ul>

Le code HTML qui suit formate une liste à trois éléments sous forme de liste à puces :

```
<!DOCTYPE html>
<html>
  <head>
    <meta charset="UTF-8">
    <title>Liste à puces</title>
  </head>


 <body>
   <h1>Things to do today</h1>
   <ul>
     <li>Nourrir le chat</li>
     <li>Laver la voiture</li>
     <li>Faire les courses</li>
   </ul>
 </body>
</html>
```

La figure 5-10 représente le rendu de cette liste à puces dans un navigateur.

TRUC

Préférez CSS pour avoir plus de contrôle sur le formatage de vos listes, comme par exemple la possibilité d'insérer vos propres images comme symboles de puces.

Listes de définitions

Les *listes de définitions* regroupent des mots et des définitions dans une seule liste. Elles doivent comporter trois éléments :

- <dl> : contient les définitions de la liste (dl = *definition list* en anglais).

Figure 5-10 : Une liste non ordonnée utilise des puces à la place de numéros pour marquer les éléments.

- <dt> : définit un terme dans la liste (dt = *definition term* en anglais).
- <dd> : définit la définition d'un terme (dd = *definition list definition* en anglais).

Vous pouvez avoir autant de termes (définis par <dt>) dans une liste (<dl>) que vous voulez. Chaque terme peut avoir une ou plusieurs définitions (définies par <dd>).

Pour créer une liste de définitions à deux éléments, vous devez respecter l'ordre suivant :

1. <dl>
2. <dt>
3. Nom du premier terme
4. </dt>
5. <dd>
6. Contenu de la définition du premier élément
7. </dd>
8. <dt>
9. Nom du second terme
10. </dt>

11. <dd>
12. Contenu de la définition du second élément
13. </dd>
14. </dl>

La liste de définitions suivante comprend trois termes, dont l'un a deux définitions :

```
<!DOCTYPE html>
<html>
  <head>
    <meta charset="UTF-8"/>
    <title>Liste de définitions</title>
  </head>


<body>
  <h1> Définitions des langages de balisage</h1>
  <dl>
   <dt>SGML</dt>
    <dd>Standard Generalized Markup Language</dd>
    <dt>HTML</dt>
     <dd> Hypertext Markup Language</dd>
     <dd>Langage que vous utilisez pour créer des pages.</dd>
   <dt>XML</dt>
    <dd> Extensible Markup Language</dd>
  </dl>
</body>
</html>
```

La figure 5-11 représente l'affichage dans un navigateur web de ce code HTML.

TRUC

Si vous trouvez que des éléments dans une liste sont trop proches, utilisez des feuilles de style CSS pour contrôler précisément tous les aspects de l'apparence de la liste, comme expliqué dans les chapitres 14 et 17 de ce livre.

Notez que les listes de définitions ont souvent un affichage différent selon les navigateurs et qu'elles ne sont pas toujours traitées de la même manière par les moteurs de recherche ou les traducteurs text-to-speech. Pour en savoir plus, consultez le dossier spécial sur les listes de définitions de About.com à l'adresse

`http://webdesign.about.com/od/htmltags/a/aa112006.htm`

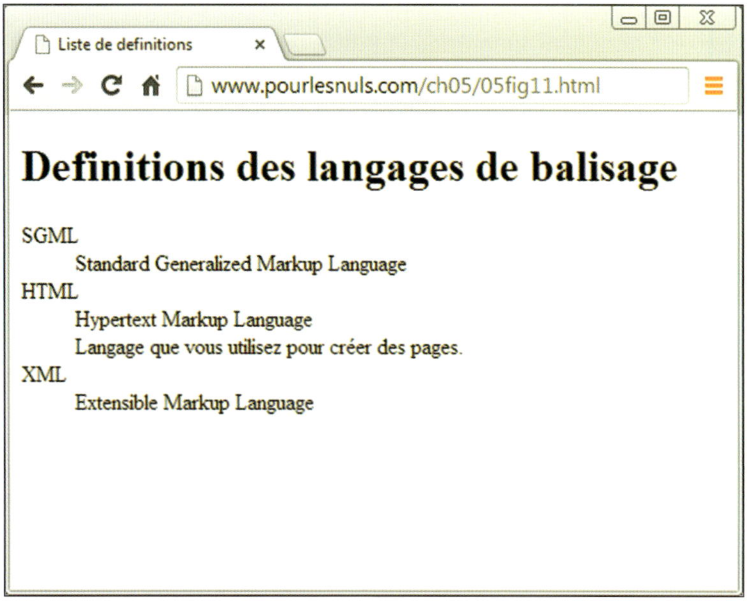

Figure 5-11 : Les listes de définitions regroupent des termes et leur définition dans une liste.

Hélas, cela signifie aussi que les listes de définitions ne sont pas le meilleur choix de formatage des listes (même pour les listes de définitions !). Pour en savoir plus, allez jeter un œil à l'excellent article du site

`www.maxdesign.com.au/articles/definition`

Imbriquer des listes

Vous pouvez créer des sous-catégories *en imbriquant* des listes dans des listes. Les listes imbriquées sont souvent utiles pour faire :

- un plan du site et d'autres outils de navigation ;
- une table des matières pour livres ou documents en ligne ;
- un plan détaillé.

Vous pouvez combiner les trois types de listes pour créer une liste imbriquée, comme un sommaire à plusieurs niveaux ou un plan détaillé qui mélange titres numérotés et éléments de listes à puces pour un niveau inférieur.

L'exemple suivant commence par une liste numérotée qui définit la liste de choses à faire dans la journée et utilise trois listes à puces pour décomposer chaque élément numéroté en tâches spécifiques.

```
<!DOCTYPE html>
<html>
  <head>
    <meta charset="UTF-8">
    <title>Liste imbriquée</title>
  </head>
  <body>
   <h1>A faire aujourd'hui</h1>
   <ol>
    <li>Nourrir le chat
     <ul>
      <li>Rincer la gamelle</li>
      <li>Ouvrir la boîte d'aliments pour chat</li>
      <li>Mélanger les aliments dans la gamelle</li>
      <li>Servir sur un plateau d'argent au chat Pixel</li>
    </ul></li>
   <li>Laver la voiture
     <ul>
      <li>Nettoyer l'intérieur</li>
      <li>Laver l'extérieur</li>
      <li>Cirer l'extérieur</li>
     </ul></li>
   <li>Faire les courses
    <ul>
      <li>Faire le menu</li>
      <li>Vérifier le frigo</li>
      <li>Faire une liste</li>
      <li>Aller au magasin</li>
       </ul></li>
      </ol>
  </body>
</html>
```

Toutes les listes imbriquées suivent le même modèle de balisage :

- Chaque élément de la liste de premier niveau de la liste ordonnée est suivi d'une liste complète de second niveau.
- Les listes de second niveau s'insèrent dans la liste de premier niveau et non dans les éléments de la liste.

La figure 5-12 représente le rendu des listes imbriquées du code HTML dans un navigateur web.

Figure 5-12 : Les listes imbriquées combinent des listes de plusieurs niveaux d'organisation des informations.

Quand vous créez des listes imbriquées, ayez une attention particulière aux balises d'ouverture et de fermeture. « Ferme d'abord ce que tu as ouvert en dernier » dit l'adage. Si vous n'ouvrez ni ne fermez correctement les balises, les éléments de ces listes risquent d'être mal mis en retrait ou mal numérotés ou bien le texte peut tout simplement présenter un retrait incorrect, parce que quelque part quelque chose n'a pas été fermé correctement.

Chapitre 6

Des Tables Tip-Top en HTML

Dans ce chapitre :

- Comprendre les capacités et les avantages des tables
- Se familiariser avec le balisage des tables
- Concevoir une table
- Construire des tables simples
- Réaliser des tables plus complexes
- Tirer parti des meilleures pratiques et techniques des tables

En HTML, les tables sont un moyen simple pour présenter des données, du texte ou même des images dans une grille. Les tables simplifient la présentation des données numériques (qui apparaissent naturellement sous forme de Tableau dans des tableurs et autres applications similaires). Les tables permettent également de faciliter l'affichage des informations qui entrent naturellement en lignes et en colonnes et vous aident à optimiser l'espace.

Pourquoi la balise <table> a-t-elle mauvaise réputation ?

Avant de nous plonger dans les balises nécessaires pour contenir et créer des tables dans un document HTML, nous devons d'abord parler de la mauvaise réputation acquise par ces dernières durant la période allant du milieu des années 1990 à l'année 2002. Cette période sans CSS utilisait en effet massivement les tables pour gérer la présentation des pages web.

Les tables étaient alors un outil incontournable de conception pour la mise en forme des pages web, car elles étaient relativement simples à comprendre, à définir et à utiliser. Les concepteurs employaient les tables pour gérer l'aspect des pages et contrôler l'emplacement des éléments dans ces dernières. Cette technique s'est avérée particulièrement utile pour créer des mises en page multicolonnes – une technique appréciée, encore aujourd'hui, par nombre de concepteurs de pages web. De nos jours, comme les CSS peuvent gérer ces aspects bien plus facilement, il n'y a plus aucune raison d'utiliser les tables à cet effet.

Cependant, « l'ère des tables » a laissé un goût amer dans la bouche des concepteurs de pages web. Et, depuis lors, un trop grand nombre d'entre eux ont décidé de renoncer complètement à leur utilisation de crainte de les employer de manière inappropriée là où les CSS peuvent prendre la relève. Aujourd'hui, nous pensons qu'il est temps de réhabiliter les tables en les employant là où il est logique de les utiliser. Lorsque vous avez un grand nombre de champs ou d'informations textuelles qui peuvent naturellement être organisés en rangées et en colonnes, les tables sont bien adaptées. De plus, elles sont compactes et améliorent la lisibilité.

Qu'est-ce qu'une table ? Un grand nombre de balises...

Le conteneur de balisage principal pour les tables en HTML est l'élément `<table>`. Autrement dit, vous devez utiliser la balise d'ouverture `<table>` pour indiquer le début d'une table, et la balise de fermeture `</table>` pour y mettre fin. En outre, les blocs de construction de base pour les données d'une table au format HTML sont la ligne (`<tr>`) et les données (`<td>`). Ainsi, une table contient autant de lignes qu'il y a d'éléments `<tr>` (plus un en-tête ou un pied) et autant de colonnes qu'il y a de `<td>` sur la ligne la plus chargée.

Entre ces balises d'ouverture et de fermeture, vous pouvez trouver les éléments suivants dans un ordre précis (en d'autres termes, obligatoire) :

- **Zéro ou un élément** `<caption>` sert à définir la légende de la table. S'il est employé, cet élément doit suivre immédiatement la balise d'ouverture <table>.
- **Zéro ou un groupe de colonnes (**`<colgroup>`**)** sert à définir les regroupements de colonnes dans la table. S'il est présent, il doit apparaître après l'élément `<caption>` et avant tous les autres éléments de la table.
- **Zéro ou un titre de Tableau (**`<thead>`**)** sert à définir le titre d'une table. Il est fréquent qu'un premier titre s'étende sur toute la largeur de la table

pour identifier cette dernière et qu'une seconde ligne contienne les titres de chaque colonne de la table.

- **Zéro ou plusieurs corps de table (<tbody>)** sert à identifier le contenu de la table. Une table peut comporter plusieurs éléments <tbody> (une seule tête mais plusieurs corps !).
- **Zéro ou un pied de table (<tfoot>)** sert à fournir des informations pour le bas d'une table. Les navigateurs peuvent choisir l'élément qu'ils feront défiler parmi <thead>, <tbody> et <tfoot> (même s'il s'agit le plus souvent du corps de la table) et celui qu'ils laisseront toujours visible à l'écran. Le pied de table est un cas particulier, il peut apparaître soit en dernier (comme dans cette liste) soit après un de ces éléments (dans cet ordre) : <caption>, <colgroup> et <thead> mais avant les éléments <tbody> et <tr>. Dans ce cas particulier, <tfoot> ne peut apparaître en fin de table. Ce n'est pas autorisé !
- **S'il n'y a pas d'élément <tbody> présent** (ce qui revient normalement à définir le corps de la table dans une table n'ayant qu'un en-tête et éventuellement une section de pied), l'élément (<tr>) définit des lignes pour les données présentes.

$ TRUC

Comme la syntaxe et l'ordre du balisage d'une table HTML peuvent s'avérer difficiles et compliqués, il est ici plus intéressant que jamais de soumettre votre code au validateur du W3C (http://validator.w3.org) pour vous assurer qu'il est bien correct.

La structure d'une table HTML est plus facile à comprendre si nous la représentons seulement à l'aide de balises de base associées à quelques commentaires qui, espérons-le, vous éclaireront :

```
<! DOCTYPE html>
<html>
  <head>
   <title>Structure de base d'une table et séquence</title>
  </head>
 <body>
  <table border="1">
    <caption>Table 6-1: HTML Markup Structure and Sequence</caption>
    <thead><tr><th>Element</th><th>Description</th></tr></thead>
    <!—dans tous les conteneurs de la table, vous utilisez toujours des
       lignes -->
    <!—ce qui inclut thead, tbody, et tfoot -->
    <!-- Use th for bold headings in both header and footer -->
    <tbody>
       <tr><td>table</td><td>overall table container</td></tr>
       <tr><td>caption</td><td>table caption text</td></tr>
       <tr><td>tbody</td><td>table body container</td></tr>
```

```
      <tr><td>tfoot</td><td>table footer container</td></tr>
    </tbody>
    <tfoot><tr><td>Element</td><td>Description</td></tr></tfoot>
  </table>
 </body>
</html>
```

La figure 6-1 illustre la manière dont un navigateur affiche cette table. (Pour en augmenter la lisibilité, nous avons ajouté border = "1" à l'élément table afin de dessiner un contour sur le pourtour de chacune de ces cellules.)

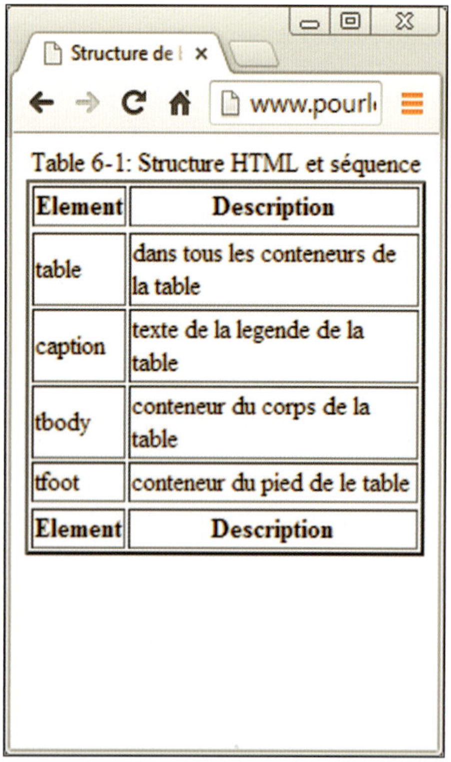

Figure 6-1 : Cette simple table illustre la structure typique des tables HTML.

Configurer la bordure d'une table

Comme vous pouvez le voir sur le document HTML affiché plus haut à la figure 6-1, vous pouvez appliquer l'attribut `border` de l'élément `table` comme ceci :

```
<table border="1">
```

Il s'agit d'un cas intéressant, car vous devez définir une valeur de bordure égale à "1" pour qu'elle puisse apparaître correctement. Cependant, nos différents tests nous ont montré qu'une bordure apparaît autour de la table quelle que soit la valeur de l'attribut `border`. Ainsi, pour la désactiver, nous avons dû retirer le texte `border = "value"` entièrement du balisage. En effet, les versions précédentes de HTML utilisaient cette valeur pour définir la largeur de la bordure autour de la table, mais ce n'est plus le cas avec HTML5 où il s'agit maintenant d'un simple drapeau (affichage d'une bordure s'il est présent, aucune bordure s'il est absent). Aujourd'hui, vous devez utiliser les CSS pour contrôler l'épaisseur de la bordure d'une table, ses ombres, ses couleurs et toutes les autres grandes propriétés qu'elles vous permettent de gérer.

Le chef de table (<thead>) et ses éléments

Dans la section précédente, nous avons présenté de nombreux éléments associés à l'en-tête d'une table HTML, qui est lui-même un élément de la table appelée `<thead>`. Ces éléments sont résumés dans le tableau 6-1 ! (Hélas, pour construire ce dernier, nous avons dû utiliser les fonctionnalités de Word plutôt qu'un balisage HTML.)

Tableau 6-1 : Balise Head des tables HTML.

Element	Description/Notes
caption	Délimite le titre de la table (apparaît au-dessus du contenu de la table).
colgroup	Spécifie les propriétés d'un groupe de colonnes d'une table. (Utilisez l'élément `col` à l'intérieur d'un élément `colgroup` pour définir les propriétés colonne par colonne).
col	Spécifie les propriétés pour une colonne donnée située à l'intérieur d'un groupe de colonnes.
thead	Définit le conteneur global pour le contenu de l'en-tête de la table.
tr	Identifie chaque colonne située à l'intérieur d'un en-tête de table.
th ou td	Utilisez th pour obtenir une tête de colonne en gras et un texte centré ; td pour un texte aligné à gauche.

Un en-tête de table complexe peut contenir plusieurs rangées d'en-têtes de colonnes. Voici quelques balises un peu avancées pour vous donner une idée du type de résultat intéressant que l'on peut obtenir en jouant avec les propriétés. Ici, nous partons du balisage de la figure 6-1, la figure 6-2 montre les résultats après le remaniement des en-têtes et colonnes.

```
<! DOCTYPE html>
<html>
  <head>
    <meta charset="UTF-8">
    <title>Basic Table Markup Structure and Sequence</title>
  </head>
 <body>
  <table border="1">
   <caption>Table 6-1: HTML Markup Structure and Sequence</caption>
   <colgroup>
     <col style="background-color: orange; font-size: 120%;">
     <col style="background-color: gray; color: white;"
  </colgroup>
  <thead>
   <tr> <th colspan="2">Table Markup Explained</th></tr>
   <tr><th>Element</th><th>Description</th></tr>
   </thead>
   <!-- inside all table containers, you still use table rows -->
   <!-- this includes thead, tbody, and tfoot as shown here -->
   <!-- Use th for bold headings in both header and footer -->
   <tbody>
    <tr><td>table</td><td>overall table container</td></tr>
    <tr><td>caption</td><td>table caption text</td></tr>
    <tr><td>tbody</td><td>table body container</td></tr>
    <tr><td>tfoot</td><td>table footer container</td></tr>
   </tbody>
   <tfoot><tr><th>Element</th><th>Description</th></tr></tfoot>
  </table>
 </body>
</html>
```

Gérer la mise en forme de la table

Si vous regardez les choses du bon côté, toute la complexité des tables HTML se résume à trois éléments de base :

- **Les bordures** : chaque table de base dispose exactement de quatre bords qui composent un rectangle.
- **Les cellules** : ce sont les zones individuelles de données, d'informations, d'images ou de quoi que ce soit situé à l'intérieur de la bordure d'une table.

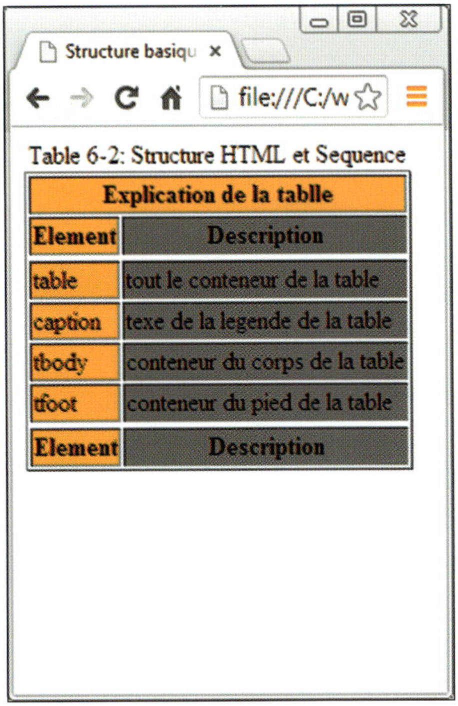

Figure 6-2: La table comporte deux lignes d'en-tête et des couleurs plus chatoyantes pour les colonnes.

- **L'extension des cellules** : à l'intérieur de cette structure définie par les quatre parois d'une table, vous pouvez ajouter ou supprimer des parois cellulaires (comme l'illustre les cellules sur le côté droit de la table à la figure 6-3). Lorsque vous supprimez des parois cellulaires, vous étendez une cellule sur plusieurs rangées ou colonnes – c'est ce point particulier qui rend les tables si flexibles et si adaptées à la mise en page des informations.

N'OUBLIEZ PAS

Il ne faut pas confondre extension et taille de cellule. Quand vous étendez les cellules, vous changez leur taille en combinant ou en fusionnant ces dernières. Cette étape supprime les parois entre les cellules. Lorsque vous réglez la taille des cellules, en utilisant habituellement les valeurs CSS `width` et `height`, vous spécifiez leurs dimensions. À la figure 6-3, nous vous montrons comment réaliser une mise en page intéressante simplement en étendant les cellules des rangées inférieures et supérieures (numérotées 1 et 7), les deux cellules gauche (cellules 2 et 3) qui s'étendent sur deux lignes et les trois cellules de droite (la cellule 4 s'étend sur deux colonnes, et les cellules 5 et 6 sont côte à côte).

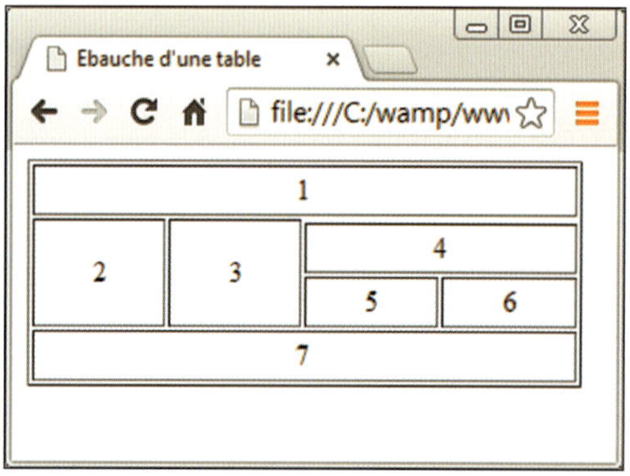

Figure 6-3 : Ce n'est pas tout à fait un sodoku, mais c'est déjà visuellement intéressant.

Nous n'abordons pas ici le contrôle de la largeur globale de la table et de dimensions des cellules individuelles, voici le code HTML correspondant à la table :

```
<! DOCTYPE html>
<html>
  <head>
    <meta charset="UTF-8">
    <title>Table sketch</title>
  </head>
  <body>
   <table border="1">
     <tr><td colspan="4"> 1 </td></tr>
     <tr><td rowspan="3" > 2 </td>
         <td rowspan="3" > 3 </td></tr>
     <tr><td colspan="2"> 4 </td></tr>
     <tr><td> 5 </td><td> 6 </td></tr>
     <tr><td colspan="4"> 7 </td></tr>
   </table>
  </body>
</html>
```

SUR LE WEB

Les tables peuvent devenir complexes. Vous devez planifier soigneusement leur réalisation. Pour vous y aider, vous trouverez le fichier HTML de la figure précédente sur le site web du livre à l'adresse : www.dummieshtml.com/html-5cafe/ch06/06fig03.html.

Un examen attentif de ce fichier vous indiquera que nous avons inclus des numéros pour chacune des cases de cette table, numérotées de 1 à 7, afin de mieux vous repérer dans sa structure. Lorsque vous développez vos propres structures de table, nous vous encourageons à faire de même afin que vous puissiez voir et comprendre exactement où vous en êtes.

Vous n'avez pas besoin de remplir votre Tableau avec un contenu réel ni de vous soucier pour le moment des dimensions en modifiant la section de style CSS. (L'emploi des styles CSS est traité dans les chapitres 11 à 19 de ce livre). Comptez le nombre total de cellules en largeur sur votre table (quatre dans le cas présenté plus haut), ajoutez-en un à ce numéro, puis multipliez le résultat par quatre en largeur pour obtenir la largeur du Tableau (20e dans l'exemple). Utilisez la 4e pour la largeur de la cellule dans les données de la table (`<td>`). Si vous maintenez la largeur totale du Tableau en rapport avec le nombre de cellules en largeur, vous ne pouvez pas vous tromper !

Une fois que vous avez travaillé sur l'agencement des cellules individuelles, vous pouvez commencer à peaufiner les attributs de style selon votre goût pour réaliser une table aussi lisible et attrayante que possible. Mais concentrez-vous dans un premier temps sur la structure, le reste n'est qu'esthétique.

Créer le corps de la table

Si vous voulez avoir une bonne idée de la puissance, en termes de présentation, des tables HTML, vous pouvez jeter un œil sur le résumé mensuel du *Bureau of Labor Statistics* qui est publié chaque début de mois aux États-Unis afin de présenter les statistiques sur le nombre de chômeurs et d'actifs. Vous trouverez des versions archivées de ces rapports à l'adresse :

`www.bls.gov/calendrier/archives/empsit_nr.htm`

Dans la section suivante, nous avons utilisé le rapport archivé de mars 2013 en tant que source de données. Vous trouverez ce rapport à :

`www.bls.gov/news.release/archives/empsit_04052013.htm`

Au cas où vous vous demanderiez pourquoi le fichier HTML porte un tel nom, sachez qu'il a été publié le 5 avril 2013. Pour ouvrir cette page, vous pouvez, si vous le souhaitez, entrer l'URL ou visiter la section au chapitre 6 de notre café HTML5.

Si vous ouvrez cette page depuis votre navigateur web, vous trouverez, en descendant un peu, toute une série de tables, y compris des tables des matières nommées A et B et, encore un peu plus bas dans ce document volumineux les tables A-1 à A-15 et B-1 à B-9.

Explorez, s'il vous plaît, dans tous les sens du terme, le balisage source de ces tables. (Vous pouvez y accéder en cliquant sur l'icône en forme d'outil dans le coin en haut à droite de Chrome, puis en cliquant sur Outils et sur Afficher la source. Dans Internet Explorer, cliquez sur le menu Affichage et choisissez Source. Des méthodes similaires s'appliquent à Firefox, Safari, Opera, etc.). Ce balisage source est une grande source d'informations et d'inspiration en ce qui concerne le bon usage des balises de table HTML. Vous y trouverez également des informations sur l'emploi des CSS pour le positionnement et le formatage. Il vous faudra un certain temps pour vous familiariser avec ces exemples (ils sont volumineux), mais ils constituent une excellente opportunité de parfaire vos compétences.

Façonner une table robuste

Pour suivre cet exercice sur la réalisation d'une table, il vous faut récupérer des données économiques et statistiques de l'US Bureau of Labor Statistics. Pour cela, rendez-vous à `www.bls.gov/news.release/archives/empsit_04052013.htm` et descendez jusqu'à la table B-9: Indexes of Aggregate Weekly Hours and Payroll, voir la figure 6-4.

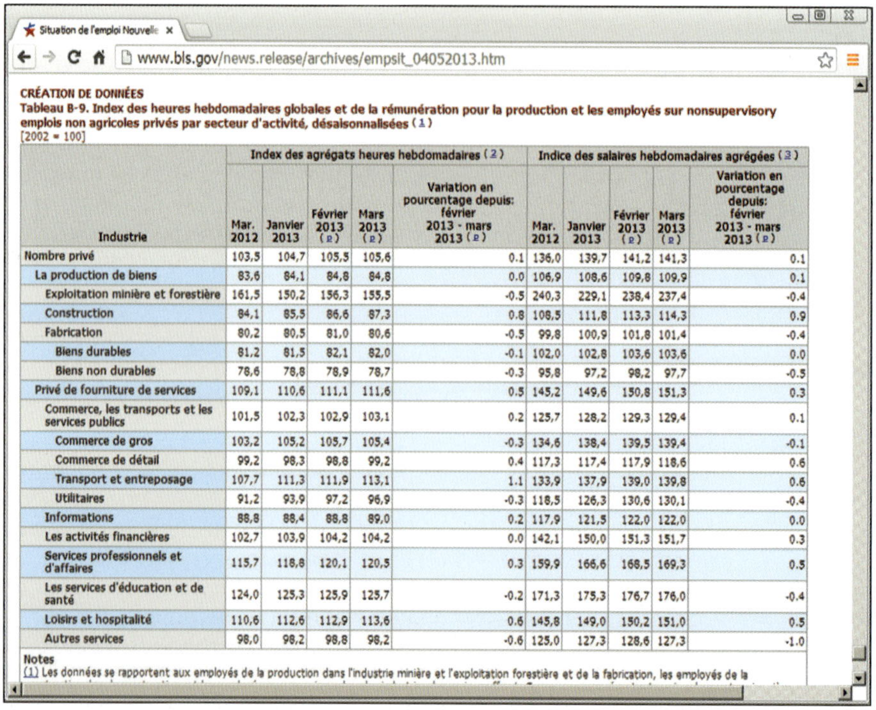

CRÉATION DE DONNÉES
Tableau B-9. Index des heures hebdomadaires globales et de la rémunération pour la production et les employés sur nonsupervisory emplois non agricoles privés par secteur d'activité, désaisonnalisées (1)
[2002 = 100]

Industrie	Index des agrégats heures hebdomadaires (2)					Indice des salaires hebdomadaires agrégées (3)				
	Mar. 2012	Janvier 2013	Février 2013 (p)	Mars 2013 (p)	Variation en pourcentage depuis: février 2013 - mars 2013 (p)	Mar. 2012	Janvier 2013	Février 2013 (p)	Mars 2013 (p)	Variation en pourcentage depuis: février 2013 - mars 2013 (p)
Nombre privé	103,5	104,7	105,5	105,6	0.1	136,0	139,7	141,2	141,3	0.1
La production de biens	83,6	84,1	84,8	84,8	0.0	106,9	108,6	109,8	109,9	0.1
Exploitation minière et forestière	161,5	150,2	156,3	155,5	-0.5	240,3	229,1	238,4	237,4	-0.4
Construction	84,1	85,5	86,6	87,3	0.8	108,5	111,8	113,3	114,3	0.9
Fabrication	80,2	80,5	81,0	80,6	-0.5	99,8	100,9	101,8	101,4	-0.4
Biens durables	81,2	81,5	82,1	82,0	-0.1	102,0	102,8	103,6	103,6	0.0
Biens non durables	78,6	78,8	78,9	78,7	-0.3	95,8	97,2	98,2	97,7	-0.5
Privé de fourniture de services	109,1	110,6	111,1	111,6	0.5	145,2	149,6	150,8	151,3	0.3
Commerce, les transports et les services publics	101,5	102,3	102,9	103,1	0.2	125,7	128,2	129,3	129,4	0.1
Commerce de gros	103,2	105,2	105,7	105,4	-0.3	134,6	138,4	139,5	139,4	-0.1
Commerce de détail	99,2	98,3	98,8	99,2	0.4	117,3	117,4	117,9	118,6	0.6
Transport et entreposage	107,7	111,3	111,9	113,1	1.1	133,9	137,9	139,0	139,8	0.6
Utilitaires	91,2	93,9	97,2	96,9	-0.3	118,5	126,3	130,6	130,1	-0.4
Informations	88,8	88,4	88,8	89,0	0.2	117,9	121,5	122,0	122,0	0.0
Les activités financières	102,7	103,9	104,2	104,2	0.0	142,1	150,0	151,3	151,7	0.3
Services professionnels et d'affaires	115,7	118,8	120,1	120,5	0.3	159,9	166,6	168,5	169,3	0.5
Les services d'éducation et de santé	124,0	125,3	125,9	125,7	-0.2	171,3	175,3	176,7	176,0	-0.4
Loisirs et hospitalité	110,6	112,6	112,9	113,6	0.6	145,8	149,0	150,2	151,0	0.5
Autres services	98,0	98,2	98,8	98,2	-0.6	125,0	127,3	128,6	127,3	-1.0

Notes
(1) Les données se rapportent aux employés de la production dans l'industrie minière et l'exploitation forestière et de la fabrication, les employés de la

Figure 6-4: La table B-9 est simple et compacte.

Lorsque vous examinez la table B-9, voici ce que vous y trouvez :

1. La légende au sommet de couleur rouille qui commence par ESTABLISHMENT DATA Table B-9: Indexes of Aggregate... Ce type d'information est exactement ce que l'élément `caption` est censé présenter.

2. En dessous de la légende se trouve l'ensemble des rubriques de la table, soit en d'autres termes, un en-tête de la table. Il a un fond gris clair et les titres des colonnes.

   Sur la gauche, se trouve une liste d'industries. Ensuite, la table propose deux séries de colonnes (nommés Index of Aggregate Weekly Hours et Index of Aggregate), chacune subdivisée en quatre colonnes de dates et une colonne nommée Percent Change column from February to March 2013.

3. Le corps de la table commence avec le texte Total Private et se poursuit sur 19 lignes jusqu'à Other Services. Les fonds des lignes de la colonne 1 (Industry) alternent entre le blanc et le bleu clair. Ensuite, deux séries de colonnes affichent des données agrégées des heures hebdomadaires et des salaires hebdomadaires sur cinq sous colonnes.

4. Le pied de table comprend trois notes numérotées de 1 à 3. Le marqueur spécial, (p), indique qu'il s'agit de données préliminaires (non finalisées).

Devinez quoi ? Vous savez déjà comment baliser toutes ces données ! Peut-être pas dans tous les détails, mais nous vous invitons en tout cas à jouer avec les informations ci-dessus pour recréer la table. Si vous le souhaitez, voici quelques éléments pour y parvenir.

1. La légende de la table peut être capturée à l'intérieur d'un élément `caption`.

   Vous pouvez utiliser un retour à la ligne (<br>) pour changer de ligne après ESTABLISHMENT DATA et avant le libellé détaillé qui commence Table B-9 par : Indexes of Aggregate...

   Utilisez l'élément de retour à la ligne de nouveau pour changer de ligne avant de déclarer l'échelle « [2002 = 100] ».

2. Tout le contenu de l'en-tête se trouve dans un élément `<thead>`. Vous utilisez l'élément (`<th>`) pour chaque cellule en-tête de la table, leur contenu sera donc centré et en gras. La cellule Industry doit avoir un attribut `rowspan= "2"` afin qu'elle remplisse toute la hauteur de la zone d'en-tête à gauche. Les cellules situées en dessous d'Index of... doivent avoir chacune un attribut `colspan="5"` afin qu'elles recouvrent les quatre colonnes date et la colonne changement de pourcentage de leur catégorie. Les éléments précédents apparaissent tous trois dans la première ligne de l'en-tête de la table, chacun dans leur propre cellule (`<th>`). Les dix éléments restants apparaissent dans la seconde ligne d'en-tête dans leur ordre d'apparition dans la table. Chacun de ces dix éléments apparaît aussi dans sa propre cellule (`<th>`). La définition des largeurs pour les colonnes Industry, Date et pourcentage via les CSS, détermine les largeurs du reste de la table.

3. Dans le corps de la table, chaque ligne correspond à une ligne de données, en commençant par le nom de l'industrie à gauche, puis en continuant avec les valeurs numériques pour les dates et les pourcentages de chacun des deux groupes sur la droite. Cette tâche nécessite 11 éléments (`<td>`) pour chaque rangée.

4. Les entrées de la table de bas de page apparaissent toutes dans une section de pied, qui doit avoir un attribut `colspan="11"` afin d'occuper toute la largeur de la table. La légende des notes peut apparaître à l'intérieur d'un seul (`<tr>`) contenant un unique (`<td>`). (Ne pas utiliser `<th>`, ou le texte de la note sera centré.)

En utilisant ces techniques, vous pouvez créer une table robuste et attrayante pour présenter vos données numériques et textuelles. Si vous avez du temps, vous pouvez dans un premier temps réaliser une simple structure en HTML, puis, ensuite, petit à petit vous pourrez les retravailler pour obtenir exactement ce que vous souhaitez.

Pied de table

Comme l'illustre l'exemple de table dans la section précédente, vous pouvez faire toutes sortes de choses intéressantes avec le pied de table. Voici quelques suggestions dans le cas où les informations que vous affichez nécessiteraient une interprétation, une explication ou des informations complémentaires :

- Utilisez des notes de bas de page avec des indices afin de fournir des informations sur des entrées spécifiques. Par exemple, dans le Tableau de la figure 6-4, il y a plusieurs occurrences de (`p`) dans les en-têtes de colonne.

- Si votre table comporte des icônes ou des éléments graphiques spécifiques, ou des caractères spéciaux tels que des étiquettes, vous pouvez utiliser le pied pour afficher un indice. Vous pouvez mettre en place un schéma simple sur deux colonnes avec l'icône à gauche et son explication à droite.

- Lorsque vous reproduisez des données tabulées provenant d'une source en ligne ou publiée, vous pouvez utiliser une ligne en bas de page pour indiquer vos références avec un lien vers l'original (ce qui est souvent exigé par les propriétaires d'œuvres protégées).

- Lorsque le contenu de vos tables se répète au fil du temps – comme les rapports de l'U.S. Bureau of Labor Statistics – vous pouvez inclure des notes en bas de page pour indiquer les éléments nouveaux, les éléments retirés, ou ceux qui ont changé.

- Lorsque les valeurs des cellules données résultent de calculs ou de corrections spécifiques, vous pouvez utiliser le pied de page afin de documenter les calculs qui s'appliquent ou les corrections utilisées pour produire les données présentées.

Nous pourrions continuer indéfiniment à vous donner des exemples, mais nous imaginons que vous en savez assez maintenant pour mettre en œuvre vos propres pieds de table.

Explorer et expliquer une table

SUR LE WEB

Nous avons téléchargé le balisage HTML du Tableau B-9 sur le site web Café HTML5. Vous pouvez le consulter à l'adresse :

```
www.dummieshtml.com/html5cafe/ch06/TableB-9.html
```

Si vous parcourez ce balisage, vous constaterez que nous avons fait un travail de prévision quasi parfait en ce qui concerne l'architecture de la table. En fait, seul le pied de table nous a réellement donné du fil à retordre. Les concepteurs de l'US Bureau of Labor Statistic ont choisi en effet d'inclure des paragraphes de texte en tant que notes de bas de page. Cela permet de maintenir le texte dans les limites de la table sans avoir à gérer des colonnes de données qui de toute façon sont censées couvrir toute la largeur de la table.

Oh légende, ma légende !

La légende utilise un retour à la ligne pour séparer les lettres en majuscules ESTABLISHMENT DATA du nom de la table (Table B- 9: Indexes of Aggregate Weekly Hours...) . Ensuite, la séparation de l'information sur l'échelle ([2002 = 100]) utilise un couple d'éléments `span` dans la section `thead` qui force un saut de ligne entre ces deux étiquettes.

Si vous examinez le code source de l'en-tête de la table dans le fichier, vous constaterez qu'ils utilisent des liens interdocuments (présentés au chapitre 8) pour pouvoir se rendre directement aux renvois lorsqu'ils apparaissent dans la table. (Les utilisateurs avertis utilisent le bouton Précédent ou appuient sur la touche Retour pour revenir à leur point d'origine.)

En-tête

Il n'y a rien à redire sur la façon dont les concepteurs de l'US Bureau of Labor Statistics ont placé l'en-tête de table dans le Tableau représenté à la figure 6-4. Ils ont utilisé les attributs `rowspan` et `colspan` dans la première rangée de la table pour obtenir la mise en page que nous connaissons et des en-têtes de colonnes dans la deuxième rangée comme il se doit.

Lorsque vous regardez le code source, observez la manière dont le concepteur dispose les lignes de la table : vous pouvez voir une paire de balises `<tr> </tr>` pour chaque ligne contenant juste le bon nombre de cellules de données (généralement notées `< td> </td>`). Comme nous sommes ici dans la section d'en-tête de la table, vous pouvez utiliser l'en-tête de la table (`<th>`) pour réaliser la rangée complète.

Quelle que soit votre opinion sur la banque fédérale, cette production HTML est la plus lisible que nous n'ayons jamais vue. Même si ce n'est pas (encore) du HTML5, ce code est incroyablement propre, bien structuré et facile à lire et à suivre. (Peut-être que tous les dollars des contribuables ne sont pas gaspillés, après tout.)

Parcourir le corps de la table

Si vous regardez, une à une, dans le balisage les lignes de la table, vous noterez la présence d'une structure régulière. L'alternance de la couleur de fond des cellules Industry dépend de la présence de la classe nommée `greenbar`. Chaque ligne suit un schéma similaire : elle commence par une cellule en-tête (`<th>`) dans la colonne Industry située à l'extrême gauche de la table puis est suivie pour chaque rangée par les données de table (`<td>`) pour toutes les données restantes dans les dix autres cellules.

Voici le balisage d'une ligne dans le corps du Tableau B-9 pour vous donner un avant-goût :

```
<tr>
  <th id="ces_table9.r.1"><p class="sub0">Total private</p></th>
  <td><span class="datavalue">103.5</span></td>
  <td><span class="datavalue">104.7</span></td>
  <td><span class="datavalue">105.5</span></td>
  <td><span class="datavalue">105.6</span></td>
  <td><span class="datavalue">0.1</span></td>
  <td><span class="datavalue">136.0</span></td>
  <td><span class="datavalue">139.7</span></td>
  <td><span class="datavalue">141.2</span></td>
  <td><span class="datavalue">141.3</span></td>
  <td><span class="datavalue">0.1</span></td>
</tr>
```

La classe CSS `datavalue` spéciale formate les cellules de la valeur de données (des colonnes 2 à 11) avec un identifiant CSS unique (`ces_table9.r.1`) pour la cellule la plus à gauche. Une classe `paragraph (sub0)` désigne CSS pour le titre qui lit « Total Private » dans le code HTML précédent. C'est ainsi que les contrôles de mise en page, de positionnement et d'apparence sont appliqués aux informations de la table. Mais ce qui est le plus remarquable est la façon simple, régulière et prévisible qui caractérise l'ensemble de ce code. Mieux encore le programme génère du HTML automatiquement, probablement à partir d'une feuille de calcul située quelque part.

Finir par le pied de table

Certes, nous nous attendions à voir un pied de table (élément `<tfoot>`) au bas de la table représentée à la figure 6-4. Ce que nous avons vu était plutôt un second corps de table (`<tbody>`) avec une seule ligne de table (eh oui, avec une seule cellule de données `<td colspan="11">`). Toutefois, dans cette seule cellule, le contenu est disposé dans un seul paragraphe (utilisant l'élément `<p>`), avec des sauts de ligne manuels (`<br>`) entre chaque note de bas de page. Voici à quoi ressemble le code :

```
<tbody>
 <tr class="footnotes">
  <td class="footnotes" colspan="11">
   <p class="footnotes">
    <span class="footnotestitle">Footnotes<br/></span>
<a id="ces_table9.f.1" name="ces_table9.f.1">(1) </a>Data relate to production
                employees in mining and logging and manufacturing, construction
                employees in construction, and nonsupervisory employees in
                the service-providing industries. These groups account for
                approximately four-fifths of the total employment on private
                nonfarm payrolls.<br/>
<a id="ces_table9.f.2" name="ces_table9.f.2">(2) </a>The indexes of aggregate
                weekly hours are calculated by dividing the current month's
                estimates of aggregate hours by the corresponding 2002 annual
                average aggregate hours. Aggregate hours estimates are the
                product of estimates of average weekly hours and employment.
                <br/>
<a id="ces_table9.f.3" name="ces_table9.f.3">(3) </a>The indexes of aggregate
                weekly payrolls are calculated by dividing the current month's
                estimates of aggregate weekly payrolls by the corresponding 2002
                annual average aggregate weekly payrolls. Aggregate payrolls
                estimates are the product of estimates of average hourly
                earnings, average weekly hours, and employment.<br/>
<a id="ces_table9.f.p" name="ces_table9.f.p">(p) </a>Preliminary<br/>
    </p>
   </td>
  </tr>
</tbody>
```

Cette approche n'a rien en soi de mauvais, mais il n'y a aucune raison non plus à ce que les concepteurs n'aient pas utilisé l'élément `<tfoot>`. C'est ce qu'il y a d'agréable quand on apprend le HTML. Dès que vous êtes familiarisé avec la structure et la syntaxe, vous découvrez rapidement qu'il existe d'autres façons de faire. L'exemple ici recourt à une approche différente qui fonctionne tout aussi bien.

Chapitre 7

Travailler avec des formulaires au format HTML

Dans ce chapitre :

- Utiliser des formulaires dans vos pages web
- Créer des formulaires
- Travailler avec des données de formulaire
- Concevoir des formulaires simples à utiliser
- Utiliser les formulaires simplement grâce à un framework adapté

La majeure partie du HTML que vous écrivez vous permet d'afficher du contenu et de l'information destinés à vos utilisateurs. Parfois, cependant, plutôt que de fournir de l'information à ces derniers, vous souhaiterez en recueillir auprès d'eux. Les *formulaires* HTML offrent justement un ensemble de balises et d'attributs pour y parvenir.

Ce chapitre traite des nombreuses manières d'employer les balises de formulaire afin de recueillir ces informations et vous donne des conseils sur les façons de les mettre en œuvre facilement.

Les différents types de formulaires web

Le web contient des millions de formulaires, tous gérés par le même ensemble de balises. Les formulaires web peuvent être longs ou courts, simples ou complexes, ils couvrent une myriade d'utilisations. Mais tous appartiennent à une de ces deux grandes catégories :

- **Les formulaires de recherche** qui permettent aux utilisateurs d'effectuer une recherche sur un site ou sur l'ensemble du web.
- **Les formulaires de collecte de données** qui recueillent des informations pour les achats en ligne, les supports techniques, les préférences de site, la personnalisation, etc.

TRUC

Avant de créer un quelconque formulaire, vous devez déterminer le type de données que vos visiteurs chercheront sur votre site et/ou le type de données que vous souhaitez recueillir auprès de ces derniers. Ces données déterminent les types de formulaires ainsi que la manière dont vous les agencerez sur une page.

Formulaires de recherche

Les formulaires vous permettent de fournir des informations à vos visiteurs.

Les formulaires de recherche suivants nous sont fournis amicalement par des personnes du site Internal Revenue Service (IRS). Les différences entre les formulaires ci-après de recherche proviennent du fait qu'IRS a besoin de différents types de données pour orienter ses visiteurs :

- La page de recherche des imprimés et publications (figure 7-1) est un formulaire de recherche simple, multiforme, permettant aux visiteurs de rechercher des formulaires d'impôt et des publications. Ce type de page peut retourner des réponses pertinentes lors de recherches par numéro ou par titre de document. Les visiteurs peuvent ainsi :
  - Choisir l'option qui répond le mieux à leurs critères de recherche.
  - Examiner toutes les options pertinentes.
- Il existe toute une liste de fichiers et de formulaires qui permettent le dépôt en ligne pour la plupart des imprimés d'impôt courant y compris le 1040ES (taxe estimée) pour lequel il existe au moins deux douzaines de documents annexes.
- Vous pouvez utiliser le formulaire d'accord de paiement en ligne (OPA) pour définir un échéancier de paiement. Il s'agit d'un diptyque vous permettant, dans la première partie, de définir votre statut via des boutons

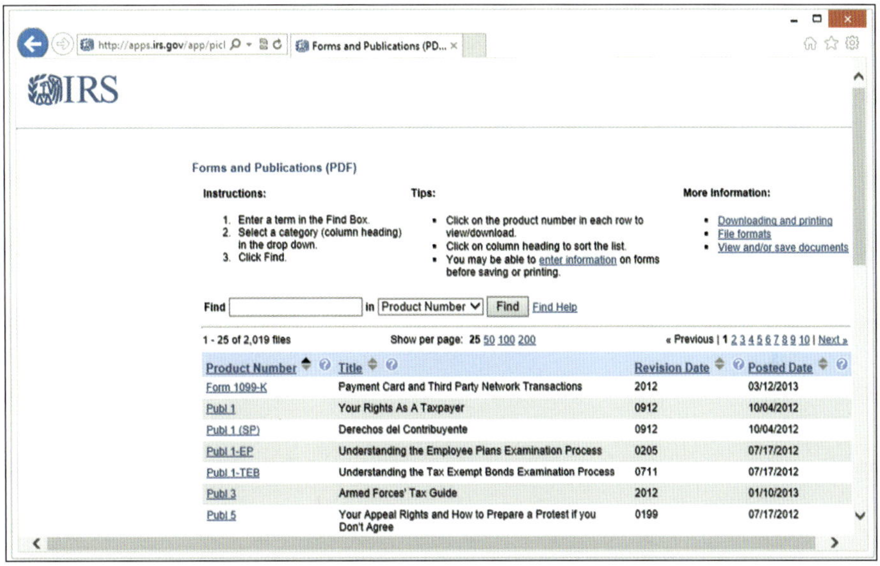

Figure 7-1 : Le formulaire de recherche IRS offre un accès aux imprimés et publications connexes.

radio, puis dans la seconde d'indiquer vos numéros de contribuable, date de naissance, etc.

Les recherches peuvent être de tout type. Ainsi, les formulaires que vous proposez doivent être adaptés à la nature des recherches. Il arrivera qu'une simple recherche sur quelques mots-clés puisse faire l'affaire alors que d'autre fois il vous faudra mettre en place une méthode beaucoup plus sophistiquée.

Formulaire de collecte de données

Les formulaires de collecte de données reçoivent les informations que vous souhaitez traiter ou enregistrer. Lorsque vous créez un tel formulaire, c'est la nature de ces informations qui motivera la structure et la complexité de ce dernier :

- **Simple** : si vous avez juste besoin de quelques informations, le formulaire peut être court et (relativement) simple.

  Par exemple : La Bibliothèque du Congrès utilise un formulaire pour recueillir des informations sur des enseignants afin de les abonner à un bulletin électronique gratuit, comme le montre la figure 7-2. La bibliothèque n'a pas besoin de beaucoup d'informations pour mettre en place la souscription, de sorte que le formulaire est court et simple.

Figure 7-2 : Un formulaire d'abonnement gratuit qui recueille des renseignements de base.

- **Complexe :** si vous avez besoin de beaucoup d'informations, votre formulaire peut s'étendre sur plusieurs pages.

  Par exemple : RateGenius utilise des formulaires longs et détaillés afin de recueillir les informations qui lui sont nécessaires pour aider les clients à refinancer un prêt automobile. La page de la figure 7-3 ne montre que les deux premiers panneaux que le visiteur devra remplir pour fournir toutes les informations nécessaires.

Créer des formulaires

Les formulaires HTML peuvent présenter l'information aux utilisateurs à l'aide de texte et d'images. Mais ils peuvent aussi employer les éléments suivants :

- **les champs de saisie de texte** sur une ligne unique ou sur plusieurs lignes ;
- **les outils de sélection de données,** tels que les boutons radio (qui vous permettent de choisir une option dans un groupe) ;
- **les listes de sélection**, qui vous permettent de remplir une valeur à partir d'un ensemble d'options prédéfinies ;
- **les cases à cocher** qui vous permettent de choisir zéro, une, ou plusieurs valeurs parmi un ensemble de choix prédéfinis.

Dans l'ensemble, les balises et attributs liés aux formulaires HTML vous aident à :

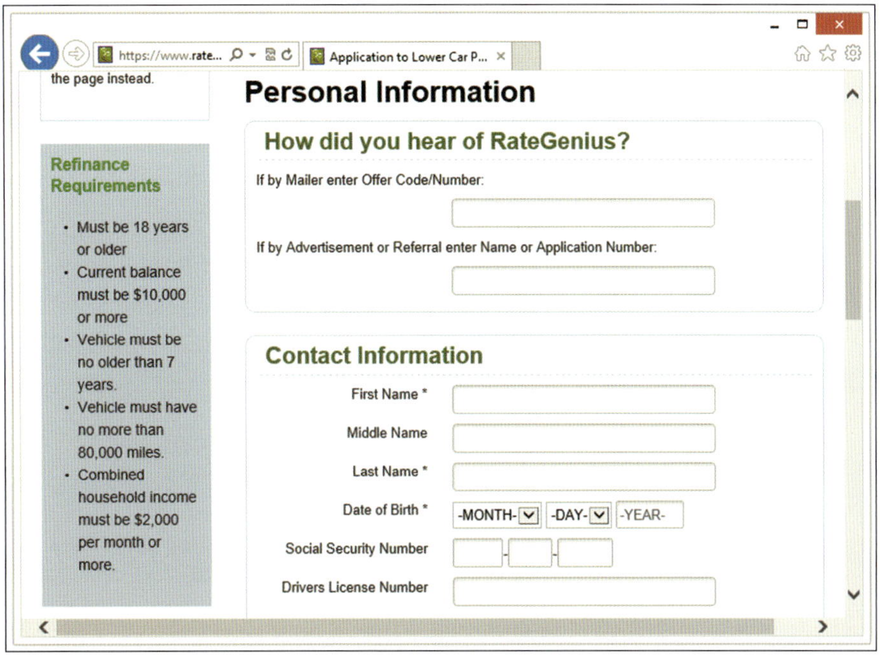

Figure 7-3 : Certains sites utilisent de nombreux formulaires détaillés afin de collecter les données nécessaires.

- Définir la structure globale du formulaire.
- Informer le navigateur web sur la manière de gérer les données du formulaire.
- Créer des objets pour la saisie d'information, tels que les champs de texte et les listes déroulantes.

N'OUBLIEZ PAS

Les formulaires ont tous la même structure de base. En outre, les éléments de saisie que vous utilisez dépendent du type de données que vous souhaitez collecter.

Structure

L'élément `<form>` est un conteneur de contenu et de saisie : il fonctionne un peu comme l'élément paragraphe (`<p>`), qui contient le texte d'un paragraphe, ou comme l'élément (`<div>`), qui contient différents types de sous-éléments dans une section logique de document. Ainsi, tous les éléments d'entrée associée à une forme unique sont :

- contenus dans un élément `<form>` ;
- traités par le même gestionnaire de formulaire.

N'OUBLIEZ PAS

Un *gestionnaire de formulaires* est un programme sur le serveur web (ou un simple `mailto: URL`) qui gère les données qu'un utilisateur vous envoie via le formulaire. Un navigateur web ne peut recueillir de l'information qu'à travers des formulaires. Cependant, ce dernier ne sait pas comment utiliser l'information ainsi récupérée. Vous devez pour cela fournir un autre mécanisme afin de la traiter. (Ce chapitre aborde le traitement de formulaire en bref dans la section « Traitement des données ».)

Attributs

Vous devez toujours utiliser deux attributs clés de la balise `<form>` :

- `action` : l'URL du gestionnaire de formulaire.
- `method` : la manière dont vous souhaitez que les données du formulaire soient envoyées au gestionnaire de formulaire.

  Votre gestionnaire de formulaire dicte les valeurs à utiliser pour l'attribut `method`. (Votre hébergeur ou votre fournisseur de services a probablement un document qui décrit comment invoquer le gestionnaire de formulaire de votre serveur web).

  - `get` envoie les données du formulaire au gestionnaire de formulaires via l'URL.
  - `post` envoie les données du formulaire dans l'en-tête HyperText Transfer Protocol (HTTP).

SUR LE WEB

Webmonkey examine la différence entre `get` et `post` dans son article en anglais *Add HTML Forms To Your Site* sur `www.webmonkey.com/2010/02/add_html_ forms_ to_your_`site. Vous trouverez également un dossier concernant les formulaires en HTML5 sur `http://msdn.microsoft.com/en-us/magazine/hh547102 . aspx`.

Balisage

Le balisage dans le listing 7-1 crée un formulaire qui utilise la méthode `post` pour envoyer des informations saisies par l'utilisateur à un gestionnaire de formulaires (`guestbook.php`) afin qu'elles soient traitées sur le serveur web.

N'OUBLIEZ PAS

La valeur de l'attribut `action` correspond à une URL. Vous pouvez donc ici, pour pointer vers un gestionnaire de formulaires situé sur votre serveur, utiliser des URL absolues ou relatives. Les URL absolues et relatives sont traitées plus en détail au chapitre 8.

Listing 7-1 : Un simple formulaire traité par un gestionnaire de formulaires.

```
<! DOCTYPE html>
<html>
<head>
   <title> formulaires </title>
   <meta charset="UTF-8"/> </head>
<body>
    <form action="bin/guestbook.php" method="post">

    <! - Éléments de saisie de formulaire ici ->

               </form>
</body>
</html>
```

Balises de saisie

Les balises que vous utilisez pour recueillir des informations des visiteurs de votre site constituent la partie la plus importante du formulaire. Le HTML prend en charge une variété d'options de saisie allant des champs de texte aux boutons radio en passant par des fichiers image.

Chaque contrôle de saisie associe des valeurs à un nom :

- Lorsque vous créez le contrôle, donnez-lui un nom.
- Le contrôle renvoie une valeur basée sur l'action effectuée par l'utilisateur dans le formulaire.

Par exemple, si vous créez un champ texte qui recueille le prénom de l'utilisateur, vous pouvez nommer ce champ `prenom`. Ainsi, lorsque l'utilisateur entre son prénom dans le champ et renvoie le formulaire, la valeur associée à `prenom` correspond au prénom entré dans le champ par l'utilisateur.

N'OUBLIEZ PAS

L'unique but d'un formulaire est de recueillir les valeurs associées à des contrôles de saisie. Ainsi, la manière dont vous allez définir le nom et la valeur de chaque contrôle a de l'importance. Les sections suivantes vous expliquent comment travailler avec des noms et des valeurs associées à chacun de ces contrôles.

L'élément `<input>` (et par extension, la balise vide`<input ... >`) joue un rôle principal lorsqu'il est question d'utiliser des formulaires HTML afin de solliciter l'utilisateur. C'est à l'intérieur de l'élément `<input>` que vous définissez les types de saisie que vous souhaitez collecter. C'est également ici que vous définissez la présentation des champs de saisie.

Champs de saisie

Vous pouvez utiliser une variété de types de champs de saisie dans les formulaires, tels que le text (texte), password (mot de passe), radio (bouton), checkbox (case à cocher), hidden (caché), search(recherche), tel (numéro de téléphone), url, e-mail, datetime (date et heure), date (date), month (mois), week (semaine), datetime-local (heure locale), number (nombre), range (une plage de valeurs numériques), color (la couleur), et plus encore. Tous les champs ne nécessitent pas de valeur pour le nom et les attributs de type (une zone de texte ou les champs mot de passe par exemple), mais c'est une bonne pratique que d'ajouter des étiquettes explicatives et des exemples de données à chaque fois qu'un doute sur le format de saisie pourrait survenir chez l'utilisateur. (Pensez à l'ajout de tirets ou des espaces lors de la saisie des numéros de carte de crédit). À l'inverse, les cases à cocher et les boutons radio exigent qu'une telle information soit disponible afin que le navigateur soit en mesure d'afficher correctement les choix disponibles.

N'OUBLIEZ PAS

Pour les éléments de saisie qui exigent d'un utilisateur qu'il choisisse une option (une case à cocher ou le bouton radio), vous définissez à la fois le nom et la valeur. Ainsi, lorsque l'utilisateur clique sur Envoyer après avoir sélectionné un bouton radio ou une case à cocher, le formulaire retourne la valeur et le nom associé à l'élément.

Nous présentons ces deux types de champs de saisie dans la prochaine section « Cases à cocher et boutons radio. »

Champs de texte

Les *champs de texte* sont des champs sur une seule ligne dans lequel les utilisateurs entrent des informations.

Si vous souhaitez que l'utilisateur ait la possibilité de remplir plus d'une ligne, vous devez utiliser une zone de texte, comme nous le verrons dans la prochaine section « zones de texte multilignes. »

Voici comment créer un champ de texte sur une seule ligne :

1. **Définir le type de saisie comme étant un champ de texte en utilisant l'élément** <input/> **avec l'attribut type valant** text.

```
<input type="text">
```

2. **Ensuite, utilisez l'attribut** name **afin de donner un nom à la zone de saisie.**

```
<input type="text" name="prénom">
```

L'utilisateur fournit la valeur lorsqu'il saisit du texte dans le champ.

Le balisage suivant crée deux champs de saisie de texte, un pour un prénom et un pour un nom de famille :

```
<FORM action="bin/guestbook.php" method="post">
<ul style="list-style-type: none;">
     <li> Prénom: <input type="text" name="prénom"> </li>
     <li> Nom: <input type="text" name="nom"> </li>
</ul>
</form>
```

TRUC

En plus des éléments `<input>`, le balisage précédent inclut des éléments de liste (`<ul>` et `<li>`) ainsi que du texte destiné à l'étiquetage de chaque champ de saisie car, sans ce texte, la nature des informations à entrer dans les champs de saisie ne serait pas bien claire. Les listes sont traitées plus en détail dans le chapitre 5.

Vous devez utiliser des éléments de bloc et des éléments texte HTML afin de définir l'apparence de votre formulaire et le texte qui y apparaît. La figure 7-4 montre la manière dont un navigateur affiche ce genre de HTML. (Pour voir le balisage à l'origine de cette figure, visitez `www.dummieshtml.com/html5cafe/ch07/07fig04.html`).

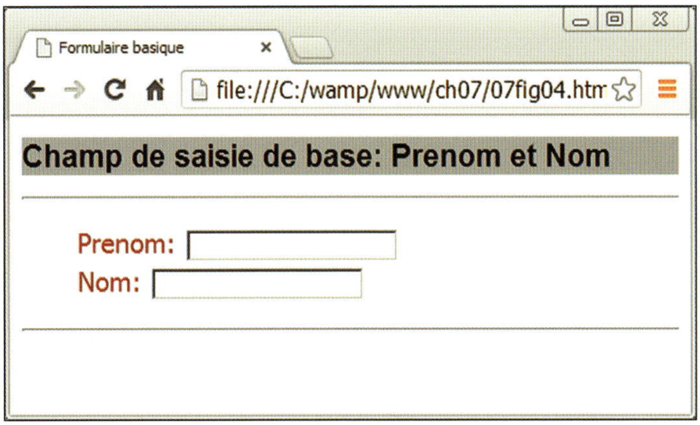

Figure 7-4 : Un champ de saisie de texte dans un formulaire.

Vous pouvez contrôler la taille d'un champ de texte avec les attributs suivants :

- `size` : la longueur (en caractères) de la zone de texte ;
- `maxlength` : le nombre maximal de caractères que l'utilisateur peut entrer dans le champ.

Le balisage suivant crée un formulaire qui définit deux champs d'une taille de 30 (caractères) et un `maxlength` de 25 (caractères). Ainsi, comme le montre la figure 7-5, même si chaque champ a une longueur de 30 caractères, un utilisateur ne peut en saisir seulement que 25. (Définir un attribut `size` supérieur à `maxlength` nous assure qu'il y aura toujours un espace blanc entre la fin du champ de saisie et le texte entré par le visiteur. Ce n'est en rien une obligation, mais c'est plus agréable visuellement.)

```
<FORM action="bin/guestbook.php" method="post">
<ul style="list-style-type: none;">
   <li> Prénom: <input type="text" size="30" name="prenom" maxlength="25">
         </li>
   <li> Nom: <input type="text" size="30" name="nom" maxlength="25"> </li>
</ul>
</form>
```

Figure 7-5 : Vous pouvez spécifier la longueur et le nombre maximum de caractères pour un champ de texte.

Champs de mot de passe

Un *champ de mot de passe* est un champ de texte spécial qui n'affiche pas ce que l'utilisateur saisit. Chaque touche enfoncée est représentée à l'écran par un caractère spécial, comme par exemple un astérisque ou un point, de sorte que si quelqu'un regarde par-dessus l'épaule de l'utilisateur, il ne pourra pas voir ce qui est tapé.

Vous créez un champ de mot de passe en utilisant l'élément `<input>` avec l'attribut type valant `password`, comme ceci :

```
<form action="bin/guestbook.php" method="post">
<ul style="list-style-type: none;">
    <li>Prénom: <input type="text" name="prénom" size="30"
         maxlength="25"></li>
    <li>Nom: <input type="text" name="nom" size="30"
         maxlength="25"></li>
    <li>Password: <input type="password" name="psswd" size="30"
         maxlength="25"></li>
</ul>
</form>
```

Les mots de passe sont programmés comme des champs de texte.

La figure 7-6 illustre la manière dont un navigateur remplace ce que vous tapez avec des puces. Remarque : selon leurs paramètres par défaut, certains navigateurs remplacent le texte par des astérisques ou par un autre caractère.

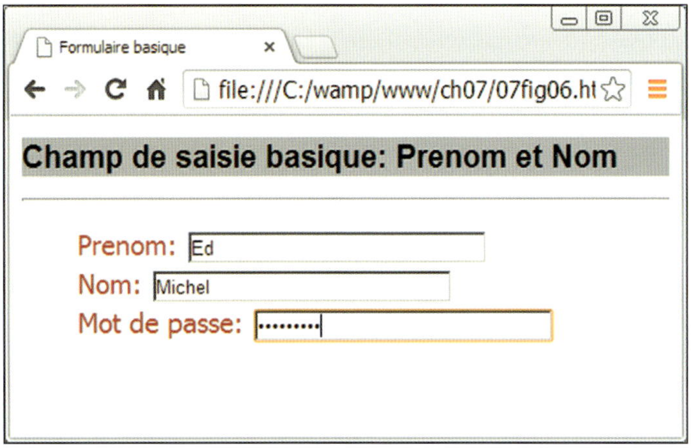

Figure 7-6 : Les champs de mot de passe masquent le texte qu'un utilisateur saisit.

Cases à cocher et boutons radio

Si l'utilisateur doit choisir parmi un nombre de valeurs fini, vous pouvez proposer de faire son choix via :

- **des cases à cocher** : s'il peut choisir une option ou plus ;
- **des boutons radio** : s'il doit choisir une seule option.

Les boutons radio diffèrent des cases à cocher de manière importante : les utilisateurs ne peuvent sélectionner qu'un seul bouton radio à partir d'un ensemble d’options, mais ils peuvent sélectionner un nombre quelconque de cases à cocher (zéro, une, ou plusieurs).

Si de nombreux choix sont disponibles (plus d'une demi-douzaine), utilisez une liste déroulante à la place de boutons radio ou de cases à cocher. Nous vous montrons comment en créer une dans la section, « Champ liste déroulante. »

Pour créer des boutons radio et des cases à cocher, suivez ces étapes :

1. **Utilisez l'élément** `<input>` **avec l'attribut de type valant radio ou checkbox.**

2. **Créez chaque option avec les attributs suivants :**

   - `name` : pour fournir un nom à l’option ;

   - `value` : pour indiquer la valeur retournée si l'utilisateur sélectionne l'option.

Vous pouvez également utiliser l'attribut `checked` (avec la valeur checked) pour indiquer qu'une option doit être sélectionnée, lorsque le navigateur affiche le formulaire. C'est un bon moyen pour spécifier une sélection par défaut.

Cette balise indique comment formater les options de case à cocher et de boutons radio :

```
<form action="bin/guestbook.php" method="post">
<p>Quel est votre plat préféré?</p>
<ul style="list-style-type: none;">
   <li><input type="checkbox" name="food" value="pizza" checked="checked">
       Pizza</li>
   <li><input type="checkbox" name="food" value="glace">Ice Cream</li>
   <li><input type="checkbox" name="food" value="oeufsbacon">Green Eggs
      and Ham</li>
</ul>

<p>Quel est votre sexe?</p>
<ul style="list-style-type: none;">
     <li><input type="radio" name="gender" value="male">Male</li>
      <li><input type="radio" name="gender" value="female" checked="checked">
          Female</li>
</ul>
</form>
```

Le résultat est illustré sur la figure 7-7.

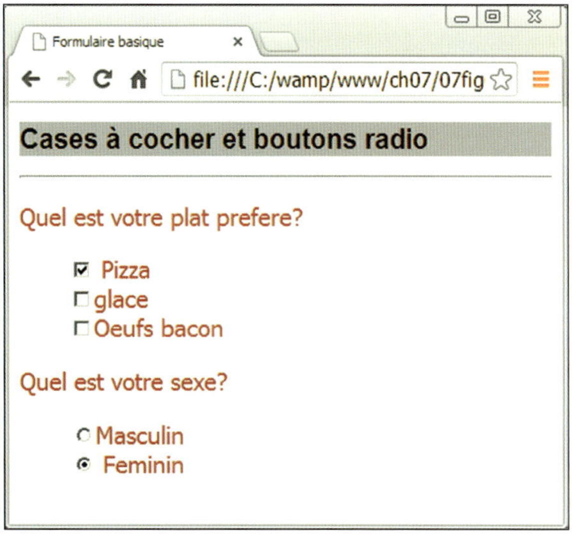

Figure 7-7 : Les boutons radio et de texte permettent aux utilisateurs de choisir parmi une liste d'options prédéfinies.

Dans le balisage précédent, chaque ensemble d'options utilise le même nom pour chaque commande de saisie, mais donne une valeur différente à chaque option. Nous donnons le même nom aux éléments d'un même groupe d'options afin que le navigateur sache qu'ils font partie du même ensemble. Si vous le souhaitez, vous pouvez sélectionner autant de cases à cocher par défaut que vous le souhaitez. Il suffit pour cela d'inclure `checked = "checked"` dans chaque élément `<input>` que vous voulez sélectionner à l'avance.

Champs masqués

Un *champ caché* (ou masqué) vous permet de collecter, en même temps que le reste des données du formulaire, des informations de nom et de valeur que l'utilisateur ne peut pas voir. Les champs masqués sont utiles pour garder une trace de l'information associée au formulaire, tel un numéro de version ou un nom.

TRUC

Si votre fournisseur de services Internet (FAI) fournit par exemple une application générique pour un livre d'or ou un formulaire de satisfaction, vous pourriez avoir à mettre votre nom et votre adresse e-mail dans les champs cachés du formulaire de sorte que les données vous soient remontées spécifiquement.

Pour créer un champ caché, suivez ces étapes :

1. **Utilisez l'élément <input> avec son attribut type défini à** `hidden`**.**

2. **Indiquez le couple nom/valeur que vous souhaitez envoyer au gestionnaire de formulaires.**

Voici un exemple de balisage pour un champ caché :

```
<form action="bin/guestbook.php" method="post">
<input type="hidden" name="e-mail" value="me@mysite.com">
<ul style="list-style-type: none;">
   <li>First Name: <input type="text" name="firstname" size="30"
        maxlength="25"></li>
   <li>Last Name: <input type="text" name="lastname" size="30"
        maxlength="25"></li>
   <li>Password: <input type="password" name="psswd" size="30"
       maxlength="25"></li>
</ul>
</form>
```

TRUC

En général, utiliser une adresse e-mail dans un champ masqué revient à l'offrir à des spammeurs. Si votre FAI vous indique que c'est la marche à suivre pour votre formulaire, demandez-lui des conseils afin de minimiser les risques. Car, si les visiteurs de votre page ne voient pas votre adresse e-mail, les spammeurs eux pourront lire le balisage. Au minimum, exigez que votre FAI vous fournisse un des nombreux outils de cryptage JavaScript disponibles pour masquer les adresses e-mail.

Champ Téléchargement de fichiers

Un formulaire peut recevoir des utilisateurs des documents ou d'autres types fichiers tels que des fichiers image. Lorsqu'un utilisateur envoie le formulaire, le navigateur réalise une copie du fichier et l'envoie avec les autres données du formulaire. Voici la marche à suivre pour créer un champ de téléchargement de fichiers :

1. **Utilisez l'élément** <input> **avec l'attribut type défini à** file.

   Le fichier lui-même est la valeur de champ.

2. **Utilisez l'attribut** name **pour donner un nom au contrôle.**

Voici un exemple de balisage pour un champ de téléchargement de fichier :

```
<form action="bin/guestbook.php" method="post">
<p> Veuillez soumettre votre CV au format Microsoft Word ou texte simple : <br>
    <input type="file" name="resume">
</p>
</form>
```

Les navigateurs affichent un champ téléchargement de fichier avec un bouton Télécharger (ou un bouton avec un nom ayant un sens similaire) qui permet à un utilisateur de parcourir un disque dur local et de sélectionner un fichier à envoyer, comme l'illustre la figure 7-8.

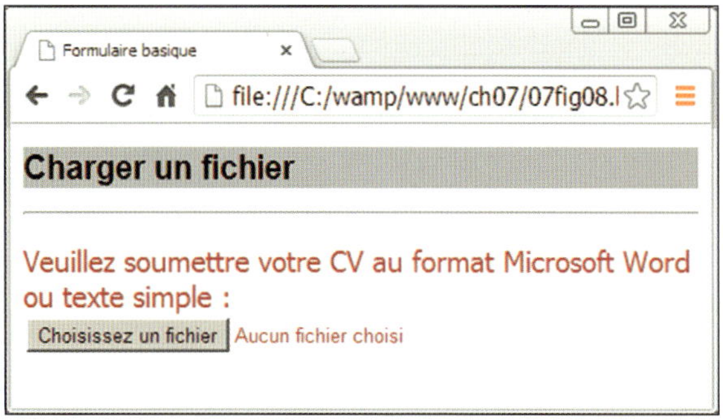

Figure 7-8 : Un champ de téléchargement de fichiers sous forme de bouton Choisir un fichier.

Lorsque vous acceptez les fichiers des utilisateurs par le biais d'un formulaire, vous pouvez recevoir des fichiers qui sont soit énormes ou qui sont peut-être infectés par un virus. Consultez la personne en charge de votre gestionnaire de formulaires pour discuter des options qui s'offrent à vous pour protéger le système où les fichiers sont enregistrés. Plusieurs mesures peuvent vous aider à minimiser vos risques, en voici quelques-unes :

- logiciels antivirus ;
- limitation de taille de fichier ;
- restrictions sur le type de fichier.

Champ de liste déroulante

Les listes déroulantes sont un excellent moyen pour donner aux utilisateurs de nombreuses options tout en n'utilisant qu'un espace réduit à l'écran. Voici comment les mettre en œuvre :

- `<select>` crée la liste.

  Utilisez un attribut `name` de l'élément `<select>` pour nommer votre liste.

- Une collection d'éléments `<option>` pour identifier les options de la liste.

  L'attribut `value` assigne une valeur unique pour chaque élément `<option>`.

Voici un exemple de balise pour une liste déroulante :

```
<form action="bin/guestbook.php" method="post">
<p>Quel est votre plat préféré?</p>
<select name="food">
<option value="pizza">Pizza</option>
<option value="glace">glace</option>
<option value="oeufsbacon">oeufsbacon</option>
</select>
</form>
```

Le navigateur convertit ce balisage en une liste déroulante contenant les trois éléments, comme l'illustre la figure 7-9.

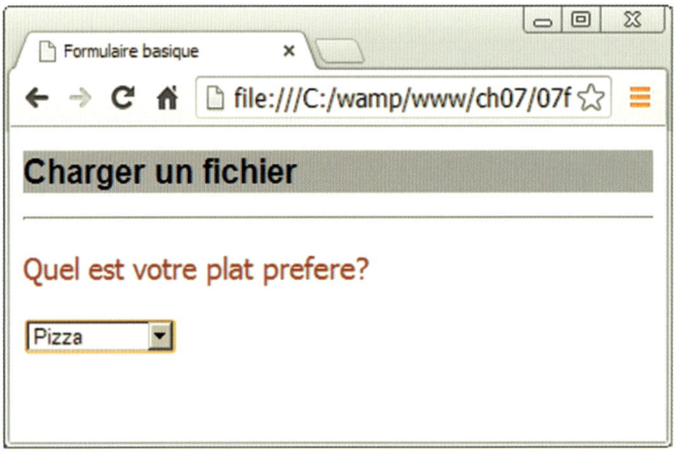

Figure 7-9 : Une liste déroulante.

Vous pouvez également permettre aux utilisateurs de sélectionner dans une liste déroulante plusieurs éléments en changeant les paramètres par défaut de votre liste :

- Si vous souhaitez que vos utilisateurs puissent choisir plus d'une option (en maintenant la touche Ctrl [Windows] ou ⌘ [Mac] enfoncée tout en cliquant sur les options de la liste), ajoutez l'attribut multiple à la balise <select>. La valeur de multiple est multiple.

  *Si vous donnez une valeur à un seul attribut, cette valeur doit être la même que le nom de l'attribut (c'est-à-dire `multiple` et `multiple="multiple"` sont autorisés).

- Par défaut, le navigateur affiche une seule option jusqu'à ce que l'utilisateur clique sur la flèche du menu déroulant pour afficher le reste de la liste. Utilisez l'attribut `size` avec la balise `<select>` pour préciser le nombre d'options à afficher.

Si vous spécifiez une valeur inférieure au nombre total d'options, le navigateur ajoutera une barre de défilement à la liste déroulante.

Vous pouvez spécifier si l'une des options de la liste déroulante doit être déjà sélectionnée lorsque le navigateur charge la page, vous pouvez également spécifier qu'une case à cocher ou bouton radio doit être sélectionné par défaut. Pour cela, il suffit d'ajouter l'attribut `selected` à la balise `<option>` que vous souhaitez définir par défaut. Utilisez cette option pour un choix très probable, les utilisateurs peuvent remplacer votre sélection par défaut simplement et rapidement.

Zones de texte multilignes

Si un champ de texte sur une seule ligne n'offre pas assez de place pour entrer une réponse, créez une zone de texte à la place d'un champ texte :

- L'élément `<textarea>` définit la boîte et ses paramètres.
- L'attribut `rows` indique le nombre de rangées de la boîte en se basant sur la taille de la police dans la zone de texte.
- L'attribut `cols` spécifie le nombre de colonnes de la boîte en se basant sur la police de la zone de texte.

La valeur correspond au texte que l'utilisateur saisit dans la boîte, il vous reste donc seulement à lui attribuer un nom via l'attribut `name` :

```
<form action="bin/guestbook.php" method="post">
  <p> SVP Pas de commentaires ici.</p>
  <textarea rows="10" cols="40" name="comments">
   ...commentaires ici...
 </textarea>
</form>
```

TRUC Le texte que vous incluez entre les balises `<textarea>` et `</textarea >` apparaît dans le navigateur dans la zone de texte, comme l'illustre la figure 7-10. L'utilisateur saisit les informations dans la zone de texte en écrasant le texte original.

Boutons Envoyer et Réinitialiser

Les boutons Envoyer et Réinitialiser permettent à l'utilisateur d'indiquer au navigateur ce qu'il faut faire avec le formulaire. Vous pouvez créer des

Figure 7-10 : Une zone de texte.

boutons soit pour soumettre soit pour réinitialiser votre formulaire, en utilisant l'élément `<input>` avec les attributs `type` et `value` prenant les valeurs suivantes :

- **submit** : les visiteurs doivent indiquer au navigateur qu'ils ont terminé un formulaire et qu'ils souhaitent envoyer son contenu. Vous pouvez créer un tel bouton pour envoyer le formulaire à l'aide de la balise suivante :

  ```
  <input type="submit" value="Submit">
  ```

  Vous n'avez pas à utiliser l'attribut `name` pour les boutons Envoyer et Réinitialiser. Vous devez employer à la place l'attribut `value` afin de spécifier la manière dont le navigateur affichera ces derniers.

- **reset** : les visiteurs doivent effacer le formulaire s'ils veulent recommencer ou s'ils décident de ne pas le remplir. Vous pouvez créer un bouton pour réinitialiser (effacer) le formulaire en utilisant la balise suivante :

  ```
  <input type="reset" value="effacer">
  ```

TRUC

Vous pouvez définir la valeur avec le texte de votre choix. Dans notre exemple, nous avons choisi « effacer ». Mais vous pouvez bien sûr, si vous le souhaitez, utiliser un texte plus approprié à votre site web.

Le listing 7-2 propose un exemple de balisage permettant de créer des boutons Envoyer et Réinitialiser nommés respectivement Envoyer et Effacer.

Listing 7-2 : Un formulaire multiple au complet.

```
<! DOCTYPE html>
<html>
<head>
   <title>Basic Form Markup</title>
   <meta charset="UFT-8"/>
    <style type="text/css">
      h1 {background-color: silver;
         color: black;
         font-size: 1.2em;
         font-family: Arial, Verdana, sans-serif;}
      hr {color: blue;
          width: thick;}
      body {font-size: 12pt;
            color: brown;
            font-family: Tahoma, Bodoni, sans-serif;
            line-height: 0.8em;}
      </style>
</head>
<body>
   <h1>Multi-Part Form</h1>
   <hr/>
    <div>
      <form action="bin/guestbook.php" method="post">
       <h1>Name and Password</h1>
        <p>Prenom: <input type="text" name="prenom" size="30"
           maxlength="25"></p>
        <p>Nom: <input type="text" name="nom" size="30"
           maxlength="25"></p>
        <p>Password: <input type="password" name="psswd" size="30"
           maxlength="25"></p>
        <h1>Plat préféré</h1>
         <p>Quel est votre plat préféré?</p>
         <p><input type="checkbox" name="food" value="pizza"
             checked="checked">Pizza</p>
         <p><input type="checkbox" name="food" value="glace">
             glace</p>
          <p><input type="checkbox" name="food" value="oeufsbacon">
              oeufsbacon</p>
          <h1>Sexe</h1>
          <p>Quel est votre sexe?</p>
          <p><input type="radio" name="gender" value="male">Male</p>
          <p><input type="radio" name="gender" value="female">Female</p>
```

```
          <p style="line-height: 2em; margin: 2em;">
           <input type="submit" value="Send">
           <input type="reset" value="Clear">
         </p>
       </form>
     </div>
     <hr>
   </body>
   </html>
```

La figure 7-11 illustre la manière dont un navigateur affiche ces boutons dans un formulaire.

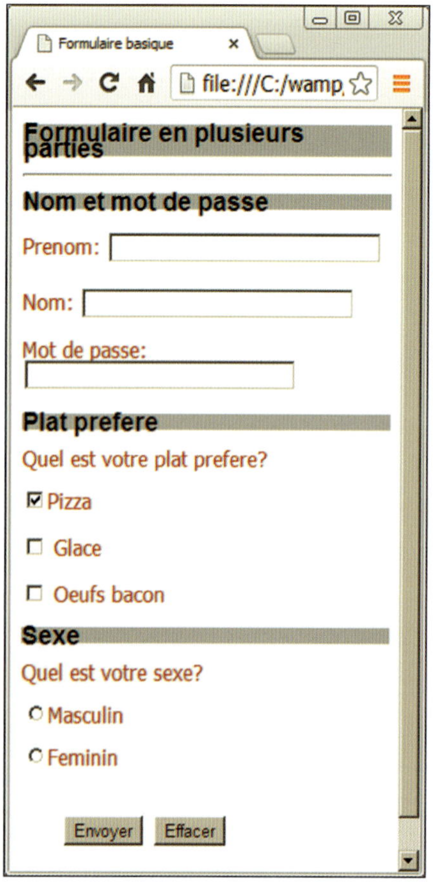

Figure 7-11 : Les boutons Envoyer et Réinitialiser sont étiquetés avec les textes Envoyer et Effacer.

Validation des formulaires

Quel que soit le soin avec lequel vous avez conçu votre site, il y a toujours une possibilité qu'un utilisateur entre des données que vous n'aviez pas prévues. JavaScript à la rescousse !

La validation du formulaire est le processus de vérification des données entrées par l'utilisateur avant que ces dernières ne soient stockées dans votre base de données. Vous pouvez vérifier les données, soit localement avec des scripts JavaScript, soit sur votre serveur avec PHP.

JavaScript

Vous pouvez valider les entrées en JavaScript avant que les données ne soient envoyées au serveur. Ce qui permet de ne pas faire attendre l'utilisateur. On est ainsi en mesure de lui indiquer rapidement (et si vous le souhaitez, avant même qu'il ne clique sur Valider) s'il y a un problème.

TRUC

Si vous souhaitez utiliser JavaScript dans vos formulaires et sur votre site, vous en apprendrez davantage sur le sujet en vous rendant sur les sites suivants :

- `www.w3schools.com/js/default.asp`
- `www.quirksmode.org/js/forms.html`
- `www.webmonkey.com/2010/02/javascript_tutorial`

PHP

Si vous pensez que vos utilisateurs risquent de désactiver JavaScript, vous devez valider vos données de formulaire côté serveur (ils auront alors un processus de validation plus lent.) Pour en savoir plus sur PHP, rendez-vous sur ces sites :

- `www.4guysfromrolla.com/webtech/LearnMore/Validation.asp`
- `ww35.php101.com/book`

Traitement des données

Obtenir des données de formulaire ne constitue que la moitié des opérations. Jusqu'ici, vous avez créé des éléments de formulaire pour obtenir des données de vos utilisateurs, maintenant vous devez en faire quelque chose. Bien sûr, les données que vous souhaitez récupérer étant particulières, il vous faudra créer à chaque fois un formulaire particulier pour les collecter. Mais avant d'être en mesure d'écrire un programme capable de gérer vos données de formulaire, il vous faudra définir ce que vous voulez faire de ces dernières. Par exemple :

- Si vous voulez juste recevoir les commentaires d'un formulaire web par e-mail, vous utiliserez sans doute un simple `mailto: URL`.
- Si un formulaire recueille des informations auprès des utilisateurs afin de les afficher dans un livre d'or :
  - vous ajouterez les données dans un fichier texte ou dans petite base de données pour conserver ces informations.
  - vous créerez une page web qui affiche les entrées saisies pour le livre d'or.
- Si vous souhaitez utiliser un caddie, vous devez disposer de programmes et d'une base de données capable de gérer un inventaire, les informations client de la commande, des données d'expédition et le calcul des coûts.

TRUC

C'est votre fournisseur d'hébergement web – qu'il s'agisse d'un service informatique interne ou d'un FAI que vous payez chaque mois – qui aura le dernier mot pour mettre en œuvre la gestion des données de formulaire de ce type d'applications sur votre site web. Si vous souhaitez utiliser des formulaires sur votre site, assurez-vous que votre hébergeur propose les applications nécessaires côté serveur capables de traiter les données saisies (applications qui utilisent normalement les méthodes `post` ou `get` que nous avons abordées précédemment dans ce chapitre). Le chapitre 3 offre d'amples informations afin de trouver un bon FAI pour héberger vos pages.

Traitement des formulaires sur vos pages

En général, les données de formulaire sont traitées par des programmes exécutés sur un serveur web. Il peut s'agir d'un script écrit dans un langage de programmation tel que Perl, Java, AppleScript ou d'un programme écrit avec PHP, Apache, Java Server Pages (JSP), ASP, etc. Ces programmes vous permettent d'exploiter vos données en :

- les stockant dans une base de données ou en les partageant avec un autre type de programme ;
- créant des pages HTML personnalisées basées sur ces dernières ;
- les écrivant dans un fichier plat.

NOTE TECHNIQUE

Les *fichiers plats* dans le jargon geek correspondent à des fichiers texte sans fioriture ou à des fichiers qui utilisent des virgules ou des tabulations comme séparateurs de champs (connu sous le sigle CSV pour ceux dont les valeurs sont séparées par des virgules ou TSV pour ceux qui utilisent des tabulations).

Vous n'avez pas besoin d'être un programmeur pour réaliser la plupart des formulaires. De nombreux FAI proposent (et fournissent) des scripts permettant le traitement des formulaires communs, tels que les livres d'or, des formulaires de commentaires et même des caddies. Votre FAI peut vous proposer :

- toutes les informations dont vous avez besoin pour mettre en œuvre un programme de traitement fonctionnel ;
- le HTML à inclure dans vos pages afin d'interagir avec ce programme.

ATTENTION

Vous pouvez modifier le balisage qui gère dans le code HTML l'apparence du formulaire prédéfini que vous propose un fournisseur d'accès Internet, mais ne modifiez pas le formulaire lui-même – en particulier les noms et les valeurs des variables `<form>`. Le programme sur le serveur web les utilise pour réaliser ses traitements.

De nombreux dépôts de scripts en ligne offrent des scripts gratuits que vous pouvez télécharger et utiliser avec vos formulaires. Nombre d'entre eux sont accompagnés de codes HTML génériques que vous pouvez modifier et retravailler pour qu'ils s'adaptent à votre site. Il vous suffit de déposer tout simplement le programme qui traite le formulaire dans le dossier correspondant de votre site (parfois appelé `php-bin`), d'ajouter le code HTML à votre page et le tour est joué. Voici quelques sites particulièrement intéressants où vous trouverez des scripts à télécharger prêts à l'emploi :

- **Matt archive Script** : `www.scriptarchive.com/nms.html`
- **The PHP Resources Index** : `http://php.resourceindex.com`
- **The Developer.com Network** : `www.developer.com`

La gestion des formulaires va bien au-delà du cadre de ce livre. Cependant, vous pourrez en apprendre plus sur le sujet en vous reportant à ces livres sympathiques :

- *PHP et MySQL pour les nuls*, 5e édition

  `http://www.pourlesnuls.fr/catalogue/1622-informatique/1627-langages/php-et-mysql-5e-pour-les-nuls-EAN9782754019088.html`
- *HTML5 Programming with JavaScript For Dummies* (2013)

www.dummies.com/store/product/HTML5-Programming-with-JavaScript -For- Dummies.productCd - 1118431669.Html

Conception de formulaires conviviaux

Concevoir des formulaires utiles n'est pas la même chose que de concevoir des formulaires simples à utiliser. Votre formulaire peut en effet être bien conçu pour recueillir les données que vous souhaitez, mais s'il est difficile à utiliser, vos visiteurs risquent de s'en détourner avant de l'avoir complété.

TRUC

Lorsque vous utilisez les éléments de balisage et de mise en page de ce chapitre, gardez à l'esprit les conseils suivants :

- **Fournir des indices textuels pour tous vos formulaires.** Soyez clair sur les informations que vous souhaitez obtenir sur le format dont vous avez besoin.

  Par exemple, indiquez aux utilisateurs les formats de saisie :

  - Les dates doivent être saisies sous la forme `jj/mm/aa` (et non pas `jj/mm/aaaa`).
  - Le nombre de caractères d'un champ peut être limité.

    Comme nous l'avons vu précédemment dans ce chapitre, vous pouvez limiter le nombre de caractères en utilisant l'attribut `maxlength`.

- **Adaptez la largeur du champ et limitez le nombre de caractères afin de fournir des indices visuels**. Par exemple, si les utilisateurs doivent entrer un numéro de carte de crédit sous la forme *xxxx - xxxx - xxxx - xxxx*, envisagez de créer quatre champs de texte – un pour chaque partie du numéro.

- **Regroupez les champs similaires**. Un regroupement logique des champs facilite le remplissage d'un formulaire. L'utilisateur sera dérouté si vous lui demandez d'entrer son prénom puis sa date de naissance et enfin son nom.

- **Simplifiez les formulaires trop longs en les subdivisant en plusieurs sections**. Les formulaires divisés en plusieurs parties sont moins intimidants et plus susceptibles d'être terminés.

  Les grandes enseignes en ligne (telle Amazon.com – `www.amazon.com`) utilisent cette méthode pour obtenir les informations dont elles ont besoin pour les commandes sans rendre le processus trop laborieux.

TRUC

Rendez les champs obligatoires facilement identifiables. Si certaines parties de votre formulaire doivent impérativement être renseignées par les utilisateurs avant qu'ils ne retournent ce dernier, indiquez-leur clairement.

Vous pouvez faciliter l'identification des champs obligatoires en :

- utilisant une police en caractères gras ;
- utilisant une couleur différente ;
- plaçant un astérisque devant eux.

- **Écrivez des messages d'erreur compréhensibles et agréables à lire**. Assurez-vous que les messages qu'ils reçoivent après la validation du formulaire aient du sens pour eux (faites l'essai avec quelques testeurs, juste pour voir). Car rien ne rebute plus les visiteurs qu'un message d'erreur cryptique et inutile (le message "Erreur de type 42" peut signifier quelque chose pour un programmeur, mais sans doute pas pour vos visiteurs.)
- **Informez les utilisateurs sur le type d'information qu'ils devront fournir dans le formulaire**. Une page intermédiaire résumant les données à fournir peut s'avérer utile.

TRUC

La série de formulaires employée par RateGenius pour collecter des informations pour des prêts automobiles et le refinancement de prêt constitue d'excellents exemples de formulaires longs, capables de recueillir différents types de données, en utilisant tous les éléments de balisage de formulaire disponibles. Visitez `www.rategenius.com` pour voir ses techniques de formulaire.

Autres points notables sur les balises des formulaires

Le tableau 7-1 énumère d'autres attributs de balises HTML relatives aux formulaires que vous pourriez trouver dans les fichiers HTML.

Tableau 7-1 : Autres attributs (X) HTML associés aux formulaires.

Nom	Fonction/Valeurs	Type de valeur	Éléments associés
`Accept`	Listes des types de fichiers acceptables pour les fichiers téléchargés	`CS Media types`	`<form>` `<input/>`

Nom	Fonction/Valeurs	Type de valeur	Éléments associés
Accept-charset	Listes des types d'encodage de caractère	Character set encodings	<form>
Checked	Option par défaut d'une liste	"cheked"	<input/>
Disabled	Désactive les éléments d'un formulaire	"disabled"	<button> <input> <optgroup> <option> <select> <textarea>
Enctype	Spécifie une méthode d'encodage pour les données saisies	Media type	<form>
For	Pointe sur un ID référençant un autre attribut	Idref	<label>
Label	Identifie un groupe d'options dans un formulaire	Text	<optgroup>
Label	Spécifie un nom d'option dans un formulaire	Text	<option>
Method	Méthode HTTP à employer lors de l'envoi d'un formulaire	{"get" |"put"}	<form>
Multiple	Permet la sélection de plusieurs options dans un formulaire	"multiple"	<select>
Name	Nomme un contrôle spécifique dans un formulaire	CDATA	<button> <textarea>
Name	Nomme un formulaire pour son utilisation par un script	CDATA	<form>
Readonly	Inhibe l'édition d'un champ texte dans un formulaire	"readonly"	<input/> <textarea>
Size	Spécifie le nombre de lignes affichées par une liste déroulante	Number	<select>
Tabindex	Spécifie l'ordre de tabulation des champs d'un formulaire	Number	<a> <area/> <button> <input/> <object> <select> <textarea>
Type	Définit la fonction d'un bouton de formulaire	{"button"| "reset"| "submit"}	<button>

Nom	Fonction/Valeurs	Type de valeur	Éléments associés
Type	Spécifie le type de saisie attendu par un champ de saisie de formulaire	{"button"| "checkbox"| "file"| "hidden"| "image"| "password"| "radio"| "reset"| "submit"| "text"}	<input/>
Value	Fournit la valeur à envoyer au serveur lors d'un clic	CDATA	<button>
Value	Associe les valeurs aux boutons radio et cases à cocher	CDATA	<input/>

Voici la signification des valeurs de la colonne Types de valeur du tableau 7-1 :

- **CDATA** : type de données de caractères SGML qui permet d'utiliser tous les caractères du clavier.
- **CS Media Types** : noms sensibles à la casse tels que "text/html" "image/gif" ou "text/css ".
- **Character set encoding** : habituellement UTF-8, ISO-Latin-1 ou ISO-8859-1. Pour une liste plus complète, voir `www.w3schools.com/TAGS/ref_charactersets.asp`.
- **MIME**: abréviation de Multi-part Internet Mail Extensions, une méthode standard pour encoder les différents types de documents et données. Utilisée par HTTP et dans les pièces jointes des e-mails. Pour plus d'informations, voir `http://en.wikipedia.org/wiki/MIME`.

Frameworks de formulaire

Les frameworks de formulaires fournissent un ensemble de codes et d'outils cohérent pour réaliser, valider et traiter les données issues des formulaires. Lorsque vous savez utiliser un tel framework, la réalisation de formulaire complexe et robuste devient un jeu d'enfant. En voici quelques-uns que nous vous recommandons :

- **Wufoo** (`http://wufoo.com`) : Wufoo est un générateur de formulaire HTML qui vous permet de créer des formulaires de contact, des sondages en ligne et des invitations. Il vous permet de collecter les données, les inscriptions et les paiements en ligne dont vous avez besoin sans avoir à écrire une seule ligne de code. Simple et rapide !

- **jQuery Validation Plugins** (`http://docs.jquery.com/Plugins/Validation`) : même si jQuery facilite grandement l'écriture de vos propres plugins de validation, il y a encore beaucoup de points que vous devez surveiller. Vous aurez besoin par exemple d'une bibliothèque standard de méthodes de validation. (Pensez aux e-mails, aux URL et aux numéros de cartes de crédit). Vous devez également placer les messages d'erreur cachés dans les documents web que vous révélerez au moment opportun. Si vous souhaitez réagir à des évènements différents d'un simple `submit` tel l'évènement `keyup` ou `blur`, vous aurez peut-être besoin de spécifier des règles de validation en fonction de l'environnement côté serveur utilisé pour un projet particulier. Car après tout, vous ne souhaitez par réinventer la roue.

- **Validatious** (`http://validatious.org/learn/examples`) : Validatious propose une validation de formulaire simple via un code JavaScript discret, utilisant pour cela une classe CSS prédéfinie nommée `validate`. Le travail de validation se réduit ici au simple ajout dans les formulaires d'un nom de validateur tel que `input`, `select`, `textarea`, etc. Il ne s'agit pas d'un véritable framework, mais il gère bien la partie de validation qui est souvent difficile à mettre en œuvre pour les débutants.

En outre, de nombreux environnements de développement orienté web (tels que Visual Studio, Expressions web, ASP.NET, etc.) facilitent également la conception des formulaires et les composants de traitement. Ils fonctionnent à la manière des frameworks, mais exigent généralement pour tirer parti de leurs formidables possibilités, que vous travailliez avec leur environnement.

Troisième partie

Ajouter des liens, images et autres médias

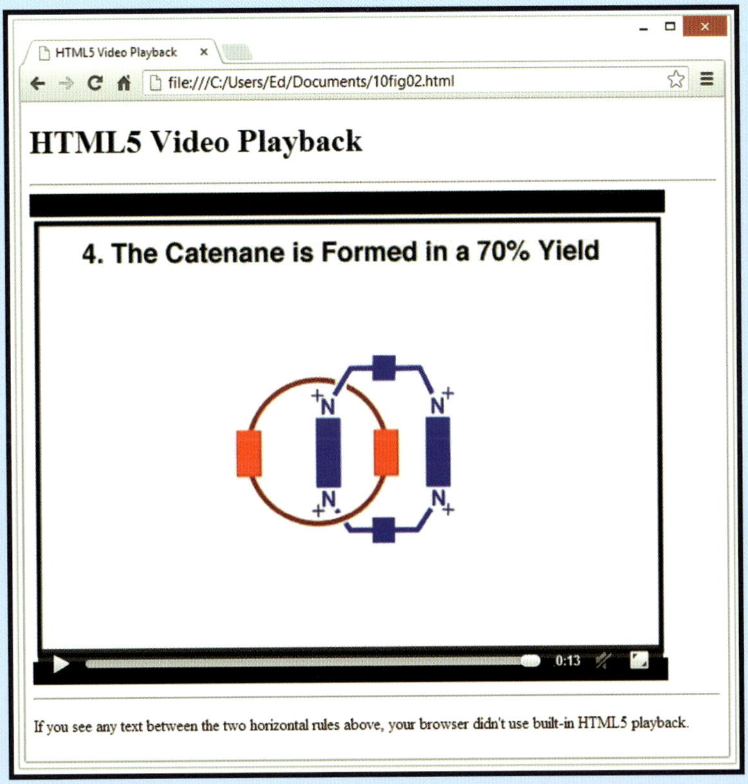

web extras

Pour exploiter de super ressources sur les liens HTML, images web et médias, allez sur le site `www.dummies.com/extras/beginninghtml5css3`. Vous trouverez aussi les exemples des chapitres de ce livre aux pages `www.dummieshtml.com/html5cafe/Chxx`, où `xx` est le numéro du chapitre, comme 08 pour le chapitre 8.

Dans cette partie :

- Suivre des liens pour s'interconnecter au web
- Créer et utiliser de meilleurs liens hypertextes
- Utiliser des images pour ajouter de l'intérêt visuel aux pages web
- Tirer le meilleur des images en ligne
- Ouvrir HTML5 à de nouveaux médias
- Concevoir des contrôles et tableaux conviviaux

Chapitre 8

Devenir Hyper grâce aux liens HTML

Dans ce chapitre :

- Créer des liens simples
- Ouvrir des pages liées dans de nouvelles fenêtres
- Mettre en place des liens vers des emplacements dans une page web
- Créer des liens pointant sur d'autres types de médias

Les hyperliens, ou tout simplement des liens, connectent ensemble les pages HTML et d'autres types de ressources sur le web. Lorsque vous incluez un lien sur votre page, vous invitez vos visiteurs à voyager vers d'autres sites ou vers une autre page de votre site, voire même vers un autre emplacement de cette même page. Sans les liens, la page est seule, déconnectée du reste du monde. Avec eux, elle devient partie prenante d'une collection d'informations presque illimitée que l'on appelle World Wide Web.

Liens Basic 101

Pour créer un lien, vous avez besoin :

- **d'une adresse web** (appelée *Uniform Resource Locator* ou URL) du site Web ou d'un fichier qui est votre lien cible. Cela commence généralement par `http://`.

- **d'un texte dans votre page web décrivant le lien**. Vérifiez que ce texte décrit bien la ressource liée.
- **d'un élément d'ancrage (<a>)** ayant un attribut `href` pour associer tous ces éléments. L'élément utilisé pour créer des liens est appelé élément d'ancrage car il est utilisé sur votre page pour ancrer une URL à un texte. Lorsque les utilisateurs visualisent votre page dans un navigateur, ils peuvent cliquer sur le texte pour activer le lien puis visiter la page spécifiée par l'URL. Pour définir la destination, indiquez l'URL complète dans l'attribut `href`.

TRUC

Vous pouvez penser à la structure d'un lien basique comme à un cheeseburger (ou son équivalent végétalien préféré). L'URL sera la galette, le texte du lien est le fromage, et les balises d'ancrage sont les petits pains. Plutôt goûteux, non ?

Par exemple, imaginons que vous ayez une page web qui décrit les normes HTML et que vous souhaitez proposer aux internautes une référence vers le World Wide Web Consortium (W3C) – l'organisme qui régit toutes les choses liées aux standards HTML. Le lien de base vers le site du W3C, `www.w3.org`, ressemblera à ceci :

```
<p> <a href="http://www.w3.org"> Consortium World Wide Web </a> est
l'organisme de normalisation qui supervise le développement continu des
spécifications HTML, et le WHATWG aide avec HTML5. </p>
```

Les éléments d'ancrage ne bloquent pas les éléments

Les éléments d'ancrage sont des éléments de niveau texte, c'est-à-dire qu'ils ne contiennent que des textes courts (ici le texte que vous souhaitez utiliser en tant que lien) ou d'autres blocs de texte. L'élément d'ancrage se trouve généralement dans un paragraphe (`<p>`) ou un autre élément de bloc, telle une division (`<div>`), une section (`<section>`), un titre (`<h1>` à `<h6>`) ou élément de la liste (`<li>`). Lorsque vous créez un lien, vous devez toujours le créer au sein d'un élément de niveau bloc. Reportez-vous au chapitre 5 pour obtenir plus d'informations sur les éléments de niveau bloc.

Bien que de nombreux navigateurs web affichent les ancrages correctement même s'ils ne se trouvent pas à l'intérieur d'un bloc d'éléments, certains (comme ceux listés ci-après) ne gèrent pas cette entorse à la syntaxe HTML :

- les navigateurs en mode texte pour appareils portables ou les téléphones mobiles ;
- les lecteurs Text-to-speech pour les malvoyants.

Les navigateurs en mode texte reposent sur des éléments de bloc afin de diviser correctement les sections de votre page. Sans un élément de bloc, ces navigateurs risquent d'afficher vos liens à la mauvaise place !

Vous indiquez l'URL du lien (`http://www.w3.org`) dans l'attribut `href` de l'élément d'ancrage. Le texte (`World Wide Web Consortium`) entre les balises d'ancrage (`<a>` et `</a>`) décrit le lien.

La figure 8-1 montre comment un navigateur affiche ce balisage.

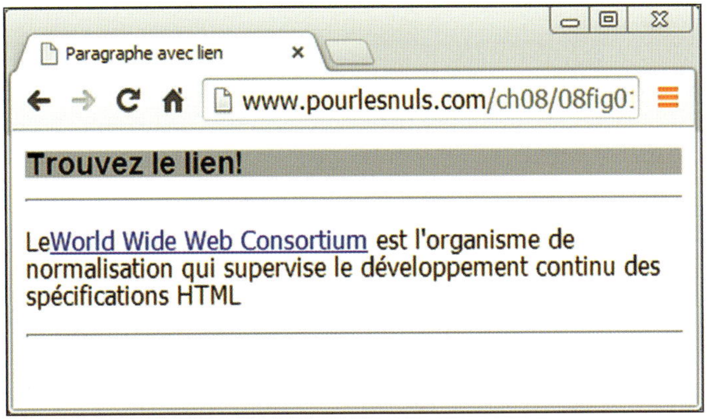

Figure 8-1 : Un paragraphe avec un lien vers le W3C.

Vous pouvez également ancrer des URL à des images afin que les utilisateurs puissent cliquer sur une image pour activer le lien. Pour en savoir plus sur la création de lien sous forme d'image, reportez-vous au chapitre 9. Pour obtenir plus de détails sur les URL, reportez-vous au chapitre 1.

Les options de lien

Vous pouvez faire des liens vers une variété de ressources en ligne :

- vers d'autres pages HTML (que ce soit sur votre site ou sur un site tiers) ;
- vers des endroits différents de la même page HTML ;
- vers des ressources autres que des pages HTML, comme par exemple des adresses e-mail, des photos et des fichiers texte en téléchargements pour les visiteurs.

L'emplacement des liens, des légendes et des destinations a une très grande influence sur la façon dont les visiteurs du site perçoivent ces derniers. Le chapitre 2 traite des meilleures pratiques pour l'emploi de liens sur votre site. Le type de lien que vous créez est déterminé par ce que vous liez et la manière dont vous concevez son balisage.

Liens absolus

Un *lien absolu* utilise une URL complète pour diriger les navigateurs vers une page web ou une ressource en ligne.

Ces liens sont appelés *absolus*, car ils fournissent un chemin d'accès complet, autonome vers une autre ressource Internet. Lorsque vous accédez à une page d'un site web tiers, le navigateur a besoin pour trouver cette page de chaque bit d'information contenu dans l'URL. Dans un premier temps, il recherche dans l'URL le domaine puis continue son chemin jusqu'à ce qu'il trouve le fichier spécifique.

N'OUBLIEZ PAS

Lorsque vous accédez à des fichiers situés sur un site tiers, vous devez toujours utiliser des URL absolues dans l'attribut `href` de l'élément d'ancrage. Voici un exemple :

```
http://www.website.com/directory/page.html
```

Liens relatifs

Un *lien relatif* utilise une sorte de raccourci pour spécifier l'URL d'une ressource vers laquelle vous pointez.

Pour ajouter un lien relatif à vos pages HTML, suivez ces instructions :

- **Ne créez de liens relatifs qu'entre les ressources d'un même domaine.**
- **Comme les deux ressources sont dans le même domaine, vous pouvez omettre l'information relative au domaine de l'URL.**

  Une URL relative utilise l'emplacement de la ressource contenant le lien pour identifier l'emplacement de la ressource vers laquelle vous pointez par exemple, `page.html`.

Un lien relatif revient à demander à quelqu'un qu'il se rende au coin de la rue, s'il sait déjà où cela se trouve, il n'a pas besoin d'information supplémentaire. Les navigateurs web fonctionnent de manière analogue.

Ainsi, si vous utilisez des liens relatifs sur votre site, vos liens fonctionnent toujours, si vous changez

- les serveurs ;
- les noms de domaine.

Liens simples

Vous pouvez tirer avantage de l'emploi d'URL relatives lorsque vous créez un lien entre les pages d'un même site. Si vous souhaitez faire un lien entre `http://www.monsite.com/accueil.html` et `http://www.monsite.com/apropos.html`, vous pouvez utiliser cette URL simplifiée relative à un élément d'ancrage sur `home.html` :

```
<p> En savoir plus <a href="apropos.html"> sur </a> notre société. </p>
```

N'OUBLIEZ PAS

Lorsqu'un navigateur voit un lien ne contenant pas de nom de domaine, il suppose que ce lien est relatif et utilise le domaine et le chemin de la page contenant ce lien pour trouver la page liée. L'exemple précédent ne fonctionne que si `accueil.html` et `apropos.html` sont dans le même répertoire.

Liens internes du site

Si votre site devient plus complexe et que vous organisez vos fichiers dans des dossiers différents, vous pouvez toujours utiliser des liens relatifs. Toutefois, vous devez fournir des informations supplémentaires dans l'URL relative pour permettre au navigateur de trouver les fichiers qui ne résident pas dans le même répertoire que celui contenant le lien.

Utilisez `../` (deux points suivis d'un slash) devant le nom du fichier pour indiquer au navigateur qu'il doit remonter d'un niveau dans la structure de répertoire.

Le balisage pour ce processus de navigation de répertoire ressemble à ceci :

```
<a href="../docs/accueil.html> accueil de la Documentation </a>
```

La notation dans cet élément d'ancrage demande au navigateur de suivre ces étapes :

1. Remonter d'un niveau dans l'arborescence des dossiers par rapport au dossier où est stocké le document contenant le lien.
2. Trouver le dossier nommé `docs`.
3. Dans ce dossier, trouver un fichier appelé `accueil.html`.

N'OUBLIEZ PAS

Lorsque vous créez un lien relatif, l'emplacement du fichier lié est toujours relatif au fichier contenant le lien.

Éviter les erreurs courantes

Chaque ressource web – site, page ou une image – dispose d'une URL unique. Une simple lettre incorrecte dans une URL se soldera par un *lien brisé*, conduisant à une page d'erreur (habituellement l'erreur `HTTP 404 Fichier ou répertoire introuvable`).

Les URL sont si sensibles qu'une simple faute de frappe – parfois même une erreur de casse – brise un lien. Assurez-vous donc de bien relire votre travail et respectez les conseils suivants, ils vous aideront à éviter les erreurs les plus courantes.

Si une URL ne fonctionne pas, suivez ces conseils :

- **Vérifier les majuscules et minuscules**. Certains serveurs web (Linux et Unix, entre autres) sont sensibles à la casse (ils font la distinction entre majuscules et minuscules). Par exemple, les serveurs traitent les noms de fichiers `Bios.html` et `bios.html` comme des fichiers différents. Ce qui signifie que les navigateurs à la recherche d'une URL doivent employer eux aussi des lettres majuscules et minuscules. Assurez-vous que les majuscules et minuscules dans le lien correspondent aux majuscules et minuscules de l'URL.

  Pour éviter les problèmes avec les fichiers de votre site, suivez une convention de nommage standard. Par exemple, utiliser uniquement des lettres minuscules peut vous simplifier la tâche.

- **Vérifier l'extension**. `Bios.htm` et `Bios.html` sont deux fichiers différents. Si l'URL de votre lien utilise une extension et que le nom du fichier réel en utilise une autre, votre lien ne fonctionnera pas.

  Pour éviter les problèmes avec des extensions sur votre site web, choisissez .html ou .htm et tenez-vous-en là.

- **Vérifier le nom du fichier**. Par exemple, `bio.html` et `bios.html` sont deux fichiers différents.

- **Copier et coller**. Évitez de retaper une URL si vous pouvez la copier. Voici le moyen le meilleur et le plus sûr pour créer une URL qui fonctionne :

  a. Chargez une page dans votre navigateur.

  b. Copiez l'adresse URL à partir de la barre d'adresse du navigateur.

  c. Collez l'URL dans votre balisage HTML.

La méthode copier-coller pour récupérer des URL suppose que vous êtes en mesure de les retrouver à partir d'un site web existant. Si vous ouvrez un fichier local sur votre PC dans un navigateur, vous voyez quelque chose qui ressemble à ceci : file :///I:/H4D8e/html_ lettre.html. Voici comment le déchiffrer :

- file :/// est une convention du navigateur usuelle utilisée pour identifier le document sous forme de fichier résidant sur votre système de fichiers local. Elle est utilisée dans Internet Explorer, Chrome, Firefox, Safari mais pas dans Opera (nous avons vérifié) qui utilise localhost/C: pour désigner le système de fichiers local.
- I:/ est une lettre de lecteur.
- H4D8e/est un dossier ou un répertoire de ce disque.
- html_lettre.html est le nom du fichier HTML que vous avez ouvert.

Vous ne pouvez pas utiliser ce type d'URL sur un site web, n'essayez pas s'il vous plaît !

Nous avons tous eu au moins une fois une lettre retournée non distribuée en raison d'une adresse incomplète ou inexacte. Si l'adresse n'est pas correcte, le bureau de poste n'a aucun moyen de localiser le destinataire. Il en est de même pour l'URL. Si une URL n'est pas correctement formée, les serveurs web ne savent pas comment se rendre sur la page cible. Les URL prennent généralement la forme suivante :

- **Un identifiant de protocole suivi de deux points (:) :** il s'agit généralement soit d'http pour *Hypertext Transport Protocol*, soit du protocole https utilisé avec les sites sécurisés ou encore de ftp pour les sites de transfert de fichiers.
- **le nom d'hôte** : c'est généralement un nom de domaine tel edtittel.com ou une adresse IP. Le nom d'hôte est toujours précédé de deux barres obliques (//).
- **Chemin du répertoire** : les chemins d'accès sont précédés d'une barre oblique (/). Ils dirigent l'utilisateur vers la page web spécifique recherchée.

Ainsi, une URL complètement formée prend la forme générale : <identifiant de protocole> ://<nom_de_domaine>/<chemin_du_repertoire>. Ainsi, par exemple, l'URL http://www.monsiteweb.com/mapageweb est complète et bien formée.

Personnaliser les liens

Vous pouvez personnaliser des liens pour :

- Ouvrir des documents liés dans de nouvelles fenêtres.

- Pointer vers une location spécifique à l'intérieur d'une de vos pages web.
- Pointer vers des éléments autres que des pages html tels que :
  - des fichiers PDF (*Portable Document Format*) ;
  - des fichiers compressés ;
  - des documents de traitement de texte.

Ouvrir de nouvelles fenêtres

Le web fonctionne car vous avez la possibilité de lier des pages de votre site vers des pages de sites tiers en utilisant de simples éléments d'ancrage, vous permettant ainsi d'envoyer vos visiteurs vers d'autres sites.

Pour conserver les utilisateurs sur votre site, vous pouvez avec HTML ouvrir une page liée dans une nouvelle fenêtre ou dans un nouvel onglet du navigateur. (Internet Explorer, Firefox, Chrome et d'autres navigateurs ouvrent de nouveaux onglets. Mais vous devez configurer Internet Explorer ou d'autres navigateurs afin qu'ils ouvrent une nouvelle fenêtre si vous le préférez). En effet, l'ajout dans un ancrage d'un attribut `target` permet d'ouvrir un lien dans une nouvelle fenêtre ou dans un nouvel onglet au lieu de l'ouvrir dans la fenêtre actuelle :

```
<p> <a href="http://www.w3.org" target="_blank"> Consortium World Wide Web
</a > est l'organisme de normalisation qui supervise le développement continu
de la spécification XHTML. </p >
```

L'importance de http:// dans les liens HTML

Les Navigateurs rendent le surf sur le web aussi simple que possible. Si vous tapez `www.sun.com`, `sun.com`, ou souvent même seulement `sun` dans la barre d'adresse de votre navigateur, ce dernier vous conduira sur `http://www.oracle.com/us/sun/index.html`. Bien que cette technique fonctionne lorsque vous tapez les URL dans la barre d'adresse de votre navigateur, il ne fonctionne pas quand vous écrivez le balisage.

Les URL que vous utilisez dans votre balisage HTML doivent être complètement formées (complètes dans leurs moindres détails). En effet, les navigateurs ne sauront pas interpréter les URL qui n'incluent pas le protocole de page. Si vous oubliez le `http://`, votre lien ne fonctionnera pas !

Lorsque vous donnez la valeur _blank à un attribut target, vous indiquez au navigateur d'effectuer les opérations suivantes :

1. Garder la page contenant le lien ouverte dans la fenêtre actuelle.

2. Ouvrir la page liée dans une nouvelle fenêtre ou dans un nouvel onglet.

Vous pouvez observer à la figure 8-2 le résultat de l'utilisation de l'attribut `target = "_blank"` où un nouvel onglet s'est ouvert sur le site du W3C.

Figure 8-2: Utiliser l'attribut target pour ouvrir un fichier lié dans une nouvelle fenêtre ou dans un nouvel onglet d'Internet Explorer.

ATTENTION

Les fenêtres pop-ups irritent certains utilisateurs. Utilisez-les avec parcimonie. Vous pouvez utiliser JavaScript pour contrôler la taille, l'emplacement et l'apparence des pop-ups et pour y ajouter des boutons permettant aux utilisateurs de les fermer rapidement Consultez l'article en anglais *Introduction to JavaScript Pop-up Windows* de Dr. Dobb pour obtenir tous les détails sur la manière de gérer ces dernières. Vous trouverez cet article en ligne à l'adresse :

```
www.drdobbs.com/web-development/introduction-to-javascript-pop-up
    -window/184412937
```

Spécifier une localisation dans les pages Web

Les emplacements à l'intérieur des pages web peuvent être marqués afin de les rendre directement accessibles depuis :

- la même page ;
- le même site ;

- d'autres sites.

Nous discutons de chaque méthode dans les sections à venir.

Tenez comptes des remarques suivantes quand vous ajoutez des liens vers des pages web :

- Plusieurs pages courtes peuvent présenter des informations plus lisiblement qu'une seule longue page avec des liens internes.

  Les liens au sein de grandes pages sont efficaces pour définir un accès rapide aux répertoires, tables des matières et autres glossaires.

- Les liens intradocument fonctionnent mieux sur votre propre site web, où vous pouvez créer et contrôler le balisage.

  Lorsque vous accédez à un emplacement situé sur un site tiers, vous êtes à la merci de son concepteur, car c'est ce dernier qui définit les emplacements liables. S'il les supprime ou les modifie, vos liens ne fonctionneront plus.

Nommer des emplacements de liaison

Pour identifier et créer un emplacement dans une page afin d'en permettre un accès direct via d'autres liens, utilisez un élément d'ancrage vide ayant un attribut `name`, comme celui-ci :

```
<a name="top"> </a>
```

L'attribut `id` fonctionne aussi comme un élément d'ancrage. Si vous utilisez cet attribut avec les CSS, il sera sans doute plus simple à retenir et cela rendra votre code plus homogène.

L'élément d'ancrage qui détermine un emplacement liable n'affecte pas l'apparence du contenu l'environnant.

Lier dans la même page

Les liens peuvent aider les utilisateurs à naviguer au sein d'une même page web. Pour cela, les liens hypertextes intradocuments nous permettent de définir des éléments qui nous sont déjà familiers tels que :

- les liens pour revenir en haut d'une page ;
- les tables des matières.

Un *lien hypertexte intradocument*, aussi appelé lien de document, utilise une URL telle que celle-ci :

```
<a href="#top"> Retour en haut de page </a>
```

NOTE TECHNIQUE

Le signe dièse (#) indique que vous pointez vers un endroit situé sur la même page.

Le listing 8-1 illustre la manière dont deux éléments d'ancrage se combinent pour créer un lien vers un endroit situé sur la même page. (Les documents qui utilisent des liens hypertextes intradocuments sont généralement plus longs. Celui-ci est court afin que vous puissiez facilement comprendre l'emploi de l'élément d'ancrage top.)

Listing 8-1 : Les liens hypertextes intradocuments.

```
<! DOCTYPE html> <html>
 <head>
   <title> hyperliens Intra document </title>
   <meta charset="UTF-8">
 </head>
 <body>
   <h1> <a name="top"> </a > Formation basée sur le Web </h1>


   <p> Compte tenu de l'importance du web pour les entreprises et autres
       organisations, des individus qui cherchent à améliorer leurs compétences
       professionnelles se tournent vers des formations HTML et XML et plus
       particulièrement HTML5. Nous pensons que cela offre une occasion
       unique de…. </p>
   <p> <a href="#top"> Revenir en haut de page </a > </p>
 </body>
</html>
```

La figure 8-3 montre comment ce balisage HTML est affiché dans un navigateur web. Si l'utilisateur clique sur le lien Revenir en haut, le navigateur revient à l'emplacement initial – marqué par <a name="top"> </a>. Le texte de cet exemple est court, mais vous pouvez voir comment cela fonctionne avec de plus grands textes en redimensionnant la fenêtre de votre navigateur afin qu'il n'affiche que deux ou trois mots par ligne.

Pointer vers le même site web

Vous pouvez combiner des liens intradocuments et interdocuments pour envoyer les visiteurs vers un endroit situé sur une autre page web de votre

Figure 8-3 : Utiliser les éléments d'ancrage pour marquer et lier des emplacements sur une même page.

site. Utilisez le balisage suivant, pour définir un lien pointant vers un endroit nommé `descriptions` sur une page nommée `accueil.html` de votre site :

```
<p> examen le <a href="accueil.html#descriptions"> descriptions du document
    </a> pour trouver la documentation de votre produit. </p>
```

Définir un lien sur d'autres sites

Si vous avez connaissance d'un emplacement marqué, situé sur un autre site, vous pouvez, pour pointer vers cet endroit particulier, utiliser une URL absolue, comme ceci :

```
<p> Découvrez comment
<a href="http://www.masociete.com/cours/online.htm#register"> s'inscrire </a>
   pour des cours de formation à venir menés par nos instructeurs. </p>
```

N'OUBLIEZ PAS

Veillez à vérifier ces liens régulièrement afin de modifier et de réparer les liens brisés.

Gizmodo a mis à jour son article *Best Free Web Site Link Checker* en avril 2013, juste au moment où nous écrivions ce livre. Vous pouvez le trouver à l'adresse :

`www.techsupportalert.com/best-free-web-site-link-checker.htm`

Liens vers des ressources non HTML

Les liens peuvent se connecter à pratiquement n'importe quel type de fichier comme ce qui suit :

- traitement de texte ;
- tableur ;
- PDF ;
- fichier compressé ;
- multimédia.

Deux des utilisations typiques des liens non HTML se trouvent dans les pages de téléchargement de logiciels et de documents PDF.

Téléchargements de fichiers

Les fichiers non web peuvent cependant être accessibles via l'Internet, ils doivent pour cela posséder des URL uniques tout comme les pages HTML. N'importe quel fichier sur un serveur web (quel que soit son type) peut être relié via une URL.

Par exemple, en supposant que vous vouliez que vos utilisateurs puissent télécharger un fichier PDF nommé `doc.pdf` et une archive ZIP appelée `logiciel.zip` à partir d'une page web, vous pouvez utiliser le code HTML suivant :

```
<h1> Téléchargez la nouvelle version de notre logiciel </h1 >
<p <a href="logiciel.zip"> Logiciel </a> </p>
<p> <a href="doc.pdf"> Documentation </a> </p>
```

Le comportement des navigateurs varie lorsqu'un utilisateur clique sur un lien qui mène à un fichier non web : Il arrive qu'ils :

- invitent l'utilisateur à enregistrer le fichier ;
- affichent le fichier sans le télécharger (c'est le comportement classique pour les fichiers PDF) ;
- affichent un message d'erreur (si le navigateur ne peut pas traiter ou ne reconnaît pas le type de fichier concerné).

TRUC

Comme vous ne connaissez pas le comportement exact du navigateur de vos utilisateurs, vous pouvez aider ces derniers à télécharger des fichiers en leur proposant :

- autant d'informations que possible sur les formats de fichiers en cours d'utilisation ;
- les outils spéciaux dont ils ont besoin pour exploiter ces fichiers.
    - *Les fichiers compressés* : pour exploiter le contenu d'un fichier Zip, les utilisateurs ont besoin d'un utilitaire de compression tel que WinZip ou ZipIt, si leur système ne prend pas nativement en charge les fichiers Zip.
    - *Les fichiers PDF* : pour visualiser un fichier PDF, les utilisateurs ont besoin du logiciel Adobe Acrobat Reader (ou d'un équivalent, tel que Nitro PDF Reader).

Vous pouvez rendre le balisage du téléchargement plus convivial en y ajoutant du texte et des liens d'explication, comme ceci :

```
<h1> Téléchargez notre nouveau logiciel </h1>
  <p> <a href="logiciel.zip"> Logiciel </a> (1.2 MB fichier compressé ZIP)</p>
<p> Note: </b>
    Vous avez besoin d'un utilitaire zip comme
   <a href="http://www.7-zip.org"> 7Zip </a> (Windows) ou
   <a href="http://www.maczipit.com"> ZipIt </a> (Macintosh)
     pour ouvrir un fichier ZIP. </p>
  <p> <a href="doc.pdf"> Documentation </a> (440 KO, fichier PDF) </p>
  <p> Note: </b> Vous avez besoin d'une version gratuite
     <a href="http://get.adobe.com/reader/">Adobe Reader </a >
       pour afficher un fichier PDF. </p>
```

La figure 8-4 illustre la manière dont un navigateur affiche ce fragment HTML et la boîte de dialogue qui apparaît lorsque vous cliquez sur le lien du logiciel.

Les adresses e -mail

Un lien vers une adresse e-mail peut ouvrir automatiquement un nouvel e-mail adressé à une personne particulière.

C'est un excellent moyen d'inciter vos utilisateurs à vous envoyer des demandes ou des commentaires via l'email.

Un lien e-mail utilise l'élément d'ancrage standard et un attribut `href`. La valeur de l'attribut `href` correspond à l'adresse e-mail cible, précédée par `mailto :`

```
Envoyez-nous votre <p>
  <a href="mailto:comments@monsite.com"> commentaires </a>. </p>
```

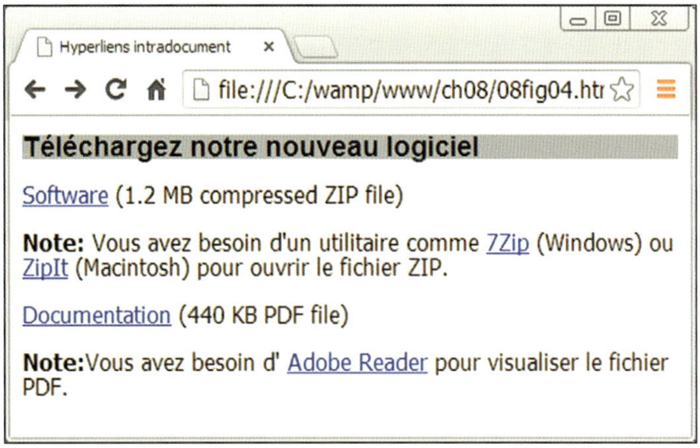

Figure 8-4 : Chrome télécharge automatiquement le fichier Zip.

La configuration du navigateur de l'utilisateur contrôle la façon dont le navigateur gère un lien e-mail. La plupart des navigateurs suivent automatiquement ces deux étapes fondamentales :

1. Ouverture d'une nouvelle fenêtre de message dans le programme de messagerie par défaut.

2. Insertion de l'adresse contenue dans l'attribut `href` dans le champ À du message.

Malheureusement, les liens `mailto:` contenus dans les pages web constituent l'une des principales sources d'adresses e-mail pour les spammeurs. Aussi, la création d'un formulaire permettant la réception d'information est souvent une meilleure idée. Mais le mieux est encore d'utiliser un cryptage JavaScript sur l'adresse e-mail. (Pour obtenir plus d'informations sur ce sujet, reportez-vous à l'excellent article de Steven Chapman *Hiding Your Email Address* sur `http://javascript.about.com/library/blemail1.htm`.)

Si vous choisissez d'utiliser un formulaire, sachez que cela peut aussi soulever des questions de sécurité – n'oubliez pas de vérifier vos entrées ou encore de prendre des mesures pour éviter les attaques par injection SQL. Pour plus d'informations, voir l'article *SQL Injection Attacks and Some Tips on How to Prevent Them* de Colin Mackay à l'adresse `www.codeproject.com/KB/database/SQLInjectionAttacks.aspx`.

Liens médias

Le HTML5 améliore grandement les possibilités de collecter ou de jouer des fichiers multimédias à l'intérieur de votre navigateur Web. Les versions antérieures XHTML et HTML nécessitaient généralement de disposer de logiciels supplémentaires pour jouer ou afficher les fichiers multimédias. Le HTML5 apporte un support à l'audio et à la vidéo et permet de jouer directement les fichiers multimédias dans le navigateur. Une série de spécifications du W3C décrit comment tout cela fonctionne :

- L'élément `<audio>` prend une URL qui pointe vers un certain type de fichier audio de la valeur de son attribut `src`. Voir cette page :

  `www.w3.org/TR/html5/embedded-content-0.html audio`

- L'élément `<video>` prend une URL qui pointe vers un certain type de fichier vidéo de la valeur de son attribut `src`. Voir cette page :

  `www.w3.org/TR/html5/embedded-content-0.html # video`

- L'élément `<source>` prend une URL qui pointe vers un certain type de médias (attribut `src`) et y associe un lecteur ou un codec pour son interprétation (attributs `media` et `type`). Voir cette page:

  `www.w3.org/TR/html5/embedded-content-0.html # the-source - element`

Chapitre 9

Travailler avec des images en HTML

Dans ce chapitre :

- Déterminer le bon format des images
- Insérer des images dans des pages web
- Créer des images et des images cliquables qui déclenchent des liens

Les concepteurs web se servent d'images pour délivrer des informations importantes, diriger la navigation sur le site et donner un aspect convivial aux pages web. Toutefois, ils les utilisent correctement sinon ils risquent de réduire leur efficacité.

Ce chapitre est un cours intensif sur l'utilisation des images dans les pages web. Vous apprendrez quels sont les formats images conviviaux et comment utiliser des éléments HTML pour ajouter des images dans vos pages. Vous découvrirez également comment attacher une image à des liens et comment créer une image cliquable pour une page web.

Le rôle des images sur une page web

Les images sur un site web peuvent être des logos ou des aides cliquables à la navigation. Elles peuvent aussi embellir le look d'une page ou permettre d'unifier ou d'illustrer le thème d'une page. La page d'accueil du site de la Maison Blanche (`www.whitehouse.gov`) en est un exemple parfait : les photos, le logo et la barre de menu agrémentée d'images sont du meilleur effet (voir figure 9-1).

Bien utilisées, les images jouent un rôle clé dans le design de la page. Mais si elles sont mal exploitées, elles peuvent rendre la page illisible, incompréhensible ou décevante.

Figure 9-1 : La page d'accueil de la Maison Blanche utilise de diverses manières les images.

Créer des images conviviales

Vous pouvez créer et enregistrer des images de différentes manières, mais sachez qu'il n'existe que quelques formats adaptés aux images publiées sur le web. Lorsque vous créez des images pour le web, vous devrez avoir une attention particulière aux formats et à la taille du fichier.

En général, les formats de fichier graphique sont spécifiques aux systèmes d'exploitation ou aux applications logicielles. Comme vous n'êtes pas en mesure de « deviner » quel modèle d'ordinateur ou de logiciel utilise votre visiteur (tout comme leur navigateur web), vous avez besoin d'images qui peuvent être visualisées dans n'importe quel navigateur. Cela signifie que vous devez utiliser des formats de fichier *multiplateformes* que les utilisateurs peuvent visualiser avec n'importe quelle version de Microsoft Windows, Mac OS ou Linux.

Les trois meilleurs formats d'images compressées (pour un usage général) sur le web sont actuellement :

- **GIF (*Graphics Interchange Format*)** : les images enregistrées sous GIF sont généralement plus petites que celles enregistrées dans un autre format. Le format GIF peut prendre en charge jusqu'à 256 couleurs. C'est pourquoi si vous enregistrez une image composée de millions de couleurs sous GIF, vous perdrez en qualité. Le format GIF convient particulièrement bien à des images moins complexes, qui ne sont pas des photographies, comme les dessins, les clips arts ou les icônes.
- **JPEG (*Joint Photographic Expert Group*)** : le format JPEG prend en charge des couleurs de 24 bits (des millions de couleurs) et des images complexes comme les photos. C'est un format multiplateforme et une application indépendante. Un bon outil de retouche image vous permet d'ajuster la compression afin de trouver un bon équilibre entre la qualité et la taille de l'image.
- **PNG (*Portable Network Graphics*)** : le format PNG est le plus récent format de fichier image multiplateforme. C'est aussi une application indépendante. Il a été créé pour combiner les meilleurs aspects du GIF et du JPEG. Il présente la même compression que le GIF, mais peut prendre en charge des couleurs de 24 bits (voire de 36 bits) tout comme le JPEG.

Tous les outils de retouche image, comme ceux cités dans le chapitre 23, vous permettent d'enregistrer les images sous l'un de ces trois formats. Testez chacun de ces formats pour bien voir la conversion d'une image d'un format à l'autre et ce qui change dans la taille et la qualité. Ensuite, choisissez celui dont le format donne le meilleur résultat.

Le tableau 9-1 vous donne quelques indications qui pourront vous être utiles lors de votre choix.

TRUC

Les sites ci-après vous présentent dans le détail ces formats de fichier image :

- L'article en anglais de W3C Graphics on the Web à l'adresse `www.w3.org/Graphics` ;
- Le didacticiel en anglais sur les images du web de Quackit.com à l'adresse `www.quackit.com/web_graphics/tutorial`.

Tableau 9-1 : Choisir le bon format d'une image.

Format	Convient à	Prenez garde à
GIF	Dessins, icônes et images ayant peu de couleurs et de détails	Ne pas utiliser ce format pour une image complexe ou une photo.
JPEG	Photos et images ayant des millions de couleurs ou beaucoup de détails	Ne pas utiliser pour des dessins. Perte de qualité de l'image lors de la compression du fichier.
PNG	Photos et images ayant des millions de couleurs ou beaucoup de détails	Ne pas utiliser pour des dessins. Offre un meilleur équilibre entre qualité et taille du fichier.

Lorsque vous réfléchissez à la conception de votre page web, tenez compte de ce qui suit : les effets graphiques généraux comme les arrière-plans basés sur une image ou colorés, les dégradés, boutons, etc., peuvent très bien se passer d'images. Avant même d'en déduire que votre page a besoin d'images, d'encore plus d'images et encore d'images, lisez les chapitres 15 et 16. Le chapitre 15 traite les boutons, boîtes et bordures. Le chapitre 16 aborde l'utilisation des couleurs et de l'arrière-plan, le tout dans une perspective CSS. Vous pouvez ne pas avoir besoin d'autant d'images que vous ne l'imaginiez. Si vous utilisez CSS pour toutes ces options, vos pages se chargeront plus vite et vos visiteurs vous en remercieront. Tout cela s'applique particulièrement aux utilisateurs de smartphones et tablettes où trop d'images risqueraient de les distraire (ou tout simplement les faire fuir de votre site pour de bon).

Optimiser les images

Quand vous créez des images pour vos pages web, n'oubliez pas de maintenir un juste équilibre entre la qualité et la taille du fichier. Si vous furetez sur le web avec votre navigateur préféré, vous trouverez de bons didacticiels sur le réglage de la taille des fichiers et l'optimisation des sites au chargement lent. Pour des trucs et astuces pour créer des pages qui se chargent rapidement, consultez ces ressources utiles :

- Pour optimiser les images :

  `www.yourhtmlsource.com/optimisation/imageoptimisation.html`

- Pour optimiser des images web :

  `www.websiteoptimization.com/speed/12`

Insérer une image dans une page web

Une fois l'image prête pour le web, vous devez utiliser le bon balisage pour l'insérer dans une page, mais vous devez d'abord savoir où stocker l'image.

L'emplacement de l'image

Vous pouvez stocker vos images à différents emplacements. L'emplacement de stockage qui convient le mieux aux images si on utilise les *URL relatives* est sur votre site web avec les autres fichiers HTML. Stockez les images dans la même racine que vos fichiers HTML, mais vous pourriez vite vous mélanger les pinceaux si vous avez beaucoup de fichiers. Le mieux est de créer un répertoire `images` dans le fichier racine de votre site web.

Les *liens relatifs* connectent les ressources sur le même site web. Les *liens absolus* relient les ressources de deux sites web différents. Reportez-vous au chapitre 8 pour en savoir plus sur la différence entre liens relatifs et absolus.

Voici trois bonnes raisons de stocker vos images sur votre propre site :

- **Un meilleur contrôle** : si les images sont sur votre site, vous avez un contrôle absolu sur elles. Vous savez qu'elles ne disparaîtront ou ne changeront pas et vous pourrez les optimiser.
- **La vitesse** : si vous liez les images à un autre site, vous ne savez jamais quand le site ralentira ou répondra de manière incroyablement lente. Relier des images sur le site d'un tiers peut aussi engendrer des coûts en bande passante au propriétaire du site pour afficher vos images sur votre site !
- **Droits d'auteur** : si vous affichez sur vos pages des images d'un autre site, vous risquez de violer les lois de droits d'auteur. Si vous le faites, vous devez avoir l'autorisation de détenteur des droits pour stocker et afficher des images sur votre site web.

Utiliser l'élément <img>

L'élément image (<img>) est un *élément vide* (quelquefois appelé *balise à élément unique ou singleton*) qui permet de spécifier l'emplacement sur la page où vous voulez insérer l'image.

Un élément vide utilise une seule balise sans faire de distinction entre les balises d'ouverture et de fermeture.

Le code de balisage HTML suivant insère une image nommée `07fg02-cd.jpg` qui est enregistrée dans le même répertoire que le fichier (X)HTML entre deux paragraphes :

```
<!DOCTYPE html>
<html>
<head>
   <meta charset="UTF-8">
     <title>Optical Disks at Work</title>
</head>
  <body>
  <h1>CD/DVD as a Storage Medium</h1>
  <p>CD-ROMs and DVDs have become a standard storage option in today's
     computing world because they are inexpensive and easy to use.</p>
  <img src="09fg02-cd.jpg" alt="line drawing of optical disk">
  <p>To read from a CD or DVD, you only need a standard CD-ROM drive, but to
     create CDs or DVDs, you need a DVD burner (all DVD burners can read
     and write CDs as well).</p>
  </body>
</html>
```

Le navigateur web remplace l'élément `<img>` par le fichier image fourni comme valeur de l'attribut `src`, comme illustré à la figure 9-2.

L'attribut `src` est comme l'attribut `href` que vous utilisez avec un élément `<a>` (d'ancrage). L'attribut `src` spécifie l'emplacement de l'image que vous souhaitez afficher sur votre page. Dans notre exemple, il pointe un fichier image qui se trouve dans le même dossier que le fichier HTML qui en fait la référence.

Ajouter du texte alternatif

Un *texte alternatif* décrit une image afin que les utilisateurs, qui ne peuvent pas voir les images pour une quelconque raison, puissent accéder à ce texte pour en savoir plus sur l'image. L'ajout de texte alternatif (souvent appelé par les développeurs « text alt ») est une bonne pratique parce qu'il explique l'image aux utilisateurs qui se trouvent dans les situations suivantes :

- Les utilisateurs mal voyants qui ne peuvent pas voir des images et s'appuient sur le texte alternatif qui sera lu par un logiciel text-to-speech.
- Les utilisateurs qui ont accès au site depuis un navigateur de smartphone dont les capacités graphiques sont limitées.
- Les utilisateurs qui ont une connexion Internet lente et ont choisi de ne pas afficher les images.

Figure 9-2 : L'élément <img> permet de placer des images dans une page web.

NOTE TECHNIQUE

Certains moteurs de recherche et outils de catalogage utilisent les textes alternatifs pour indexer les images.

La grande majorité des utilisateurs verront vos images, mais vous devez les préparer pour ceux qui ne le pourront pas. Les spécifications HTML exigent que vous fournissiez un texte alternatif pour décrire chaque image d'une page web. Pour ce faire, utilisez l'attribut `alt` avec l'élément `<img>` pour ajouter ces informations dans votre code, comme suit :

```
<!DOCTYPE html>
<html>
  <head>
    <meta charset="UTF-8">
    <title>Dans l'Orchestre</title>
  </head>
```

```
  <body>
    <p>Parmi les différentes sections de l'orchestre vous trouverez:</p>
    <p><img src="09fg03-violin.jpg" alt="violon" title="violon"> Cordes</p>
    <p><img src="09fg03-trumpet.jpg" alt="trompette" title="trompette">
        Cuivre</p>
    <p><img src="09fg03-woodwinds.jpg" alt="clarinette et saxophone"
        title="clarinette et saxophone"> Bois</p>
  </body>
</html>
```

Si le navigateur n'affiche pas une image (ou ne peut pas afficher d'image comme les navigateurs texte seul tels que Lynx), il fait apparaître le texte alternatif à la place, comme illustré à la figure 9-3. (Nous avons désactivé les images dans Internet Explorer parce que Chrome n'était pas coopératif).

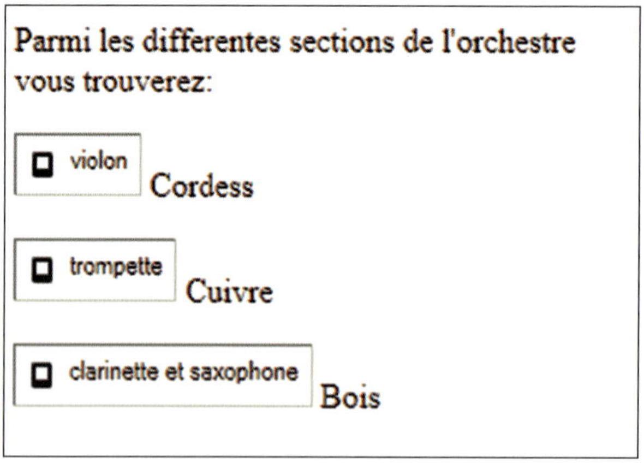

Figure 9-3 : Quand un navigateur n'affiche pas d'image, il fait apparaître un texte alternatif.

Si les navigateurs affichent l'image, des navigateurs tels qu'Internet Explorer, Firefox, Chrome, Safari et Opera, ils affichent un titre sous forme de pop-up qui apparaît lorsque vous placez le curseur de la souris au-dessus de l'image pendant quelques secondes, comme à la figure 9-4. Pour ce faire, il faut ajouter un attribut `title` dans chaque élément `<img>`, c'est pourquoi il est aussi présent dans le code précédent. **Note** : le texte `alt` est nécessaire pour faire valider une page, en revanche le texte `title` n'est pas obligatoire.

Ce qui signifie que vous pouvez utiliser du texte alternatif pour décrire l'image à ceux qui ne peuvent pas la voir et/ou du texte `title` pour donner des informations utiles (ou amusantes) sur la même image.

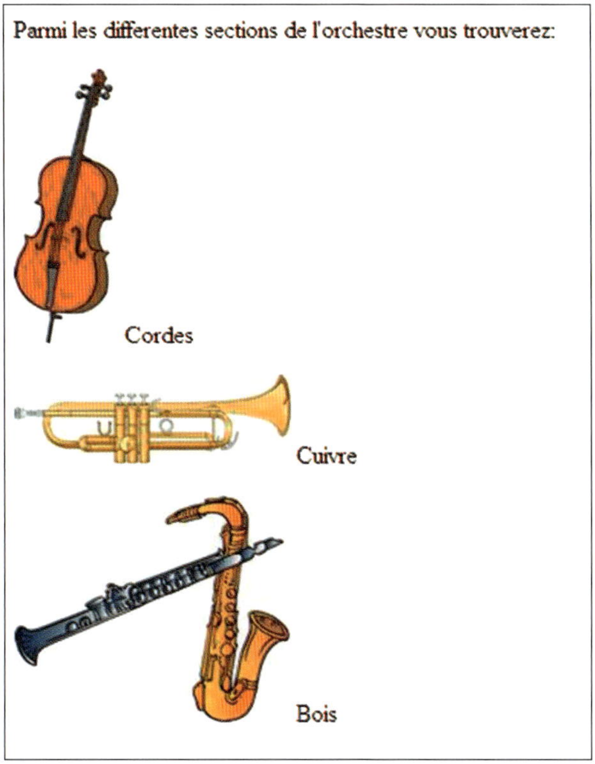

Figure 9-4 : Le navigateur affiche le titre comme une pop-up.

Le WAI (*W3WC's Web Accessibility Initiative*) propose des astuces intéressantes pour créer des textes alternatifs utiles et utilisables au contenu visuel sur ce site :

`www.w3.org/TR/WCAG10-TECHS/#gl-provide-equivalents`

On vous conseillera peut-être d'utiliser le texte alternatif comme mots-clés. Attention, ce type de conseil provient souvent de soi-disant experts en SEO. Méfiance ! Les moteurs de recherche recherchent certains mots-clés dans les pages web et certes peuvent quelquefois les utiliser pour mieux classer certaines pages dans leur page de résultats. D'aucuns en concluront qu'utiliser des mots-clés dans le texte alternatif améliorera leur classement. C'est faux et surtout ne le faites pas !

Spécifier la taille de l'image

Utilisez les attributs height et width avec l'élément <img> pour indiquer au navigateur la hauteur et la largeur de l'image (l'unité par défaut est le pixel ou px) :

```
<p><img src="07fg03-trumpet.jpg"
width="50" height="70" alt="trumpet"/>Brass</p>
```

La plupart des navigateurs téléchargent le HTML et le texte associé à la page avant de charger l'image de la page. Mais ils ne font pas attendre les utilisateurs lors de ce chargement, ils affichent en général d'abord le texte puis remplissent l'écran de l'image dès qu'elle est disponible. Si vous indiquez au navigateur la taille de l'image, il lui réservera un espace pour afficher l'image, ce qui accélère l'affichage des images ou d'autres médias sur une page web.

TRUC

Vous pouvez vérifier la largeur et la hauteur d'une image en pixels dans n'importe quel programme de retouche image ou visionneuses d'image intégrées à Windows et Mac OS ; (Il vous suffit d'afficher les propriétés de l'image dans Windows ou Mac OS pour voir leur dimension en hauteur et largeur).

Les attributs height et width permettent aussi de créer des lignes de couleur sur une page avec un simple petit carré coloré. Par exemple, ce code ajoute une boîte bleue de 10 x 10 px dans une page web :

```
<img src="09fg05-blue-box.gif" alt="blue box" height="10" width="10">
```

Les attributs height et width de l'élément <img> permettent de définir la hauteur et la largeur. Vous utilisez donc ces valeurs pour créer une boîte bleue de 10 x 10 dans le navigateur (représentée dans la partie supérieure de la figure 9-5) même si la taille de l'image originale est de 600 x 600 pixels. En général, il vaut mieux réduire les dimensions de l'image avec ces attributs, même si vous vérifiez les résultats avec attention pendant les tests. Pour une image sensible, maintenez toujours son ratio en divisant les dimensions originales par une valeur commune.

La figure 9-5 présente des boîtes de dimensions de 20 x 20 et de 50 x 50 px. Voici les modifications apportées aux valeurs de height et de width dans le code pour créer ces deux autres boîtes :

```
<img src="09fg05-blue-box.gif" alt="blue box" height="20" width="20">
<img src="09fg05-blue-box.gif" alt="blue box" height="50" width="50">
```

TRUC

Grâce à cette technique, vous pouvez transformer une simple image de boîte bleue (d'une taille de seulement 2,39 ko) en une variété de lignes, voire de boîtes :

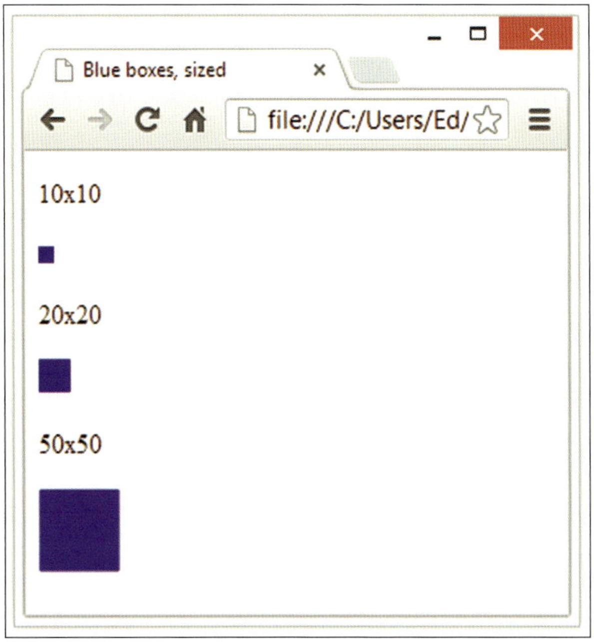

Figure 9-5 : Une série de petites boîtes bleues.

- Cette technique vérifie que tous les diviseurs et autres éléments de bordure sur la page utilisent la même couleur car ils sont tous basés sur la même image.
- Si vous décidez de changer toutes lignes bleues en vert, il vous suffira de changer l'image. Toutes les lignes créées changeront ainsi de couleur.

ATTENTION

Si vous spécifiez une hauteur et une largeur différentes de celles de l'image actuelle, ce sera au navigateur d'échelonner l'affichage de l'image. Cette astuce fonctionne bien pour les images d'une seule couleur (comme la boîte bleue), mais ne convient pas aux images multicolores ou à des photos. Le navigateur ne définira pas correctement la taille de l'image et vous finirez avec une image déformée. La figure 9-6 illustre comment un navigateur traite mal l'élargissement d'une image de trompette quand le balisage multiplie la hauteur de l'image par quatre et sa largeur par deux (notez la ressemblance avec un bugle !)

```
 <p><img src="09fg03-trumpet.jpg" width="200" height="124" alt="trompette"
Title = "trompette" />Cuivre</p>
```

TRUC

Si une image a besoin de plusieurs tailles, comme pour un logo ou un bouton de navigation, prenez une grande image comme modèle et faites-en des ver-

Figure 9-6 : Ne pas passer par le navigateur pour redéfinir la taille d'une image complexe, passer par un éditeur d'images !

sions plus petites, ce qui vous donnera un meilleur contrôle sur l'apparence finale de chaque image.

Bordure et alignement

Vous devrez utiliser les CSS pour contrôler la bordure de l'image, sa position, son alignement, son espacement ainsi que le flux de son texte. Nous traitons tous ces éléments dans les chapitres 14 et 15. Si nous n'avons pas été assez clairs, encore une fois, nous vous conseillons fortement d'utiliser les CSS pour la bordure, la position, l'alignement du texte et de l'image. HTML, lui, fait très bien la représentation et le pointage vers le contenu.

Des images qui font des liens

Les pages web utilisent souvent des images pour la navigation. Elles sont plus agréables que les liens texte et vous permettent d'ajouter à la fois du fond et de la forme à une page web avec un seul élément.

Déclencher des liens

Pour créer une image qui déclenche un lien, remplacez l'élément <img> par le texte dans lequel vous ancrez un lien. Ce code HTML relie du texte :

```
<p><a href="http://www.w3.org">Visitez W3C</a></p>
```

Ce code de balisage remplace le texte Visitez W3C par une icône appropriée :

```
<p><a href="http://www.w3.org"><img src="w3.jpg"
      alt="Visitez le site W3C "
      title = "Visitez le site W3C" height="75" width="131"
      style="border: solid blue; padding: 0.1em; margin: 2.0em;"></a></p>
```

Dans cet exemple, le code crée une image liée à l'adresse http://www.w3.org. On y lit maintenant le texte alternatif Visitez le site W3C pour que les visiteurs qui ne pourraient pas visualiser l'image puissent savoir où le lien les redirige. Lorsqu'un utilisateur place le curseur de la souris au-dessus de l'image, ce dernier change sa flèche en main (ou toute autre icône qu'utilise le navigateur pour signaler un lien).

Nous avons inclus également une bordure bleue pour cette image afin que les utilisateurs aient un indice visuel qui leur permette de comprendre qu'il s'agit d'un lien. La bordure apparaît sous forme d'un surlignage bleu (représenté à la figure 9-7).

Figure 9-7 : Combiner des éléments image et ancrage pour créer une image liée.

Un clic sur l'image lance le site W3C. C'est aussi simple que cela.

TRUC

Vous pouvez définir la bordure de n'importe quelle image à 0 si vous voulez que le navigateur bloque la délimitation de l'image par une ligne bleue. Mais, sans cette ligne, les utilisateurs auront besoin d'un autre indice visuel (ou texte alternatif) qui leur permette de comprendre que l'image est un lien. Les images qui vous servent de liens doivent le signifier aux utilisateurs. Quoi qu'il en soit, si vous souhaitez supprimer cette ligne automatique, remplacez-la par une de votre propre cru ou insérez une légende qui indique que l'image en question est un lien.

Créer une image cliquable

Quand vous utilisez un élément `<img>` avec un élément d'ancrage pour créer une image qui sert de lien, vous pouvez simplement attacher le lien à l'image. Pour créer une image plus grande qui connecte des liens vers différentes sections de la page, vous avez besoin d'une *image cliquable* ou quelquefois appelée *carte web* comme dans l'exemple qui suit.

Pour créer une image cliquable, vous avez besoin de :

- une **image** qui soit parlante aux utilisateurs ;

  Par exemple, l'image d'un jardin public peut illustrer une aire de jeu, une aire de pique-nique ou une base de loisirs.

- un **balisage** pour établir les différentes sections sur le plan vers les différentes URL.

Éléments et attributs

Utilisez l'élément <img> pour ajouter l'image cliquable dans votre page comme vous le faites pour n'importe quelle autre image. Mais vous ajouterez l'attribut `usemap` pour indiquer au navigateur que les informations de cette image cliquable sont associées à cette image. La valeur de l'attribut `usemap` est le nom de votre plan.

Pour définir une image cliquable, ici une carte web, vous avez besoin de ces deux éléments et d'un ensemble d'attributs :

- `map` contient les informations. Cet élément utilise l'attribut `name` pour identifier `map`. La valeur de `name` doit correspondre à la valeur d'`usemap` dans l'élément `<img>` qui l'accompagne.

- `area` relie des parties spécifiques du plan vers les URL. Cet élément utilise ces attributs pour définir les spécificités de chaque section du plan :

  - `shape` : spécifie la forme de la section (une zone cliquable qui fait fonctionner l'image cliquable). Vous avez le choix entre `rect` (rectangle), `circle` (cercle) et `poly` (triangle ou polygone).

  - `coords` : définit les coordonnées de la section.

Les coordonnées d'un rectangle incluent les points droit, gauche, haut et bas.

Les coordonnées d'un cercle incluent les coordonnées x et y du centre du cercle ainsi que son rayon.

Les coordonnées d'un polygone sont un ensemble de coordonnées x et y pour chaque sommet du polygone.

TRUC

Pour déterminer les coordonnées de l'image, utilisez un éditeur de carte web comme Mapedit disponible sur `www.boutell.com/mapedit` ou un éditeur d'images comme PaintShop Photo Pro disponible sur `www.corel.com`. Mapedit se charge aussi d'enregistrer les coordonnées à votre place.

- `href` : spécifie l'URL qui relie la section (elle peut être relative ou absolue).
- `alt` : fournit le texte alternatif de la section de l'image.

Balisage

Le code de balisage ci-après définit une image cliquable ou carte web de trois sections appelée `NavMap` liée au fichier image nommé `09fg08-navmap.gif` :

```
<img src="09fg08-navmap.gif" width="302" height="30" usemap="#NavMap"
      style="border: 0px; border: 2.0em;">
<map name="NavMap">
  <area shape="rect" coords="0,0,99,30" href="home.html" alt="Accueil"
       title="Accueil">
  <area shape="rect" coords="102,0,202,30" href="about.html" alt="A propos"
       title="A propos">
  <area shape="rect" coords="202,0,301,30" href="products.html"
       alt="Produits" title="Produits">
</map>
```

La figure 9-8 illustre l'affichage de ce balisage dans un navigateur.

Lorsque le curseur de la souris est placé au-dessus d'une section du plan, il se transforme en une main (comme s'il était au-dessus d'un lien hypertexte). C'est pourquoi vous devez être particulièrement attentif au titre que vous donnerez au lien (insérez des informations utiles) ce qui permettra au plan d'être plus accessible.

SUR LE WEB

Les images cliquables servent en général à créer des plans interactifs (de pays, de régions, etc.) Voici quelques ressources en ligne intéressantes :

- Le didacticiel d'About.com donne beaucoup plus d'informations sur la création d'images cliquables et cartes web à l'adresse :

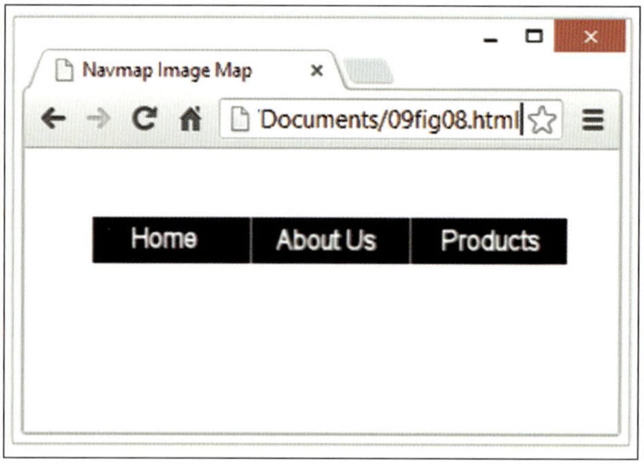

Figure 9-8 : Une image cliquable transforme différentes sections d'une image en liens.

`http://webdesign.about.com/od/imagemaps/a/aabg051899a.htm`

- Le site HTMLGoodies propose un super ensemble de tutoriels sur les images cliquables et cartes web :

  `www.htmlgoodies.com/tutorials/image_maps/index.php`

- Le site web de ce livre offre un fichier HTML plus étoffé qui implémente l'exemple précédent à l'adresse :

  `www.dummieshtml.com/html5cafe/ch09/09fig08.html`

La création manuelle d'une carte web peut s'avérer délicate. Utilisez un éditeur d'images pour identifier chaque point dans votre plan, et *ensuite* créer son propre balisage. La plupart des outils HTML intègrent des utilitaires qui vous permettent de faire des cartes web. Si vous parvenez à tirer parti de tels outils, vous créerez des cartes web rapidement et avec peu d'erreurs. Vous en apprendrez davantage sur ces outils HTML au chapitre 23.

Entraînez-vous à l'utilisation des images cliquables et cartes web avec prudence. Si vous créez une aide visuelle (comme un plan avec des liens vers différents pays), l'utilisation d'une carte web prend tout son sens. Mais vous n'utiliserez jamais une image avec une carte web pour le menu principal de navigation (En fait, vous pouvez le faire, mais le résultat laisse vraiment à désirer). Utilisez plutôt HTML et CSS pour créer le plan de navigation principal de votre site ou si vraiment vous voulez utiliser une carte web, n'oubliez pas d'inclure un texte alternatif à cette image cliquable au cas où elle serait déformée dans le navigateur de vos visiteurs.

En général, une bonne navigation consiste à utiliser du texte pour les étiquettes des boutons et à passer par CSS pour gérer tout ce qui relève de la création de l'apparence des boutons. Reportez-vous au chapitre 15 qui présente quelques techniques vraiment super pour animer le texte des boutons.

Chapitre 10

Gérer et lire les médias en HTML

Dans ce chapitre :

- Comprendre le support des médias dans HTML5
- Utiliser de l'audio, des vidéos et plus encore
- Créer des contrôles utiles dans une page web
- Utiliser des cadres dans des pages web… ou non ?

Le web est en passe de devenir plus qu'un simple moyen pour accéder à du texte et à des images. D'une part, le web prend en charge une gamme toujours plus étendue de médias, comme l'audio, la vidéo, et autres types de médias diffusés sous la forme de flux (appels vidéo, conférences vidéo, audio en temps réel, et ainsi de suite). D'autre part, le web constitue une plate-forme pour tous types d'applications assurant des services autrefois exécutés en local, après les avoir récupérées via le navigateur sur l'ordinateur. S'il n'est pas question de traiter ici de l'écriture de logiciels s'appuyant sur le web, utiliser HTML5 pour gérer des médias est bien au cœur de notre sujet.

HTML5 comprend de nouvelles balises permettant la lecture par défaut de médias. Les versions antérieures de HTML devaient s'en remettre à des plug-ins pour navigateur pour tous types de médias. Rien ne garantissait que le bon plug-in soit disponible pour lire certains médias sur votre navigateur en particulier, quand bien même ce plug-in existait pour d'autres navigateurs.

Ce chapitre présente un bref didacticiel pour vous montrer comment utiliser différents types de médias dans vos pages web. Vous ferez la connaissance des formats de médias indiqués pour le web, et vous apprendrez comment utiliser des éléments HTML5 pour les incorporer dans vos pages web. Vous découvrirez aussi comment utiliser des plug-ins pour lire des médias, afin de lire vos pages sur de vieux navigateurs qui ne gèrent pas les nouvelles fonctionnalités de lecture de médias du HTML5.

La longue traîne des logiciels web

En statistique, la *longue traîne* fait référence à la partie d'une distribution d'évènements qui suit la partie constituée par ceux qui sont les plus fréquents. Si la première partie de la distribution correspond à un faible nombre d'évènements très fréquents, la longue traîne correspond à un tout aussi grand nombre d'évènements, pour leur part peu fréquents. Dans la terminologie des commerciaux, la longue traîne décrit une stratégie consistant à vendre un grand nombre de choses uniques ou spécialisées en très petites quantités (la traîne de la distribution) en plus de vendre un grand nombre de choses très populaires en très grandes quantités (le début de la distribution). La longue traîne correspond à un segment de marché dont l'exploitation permet d'accroître les ventes totales.

En ce qui concerne les navigateurs web (et plus généralement, les logiciels), la longue traîne correspond à l'utilisation de vieux logiciels toujours moins répandus qui perdure alors que de nouveaux logiciels plus efficaces sont disponibles. Cela explique pourquoi, alors même qu'Internet Explorer en est à sa version 10 et Chrome à sa version 27 à l'heure où ce chapitre est écrit, quelques utilisateurs continuent d'utiliser IE dans sa version 6, voire antérieure, et Chrome dans des versions se comptant en dizaine. Les concepteurs de sites web doivent décider s'ils souhaitent ou non gérer cette longue traîne. S'ils le souhaitent, ils devront créer des pages qui proposent des alternatives chaque fois qu'ils utilisent les fonctionnalités les plus récentes, comme les fonctionnalités de gestion des médias de HTML5, sans pour autant empêcher les utilisateurs de versions de navigateurs antérieures d'accéder aux médias, ce qui nécessite le déploiement des plug-ins capables de les lire. À vous de voir.

La bataille des formats de médias

Permettre à HTML5 de lire de manière satisfaisante des médias n'a pas été sans susciter des discussions dans les groupes de travail chargés de définir les balises standard. S'il convient de dire que les débats ont été assez enflammés, il est probable que certaines réunions ont été chauffées à blanc !

Voici où nous en sommes à l'heure actuelle pour ce qui concerne les médias en HTML5. Tout d'abord, la spécification courante de HTML5 recommande de gérer les formats libres de droits Ogg Vorbus (audio) et Ogg Theora (vidéo). Mais les éditeurs de navigateurs peuvent choisir de gérer n'importe quel autre format audio ou vidéo qu'ils préfèrent. Malheureusement, cela signifie que les auteurs de contenu (c'est-à-dire vous) ne peuvent pas miser sur le fait qu'un certain format fonctionnera avec tous les navigateurs. C'est une plaie, comme le tableau 10-1 permet de le comprendre.

Le groupe de travail du HTML (les gars qui décident du contenu de la spécification du HTML5, aussi désignés par WHATWG sur www.whatwg.com) pense qu'il convient de désigner au moins un format audio et un format vidéo géré par tous les navigateurs. Que serait le format idéal ? Il présenterait les caractéristiques suivantes :

- **Permettre un bon taux de compression** pour limiter la taille des fichiers et ainsi limiter la consommation de bande passante.
- **Produire des images ou des sons de bonne qualité** pour le confort de l'utilisateur.
- **Nécessiter peu de puissance de calcul** pour ne pas saturer les capacités du terminal.
- **Être libre de droits** pour que les éditeurs de navigateurs et leurs utilisateurs n'aient pas à se soucier de licences ou de respect des droits d'auteur.
- **Pouvoir être décodé par du hardware** parce que les terminaux mobiles n'ont pas toujours la puissance de calcul requise pour décoder eux-mêmes les médias, surtout les vidéos.

Principaux formats audio

Une simple recherche sur les formats de fichiers audio montre qu'il en existe au moins de 30 sortes. Toutefois, pour les besoins de ce livre, nous nous focaliserons sur les principaux lecteurs gérés par les navigateurs web les plus populaires, recensés dans le tableau 10-1 (qui figure plus loin dans la section « Comparaison des supports traditionnels et HTML5 »). De même, en ce qui concerne la vidéo, vous pouvez aussi bien trouver des formats libres de droits que des formats propriétaires. Le nom figurant entre parenthèses après celui de chaque format correspond à l'extension de fichier qui y est généralement associée.

- **Ogg Vorbis (Ogg ; libre de droits)** : un format de compression audio avec pertes distribué sans droits ni frais de licence avec d'autres projets exploitant des formats gratuits et ouverts. Vorbis est un format axé sur la musique, mais Ogg gère aussi Opus (un format de compression de la voix humaine) et le format de compression sans pertes FLAC. Ogg est distribué sous licence libre BSD. FLAC et Vorbis sont des formats de musique extrêmement populaires, Vorbis étant recommandé sur le web du fait de sa compression, quoiqu'elle engendre des pertes (ce qui signifie que la fidélité du son est sacrifiée au profit de la bande passante), est bien adapté à la diffusion de flux audio. L'extension de fichiers .ogg provient du nom du conteneur qui encapsule généralement les fichiers Vorbis (la même extension est utilisée pour les vidéos au format Theroa mentionné dans la section suivante).

- **MP3 (MP3 ; propriétaire)** : ce format de compression avec pertes est l'un des formats de fichiers audio les plus utilisés à l'heure actuelle – c'est peut-être même le format le plus utilisé tout court. MP3 signifie MPEG-2 Layer 3, ce qui permet d'y voir la concrétisation des efforts du Motion Picture Experts Group pour créer un format audio numérique proposant un compromis acceptable entre la qualité et la taille du fichier (la taille d'un fichier audio dont la fréquence du débit est de 128 kbits par seconde sera inférieure à 10 % de celle de l'équivalent sous forme de CD). Les fichiers MP3 peuvent être compressés à des fréquences supérieures ou inférieures pour arbitrer entre la qualité de l'audio et la taille du fichier (plus la qualité est bonne, plus le fichier est volumineux). Le PC permet de longue date de lire des MP3, format très souvent utilisé par des logiciels Windows de toutes sortes, dont Internet Explorer pour le web.

- **Waveform Audio Format, ou WAVE (WAV version gratuite)** : Généralement connu sous le nom de WAV (grâce à son extension de fichier), ce format audio est compatible avec les formats audio compressés et non compressés. WAV est issu d'un effort conjoint d'IBM et de Microsoft et ne nécessite aucun paiement de licence ou de redevance. WAV travaille avec de nombreux codecs (codeurs/décodeurs, qui traduisent les signaux audio analogiques en modes numériques pour le stockage, et les modèles numériques en signaux audio analogiques pour la lecture) audio très répandus. Le plus gros problème avec WAV provient de ses origines PC qui impliquent qu'il n'est pas aussi largement pris en charge sur Mac, Linux/Unix ou sur les systèmes d'exploitation des appareils mobiles OS.

Tous ces formats audio ont leurs avantages et leurs inconvénients, mais Vorbis semble en passe de devenir le plus largement pris en charge. En fait, le Web Hypertext Application Technology Working Group (WHATWG) recommande que tous les fabricants de navigateurs incluent un support Ogg Vorbis et Theora dans leurs futures offres.

Principaux formats vidéo

Comme pour l'audio, il existe de nombreux formats vidéo potentiellement disponibles pour une utilisation sur le web. Pour les besoins de ce livre, nous nous concentrerons sur les principaux acteurs pris en charge par les navigateurs web les plus populaires cités dans le tableau 10-1 (qui apparaissent dans la section « Comparaison des supports traditionnels et HTML5 »). Ainsi qu'avec l'audio, vous pouvez trouver des formats propriétaires et libres de droits, voici une liste regroupant les principaux formats (le nom entre parenthèses correspond à l'extension associée à ce format).

- **Ogg Theora (Ogg, libre de droits)** : format de compression vidéo avec perte, libre de droits et de licence pour les autres projets de médias libres et ouverts. Ogg Theora offre une efficacité comparable en termes de débit au format MPEG-4 ou aux premières versions de Windows Media Video (WMV) et de RealVideo. Les fichiers Theora utilisent un conteneur Ogg pour leur acheminement. (Le même conteneur sert également les formats audio FLAC Vorbis).
- **H.264 (MP4, propriétaire**) : plus officiellement connu comme MPEG-4, H.264 ou AVC (*Advanced Video Coding*) est une norme de codec propriétaire développé conjointement par l'UIT-T Video Coding Experts Group et l'ISO/CEI JTC 1 motion Picture Experts Group (MPEG). Ce codec prend en charge la vidéo HD et est largement utilisé dans :
  - les vidéos de Vimeo, YouTube et de l'iTunes Store ;
  - les logiciels web tels les lecteurs Adobe Flash, Microsoft Silverlight ;
  - la télévision HD terrestre, le câble et le satellite.
- **VP8/9 (WebM, libre de droits)** : format audio et vidéo gratuit conçu pour être utilisé avec la vidéo HTML5 ; un fichier WebM combine un flux vidéo VP8 ou VP9 à un flux audio Vorbis. Il fonctionne nativement avec Firefox, Opera et Chrome. Il nécessite un plug-in pour Internet Explorer et Safari. Le décodeur Google WebM est disponible pour les entreprises de semi-conducteurs sans frais, et il n'engage pas de frais de licence.

Comme dit plus haut, ces formats vidéo ont leurs avantages et leurs inconvénients, mais il semble que Theora et WebM soient en passe de devenir les plus pris en charge, le WHATWG recommande que tous les fabricants de navigateurs incluent un support à Ogg Vorbis et Theora dans leurs futures offres.

Comparaison des supports traditionnels et HTML5

Le HTML5 prend en charge une variété de balises médias (et formats de médias) pour la lecture multimédia dans les navigateurs web. Comme HTML5 n'est pas encore totalement défini, tous les médias ne fonctionneront pas tous dans tous les navigateurs, comme précisé dans le tableau 10-1. Toutefois, si vous vous en tenez à des dénominateurs communs, vous pouvez trouver un moyen de livrer ce que vous souhaitez à un plus grand public. Quoi qu'il en soit, compte tenu des recommandations du WHATWG, les formats Ogg (Vorbis, Theora, et ainsi de suite) semblent sûrs.

NOTE TECHNIQUE

Pour en savoir plus sur le contenu du document *HTML Living Standard* relatif aux éléments audio et vidéo mentionné à la section 4.8 « contenu intégré », visitez la page suivante :

```
www.whatwg.org/specs/web-apps/current-work/multipage/#auto-toc- 4
```

Tableau 10-1 : Prise en charge des médias dans les navigateurs modernes.

Navigateur	Formats vidéo			Format audio		
	Ogg Theora	**H.264**	**VP8/9 (WebM)**	**OggVorbis**	**MP3**	**WAV**
Internet Explorer 9.0 +	IM*	9.0	IM*	Non	Oui	Non
Mozilla Firefox 3.6 +	3.5	Non	4.0	Oui	Non	Oui
Google Chrome 6.0 +	3.0	Non	6.0	Oui	Oui	Oui
Safari 5.0 +	MI*	3	IM*	Non	Oui	Oui
Opera 10.6 +	3.5	3.1	IM*	Oui	Non	Oui

Sources: Developer.Mozilla.org "Using HTML5 audio and video"; MSDN Magazine "Working with Media in HTML5."

* IM signifie « installation manuelle requise. »

Maîtriser le balisage des médias en HTML5

Dit simplement, il existe deux éléments multimédias de base en HTML5 qui tous deux sont vraiment simples d'emploi. L'élément `<audio>` pour l'audio et l'élément `<video>` pour la vidéo. En HTML5, le navigateur détermine les lecteurs intégrés et donc disponibles. Vous devez par conséquent prévoir l'utilisation de l'audio et de la vidéo en fonction de ces deux éléments, comme vous allez le voir dans les deux sections suivantes.

Faire de la belle musique avec <audio>

Bien sûr, l'élément <audio> lit plus que de la musique – il lit heureusement tout type de fichier audio, mais on ne peut tout simplement pas résister à l'opportunité de ce beau titre de section. Voici une version simplifiée du balisage audio :

```
<audio src="sounds.ogg" controls> Alternatives </audio >
```

L'attribut `src` pointe vers le fichier audio à lire. Il spécifie l'emplacement de l'objet audio à lire. L'emplacement doit être un identifiant URI (*Uniform Resource Identifier*) valide qui, tout comme une URL, identifie l'endroit où le navigateur doit chercher le fichier audio.

L'entrée *controls* prend en charge un certain nombre d'attributs de contrôle que vous pouvez utiliser pour gérer la lecture audio et le comportement, comme suit (présenté par ordre alphabétique) :

- `autoplay` : indique au navigateur de commencer la lecture du fichier audio dès que son chargement est terminé. `autoplay` est la seule valeur autorisée pour cet attribut, mais aucune valeur n'est strictement nécessaire dans HTML5.
- `controls` : indique au navigateur d'afficher une petite fenêtre à l'écran pour contrôler la lecture audio (généralement avec pause/Lecture, une barre de progression, et les commandes de volume). Comme pour `autoplay`, `controls` est la seule valeur autorisée de cet attribut, mais aucune valeur n'est strictement nécessaire dans HTML5.
- `loop` : indique au navigateur de revenir au début et de reprendre la lecture jusqu'à la fin du fichier objet. Ici aussi, la seule valeur autorisée de cet attribut est `loop`, et aucune valeur n'est requise.
- `preload` : indique au navigateur s'il doit précharger le fichier objet, et si oui comment il devrait l'être. Les valeurs possibles sont :
  - `none` : ne charge aucune partie du fichier audio lorsque la page se charge.
  - `metadata` : charge uniquement les métadonnées audio lorsque la page se charge. Cette valeur configure aussi la lecture mais n'a pas encore de données chargées.
  - `auto`: charge tout le fichier audio lorsque la page se charge.

  L'attribut `preload` est ignoré, si `autoplay` est présent.

La section Alternatives est très intéressante et très utile pour prendre en charge les anciens navigateurs. Les visiteurs de la page voient, ou plutôt exécutent le contenu à l'intérieur des balises `<audio>` `</audio >` seulement si leur navigateur ne prend pas en charge l'élément audio (parce que leur navigateur ignore les balises qu'il ne reconnaît pas), mais les navigateurs HTML5 sont assez intelligents pour ignorer ces autres directions. C'est là que vous pouvez faire appel aux plug-ins de lecteurs spécifiques et de différents formats de fichiers parce que vous savez que seuls les visiteurs qui ne peuvent pas utiliser les capacités de lecture audio de HTML5 rencontreront ce balisage. Nous en tirons parti dans l'exemple qui suit pour vous montrer comment faire appel à d'autres formats de fichiers au cas où le format choisi ne pourrait pas être lu. Comme vous pouvez le constater, un navigateur qui ne prend pas en charge l'élément audio HTML5 affichera le mot Alternatives à l'écran !

Dans le code qui suit, le balisage ne lira pas un fichier audio `.ogg` tant que l'utilisateur n'appuiera pas sur le bouton Lecture à l'écran ; le code effectue une boucle continue tant que la page reste à l'écran. Nous fournissons également des solutions WAV et MP3 de rechange aux vieux navigateurs :

```
<audio controls preload="none" loop>
   <source src="sound.ogg" type="audio/ogg">
   <source src="sound.wav" type="audio/x-wav">
   <source src="sound.mp3" type="audio/mpeg">
    <p>Si Navigateur ne prend pas en charge audioHTML; d'autres lectures sont
        fournies.</p>
</audio>
```

TRUC

Par défaut, si vous n'avez pas inclus un attribut `src` dans la balise d'ouverture `<audio>`, la cible du premier élément `<source>` est lue dans un navigateur qui reconnaît l'élément `<audio>` de HTML5. Cette configuration permet d'empiler facilement les options de lecture dans la section Alternatives, à commencer par celui que vous voulez le plus, et ainsi de suite. Si les lecteurs de ces trois formats ne sont pas disponibles, aucun son ne sera lu. Dès que le navigateur trouve un lecteur qui correspond au type de fichier audio (`.ogg` en premier, `.wav` en deuxième, `.mp3` en troisième), le navigateur utilise le lecteur pour lire le son, puis il poursuit le traitement du reste du document HTML qui suit.

La figure 10-1 représente cette page dans un fichier HTML correctement construit avec du texte et des informations supplémentaires dans Chrome.

Lire des médias avec video

Contrairement à l'élément `audio`, qui ne demande pas vraiment beaucoup d'espace (ou tout l'espace) sur l'écran, l'élément `video` nécessite un cadre à l'écran, ainsi que des contrôles plus sophistiqués et plus nombreux. C'est pourquoi, bien que les deux éléments de balisage soient similaires, l'élément `video` comporte plus d'options, même si sa structure de base reste la même :

```
<VIDEO src="video.ogg" controls> Alternatives </div>
```

Figure 10-1 : Une barre de commandes audio affichée dans Chrome.

Ici, l'attribut `src` pointe vers le fichier vidéo à lire. Il spécifie le nom du fichier de l'objet vidéo à lire et doit être un URI valide. Exemple : `src = " video.ogg "`.

La liste des attributs de contrôle de `video` est beaucoup plus longue et aussi un peu plus compliquée :

- `autoplay` : indique au navigateur de commencer la lecture de la vidéo dès que le fichier objet est chargé. Exemples : `autoplay` ou `autoplay = " autoplay"`.
- `controls` : indique au navigateur d'afficher une petite fenêtre à l'écran pour contrôler la lecture de la vidéo (généralement avec pause/lecture, une barre de progression et les commandes de volume). Exemples : `controls` ou `controls = " controls "`.
- `height` : définit la hauteur, en pixels, de la boîte à l'intérieur de laquelle la vidéo s'affiche. Exemple : `height = " 480 "`.
- `loop` : indique au navigateur de revenir au début et de reprendre la lecture quand il arrive à la fin du fichier objet. Exemples: `loop` ou `loop = " loop "`.
- `mediagroup` : permet la lecture en même temps de plusieurs vidéos ou d'éléments multimédias (comme une piste en langue des signes ou une piste SAP). Prend une valeur de chaîne, où tous les éléments media-

group de même valeur sont traités en tant que membres de ce groupe. Exemple : `mediagroup = "movie"`.

- `muted` : définit l'état de sortie audio pour la lecture. S'il est présent, le son est coupé lorsque la lecture commence. Utilisez cette fonction audio lorsque le son est trop fort ou peut surprendre les visiteurs de la page afin qu'ils puissent choisir de mettre ou non le son. Exemples : `muted` ou `muted = " muted "`.
- `poster` : spécifie une image à afficher lorsque le fichier vidéo n'est pas disponible (ou n'est pas encore chargé). Exemple : `poster = " poster.jpg "`.
- `preload` : indique au navigateur s'il doit précharger le fichier objet, et si oui comment il devrait le faire. Les valeurs possibles sont :
  - `none` : ne charge aucune partie du fichier vidéo quand la page se charge.
  - `metadata` : charge uniquement les métadonnées de la vidéo quand la page se charge. Configure aussi la lecture mais n'a pas encore chargé les données.
  - `auto` : charge complètement le fichier vidéo quand la page se charge.

  L'attribut `preload` est ignoré si `autoplay` est présent.
- `width` : définit la largeur, en pixels, de la boîte à l'intérieur de laquelle la vidéo s'affiche. Exemple : `width = " 640 "`.

Le balisage suivant affiche un extrait vidéo de Wikipédia :

```
<video controls poster="poster.png"
src="http://upload.wikimedia.org/wikipedia/commons/5/5c/Cat.ogg"
width="640" height="480">
<source src="cat.webm" type="video/webm">
<source src="cat.mp4" type="video/mp4">
<p> Navigateur ne prend pas en charge l'élément HTML5 video; un autre lecteur
   est fourni.</p>
</video>
```

La figure 10-2 représente cette page dans un fichier HTML correctement construit avec du texte et des informations supplémentaires dans Chrome, la lecture se termine à la fin de la vidéo. La barre de contrôle de la vidéo est presque identique à celle de l'audio. La différence est que la barre de contrôle vidéo a un contrôle de cadre à l'extrême droite. Notez aussi que les alternatives de lecture vidéo fonctionnent de la même manière que l'audio, de sorte que vous pouvez placer en premier votre lecteur préféré pour les navigateurs

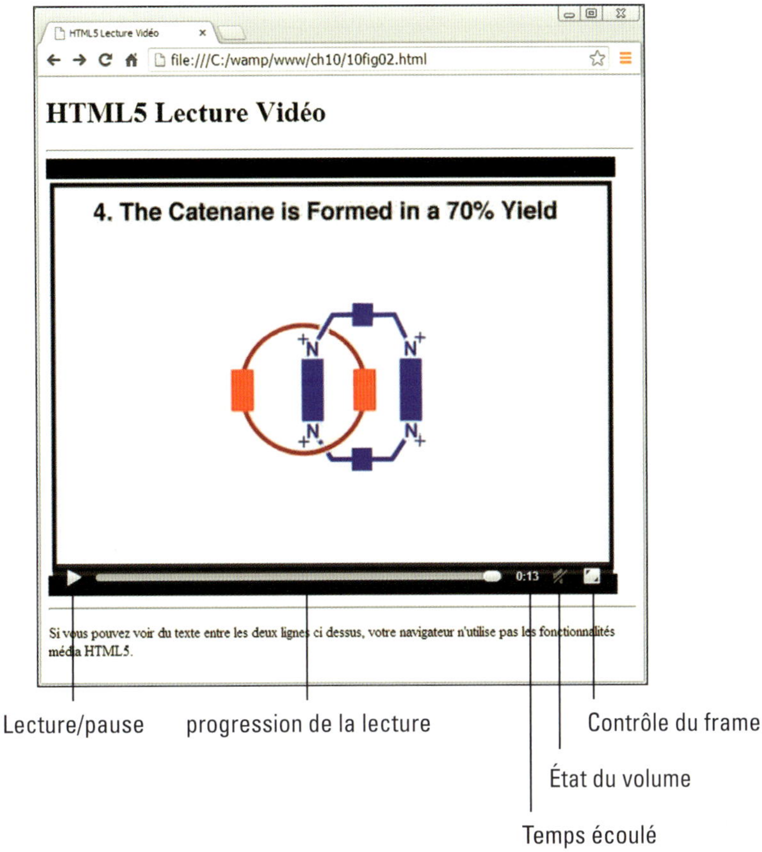

Figure 10-2 : Une barre de contrôle de la vidéo affichée dans Chrome.

HTML5 qui peuvent l'utiliser, puis classer les autres lecteurs par ordre de préférence.

Tester la conversion

Voulez-vous suivre notre exemple et fournir des formats de fichiers de rechange pour vos fichiers audio ou vidéo ? Pour les rendre disponibles dans les trois grands formats de chaque type (`.ogg`, `.wav`, et `.mp3` pour l'audio ; `.ogg`, `.mp4` et `.webm` pour la vidéo), vous avez besoin de quelques outils de conversion. Voici quelques bonnes ressources pour vous aider à commencer afin que vous puissiez atteindre le plus grand nombre en mettant à disposition ces types de fichiers :

- About.com, *4 Free Audio Converter Software Programs*

http://pcsupport.about.com/od/fileextensions/tp/freeaudio-converter.htm

- About.com, *5 Free Video Converter Programs and Online Services*

  http://pcsupport.about.com/od/fileextensions/tp/freevideo-converter.htm

Grâce à ces excellents articles, vous trouverez quelque chose de convenable pour chaque catégorie. Si vous ne trouvez pas ce dont vous avez besoin, vous pouvez faire ce que nous faisons face à un tel dilemme : lancer une recherche « convertisseur audio gratuit » ou « convertisseur vidéo gratuit » et tester les candidats jusqu'à ce que vous trouviez le bon convertisseur.

Maîtriser les médias en HTML5

Une fois que vous commencez à travailler avec les éléments audio et vidéo (sans oublier le très utile élément source de prise en charge), vous saurez comment bien utiliser l'audio et la vidéo dans vos pages web. Mais ce que nous présentons ici n'est que la pointe de l'iceberg. Pour plus de détails sur les différents formats audio et vidéo, lancez la recherche générale :

`Lire` *`format`* `en HTML5`

En remplaçant *format* par celui que vous avez choisi (Ogg, Vorbis, Theora, MP4, MP3, WebM ou WAV). Lorsque nous avons essayé cette approche, nous avons trouvé des tonnes de ressources facilement disponibles. Faites-le aussi !

Travailler avec les contrôles de la page web

L'attribut `controls` du HTML5 est très utile pour les éléments audio et vidéo et nous permet une transition vers notre prochaine section où nous présentons les différentes barres de progression, jauges et autres compteurs fournis par HTML5. Les sections suivantes portent sur les éléments de balisage – `meter`, `progress` et `time` – et incluent des exemples en ligne à la fin de la présentation de chaque élément. La section se termine par un rapide tutoriel sur la façon de mettre à jour des contrôles en temps réel sur vos pages web.

Afficher un compteur

L'élément HTML5 `<meter>` vous permet d'afficher une barre pour divers types de compteurs que vous pouvez employer pour visualiser les valeurs de différents paramètres. L'élément <meter> comprend des attributs numériques aux valeurs entières ou décimales :

- `value` : valeur actuelle mesurée par votre compteur.
- `high` : valeur élevée sur l'échelle de lecture du compteur.
- `low` : valeur basse sur l'échelle de lecture du compteur.
- `max` : définit la valeur maximum pouvant être lue et affichée.
- `min` : définit la valeur minimum pouvant être lue et affichée.
- `optimum` : déclare une valeur considérée comme optimale pour la lecture sur cet appareil.

Voici un exemple de balisage affiché dans Chrome, illustré à la figure 10-3:

```
<meter high="90" low="10" max="100" min="0" optimum="50" value="44"> Recherche
   du centre </meter >
```

La figure 10-3 illustre l'intégration d'un compteur dans un fichier HTML complet utilisant les CSS pour paramétrer son aspect. Ici la valeur courante du compteur se trouve juste en dessous de la marque à mi-chemin repérant la valeur optimale.

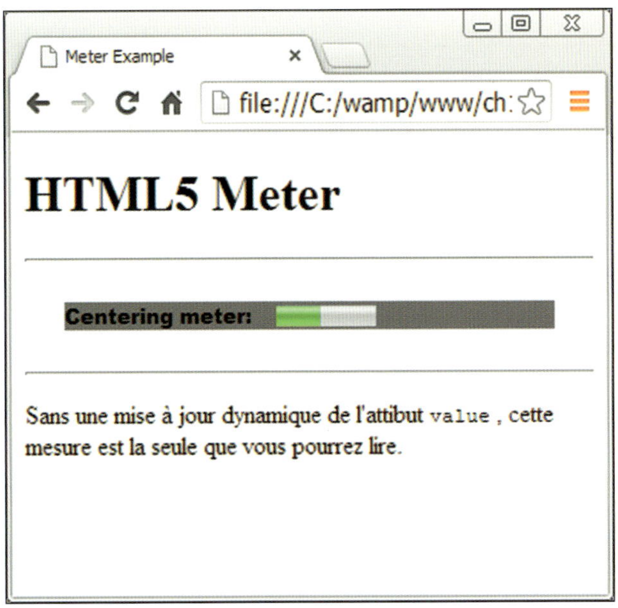

Figure 10-3 : Un simple compteur de centrage.

TRUC

Les attributs hight, low et optimum aussi bien que le texte situé entre les balises ouvrante <meter> et fermante </meter > n'apparaissent pas lors de l'affichage du compteur. Il faut plutôt les voir comme une sorte de documentation intégrée qui facilite la compréhension du fonctionnement du compteur.

Pour vous familiariser avec le balisage de compteur (et les valeurs de leurs paramètres), visitez cette page :

www.quackit.com/html_5/tags/html_meter_tag.cfm

Vous trouverez un bel exemple de compteur en fonction (une barre indique le nombre de caractères saisis) sur la page suivante :

http://jsfiddle.net/RBUmQ/1/

Ce qui suit est un extrait de balisage HTML qui affiche trois barres de compteurs différentes : l'une pour la consommation d'espace de stockage, une autre pour la participation des électeurs, la dernière correspondant au nombre de billets vendus. Ne vous attardez pas sur les détails, il s'agit juste d'un exemple fictif.

```
<p> Utilisation de l'espace de stockage : <meter value="6" max="8"> 6 blocs
    utilisés (sur 8 au total) </meter > </p >
<p> Taux de participation:
<meter value="0.75"> <img alt="75%" src="graph75.png"> </meter > </p >
<p> Billets vendus : <meter min="0" max="100" value="75"> </ meter > </p >
```

Suivre progress sur les activités

Alors que l'élément <meter> est conçu pour la gestion de valeurs fluctuantes au fil du temps, l'élément progress, lui, est destiné à l'affichage de valeurs n'évoluant que dans une direction : vers le haut ! Pensez à une barre de progression typique qui vous indique où vous en êtes sur le téléchargement d'un logiciel, une copie de fichier, ou une procédure d'installation, et vous aurez compris le concept de la barre de progression.

Si l'élément progress est si répandu dans l'univers du HTML5, c'est que son usage très simple ne nécessite de renseigner que deux attributs :

- max : la valeur qui sera atteinte lorsque la tâche sera achevée.
- value : la valeur actuelle correspondant au taux d'accomplissement de la tâche.

Voici un exemple de l'emploi d'une balise progress :

```
<progress max="100" value="44"> barre de progression </progress >
```

La figure 10-4 montre un instantané de la barre telle qu'elle est affichée dans Chrome. Lors de l'exécution, la jauge de progression se remplit de gauche à droite (vert au début, rouge à la fin).

Figure 10-4 : L'élément progress reflète l'achèvement d'une tâche.

Pour en apprendre davantage sur le balisage des barres de progression, visitez cette page :

`www.quackit.com/html_5/tags/html_progress_tag.cfm`

Pour une grande démonstration (avec accès aux codes HTML5 et JavaScript sous-jacents pour la mise à jour dynamique d'une barre de progression), visitez cette page :

`http://developerdrive.com/demo/progress_bar/demo.html`

Vous trouverez une super démo de mise à jour dynamique d'une barre de progression (incluant le code HTML et JavaScript sous-jacents) sur :

`http://developerdrive.com/demo/progress_bar/demo.html`

Voici un tutoriel amusant sur ce que vous pouvez faire avec CSS et l'élément `progress` (voir les parties IV et V de ce livre pour plus de détails sur l'utilisation de CSS) :

`http://css-tricks.com/css3-progress-bars`

Enregistrer et afficher le temps

Par rapport aux versions antérieures, HTML5 apporte un grand nombre d'outils facilitant la visualisation de données. Parmi ces outils, `<time>` permet aux développeurs de mettre à jour et d'afficher de nombreuses façons les informations relatives au temps passé.

Le secret de `<time>` en HTML5 réside dans la compréhension des types de valeurs que son seul attribut – `datetime` – peut prendre. Ce type de donnée est appelé *chaîne de date* ou *d'heure* et permet de représenter sous de nombreuses formes ces informations. La spécification HTML5 précise ce qui suit :

L'élément `time` *représente soit une heure sur une horloge de 24 heures soit une date précise, éventuellement décalée en fonction d'un fuseau horaire, dans le calendrier grégorien proleptique.*

Cette explication nécessite sans doute un peu plus d'explications. Voici une liste des formats pris en charge par les attributs `time` et `date` :

- **Heure valide : HH : MM [:SS] [.fff]** : définit l'heure et les minutes sur deux chiffres avec des secondes et des centièmes de secondes optionnels. Cela signifie que 8 heures du matin. correspond à " `8:00` " et que 8 heures du soir correspond à "`20:00` ".

- **Date valide : AAAA-MM-JJ** : définit une date complète où l'année est en quatre chiffres, le mois en deux et le jour en deux aussi. Toutes ces valeurs sont ici requises.

- **Date et heure valide avec décalage horaire** : combine les deux types de valeur précédente – la date en premier et l'heure en second, séparées par un T au milieu – suivis des informations relatives au décalage lié au fuseau horaire. Ainsi le 11 septembre 2001 à 4 heures de l'après-midi du centre des États-Unis correspond à “2001-09-11T16:00-06:00”. Les fuseaux horaires vont de 12h00 à +14:00, et vous pouvez utiliser la lettre majuscule Z (heure Zulu) pour désigner +00:00 pour déterminer le *temps universel* (UTC), aussi appelé le méridien de Greenwich (GMT, *Greenwich Mean Time*).

Qu'est-ce que veut bien dire ce « calendrier géorgien proleptique »? Cela signifie que, pour les valeurs des éléments `<time>`, le temps commence à 0 après Jésus-Christ, (bref, pas de date avant Jésus-Christ). Mais comme `<time>` est destiné à fournir le *time stamp* et des valeurs de temps, cela ne pose pas vraiment de problème à la plupart des développeurs qui utiliseront cet élément pour garder une trace des choses comme les dates de publication les plus récentes, les dates de mise à jour, etc. La bonne nouvelle, c'est qu'en HTML5, le contenu entre les balises d'ouverture `<time>` et de fermeture `</time>` est censé être compréhensible par l'homme et la valeur de l'attribut `datetime` est conçue pour être compréhensible par la machine, si bien que les humains qui lisent les pages web et les ordinateurs qui les manipulent peuvent lire et utiliser les informations sur l'heure comprises dans ces pages.

Qui aurait pensé que traiter <time> pourrait prendre autant de temps ? L'exemple de balisage suivant montre les exemples des formats précédents en HTML5 :

```
<time datetime="20:00">8 heures du soir</time>
<time datetime="2001-09-11">un autre jour</time>
<time datetime="2001-09-11T16:00">4 heures de l'après-midi</time>
<time datetime="2001-09-11T16:00-06:00">4 heures de l'après-midi (dans le
    centre des États-Unis)</time>
```

Le résultat est représenté à la figure 10-5. Notez que seul HTML se soucie de la valeur de l'attribut datetime, les humains voient le texte correspondant inclus dans l'élément <time>.

De cet ensemble d'exemples, la leçon à retenir est que l'étiquetage soigneux du contenu de l'élément <time> est important car il indique aux visiteurs de la page des informations sur l'heure. Mais bien sûr, si vous enregistrez le temps pour une tout autre raison, ne mettez pas de texte dans cet élément.

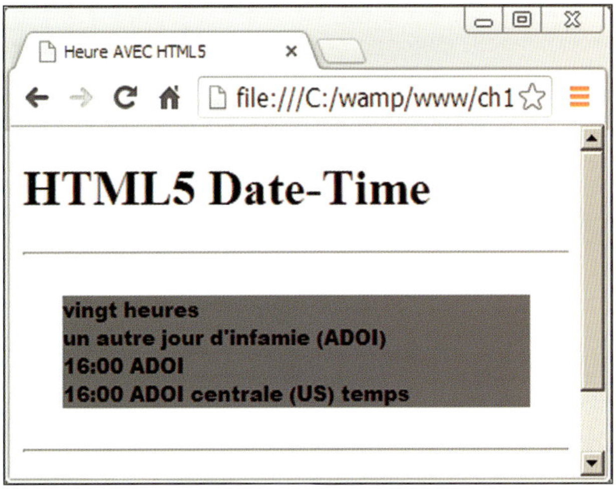

Figure 10-5 : Exemple de balisage de <time> affiché dans Chrome.

Pour jouer avec le balisage en ligne de <time>, visitez cette page :

www.quackit.com/html_5/tags/html_time_tag.cfm

Il n'y a pas vraiment de raison de mettre à jour l'attribut datetime dans un élément <time>. C'est pourquoi nous n'abordons pas ici les techniques de mise à jour en JavaScript. Mais cela ne nous empêche pas de revenir sur ce sujet dans la section suivante.

Mettre à jour les contrôles HTML5

Le secret de la mise à jour des contrôles HTML5 se résume à un mot : JavaScript. Même s'il n'est pas le seul outil de script disponible pour les développeurs de contenu web (c'est vous !), il est probablement le plus populaire et le plus utilisé. Pour qu'une barre de progression affiche une progression ou une mesure *meter* qui change au fil du temps, vous devez trouver un moyen de mettre à jour la valeur associée à l'attribut `value` lors du traitement de la page web. JavaScript propose différentes bonnes façons d'y parvenir, comme répondre aux événements dans l'environnement du navigateur, scruter les changements des variables locales, compter le temps (ou d'autres valeurs), etc.

Pour vraiment comprendre comment utiliser les éléments `<progress>` ou `<meter>` en HTML5, vous devez comprendre JavaScript (ou un autre langage de scripts). Ce sujet dépasse le cadre de ce livre, même si nous avons inclus des exemples que vous pouvez imiter. Mais si vous voulez bien faire, ajoutez dans votre liste de livres à lire les ouvrages de la collection Pour les Nuls suivants :

- ***Programmer en HTML5 avec JavaScript pour les Nuls*** de John Paul Mueller (avril 2013) qui reprend plus ou moins là où nous nous sommes arrêtés.
- PHP, MySQL, JavaScript et HTML5 tout en un pour les Nuls de Steve Suehring et Janet Valade (avril 2013) aborde toute une foule de sujets et d'outils de programmation en lien avec HTML5. Le livre est une référence complète.

Quatrième partie

Adopter le style CSS

```
<!DOCTYPE html>
<html>
    <head>
        <meta charset="utf-8">
        <title>Café HTML5 : Accueil</title>
        <meta name="description" content="Exemple de site pour 9781118657201">
        <meta name="viewport" content="width=device-width">
    </head>
    <body>
        <div id="container">
          <nav id="topnav">
            <a href="index.html">ACCUEIL</a> |
            <a href="apropos.html">A PROPOS</a> |
            <a href="menu.html">MENU</a> |
            <a href="contact.html">CONTACT</a>
          </nav>
        <div id="content">
            <h1>Bienvenue au Café HTML !</h1>
            <p>Vous trouverez ici toutes sortes de gâteries HTML5 et CSS3.<p>
            <div id="content">
                <figure id="home-image">
                    <img src="img/pitr_Coffee_cup_icon.png"
                    width="400" height="400" alt="café délicieux">
                    <figcaption class="attention">
                        gonflé au café.
                    </figcaption>
                </figure>
            </div>
        </div>
        <footer>
            copyright &copy; dummieshtml.com
          </footer>
      </div>
    </body>
</html>
```

Pour en savoir plus sur les marqueurs CSS allez sur le site www.dummies.com/extras/beginninghtml5css3. Et retrouvez les exemples de ces chapitres à l'adresse www.html4dummies.com/html5cafe dans les rubriques Ch11 à Ch13

Dans cette partie :

- Comprendre la distinction cruciale entre le contenu et l'apparence
- Se repérer dans les unités de mesure de CSS
- Explorer la syntaxe et la structure de CSS en utilisant les sélecteurs et les déclarations
- Utiliser les classes et les ID pour cibler des éléments ou des instances.
- Travailler avec des feuilles de style externes, internes et en ligne.
- Articuler de multiples sélecteurs de style avec le système de la cascade de CSS.

Chapitre 11

Les avantages des feuilles de style

Dans ce chapitre :

- Comprendre le rôle des feuilles de style
- Découvrir les feuilles de style en cascade (CSS)
- Comprendre le viewport
- Comprendre les différents types d'unités de mesure

CSS (l'abréviation littérale désignant les feuilles de style en cascade) est le langage que les créateurs de pages web utilisent pour indiquer au navigateur (ou tout autre agent d'utilisateur) comment mettre en forme un document HTML. Rappelez-vous : HTML5 est un langage de base pour décrire la structure (l'équivalent des os et des muscles) d'un document. Les éléments de la structure d'une page, tels que les titres (`<h1>` à `<h6>`) et le corps du texte `<body>`, n'affectent pas – ou peu, et alors grossièrement – la manière dont ce qu'ils contiennent est représenté. En appliquant des styles à ces éléments, vous pouvez spécifier la mise en forme d'un élément dans la page en jouant sur de nombreux attributs (tels que les polices, les couleurs et l'indentation du texte). CSS est l'outil qui vous permet d'ajouter la peau (et même les habits) à la structure créée par votre balisage HTML.

Les feuilles de style vous permettent de contrôler précisément comment les éléments de la structure apparaissent dans une page web. Mieux encore, vous pouvez créer une unique feuille de style pour tout un site web afin que l'apparence de votre contenu soit constante d'une page à une autre. Cerise sur le gâteau : il est très facile d'écrire des feuilles de style et de les intégrer dans des pages web. En fait, avec les feuilles de style, vous pouvez :

- Ajouter des styles à des éléments HTML en particulier (ce qui correspond à du *style en ligne*).
- Ajouter des styles dans l'en-tête d'un document HTML (ce qui correspond à une *feuille de style interne*).
- Faire référence à une feuille de style indépendante constituant un fichier distinct dans votre document HTML (ce qui correspond à une *feuille de style externe*).
- Styliser votre document HTML de manière différente selon qu'il est visualisé sur un ordinateur personnel ou un téléphone mobile.

En bref, vous pouvez ajouter des styles à une page web de différentes manières.

Dans les premiers temps du HTML, vous pouviez modifier l'apparence et l'agencement des éléments HTML en utilisant des éléments *de présentation* du HTML ou en détournant de leur usage certains éléments du HTML. Les éléments de présentation du HTML spécifient la manière dont leur contenu doit être affiché par le navigateur. Vous tomberez éventuellement sur du vieux code HTML qui utilise de tels éléments pour parvenir à des résultats qu'il est désormais plus facile d'atteindre avec CSS. Par exemple, avant CSS, la seule manière d'agencer les éléments dans une grille était d'utiliser l'élément `<table>`. De nos jours, CSS fournit des solutions bien plus flexibles pour agencer le contenu d'une page (comme nous le verrons au chapitre 14). L'élément `<font>` (qui ne fait plus partie de la spécification du HTML) était le seul permettant de modifier la police ou la taille du texte HTML. Comme vous pourrez le constater dans les chapitres qui suivent, les concepteurs peuvent désormais utiliser CSS pour accomplir tout ce que l'ancien élément `<font>` permettait, et bien plus encore.

En HTML5, les attributs et les éléments de présentation ont été officiellement déclarés obsolètes. En conséquence, vous n'avez aucune certitude que les anciens éléments de présentation du HTML4 continueront de fonctionner dans le futur – mais ce n'est pas comme si vous comptiez encore les utiliser, n'est-ce pas ?

SUR LE WEB

La plupart des navigateurs modernes gèrent CSS3, mais il faut parfois recourir à certaines astuces. Nous nous en tiendrons à ce qui fonctionne à coup sûr, mais nous vous donnerons un aperçu des fonctionnalités les plus pointues que tous les navigateurs devraient bientôt savoir gérer. Si nécessaire, nous vous orienterons vers les ressources du web et les outils que vous pouvez utiliser pour vous assurer que vos pages web fonctionnent correctement sur presque tous les navigateurs web utilisés aujourd'hui.

Les avantages des feuilles de style

Les fonctionnalités de mise en forme du HTML sont limitées par définition. Lorsque vous souhaitez contrôler finement l'affichage de vos pages web, c'est les feuilles de style que vous devez utiliser :

- Les feuilles de style sont bien plus flexibles que les balises.
- Le HTML5 ne gère plus les éléments et les attributs de présentation, et ces derniers pourraient même ne plus être reconnus par les navigateurs à l'avenir.

Les *feuilles de style* vous donnent accès à de nombreux outils permettant de contrôler très précisément l'affichage des pages web. Avec les feuilles de style, vous pouvez :

- **Contrôler chaque aspect de l'affichage de la page**. Spécifiez l'espacement entre les lignes, l'espacement entre les caractères, les marges des pages, l'emplacement d'une image, et bien plus encore, jusqu'à l'emplacement des éléments dans vos pages.
- **Appliquer des modifications globalement**. Assurez la constance de la présentation sur tout un site web en appliquant la même feuille de style à toutes les pages web.

  TRUC

  Vous pouvez modifier l'apparence de tout un site en ne modifiant qu'un seul document (la feuille de style) plutôt que d'avoir à modifier chaque balise dans chaque document. Vous avez besoin de modifier l'apparence d'un niveau de titre ? Redéfinissez les attributs de style de ce niveau dans la feuille de style et sauvegardez-la. L'apparence du niveau de titre change alors dans tout le site.
- **Indiquer aux navigateurs comment contrôler l'apparence**. Fournissez plus d'informations qu'avec le seul HTML aux navigateurs web pour leur préciser comment vous souhaitez qu'ils représentent vos pages.
- **Créer des pages dynamiques**. Avec CSS3, n'importe qui peut facilement animer des éléments HTML avec quelques lignes de code.

Les quatre étapes pour créer un style

Le principe de base à suivre pour utiliser des feuilles de style est le suivant :

1. Sélectionnez les éléments dans un document (à l'aide de *sélecteurs*) auxquels vous souhaitez appliquer un style.

2. Écrivez des *déclarations* qui s'appliquent à ces sélecteurs. Chaque déclaration comporte un nom de propriété et une valeur. Les déclarations spécifient comment vous souhaitez que la balise sélectionnée soit présentée.

   Par exemple, vous pourriez spécifier que tous les premiers niveaux de titre (<h1>) sont affichés en jaune avec la police Garamond en 24 points, sur un fond violet (non pas que vous le feriez, mais c'est juste un exemple).

3. Liez les règles de style au balisage.

4. Le navigateur fait le reste.

La combinaison d'au moins un sélecteur et d'au moins une déclaration s'appelle une *règle de style*. Le listing 11-1 vous montre un exemple de règle de style qui contient simplement un sélecteur et quatre déclarations :

Listing 11-1 : Une simple règle de style.

```
h2 {
    font-face: Garamond;
    font-size: 24pt;
    color: yellow;
    background-color: purple;
}
```

Comprendre le C de CSS

La *cascade* est un procédé que les navigateurs utilisent pour déterminer quel style ils doivent appliquer à un élément. Par exemple, supposez qu'une règle de style déclare que le texte d'un paragraphe doit être affiché en jaune, et qu'une autre règle de style déclare que ce paragraphe devrait être affiché en violet. En appliquant un jeu plutôt complexe de règles, les navigateurs décident de la règle de style qu'il convient d'appliquer dans le cas de chaque paragraphe.

Pour visualiser la manière dont la cascade fonctionne, vous pouvez vous représenter les éléments HTML qui s'écouleraient les uns après les autres dans la zone d'affichage du navigateur. Sur leur chemin, ils se verraient appliquer des styles telles la taille, la couleur, l'épaisseur et ainsi de suite. Dans ces conditions, ce sont les derniers styles qui leur seraient appliqués qui donneraient à ces éléments leur apparence finale.

Quoiqu'il ne soit pas important de rentrer dans les détails de la manière dont une cascade fonctionne pour l'instant, il est important qu'un développeur web sache que chaque navigateur web applique les mêmes règles (les règles de la cascade) lorsque des conflits de styles surviennent.

Ce que CSS peut faire pour une page web

Vous pouvez accomplir toute une liste (toujours plus longue) de tâches avec CSS. En particulier :

- Spécifier la police, la taille, la couleur et les effets du texte.
- Ajouter des couleurs et des images de fond.
- Contrôler de nombreux aspects de l'apparence du texte, dont l'alignement et l'espacement.
- Spécifier les marges et les bordures.
- Contrôler l'affichage des listes.
- Définir l'agencement et la présentation de tableaux.
- Générer automatiquement du contenu pour des éléments standard de la page, comme des compteurs et des pieds de page.
- Contrôler l'affichage du curseur.
- Créer des transitions.
- Animer les valeurs des propriétés CSS en utilisant un mécanisme d'animation à base d'étapes clés.
- Concevoir une mise en page sur plusieurs colonnes.
- Utiliser l'une des centaines de polices disponibles dans vos pages web.
- Définir des feuilles de style vocales pour des lecteurs de texte.

Styliser un document avec CSS

Le listing 11-2 reprend le balisage HTML de la page d'accueil du Café HTML5. Notez que toutes les balises décrivent l'objet du document et non la manière dont il doit être représenté.

Listing 11-2 : Un simple document HTML5.

```
<!DOCTYPE html>
<html>
    <head>
        <meta charset="utf-8">
        <title>Café HTML5 : Accueil</title>
        <meta name="description" content="Exemple de site pour 9781118657201">
        <meta name="viewport" content="width=device-width">
    </head>
    <body>
        <div id="container">
          <nav id="topnav">
            <a href="index.html">ACCUEIL</a> |
            <a href="apropos.html">A PROPOS</a> |
            <a href="menu.html">MENU</a> |
            <a href="contact.html">CONTACT</a>
          </nav>
        <div id="content">
            <h1>Bienvenue au Café HTML !</h1>
            <p>Vous trouverez ici toutes sortes de gâteries HTML5 et CSS3.<p>
            <div id="content">
                <figure id="home-image">
                    <img src="img/pitr_Coffee_cup_icon.png"
                    width="400" height="400" alt="café délicieux">
                    <figcaption class="attention">
                        gonflé au café.
                    </figcaption>
                </figure>
            </div>
        </div>
        <footer>
            copyright &copy; dummieshtml.com
          </footer>
      </div>
    </body>
</html>
```

La figure 11-1 montre la manière dont le document décrit dans le listing 11-2 est présenté par un navigateur web. Notez que c'est un document de base, sans autre style que les styles par défaut.

On ne peut pas dire qu'un document HTML auquel aucun style CSS n'est appliqué soit pour autant dépourvu de style. En effet, si vous n'avez appliqué aucun style CSS à un document, chaque navigateur web lui applique une feuille de style interne, dite *feuille de style par défaut*. Cette feuille de style se retrouve sur tous les navigateurs, mais pas nécessairement à l'identique. La feuille de style par défaut définit des styles de base que vous pouvez modifier dans votre propre document CSS. Par exemple, elle spécifie qu'un élément `<h1>` doit être affiché en gras en taille 2.

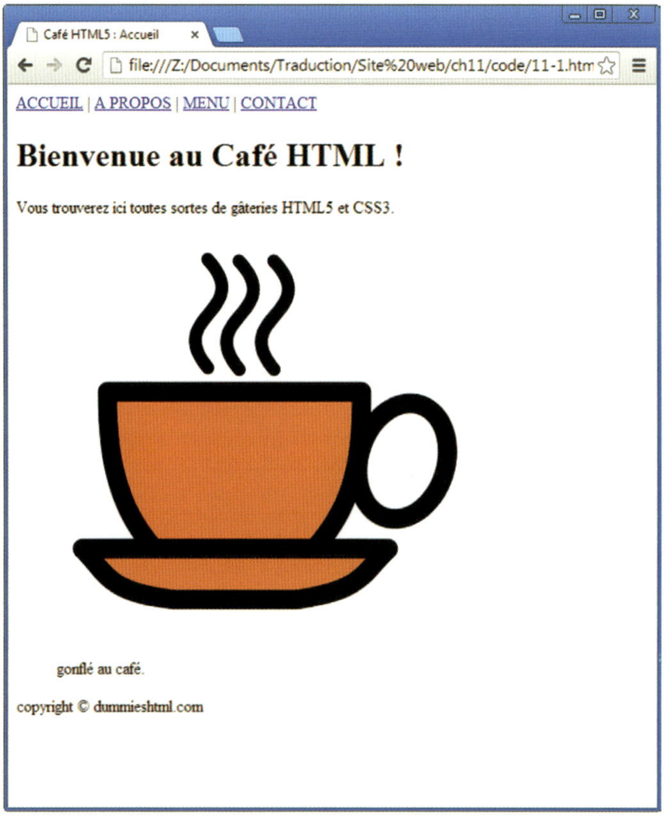

Figure 11-1 : Un document dépourvu de styles s'affiche en utilisant les styles par défaut du navigateur.

Utiliser Boilerplate pour HTML5

Pour réaliser HTML5Cafe.com, nous avons beaucoup emprunté à un projet open source nommé HTML5 Boilerplate (www.html5boilerplate.com). Il s'agit d'un modèle pour créer des sites web en HTML5. C'est le fruit de la combinaison de l'expérience de centaines de développeurs web cherchant à se faciliter la vie. Faut-il rajouter que c'est gratuit ?

Normaliser avant de styliser

Les styles par défaut peuvent aussi servir de base pour créer les vôtres. Cependant, vous aurez probablement remarqué la particularité de ces styles :

ils ne sont pas très élégants ! De plus, certains navigateurs n'appliquent pas les mêmes règles que les autres (suivez notre regard, pointé sur Internet Explorer 6 et 7 !). Dans ces conditions, concevoir vous-même votre propre base est une bonne idée pour contourner les problèmes posés par la laideur des styles par défaut et leur inconsistance d'un navigateur à un autre.

Une fois encore, nos amis de la communauté open source ont élaboré la solution parfaite : `normalize.css`, une feuille de style dont l'objet est d'éliminer les différences entre les feuilles de style par défaut des navigateurs (elle est intégrée à HTML5 Boilerplate). Nous n'expliquerons pas dans le détail le fonctionnement de `normalize.css`, mais vous pouvez toujours l'ouvrir dans Aptana Studio ou tout autre éditeur de texte pour l'étudier si le cœur vous en dit. Retenons simplement que ça fonctionne.

Une fois que vous avez sauvegardé une copie de `normalize.css` dans votre projet, vous pouvez utiliser l'élément HTML `<link>` pour l'appliquer à votre page web. Nous verrons plus en détail l'élément `<link>` et les différentes manières d'appliquer une feuille de style à une page web dans les prochains chapitres. Pour appliquer `normalize.css` à la page d'accueil de Café HTML5, nous avons simplement rajouté cet élément dans l'élément `<head>` du document :

```
<link rel="stylesheet" href="css/normalize.css">
```

Une fois que `normalize.css` est appliquée à notre page web, cette dernière prend l'apparence de la figure 11-2.

Si vous comparez la figure 11-2 et la figure 11-1, vous noterez des différences significatives :

- Les marges autour des bords de la page ont été supprimées.
- La police est dorénavant sans empattement (bien plus agréable à l'œil, vous ne trouvez pas ?).
- La marge de gauche de l'image et de sa légende a été supprimée.
- L'espace figurant sous la légende de l'image a été supprimé.

Ce que `normalize.css` nous fournit, c'est un canevas vierge à partir duquel nous pouvons élaborer nos styles. C'est donc la prochaine étape : ajouter nos styles !

En plus de `normalize.css`, HTML5 Boilerplate fournit une autre feuille de style nommée `main.css`. Cette feuille de style contient quelques styles supplémentaires qui améliorent quelque peu l'apparence de la page web. Avant d'ajouter vos propres styles, incluez donc `main.css` dans votre document pour le rendre plus beau. Le fichier `main.css` contient aussi quelques *helpers* CSS (littéralement, des aides) qui définissent des styles pratiques très utilisés par différents sites web.

Figure 11-2 : La page index.html du Café HTML5 une fois normalize.css appliquée.

Pour inclure `main.css`, nous utilisons l'élément `<link>` avec l'élément `<head>` de `index.html` :

```
<link rel="stylesheet" href="css/main.css">
```

Le résultat produit est représenté sur la figure 11-3 :

Les différences sont un peu plus subtiles qu'entre les figures 11-1 et 11-2. Ce qui change essentiellement, c'est que la hauteur de ligne a été légèrement ajustée. D'autres modifications concernent des éléments HTML qui ne sont pas utilisés dans la page d'accueil du Café HTML5.

Maintenant (enfin !) il est possible de passer au plus intéressant : ajouter votre propre style à la page web. Si vous ouvrez `main.css` dans votre éditeur de code et que vous faites défiler un peu le document, vous trouverez une section nommée Author's Custom Styles (littéralement, les styles person-

Figure 11-3 : La page index.html du Café HTML5 une fois que la feuille de style main.css de HTML5 Boilerplate est appliquée.

nalisés de l'auteur). C'est de vous dont on parle ! C'est ici que vous pouvez rajouter votre propre CSS et faire briller Café HTML5.

La figure 11-4 représente le balisage CSS ajouté à la section des styles personnalisés de `main.css`.

Nous n'avons pas encore parlé de la syntaxe des règles de style de CSS, mais si vous jetez un œil, vous pourrez constater qu'elles sont plutôt intelligibles.

Au prochain chapitre, nous allons rentrer dans le détail des sélecteurs et des propriétés CSS. Pour l'instant, notez simplement les merveilles que cela produit, comme sur la figure 11-5.

```
/* ============================================================================
   Author's custom styles
   ============================================================================ */

#topnav {
    width:100%;
    text-align:center;
    background-color:#000000;
    height:24px;
    color:#FFFFFF;
    }

#topnav a {
    color:#FFFFFF;
    text-decoration: none;
    }

#topnav a:hover {
    text-decoration: underline;
    }

#container {
    width: 600px;
    margin: 10px auto 10px auto;
    border: 2px dotted #333333;
    }

#content {
    padding:10px;
    }

footer {
    font-size: .7em;
    text-align: right;
    }
```

Figure 11-4 : Nos styles personnalisés pour index.html du Café HTML5.

Ce que vous pouvez faire avec CSS

Vous disposez d'une solide collection de propriétés avec lesquelles travailler lorsque vous écrivez des règles de style CSS. Vous pouvez contrôler presque n'importe quel aspect de l'affichage de la page – des bords à la taille des polices en passant par tout le reste :

- **Les propriétés de fond** contrôlent les couleurs du fond associé des blocs de texte et des images. Vous pouvez aussi utiliser ces propriétés pour assigner des couleurs de fond à votre page ou à des éléments en particulier, comme les délimiteurs horizontaux.

Figure 11-5 : La page index.html du Café HTML5, une fois nos styles propriétaires appliqués.

- **Les propriétés de bord** contrôlent les bords associés à une page, aux listes, aux tableaux, aux images et aux éléments de bloc (comme les paragraphes). Vous pouvez spécifier la largeur, le style et la distance au contenu de l'élément des bords.
- **Les propriétés d'ancrage et d'alignement** contrôlent la manière dont les éléments (tels que les images) sont positionnés relativement aux autres dans une page. Vous pouvez utiliser ces éléments pour incruster des images et des tableaux avec du texte dans une page.
- **Les propriétés de liste** contrôlent l'apparence des listes dans votre page, et notamment :
  - Gérer la numérotation des marqueurs.
  - Utiliser des images à la place des puces.

- **Les propriétés de marge** contrôlent les marges de la page et les marges autour des bords des éléments de bloc, des tableaux et des images. Ces propriétés étendent le contrôle sur l'espace vierge de votre page.
- **Les propriétés de padding** contrôlent la quantité d'espace vierge autour d'un élément de bloc et le bord de ce dernier. En utilisant simultanément les propriétés de marge et de padding, vous pouvez créer des agencements complexes.
- **Les propriétés de positionnement** contrôlent où les éléments se trouvent dans la page ; vous pouvez donc les utiliser pour placer des éléments à certains endroits dans cette dernière.
- **Les propriétés de dimension** contrôlent l'espace (en hauteur et en largeur) que vos éléments (tant texte qu'images) occupent dans la page. Elles sont particulièrement pratiques pour limiter les dimensions des champs de texte et des images.
- **Les propriétés de Tableau** contrôlent l'agencement de tableaux. Vous pouvez les utiliser pour contrôler l'espacement entre des cellules et autres particularités d'un tableau.
- **Les propriétés du texte** contrôlent la manière dont le texte apparaît dans la page. Vous pouvez modifier des propriétés telles que la taille de police, la famille de police, la hauteur, la couleur du texte, l'espacement entre les caractères et entre les lignes, et les espaces. Ces propriétés vous donnent plus de contrôle sur le texte que l'élément `<font>` du HTML.
- **Les propriétés de transition** créent des effets lors desquels la valeur d'un style change doucement dans le temps. Par exemple, avec une transition, vous pouvez spécifier qu'un bouton devrait grossir lorsque l'utilisateur entreprend une certaine action, ou qu'un élément devrait changer de couleurs, ou semble disparaître.
- **Les propriétés de transformation** contrôlent la rotation, le redimensionnement, la déformation axiale et la translation (ou la position) d'objets 2D ou 3D. La figure 11-6 montre un exemple de ce qu'il est possible de produire en jouant avec des propriétés de transformation.

TRUC

On trouve des livres et des sites web entiers consacrés aux détails de l'usage méticuleux de chacune des propriétés de ces catégories. Nous vous suggérons quelques références :

- *CSS web Design For Dummies* par Richard Mansfield.
- *The Book of CSS* par Peter Gasston.
- *CSS: The Definitive Guide* par Eric A. Meyer.

Figure 11-6 : Vous pouvez utiliser des propriétés de transformation pour modifier des objets en 2D ou 3D.

- Les références des propriétés de CSS de Jens Meiert, en permanence mis à jour sur le web sur `http://meiertcom/en/indices/css-properties`

N'OUBLIEZ PAS

Quoique la syntaxe de CSS soit plutôt simple, il peut devenir compliqué de combiner des styles avec des balises pour affiner la présentation d'une page. Pour devenir un gourou de CSS, vous devez simplement :

- Savoir comment les différentes propriétés fonctionnent.
- Expérimenter pour observer la manière dont différents navigateurs gèrent CSS.
- Pratiquer la communication sur le web avec CSS.

Les bases de CSS

Avant d'aller plus loin, nous devons expliquer quelques petites choses sur l'environnement dans lequel CSS accomplit ses prodiges. CSS est souvent utilisé pour appliquer des styles à une page web lorsqu'elle est affichée dans un navigateur web – que ce navigateur fonctionne sur un ordinateur personnel, un ordinateur portable, une tablette ou un téléphone mobile.

Vous pouvez aussi utiliser CSS pour mettre en page du HTML pour l'impression, pour la synthèse vocale, pour la projection ou pour n'importe quel système qui peut lire du contenu HTML.

Comme vous produirez essentiellement du HTML destiné à l'affichage sur un écran, nous allons nous focaliser sur ce scénario. Toutefois, n'oubliez pas que CSS n'est pas limité à la mise en forme de pages web sur écran.

Des pixels, des points, et encore autre chose

Exception faite de leurs dimensions, ordinateurs, portables et terminaux mobiles sont assez similaires. Ils affichent tous du texte et des images sur des écrans en couleur en modifiant la couleur de petits points de lumière, nommés *pixels*. En fait, si vous regardez de près l'écran d'un ordinateur (en utilisant une loupe si vous disposez d'un écran en haute résolution), vous pourrez observer les pixels qui composent l'image affichée.

Même si les images à l'écran sont composées de pixels, les dimensions et la proximité de chaque pixel à son voisin (ce qu'on appelle la *densité de pixels*) varient selon le terminal et l'écran.

De plus, il est possible, et pour tout dire très commun, que les utilisateurs d'ordinateurs modifient le nombre de pixels, ce qu'on appelle la *résolution*, affichés à l'écran. Vous avez déjà eu affaire à la résolution lorsque vous avez configuré votre ordinateur ou lorsque vous avez cherché à acheter une TV. Les résolutions standard sont 640 x 480, 800 x 600 et 1024 x 768. Le premier nombre fait référence à la largeur (en pixels), et le second fait référence à la hauteur (même unité).

Si vous avez suivi jusqu'à là, vous devez vous demander comment un écran ne disposant que d'un nombre bien défini de points peut indifféremment afficher 800 x 600 pixels ou 1024 x 768 pixels. La réponse, c'est le concept de *pixels d'affichage*, ce que nous appellerons ici *pixels CSS*.

Représentez-vous les pixels CSS comme formant un calque appliqué sur la surface composée de points de lumière physiques ; c'est ce calque que vous contemplez lorsque vous regardez une image sur un écran. Lorsque vous affichez une image qui occupe toute la largeur de votre écran, bien qu'elle ne fasse que 320 pixels de large, c'est qu'elle est affichée sur un calque de 320 pixels CSS recouvrant toute la surface de votre écran dont la largeur physique reste inchangée. Il est bon de faire la distinction entre les pixels CSS et les pixels de l'écran, surtout lorsque vous travaillez avec des terminaux mobiles où l'on agrandit et réduit souvent le contenu. Un objet qui fait 300 pixels de large peut occuper 600 pixels physiques si l'utilisateur l'a grossi d'un facteur de 200 %.

Les pixels affichés sont aussi appelés *points* ou *dots*, mais nous vous encourageons à ne pas utiliser ces termes, car ils sont principalement utilisés pour décrire les dimensions pour l'impression, ce qui ne peut qu'induire de la confusion lorsqu'il est question de web.

Il n'est pas nécessaire de comprendre dans le détail comment fonctionnent la résolution d'affichage et la densité de pixels pour écrire du CSS, ni même pour être un bon concepteur web. Si nous mentionnons ces concepts ici, c'est pour vous familiariser avec, de sorte que vous sachiez que lorsque nous parlons de pixels, nous ne sommes pas en train de parler des points lumineux de votre écran, mais d'une unité de mesure au moins équivalente à un de ces points, correspondant généralement à plusieurs points – tout dépend du terminal de l'utilisateur.

Maintenant que vous connaissez la différence entre un pixel de terminal et un pixel CSS, nous pouvons brièvement parler de la manière dont on mesure les choses sur le web.

Comprendre le viewport

Le *viewport* est la fenêtre dans laquelle une personne contemple vos fabuleuses pages web. Sous sa forme la plus simple, c'est la zone du navigateur web dans laquelle les pages web sont affichées. Comme une fenêtre, le viewport n'est qu'un espace où vous pouvez visualiser différentes choses (en l'occurrence, une page web).

Il y a deux différences entre la manière dont des fenêtres physiques et le viewport fonctionnent :

- Sur un ordinateur personnel, les utilisateurs peuvent redimensionner le viewport en redimensionnant la fenêtre du navigateur. Ce serait comme modifier les dimensions d'une fenêtre de votre maison en fonction de la partie du paysage que vous souhaitez pouvoir contempler d'un seul coup d'œil sans bouger de votre place (une autre option serait de se rapprocher ou de s'éloigner de la fenêtre, ce qui s'appelle *faire un zoom* dans le monde des navigateurs web).
- Le viewport indique à la page web sa largeur, ce qui permet à cette dernière d'agencer son contenu pour tenir dans la fenêtre. Imaginez-vous modifier la position des objets qui sont dehors et les redimensionner, afin de pouvoir les voir depuis la place que vous occupez dans votre pièce. C'est pareil.

Tenir compte de la largeur du viewport pour repositionner les éléments dans la fenêtre du navigateur dynamiquement permet à des personnes utilisant des viewports de différentes largeurs de profiter au mieux du contenu d'une page web. Cette idée est à la base d'un nouveau type de conception web désigné par *design réactif*.

Le design réactif est la réponse au développement d'une audience utilisant des smartphones ou des tablettes pour surfer sur le web. Plutôt que de forcer l'utilisateur à redimensionner ou à agrandir le contenu de votre page web, on estime que cette dernière devrait réagir aux dimensions du matériel utilisé pour la visualiser, repositionnant automatiquement le contenu afin de rendre la visualisation plus agréable sur toute une variété de terminaux.

Les valeurs des propriétés de mesure

Nombre de propriétés prennent des mesures pour valeurs. Dans ce livre, nous vous indiquons les unités de mesure de ces propriétés. Les propriétés de mesure indiquent les dimensions de deux manières : à l'aide d'une valeur absolue ou d'une valeur relative.

Une *valeur absolue* de mesure correspond à une largeur ou à une hauteur exprimée d'une des manières suivantes :

- **En pouces**, comme dans `.5in` (un pouce correspond à 2,54 cm)
- **En centimètres**, comme dans `3cm`
- **En millimètres**, comme dans `4mm`
- **En picas**, comme dans `1pc` (un pouce correspond à 5 picas)
- **En points**, comme dans `16pt`. Comme expliqué plus tôt, le point est une unité généralement utilisée pour l'impression, et vous devriez donc éviter de l'utiliser en CSS lorsqu'il s'agit de modifier l'apparence du HTML à l'écran.
- **En pixels**, comme dans `13px`. C'est le plus petit point de lumière qu'il est possible d'afficher, un pixel correspondant à un point de lumière physique de votre écran.

N'oubliez pas que la mesure `1in` ne correspond pas nécessairement à 1 pouce à l'écran. La spécification de CSS définit un pouce comme 96 pixels (et donc 1 cm comme approximativement 38 pixels). Si la résolution de votre écran est inférieure à 96 pixels par pouce, s'agissant souvent de 72 pixels par pouce, un pouce de CSS ne mesurera pas un pouce à l'écran.

TRUC

L'unité la plus utilisée pour spécifier les largeurs et les hauteurs ainsi que pour positionner les éléments à l'écran est `px`, et c'est celle-ci que nous recommanderons. Vous pouvez tout aussi bien utiliser des pouces ou des centimètres, mais vous feriez mieux de vous en garder lorsque vous concevez des pages web.

Les *valeurs relatives* de mesures sont basées sur la largeur ou la hauteur de l'élément auquel elles font référence. Elles peuvent être exprimées sous la forme de facteurs d'agrandissement faisant référence aux dimensions du navigateur de l'utilisateur ou la taille de sa police par défaut, si bien qu'il est recommandé de les utiliser pour les tailles de police. Les différentes unités des valeurs relatives sont les suivantes :

- `p%` : un pourcentage de la valeur actuelle de `font-size`, comme `150%`.

  Par exemple, vous pouvez définir une taille de police de `75%` pour tous les paragraphes. La feuille de style par défaut de la plupart des navigateurs fixe la taille de la police de base à `16px`. Ainsi, en spécifiant `75%`, vous indiquez que la taille de police des paragraphes doit être de `12px` (16 x 0,75 = 12).

- `ex` : une valeur relative à la hauteur d'x d'une police. La *hauteur d'x* correspond à la hauteur du plus petit caractère d'une police, comme dans `1.5ex`.

TRUC

Une bonne astuce em

Nombre de professionnels recourent à une bonne astuce pour travailler plus facilement avec l'unité em. Employez-la, et vous ferez partie de l'élite des typographes sur le web.

Souvenez-vous que la taille de police par défaut dans un navigateur est de `16px`. Autrement dit, si vous n'appliquez aucun style à votre document, le texte des paragraphes fera 16 pixels de haut. Il en résulte que `1em` correspond à `16px` par défaut. C'est bien trop grand pour nombre de modèles de pages web. La plupart des pages web sont conçues pour une taille de police de base de `12px` ou `10px`. Si vous souhaitez spécifier une taille de police de `10px` en utilisant des em, vous devriez écrire `.625em`. Mais il faut alors faire des calculs. Or les mathématiques, c'est difficile.

Une solution consiste à ajuster simplement la valeur de `1em` à `10px`. Vous pouvez y parvenir en ajustant globalement la taille de la police de base à 62,5 % en utilisant la règle CSS suivante :

```
body {font-size:62.5% ; }
```

Maintenant, vous pouvez utiliser des mesures en em comme un concepteur utiliserait des mesures en px, en décalant simplement le séparateur de la décimale d'un chiffre vers la gauche. Par exemple, si vous souhaitez que les éléments `<h1>` fassent `24px` de large, vous indiquerez `2.4em` (2,4 fois la taille de `10px`).

Cette manière de gérer la taille des polices vous donne accès au meilleur des deux mondes : vous pouvez prédire exactement les tailles de vos polices en fonction de la taille de la police à laquelle elles font référence, d'une part, et vous assurer que les utilisateurs qui souhaitent ou qui ont besoin d'agrandir la taille de la police pourront le faire, d'autre part.

- `em` : une valeur relative à taille de la police courante, comme `2em`. Quelle que soit la police, `1em` correspond à la taille d'un de ses points. Par conséquent, une police de 16pt a un em de 16pt, et une police dont la taille serait relativement de `0.5em` ferait donc `8pt`. Compris ?

Nous vous conseillons de vous en tenir à des valeurs relatives exprimées en em lorsque vous spécifiez la taille des polices dans vos pages web. Nous en reparlons dans l'encadré « Une bonne astuce em ».

À propos du standard CSS

Alors que CSS1 et CSS2 ont été proposés, débattus et finalement recommandés sous la forme de gros standards monolithiques pour les feuilles de style en cascade, CSS3 se présente sous la forme d'un ensemble de modules distincts. Si vous visitez la page du travail en cours sur CSS Level 3 (le nom formel donné à ce que le grand public désigne par CSS3) sur le site web du W3C (`http://www.w3.org/Style/CSS/current-work.html`), vous visualiserez une liste des modules CSS et leurs divers états d'achèvement. Dans le tableau 11-1, nous présentons ces modules en les décrivant brièvement.

Tableau 11-1 : Les modules de CSS Level 3 et leur état d'achèvement.

Nom	Description
Grid Template Layout	Décrit la manière dont le contenu d'un document peut être agencé en référence aux lignes et aux colonnes d'une grille invisible.
CSS Speech	Définit des propriétés permettant de contrôler le rendu d'un document par synthèse vocale.
Backgrounds and Borders	Définit des propriétés pour contrôler les couleurs et les images des fonds et des bords, comme la courbure des bords arrondis, la répétition de motifs ou la manière dont les images doivent être étirées.
Basic User Interface	Définit des propriétés, des sélecteurs et des valeurs pour styliser des éléments de base d'une interface utilisateur comme les boutons, les champs de saisie et le curseur.
Box Model	Décrit la manière dont les éléments sont agencés, étant disposés comme des zones rectangulaires les uns après les autres horizontalement ou verticalement (comme en chinois ou en japonais).

Nom	Description
Marquee	Définit des propriétés pour contrôler un mécanisme de défilement du texte ne pouvant tenir dans la zone où il est affiché, dont un défilement sans aucune intervention de l'utilisateur ; surtout utilisé sur les terminaux mobiles.
Cascading and Inheritance	Décrit comment la valeur d'une propriété est déterminée en application de la cascade qui permet de répartir des règles dans plusieurs feuilles de style, ainsi qu'en application de l'héritage qui permet de hiérarchiser des règles.
Color	Définit des propriétés et des valeurs de couleurs, incluant le degré de transparence.
Fonts	Définit des propriétés pour spécifier et ajuster des polices, dont des effets de contour et de relief, du lissage, de l'anti-aliasing, de crénage.
Generated Content for Paged Media	Définit des propriétés d'impression plus sophistiquées que celles du module Paged Media, permettant notamment de créer des pieds de page, des références croisées et de générer des en-têtes à partir de titres de section.
Image Values and Replaced Content	Définit comment déposer le contenu dans une page avant, après ou à la place de certains éléments, le contenu pouvant être du texte ou une image ou un objet externe quelconque.
Hyperlink Presentation	Définit des propriétés pour contrôler la manière dont les hyperliens sont présentés, permettant notamment d'indiquer les hyperliens qui sont actifs, d'afficher la destination d'un hyperlien quand un utilisateur passe dessus, et plus encore.
Line Layout	Décrit la manière dont le texte est agencé sur une ligne ; étend la propriété `vertical-align` de CSS1/2 pour gérer différents types d'écritures, dont des alphabets non romains.
Lists	Définit des propriétés pour styliser les listes, notamment pour spécifier le type des puces, le système de leur numérotation, et l'utilisation d'images pour des puces
Math	Des propriétés pour styliser des formules mathématiques, basées sur des éléments de présentation empruntés au langage XML MathML.
Multicolumn Layout	Décrit la manière dont le contenu d'un document peut être agencé sous la forme de plusieurs colonnes.
Namespaces	Explique comment les sélecteurs CSS peuvent être étendus pour sélectionner des éléments à l'aide d'espaces de noms inspirés de XML, permettant ainsi de faire la distinction entre les usages d'un même nom dans différentes feuilles de style.

Nom	Description
CSS Object Model	L'API (interface de programmation) décrivant le modèle objet d'une feuille de style pour contrôler le contenu de cette dernière par voie de programmation.
CSSOM View	L'API (interface de programmation) décrivant le modèle objet de la vue d'un document afin de contrôler cette dernière par voie de programmation
Page Media	Définit des propriétés permettant de contrôler la manière dont le contenu d'un document est agencé en pages, permettant notamment de spécifier des en-têtes, des pieds de page et de numéroter des pages.
Positioning	Définit les propriétés de positionnement absolu, relatif et fixe des éléments afin de les extraire du flux standard de positionnement de la page et de les positionner n'importe où dans cette dernière.
Presentation Levels	Des outils pour parcourir les multiples présentations possibles d'un document, particulièrement utiles pour des présentations sous forme de diaporamas, des vues générales et ainsi de suite.
Ruby	Des propriétés pour manipuler des positions Ruby, pour des petites annotations au-dessus et à côté des idéogrammes ou des mots en chinois et en japonais (souvent utilisées pour donner une indication sur la prononciation ou le sens d'idéogrammes complexes).
Style Attribute Syntax	Des règles pour exprimer des propriétés de CSS sous la forme d'attributs du HTML et d'autres langages de balisage (SVG).
Syntax	La grammaire de base que tous les niveaux de CSS doivent respecter ; les limites apportées à la syntaxe de propriétés spécifiques sont précisées dans les autres modules.
Tables	De propriétés contrôlant la présentation de tableaux, dont les lignes, les colonnes, les cellules, les légendes, les bords et l'alignement (comme dans CSS2 mais décrites plus en détail dans CSS3).
Text	Des propriétés du texte de CSS2 enrichies de nouvelles propriétés gérant le texte dans différentes écritures.
Line Grid	Décrit du texte dont les symboles figurant sur une ligne sont alignés sur une grille invisible, si bien que tous les symboles se trouvent aussi alignés verticalement, comme c'est le cas pour du texte composé en japonais.

Nom	Description
Values and Units	Décrit des valeurs et des unités communes associées aux propriétés CSS, ainsi que la manière dont les valeurs spécifiées dans une feuille de style sont converties en valeurs pour prendre effet.
Fonts	Décrit comment télécharger des polices à utiliser dans un document (aussi utilisé dans SVG, un langage XML utilisé pour décrire des graphiques vectoriels).
Behavioral Extensions	Définit les propriétés de liaisons de XBL, un langage XML permettant de lier des éléments à des comportements tels que des gestionnaires d'événements ou des scripts et CSS.
Flexible Box Layout	Définit la manière dont le contenu d'un document peut être agencé en tenant compte des contraintes de la zone d'affichage, quitte à modifier les dimensions des éléments qui constituent ce contenu.
Transforms	Définit les propriétés pour appliquer des rotations, des translations et autres transformations visuelles à un élément bloc (comme en SVG).
Transitions	Définit des propriétés pour animer des transitions entre des pseudo-classes, comme lorsqu'un élément entre ou quitte l'état survolé, avec des valeurs spécifiant le délai et entre des valeurs spécifiées par paire (on/off, old/new, et ainsi de suite).
Animations	Définit des propriétés dont les valeurs changent durant une animation, quelle séquence de valeurs elles prennent, et combien de temps elles conservent chacune de ces valeurs.

Si vous souhaitez en savoir plus sur l'état présent du travail sur CSS3, visitez donc la page Current Work du W3C sur `www.w3c.org/Style/CSS/current-work.html` (cette page n'est malheureusement pas encore traduite en français).

Chapitre 12

La structure et la syntaxe de CSS

Dans ce chapitre :

- Utiliser des sélecteurs et des déclarations
- Créer des règles de style
- Découvrir les propriétés de CSS
- Comprendre l'héritage et la cascade de styles

Dans ce chapitre, nous traitons des règles, c'est-à-dire de la syntaxe, de CSS. Une fois que vous aurez compris comment CSS localise les éléments pour leur appliquer des styles, nous rentrerons dans les détails d'un sujet important, à savoir la cascade. Pour l'heure, nous n'avons fait qu'effleurer ce sujet, mais il est vital de comprendre la cascade pour savoir comment utiliser CSS.

Explorer la structure et la syntaxe de CSS

Une feuille de style est composée de *règles de style*. Toute règle de style comprend deux parties :

- **Le sélecteur** : il spécifie l'élément auquel la règle de style s'applique
- **La déclaration** : il spécifie comment le contenu de l'élément doit être mis en forme

Vous devez rajouter des caractères de ponctuation et des caractères spéciaux pour définir une règle de style. La syntaxe d'une règle de style est toujours la suivante :

```
sélecteur {déclaration;}
```

Le point-virgule doit toujours terminer chaque déclaration pour permettre à l'ordinateur de facilement les distinguer. Comme nous l'expliquerons plus loin dans ce chapitre, un seul sélecteur peut comprendre une ou plusieurs déclarations. De plus, toute déclaration peut se subdiviser en deux parties :

- **Les propriétés** correspondent aux aspects de l'affichage du texte et des images qu'il est possible de contrôler (par exemple, la taille de la police ou la couleur du fond).
- **Les valeurs** correspondent à la manière dont vous souhaitez que les propriétés précédentes soient interprétées pour afficher du texte ou des images (par exemple, une police de 24pt ou un fond de couleur jaune).

Vous devez séparer le nom de la propriété de la valeur que vous souhaitez lui affecter avec un deux-points. Par ailleurs, toute déclaration doit se terminer par un point-virgule :

```
sélecteur {propriété: valeur;}
```

La spécification de CSS dresse la liste exacte des propriétés auxquelles vous pouvez faire référence dans vos règles de style et les différentes valeurs qu'elles peuvent prendre. La plupart des propriétés portent des noms plutôt explicites (`color` ou `border`, par exemple). Reportez-vous au chapitre 11 pour un aperçu des grandes familles de propriétés de CSS.

Les feuilles de style surchargent les règles de style internes du navigateur (les règles par défaut), ce qui signifie que vos déclarations de styles affectent l'apparence finale de la page dans la fenêtre du navigateur. Vous contrôlez ainsi la manière dont votre contenu est représenté, ce qui vous permet d'en proposer l'apparence la plus appropriée aux utilisateurs.

La figure 12-1 représente une simple page HTML contenant trois niveaux de titres (plus un peu de texte dans le corps du document) sans aucune feuille de style appliquée. Le navigateur utilise ses paramètres par défaut pour afficher ces titres en utilisant différentes tailles de police.

Pour améliorer un peu cela, vous pourriez appliquer les règles de style suivantes à la page :

```
body {font-family: Arial;}
h1 {color: teal;
```

```
    font-size: 3em;}

h2 {color: maroon;
    font-size: 2em;}

h3 {color: black;
    font-size: 1.5em;}

p {font-style: italic;}
```

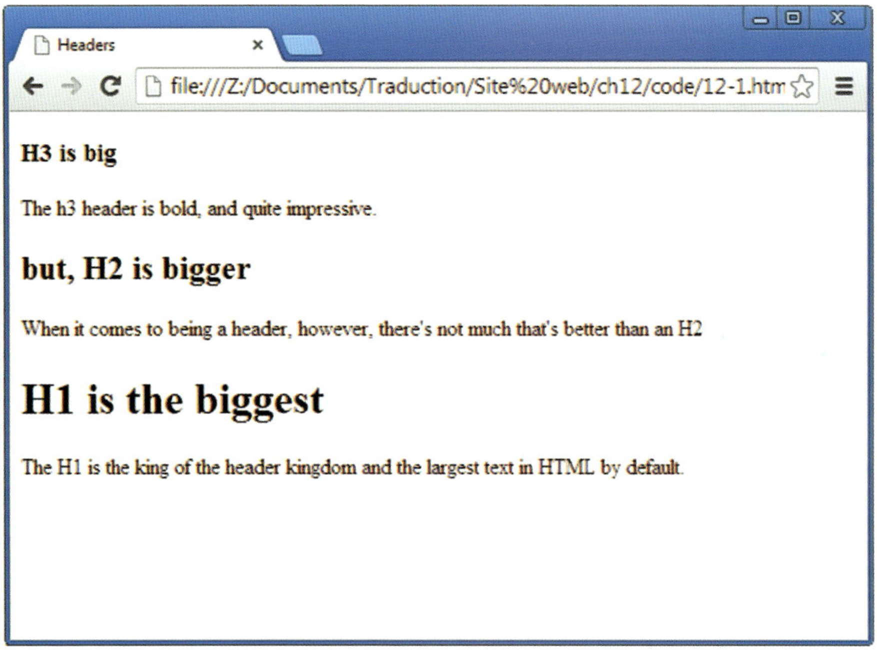

Figure 12-1 : Une page HTML sans styles spécifiés.

La figure 12-2 montre la même page web une fois que ces styles ont été appliqués. Les choses sont différentes, car le corps du texte utilise une police sans empattement, les titres sont affichés dans d'autres couleurs, les paragraphes sont en italiques, et les tailles des titres sont plus grandes que de coutume.

Les utilisateurs peuvent modifier leurs préférences afin que leurs navigateurs ignorent vos feuilles de style, mais la plupart d'entre eux les utiliseront tout de même. Par exemple, une personne qui a des difficultés pour lire du texte en petits caractères pourrait surcharger votre feuille de style pour que le texte soit en plus grands caractères. Si vous ne l'anticipez pas lors de la conception de votre site, une plus grande taille de police peut le défigurer, voire ne plus lui permettre de fonctionner. Testez donc vos pages web en

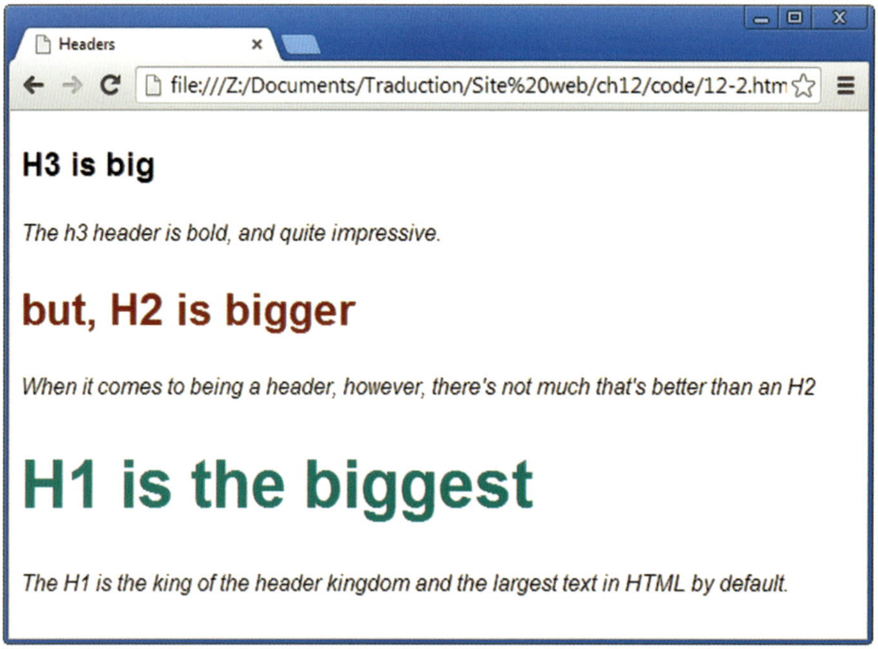

Figure 12-2 : Une page HTML une fois que des styles personnalisés ont été appliqués.

ayant désactivé les feuilles de style pour vous assurer qu'elles sont bien représentées (du moins correctement représentées) sans feuille de style.

La marche à suivre pour désactiver les feuilles de style peut varier selon le navigateur web, mais vous pouvez aussi simplement utiliser des plug-ins d'accessibilité pour gérer ou désactiver les feuilles de style.

Les familles de polices

Lorsque vous assignez des valeurs à la propriété `font-family`, vous pouvez utiliser une liste de noms de police séparés par des virgules. Ces noms doivent désigner des polices disponibles sur le navigateur web de l'utilisateur. Si un nom de police comprend des espaces – comme dans Times New Roman – faites-le figurer entre guillemets.

```
h1 {font-family: Verdana, "Times New Roman", serif;}
```

Grâce à la règle de style précédente, le navigateur comprend qu'il doit d'abord essayer d'utiliser la police Verdana ; si elle n'est pas disponible, il doit essayer Times New Roman ; en dernière solution, il doit essayer d'utiliser une police générique avec empattements. Le chapitre 17 explique comment utiliser les polices avec CSS.

Les sélecteurs et les déclarations

Vous souhaitez probablement disposer d'une règle de style qui affecte plus d'une propriété d'un sélecteur donné. Vous pouvez créer plusieurs règles de style pour un même sélecteur, chacune faisant l'objet d'une déclaration, comme suit :

```
h1 {color: teal;}
h1 {font-family: Arial;}
h1 {font-size: 3em;}
```

Cependant, une telle liste de règles de style peut être difficile à gérer. Fort heureusement, CSS vous permet de combiner des déclarations dans une unique règle de style qui affecte plusieurs caractéristiques d'un même sélecteur, comme suit :

```
h1 {color: teal;
    font-family: Arial;
    font-size: 3em;}
```

Toutes les déclarations du sélecteur `h1` se trouvent entre les mêmes accolades (`{}`) et sont séparées par des points-virgules (;). Vous pouvez faire figurer autant de déclarations que vous souhaitez dans une règle de style ; faites simplement suivre chaque déclaration d'un point-virgule.

D'un point de vue strictement technique, les espaces ne sont pas prises en compte dans une feuille de style (comme c'est le cas dans une page web en HTML), mais vous feriez bien d'adopter une norme d'indentation pour faciliter la lecture et la modification de vos feuilles de style. La seule exception à cette règle est lorsque vous déclarez plusieurs noms de polices dans la déclaration `font-family`. Pour en savoir plus, reportez-vous à l'encadré « Les familles de polices ».

Vous pouvez aussi spécifier qu'un jeu de déclarations doit s'appliquer à toute une liste de sélecteurs ; il vous suffit de mentionner ces derniers en les séparant de virgules. La règle de style suivante applique des déclarations modifiant la couleur du texte, sa famille de police et la taille de sa police pour les sélecteurs `h1`, `h2` et `h3` :

```
h1, h2, h3 {color: teal;
    font-family: Arial;
    font-size: 2.5em;}
```

La syntaxe des feuilles de style s'appuie beaucoup sur les signes de ponctuation. En conséquence, faites attention à vos virgules et à points-virgules, car une règle de style pourrait autrement ne pas fonctionner comme vous l'entendez. Si le cas se présente, vérifiez que vous n'utilisez pas un point-virgule là où vous devriez utiliser une virgule, ou des parenthèses à la place d'accolades. Faites aussi attention aux points-virgules ! Des outils de validation peuvent vous aider : utilisez-les. Le service de validation du W3C que vous trouverez sur `http://jigsaw.w3.org/css-validator` permet de détecter des problèmes dans vos feuilles de style.

Les sélecteurs

Avant de pouvoir styliser un élément, vous devez indiquer au navigateur de quel élément il s'agit. C'est ici que les sélecteurs entrent en action. CSS propose plusieurs solutions pour sélectionner des éléments, soit très généralement (tout sélectionner) ou très spécifiquement (une occurrence particulière d'un élément).

Le sélecteur universel

Le sélecteur le plus élémentaire de tous est le *sélecteur universel*. Ce sélecteur correspond à tous les types d'éléments. Son symbole est l'astérisque (*). Voici comment le sélecteur universel peut être utilisé pour passer les marges de tous les éléments du document à zéro :

```
* {margin: 0px;}
```

Le sélecteur universel est utile pour s'épargner l'écriture des sélecteurs complexes pour atteindre des éléments très profondément imbriqués dans le document. Par exemple, supposons que ce soit la Saint Patrick et que vous souhaitez passer la couleur de tous les éléments en vert. Pour cela, vous pouvez utiliser le sélecteur universel :

```
* {color: green;}
```

C'est vraiment très puissant ! Pour voir le sélecteur universel en action, suivez ces étapes :

1. **Ouvrez Aptana Studio s'il ne l'est pas déjà.**

2. **Ouvrez** `index.html` **pour le modifier.**

   C'est la page d'accueil du site Café HTML5, et ce qui apparaît devrait ressembler au balisage du listing 12-1.

   Si vous testez la page d'accueil dans un navigateur à cet instant, vous devriez visualiser quelque chose qui ressemble à la figure 12-3.

Listing 12-1 : Le balisage HTML pour la page d'accueil du Café HTML5.

```
<!DOCTYPE html>
<html>
    <head>
        <meta charset="utf-8">
        <title>Café HTML5 : Accueil</title>
        <meta name="description" content="Exemple de site pour 9781118657201">
        <meta name="viewport" content="width=device-width">
        <link rel="stylesheet" href="css/normalize.css">
        <link rel="stylesheet" href="css/main.css">
    </head>
    <body>
        <div id="container">
          <nav id="topnav">
            <a href="index.html">ACCUEIL</a> |
            <a href="apropos.html">A PROPOS</a> |
            <a href="menu.html">MENU</a> |
            <a href="contact.html">CONTACT</a>
          </nav>
        <div id="content">
            <h1>Bienvenue au Café HTML !</h1>
            <p>Vous trouverez ici toutes sortes de gâteries HTML5 et CSS3.<p>
            <div id="content">
                <figure id="home-image">
                    <img src="img/pitr_Coffee_cup_icon.png"
                    width="400" height="400" alt="café délicieux">
                    <figcaption class="attention">
                        gonflé au café.
                    </figcaption>
                </figure>
            </div>
        </div>
        <footer>
            copyright &copy; dummieshtml.com
          </footer>
      </div>
    </body>
</html>
```

3. **Insérez une nouvelle ligne immédiatement après** `</head>`**.**

4. **Saisissez les lignes suivantes :**

```
<style>
* {color: green;}
</style>
```

5. **Enregistrez vos modifications dans** `index.html` **et ouvrez le fichier dans votre navigateur Web.**

Figure 12-3 : La page d'accueil du Café HTML5.

Vous devriez visualiser quelque chose qui ressemble à la figure 12-4.

Vous serez peut-être surpris de constater que si peu de choses sont dorénavant affichées en vert dans la figure 12-5. Par exemple, la bordure de la page et les liens de navigation ont conservé leurs couleurs. La raison réside dans la définition même du sélecteur universel :

Le sélecteur universel sélectionne n'importe quel type d'élément.

Autrement dit, les règles de style associées au sélecteur universel sont appliquées à tout élément, mais tout élément d'un document peut être stylisé différemment si vous utilisez un des autres sélecteurs plus spécifiques. C'est ce qui s'est produit ici.

Voici un exemple plus intéressant d'usage du sélecteur universel. Dans cet exemple, nous ajoutons un effet de transformation CSS à tout élément du document :

1. **En supposant que** `index.html` **soit toujours ouvert dans Aptana Studio, supprimez la précédente règle de style CSS que vous avez créée (mais laissez les balises de début et de fin** `<style>` **en place).**

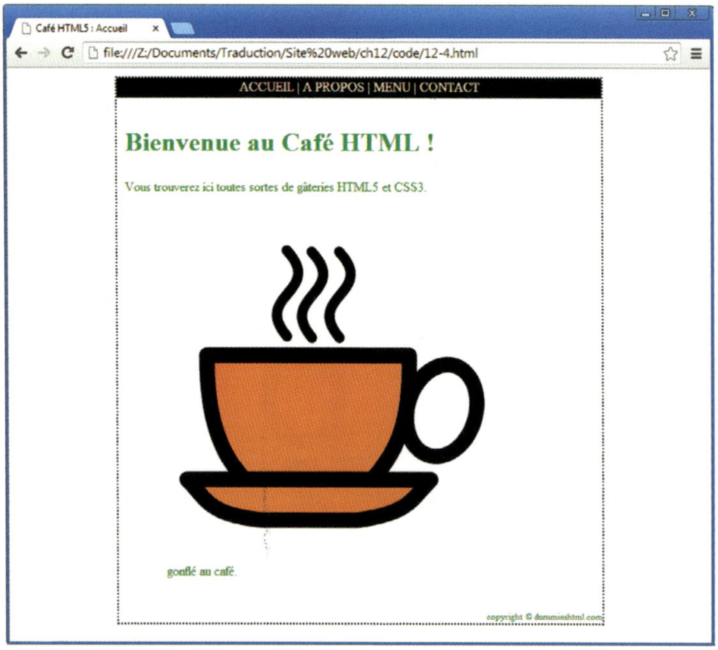

Figure 12-4 : Il y a beaucoup de vert, mais ça reste du café !

2. **Saisissez la règle suivante entre les balises** `<style>` **et** `</style>`**.**

```
* {-webkit-transform: rotate(100deg);
-moz-transition: rotate(100deg);
-ms-transition: rotate(100deg);
-o-transition: rotate(100deg);}
```

Cette règle applique une rotation de 100 degrés au document. Lorsque vous testez la page dans votre navigateur, vous visualisez maintenant quelque chose comme la page web représentée sur la figure 12-5.

Le sélecteur universel est le plus massif des outils de notre arsenal. Pour travailler plus chirurgicalement, d'autres sélecteurs sont disponibles.

NOTE TECHNIQUE

Vous tomberez éventuellement sur des déclarations CSS contenant des paires `propriété:valeur` identiques à quelques préfixes qui débutent par un tiret, comme dans cet exemple :

```
-webkit-transform: rotate(100deg);
-moz-transition: rotate(100deg);
-ms-transition: rotate(100deg);
-o-transition: rotate(100deg);
```

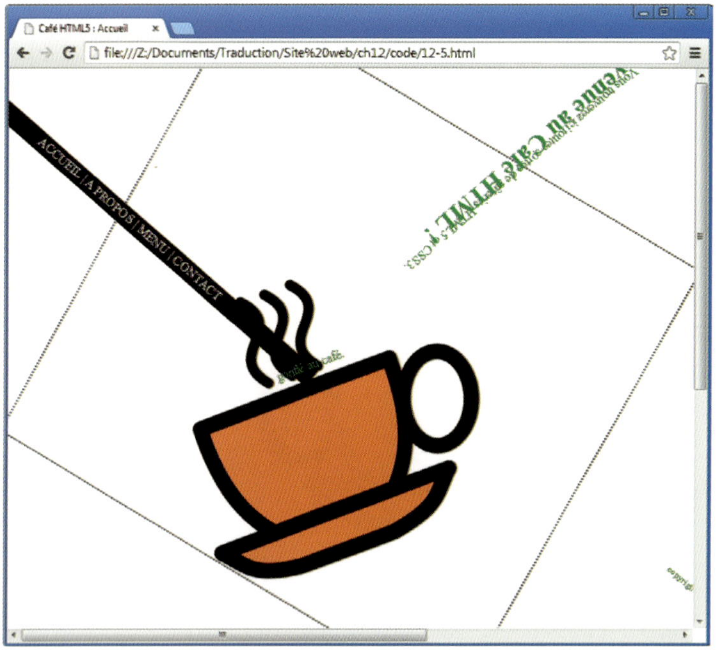

Figure 12-5 : Qui a chamboulé la page web ?

Ces préfixes – tels que `webkit` et `moz` – sont des *préfixes de navigateur*. Comme quelques propriétés CSS3 ne sont pas encore finalisées, les créateurs de navigateurs Web en ont implémenté des versions spécifiques, et les ont nommées en utilisant des préfixes indiquant qu'il ne s'agit pas de versions standardisées des propriétés.

Chaque déclaration dans la règle précédente est destinée à un navigateur particulier, ou un type de navigateur particulier. Le premier préfixe de navigateur `-webkit` est utilisé par Google et Safari d'Apple (entre autres). Le second préfixe, `-moz`, est utilisé par le navigateur Firefox de Mozilla. Le préfixe `-o` est propre au navigateur Opera. Enfin, le préfixe `-ms` est propre au navigateur de Microsoft, Internet Explorer.

Dans la plupart des cas, les propriétés spécifiques des navigateurs fonctionnent à l'identique (ou presque), et comme le définit la dernière version inachevée du standard de la propriété. Les propriétés de CSS3 devenant des standards, ces préfixes de navigateur deviendront inutiles. Pour l'heure, c'est toujours une bonne idée, et c'est même exigé dans certains cas, de les utiliser pour certaines propriétés de CSS3.

Le sélecteur de type d'élément

Le *sélecteur de type d'élément* sélectionne un type particulier d'élément. Par exemple, vous pourriez souhaiter modifier la taille de chaque élément `<h1>` dans votre document ou modifier le style de la police du texte des paragraphes. Voici un exemple de sélecteur de type d'élément figurant dans une règle qui modifie la taille de la police de l'élément `<h1>` pour la passer à `3em`.

```
h1 {font-size: 3em;}
```

Le sélecteur de type d'élément fonctionne comme le sélecteur universel, sauf qu'il ne fonctionne que sur un type d'élément. Par exemple, si vous souhaitez ne faire tourner que l'image de la tasse de café dans la page d'accueil du Café HTML5, vous pourriez y parvenir en modifiant le sélecteur universel de l'exemple précédent en spécifiant `img`. Voici la nouvelle déclaration :

```
img {-webkit-transform: rotate(100deg);
   -moz-transition: rotate(100deg);
   -ms-transition: rotate(100deg);
   -o-transition: rotate(100deg);}
```

Lorsque vous testez la page, elle ressemble à celle représentée sur la figure 12-6.

Mais que se passerait-il si jamais la page contenait plusieurs images et que vous souhaitiez n'en faire tourner qu'une seule ? Pour y parvenir, vous devrez utiliser un sélecteur encore plus spécifique.

Le sélecteur d'ID

Le *sélecteur d'ID* sélectionne un élément en fonction de son attribut ID. Comme l'attribut ID est conçu pour être unique dans un document HTML, le sélecteur ID est un bon moyen pour n'adresser qu'un élément en particulier.

Par exemple, si vous observez le HTML de la page d'accueil du Café HTML5, vous noterez qu'elle contient deux éléments `<div>`. Un de ces éléments délimite tout le contenu de `<body>` et son ID est `container`. L'autre élément délimite seulement la zone de contenu centrale (à l'exclusion de la barre de navigation et du pied de page) et son ID est `content`.

Pour utiliser un sélecteur d'ID, vous devez préfixer l'ID de l'élément que vous souhaitez sélectionner avec un symbole #. Par exemple, si vous souhaitez modifier la couleur de fond du `div` dont l'ID est `content`, vous devez utiliser la déclaration suivante :

```
#content {background-color: aquamarine;}
```

Figure 12-6 : La tasse de café sur le point d'être renversée.

Le sélecteur de classe

Parfois, vous avez besoin de règles de style qui ne s'appliquent qu'à certaines instances d'un élément HTML. Par exemple, si vous souhaitez disposer d'une règle de style qui ne s'applique qu'aux paragraphes qui contiennent l'information sur le copyright, vous aurez besoin d'un moyen d'indiquer au navigateur que la règle n'a que cette portée.

Pour cibler précisément une règle de style, combinez l'attribut `class` avec la balise d'un élément. Les exemples suivants vont montrent comment cibler deux types de paragraphes HTML :

- un paragraphe régulier (sans l'attribut `class`)

```
<p>Ceci est un paragraphe régulier.</p>
```

- l'attribut `class` prenant la valeur `copyright`

```
<p class="copyright">Ceci est un paragraphe de la classe copyright &copy;
   2013.</p>
```

Pour créer une règle de style qui ne s'applique qu'au paragraphe de copyright, faites suivre le sélecteur de paragraphe dans la règle de style :

- d'un point (.) ;
- de la valeur de l'attribut `class`, en l'occurrence `copyright`.

La règle qui en résulte se présente ainsi :

```
p.copyright {font-family: Arial;
   font-size: 12px;
   color: white;
   background: teal;}
```

En combinant un sélecteur de type d'élément (`p`) avec un sélecteur de classe (`.copyright`), nous pouvons spécifier que les règles suivantes ne s'appliquent qu'aux éléments `p` qui utilisent cet attribut de classe. La règle de style spécifie que tous les paragraphes de la classe `copyright` sont affichés en blanc, en police Arial de 12pt.

Pour tester notre nouvelle classe copyright, ajoutez une balise de paragraphe de cette classe dans le pied de page du fichier `index.html` du Café HTML :

```
<footer>
<p class="copyright">copyright &copy; dummieshtml.com</p>
</footer>
```

La figure 12-7 montre comment un navigateur applique ce style au paragraphe où la valeur de l'attribut `class` est `copyright` et non aux autres paragraphes de la page.

Vous pouvez aussi créer des règles de style de classe qui ne sont associées à aucun élément, comme dans l'exemple suivant :

```
.warning {color: red;
   font-weight: bold;
   font-size: 1.5em;}
```

Vous pouvez utiliser cette classe de style avec n'importe quel élément en ajoutant `class="warning"` à ce dernier. La figure 12-8 vous montre comment un navigateur applique le style warning à un pilote et à un titre, mais non à un bloc de citation, comme dans ce HTML :

```
<p>Voici un paragraphe auquel le style warning n'est pas appliqué.</p>
<blockquote>Ceci est un bloc de citation sans définition de classe.</blockquote>
```

```
<h1 class="warning">Avertissements</h1>
<p class="warning">Ceci est un paragraphe auquel le style warning est
    appliqué.</p>
```

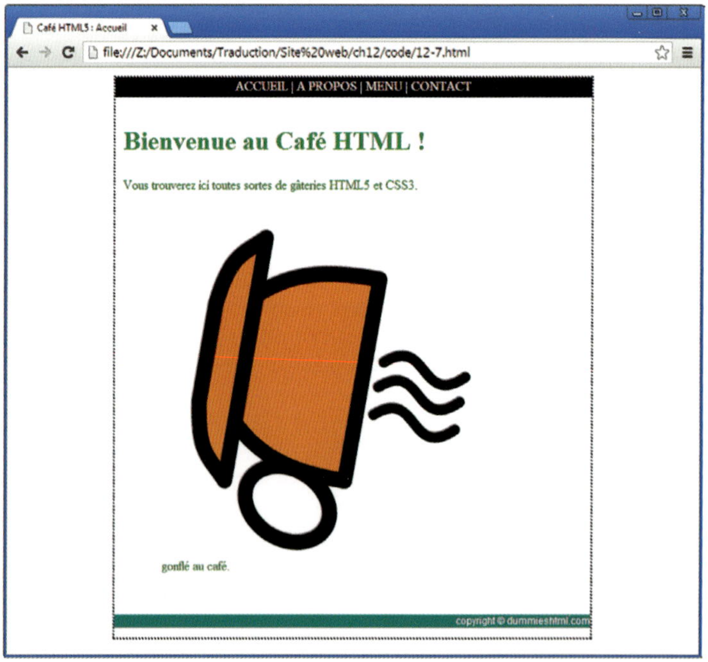

Figure 12-7 : Les classes vous permettent de cibler vos règles de style avec plus de précision.

Figure 12-8 : Vous pouvez utiliser des sélecteurs de classe pour créer des règles de style qui s'appliquent à n'importe quel élément.

Vous pouvez aussi utiliser l'élément `span` pour appliquer en ligne et de manière sélective des styles personnalisés à du contenu (ou pour créer des conteneurs de contenu délimités par les balises `<span>` et `</span>`) :

```
<p>Ceci est un paragraphe où la <span class="warning">classe warning</span>
   n'est appliquée qu'aux termes "classe warning".</p>
```

Pour voir cette déclaration en action, ajoutez-la dans l'élément `<style>` de `index.html` et placez ensuite `class="warning"` dans la balise de début d'un des éléments contenant du texte de `index.html`.

```
<figcaption class="warning">gonflé au café.</figcaption>
```

Lorsque vous testez le document dans un navigateur, le texte délimité par `<figcaption>` doit apparaître en rouge, gras et grand, comme sur la figure 12-9.

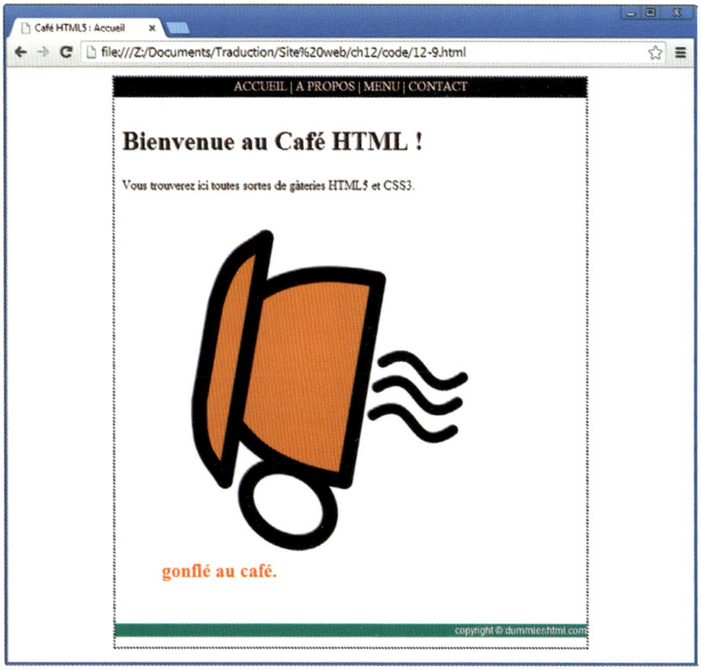

Figure 12-9 : Utiliser un sélecteur de classe pour appliquer un style à un élément.

Les autres sélecteurs

CSS propose d'autres types de sélecteurs, plus élaborés et moins communément utilisés que les quatre dont nous venons de traiter dans les sections précédentes. Ce sont :

- **Le sélecteur de parent adjacent** : ne sélectionne les éléments que lorsqu'ils se trouvent au même niveau de la hiérarchie que l'élément spécifié.

```
h1 + p {font-style: italic; }
```

L'exemple précédant ne s'applique qu'à <p> qui suit directement un <h1>.

- **Le sélecteur d'attribut** : sélectionne les éléments en fonction des valeurs de leurs attributs.

```
img[src="chris.jpg"] {border: 6px solid purple;}
```

Cette règle applique un bord violet profond à tout <img> disposant d'un attribut `src` dont la valeur est `chris.jpg`.

- **Le sélecteur d'enfant** : sélectionne les éléments qui sont les enfants directs d'un autre élément. Par exemple, dans ce HTML, l'élément <em> est un enfant direct de <p>, mais <a> n'en est pas un.

```
<p>Il est <em>important</em> de se souvenir de cela <a
href="picture.jpg">picture</a>.</p>
```

Pour utiliser un sélecteur d'enfant, saisissez > entre le parent et son enfant direct que vous souhaitez sélectionner.

```
p>em {color:red;}
```

- **Le sélecteur de descendant** : sélectionne les éléments qui se trouvent sous l'élément dans la hiérarchie. Par exemple, cette règle sélectionne tout <p> imbriqué dans un <footer> :

```
footer p {font-size: 50%;}
```

Notez que les sélecteurs de descendant sélectionnent tous les descendants qui leur correspondent, et non seulement le premier descendant. Ainsi, dans l'exemple précédent, le sélecteur retient le <p> dans ce HTML :

```
<footer><p>copyright 2013</p></footer>
```

ainsi que celui qui figure dans ce HTML :

```
<footer><div><p>copyright 2013</p></div></footer>
```

- **Le sélecteur de pseudo-classe** : sélectionne les éléments en fonction de propriétés qui ne figurent pas dans la hiérarchie des éléments du document. Par exemple, vous pouvez utiliser une pseudo-classe pour appliquer un style à un élément lorsque l'utilisateur survole l'élément avec sa souris, ou pour modifier le style d'un lien qui a été visité récemment.

```
a:hover{text-decoration:none;}
```

  Dans cet exemple, le souligné est supprimé des liens lorsque l'utilisateur pointe le lien avec sa souris.

  La liste des pseudo-classes comprend les suivantes :

  - `:first-child`
  - `:link`
  - `:visited`
  - `:hover`
  - `:active`
  - `:focus`
  - `:lang(n)`

L'héritage de styles

Un concept de base en HTML (et dans les langages de balisage en général) est l'imbrication des balises :

- Chaque document HTML valide est compris entre des balises `<html>` et `</html>`.
- Tout ce qu'un navigateur affiche dans une fenêtre est imbriqué entre les balises `<body>` et `/<body>`.

La spécification de CSS prend acte du fait que vous imbriquez souvent un élément dans un autre et que vous souhaitez être certain que les styles associés à l'élément parent trouvent leur chemin jusqu'à l'élément enfant. Ce mécanisme est appelé *héritage*.

Lorsque vous assignez un style à un élément, le même style s'applique à tous les éléments imbriqués dans cet élément. Par exemple, une règle de style pour l'élément `body` qui modifie la couleur de fond, la couleur du texte, la taille de la police, la famille de police et les marges de la page ressemble à ceci :

```
body {background: teal;
     color: white;
     font-size: 18px;
     font-family: Garamond;
     margin-left: 72px;
     margin-right: 72px;
   margin-top: 72px;}
```

Pour spécifier des règles de style pour tout le document, spécifiez-les pour l'élément `body`. Par exemple, il est beaucoup plus facile de procéder ainsi pour modifier la police pour la page entière ; cela vous évite d'avoir à la spécifier pour chacun des éléments.

Lorsque vous liez le HTML à la règle de style précédente, qui ne s'applique qu'à l'élément `body`, cette mise en forme est héritée par tous les éléments subordonnés :

```
<body>
     <p>Ce paragraphe hérite des styles de la page.</p>
     <h1>Tout comme ce titre</h1>
     <ul>
          <li>De même que tous les éléments de cette liste</li>
          <li>Elément</li>
          <li>Elément</li>
     </ul>
</body>
```

Faites attention à l'héritage !

N'oubliez pas l'héritage lorsque vous créez des feuilles de style complexes pour gérer les différents aspects d'une page. Par exemple, si vous modifiez les marges de la page dans une règle de style de l'élément `body`, toutes les marges que vous spécifierez pour d'autres éléments de la page seront basées sur celles que vous aurez spécifiées pour le corps du document. Si vous savez comment vos règles de style fonctionnent ensemble, vous pouvez utiliser l'héritage afin de limiter la répétition des styles et assurer la cohérence de l'affichage entre vos pages.

Ce chapitre traite la syntaxe de base de CSS, mais vous pouvez toujours ajuster vos règles de style en recourant à des techniques avancées. Vous trouverez une présentation complète des règles de syntaxe sur le didacticiel *Structure et règles de CSS* du Web Design Group sur `www.htmlhelp.com/reference/css/structure.html`.

Comprendre la cascade

Plusieurs feuilles de style peuvent affecter les éléments d'une même page en se combinant entre elles. Cela fonctionne comme l'héritage de styles dans une page web. C'est la *cascade* dans CSS.

La cascade correspond à la manière dont CSS gère des situations où deux ou plusieurs règles de style comportent des déclarations qui s'appliquent au même élément et à la même propriété. Les trois principes de la cascade qu'il convient de garder à l'esprit sont :

- **L'origine** : l'utilisateur a-t-il lui-même spécifié la règle de style ? Si tel est le cas, c'est la règle de style la plus importante qui remporte le conflit.
- **La spécificité** : les sélecteurs d'ID l'emportent sur les sélecteurs de classe. Ces derniers l'emportent sur les sélecteurs de type.
- **La proximité** : quelle est la proximité du style à l'élément dont il faut déterminer le style ? Le prochain chapitre vous montre que des règles de style peuvent être définies en trois endroits. Celle qui est la plus proche de l'élément en train d'être stylisé, ou qui a dernièrement été lue par le navigateur, remporte le conflit.

Par exemple, voici un balisage HTML très simple comportant quelques éléments :

```
<body>
     <div id="content">
          <p class="information">Ceci est du contenu.</p>
     </div>
</body>
```

Voici la partie de la feuille de style qui s'applique à ce HTML :

```
body {font-family: Arial;}
div {color: green;}
p {font-size: 18px;
     color: blue;}
.information {font-size: 16px;}
```

Notez que ces règles de style appliquent deux tailles de police différentes et deux couleurs différentes à l'élément <p>. Le navigateur résout le conflit en se basant sur les principes de l'origine et de la proximité. Dans ce cas particulier, une fois que tous les conflits ont été résolus, le texte que le <p> contient se voit appliquer les règles suivantes :

```
font-family: Arial;
color: blue;
font-size: 16px;
```

Même si les règles spécifient que deux tailles de police différentes et deux couleurs différentes sont appliquées au texte, ce dernier ne peut finalement adopter qu'une taille de texte et qu'une couleur. En appliquant les trois principes de la cascade, le navigateur a résolu le conflit et les styles gagnants ont été retenus.

Chapitre 13

Utiliser différents types de feuilles de style

Dans ce chapitre :

- Utiliser des styles en ligne
- Styliser une page avec l'élément `<style>`
- Utiliser des feuilles de style externes
- Styliser un site avec des feuilles de style externes

Une fois que vous avez créé vos règles de style, vous pouvez les appliquer à votre page HTML en recourant à l'un de ces moyens :

- **Insérez une information relative au style dans votre document**. Vous pouvez soit :
  - Utiliser l'attribut `style` pour ajouter l'information relative au style directement dans la balise.

    C'est le style *en ligne*.
  - Utiliser l'élément `<style>` pour créer une feuille de style dans la page.
  - C'est une *feuille de style interne*.
- **Utiliser une feuille de style externe**. Vous pouvez soit :
  - Utiliser la balise `<link>` pour relier votre page web à une feuille de style externe.

- Utiliser une instruction CSS `@import` pour importer une feuille de style externe dans la page web.

Appliquer des styles en ligne

Tout élément d'un document HTML dispose d'un attribut spécial et optionnel nommé `style`. Les créateurs de pages web utilisent l'attribut `style` pour appliquer des règles CSS à cet élément sans avoir à se soucier d'utiliser un sélecteur. Les règles de style appliquées de cette manière sont des *styles en ligne*.

Le listing 13-1 vous montre un exemple de document HTML intégralement stylisé avec des styles en ligne.

Listing 13-1 : Un document HTML stylisé avec des styles en ligne.

```
<!DOCTYPE html>
<html>
    <head>
        <meta charset="utf-8">
        <title>Café HTML5 : Accueil</title>
        <meta name="description" content="exemple de site pour 9781118657201">
        <meta name="viewport" content="width=device-width">
    </head>
    <body style="font-family: Arial;">
        <div id="container" style="width: 600px; margin: 10px auto 10px; border: 2px
        dotted #333333;">
          <nav id="topnav" style="width: 100%;text-align: center;background-color:
          #000000;height:24px;color:#FFFFFF;">
            <a href="index.html" style="color:white;text-decoration: none;">ACCUEIL
            </a> |
            <a href="about.html" style="color:white;text-decoration: none;">A PROPOS
            </a> |
            <a href="menu.html" style="color:white;text-decoration: none;">MENU</a> |
            <a href="contact.html" style="color:white;text-decoration: none;">CONTACT
            </a>
          </nav>
        <div id="content" style="padding: 10px;">
        <h1>Bienvenue au Café HTML !</h1>
        <p>Vous trouverez ici toutes sortes de gâteries HTML5 et CSS3.<p>
         <figure id="home-image">
            <img src="img/pitr_Coffee_cup_icon.png"
                    width="400" height="400" alt="delicious coffee">
            <figcaption class="warning">gonflé au café.</figcaption>
         </figure>
       </div>
          <footer style="font-size: .7em; text-align: right;">
            copyright &copy; dummieshtml.com
          </footer>
      </div>
    </body>
</html>
```

Vous aurez sans doute noté combien la page est verbeuse. C'est que les styles en ligne s'appliquent à l'élément dans lequel ils figurent, si bien qu'ils apparaissent en de nombreux endroits.

Le résultat est cependant le même, et la page ressemble exactement à la page d'accueil du Café HTML5.

Les styles en ligne sont aussi difficiles à maintenir. Supposons que vous ayez écrit le document de la figure 13-1 et que vous souhaitez modifier la couleur appliquée aux liens. Vous devrez passer en revue soigneusement tout le balisage pour modifier la couleur de chaque lien. Dans ce cas précis, cela ne devrait prendre que quelques instants. Mais si le document contient bien plus de liens ?

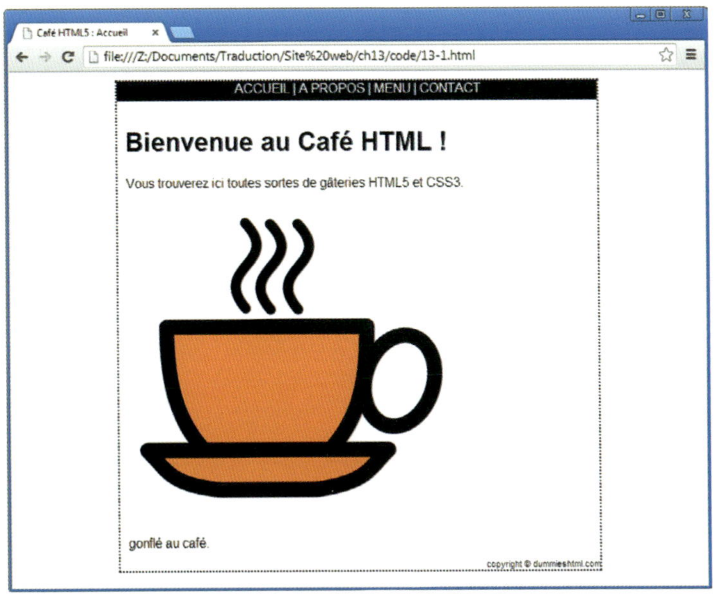

Figure 13-1 : Le résultat de la stylisation de la page d'accueil du Café HTML avec des styles en ligne.

Par exemple, que se passerait-il s'il s'agissait d'un index composé d'hyperliens pour une livre ? Vous devriez passer des heures à modifier les styles en ligne de chaque lien.

Bien entendu, personne n'oserait créer un site web de cette manière.

En fait, si jamais vous risquez d'avoir à réutiliser ou modifier un style un jour, vous feriez mieux de ne pas utiliser les styles en ligne. Dans ces conditions, *quand* devriez-vous utiliser des styles en ligne ? Pratiquement jamais.

Comme toujours, notre opinion selon laquelle vous ne devriez jamais utiliser des styles en ligne connaît des exceptions. Cependant, il s'agit essentiellement de travailler sur des bogues dans des programmes qui utiliseront CSS. Par exemple, si vous écrivez un courriel en HTML, il est nécessaire d'utiliser des styles en ligne pour vous assurer de la compatibilité avec certains clients de messagerie. Autrement, dans le cadre du développement web au jour le jour, faites-vous une faveur (comme à toute personne qui pourrait avoir besoin de modifier votre balisage) et n'utilisez pas de styles en ligne.

Ce qu'il y a d'intéressant avec les styles en ligne, c'est qu'ils se trouvent presque tout en haut de la cascade CSS. Autrement dit, un style appliqué en ligne à un élément l'emporte sur tout autre style qui pourrait être appliqué à cet élément.

N'OUBLIEZ PAS

Une fois encore, notre règle selon laquelle les styles en ligne prennent la préséance sur tout autre style connaît des exceptions. Ces exceptions sont les suivantes :

- **La feuille de style de l'utilisateur** : ce sont des styles qui sont définis par quelqu'un dans son propre navigateur web. Par exemple, les utilisateurs qui souffrent de déficience visuelle peuvent toujours modifier la taille des polices dans leur navigateur pour que les pages web soient plus faciles à lire.

- **L'attribut `!important`** : l'attribut `!important` est un peu comme une échappatoire dans la cascade. Pour utiliser `!important`, placez-le après la valeur dans une déclaration CSS, immédiatement avant le point-virgule. Par exemple :

```
p {color: purple !important;}
```

  Lorsque vous utilisez `!important`, vous court-circuitez la cascade, le style que vous spécifiez après `!important` étant appliqué quoi qu'il arrive. Point barre.

Bon. Nous ne connaissons qu'une seule petite exception à l'exception que constitue `!important`. Lorsqu'une feuille de style de l'utilisateur spécifie la même déclaration que `!important`, la déclaration de `!important` peut perdre la bataille de la cascade. Toutefois, cette situation se rencontre très rarement, et elle ne s'applique qu'au conflit avec une règle de la feuille de style de l'utilisateur. Vous pouvez donc considérer que `!important` signifie généralement « applique ce style, quoiqu'il arrive ! ».

Découvrir les feuilles de style internes

Tout comme les styles en ligne, une feuille de style interne vit dans votre page HTML. Contrairement à des styles en ligne, les règles d'une feuille de style interne utilisent des sélecteurs et peuvent s'appliquer à plusieurs éléments dans le document.

Comprendre l'élément `<style>`

Pour créer une feuille de style interne, ajoutez simplement des règles de style à l'élément `<style>` dans l'en-tête du document. Vous pouvez faire figurer autant de règles de style que vous souhaitez dans la feuille de style interne ainsi déclarée.

L'élément `style` ne nécessite pas d'attributs en HTML5. Dans les précédentes versions de HTML, un attribut `type` était requis pour spécifier que les règles de style spécifiées étaient des règles de style CSS. C'était plutôt redondant, car CSS était le seul type de règles que quelqu'un était susceptible d'utiliser en HTML. L'élimination de ce prérequis superfétatoire n'est qu'une des améliorations apportées par HTML5.

Connaître la portée d'une feuille de style interne

Les règles définies dans une feuille de style interne s'appliquent seulement au HTML dans lequel elles figurent. Il est fréquent d'utiliser des feuilles de style internes lorsque votre site web ne se compose que d'une page, ou lorsqu'une certaine page doit utiliser des styles différents de ceux utilisés par les autres pages du site.

Le listing 13-2 vous montre comment vous pouvez réécrire l'exemple du chapitre 11 (et de la figure 13-1) en utilisant une feuille de style interne. Notez combien le HTML est plus propre dans cet exemple.

Si vous devez passer à rouge la couleur des liens de la barre de navigation dans ce document, vous pouvez y parvenir en une seule fois : modifiez simplement la valeur de la propriété `color`. Par conséquent, la règle `#topnav a` avant la modification se présente ainsi :

```
#topnav a {
     color:#FFFFFF;
     text-decoration: none;
   }
```

Listing 13-2 : Une feuille de style interne.

```
<!DOCTYPE html>
<html>
    <head>
        <meta charset="utf-8">
        <title>Café HTML5 : Accueil</title>
        <meta name="description" content="exemple de site pour 9781118657201">
        <meta name="viewport" content="width=device-width">
        <style>
            #topnav {
                width:100%;
                text-align:center;
                background-color:#000000;
                height:24px;
                color:#FFFFFF;
                }

            #topnav a {
                color:#FFFFFF;
                text-decoration: none;
                }

            #topnav a:hover {
                text-decoration: underline;
                }

            #conteneur {
                width: 600px;
                margin: 10px auto 10px auto;
                border: 2px dotted #333333;
                }

            #contenu {
                padding:10px;
                }

            footer {
                font-size: .7em;
                text-align: right;
                }
        </style>
    </head>
    <body>
        <div id="container">
          <nav id="topnav">
            <a href="index.html">ACCUEIL</a> |
            <a href="about.html">A PROPOS</a> |
            <a href="menu.html">MENU</a> |
            <a href="contact.html">CONTACT</a>
          </nav>
```

```
        <div id="content">
          <h1>Bienvenue au Café HTML !</h1>
          <p>Vous trouverez ici toutes sortes de gâteries HTML5 et CSS3.<p>
        <figure id="home-image">
          <img src="img/pitr_Coffee_cup_icon.png"
                  width="400" height="400" alt="delicious coffee">
          <figcaption class="warning">gonflé au café.</figcaption>
      </figure>
    </div>
        <footer>
          copyright &copy; dummieshtml.com
        </footer>
    </div>
  </body>
</html>
```

et une fois la modification appliquée, elle pourrait ressembler à ceci :

```
#topnav a {
     color:#FF0000;
     text-decoration: none;
  }
```

Dans cet exemple, nous spécifions la couleur en utilisant ce qu'on nomme *la notation hexadécimale*. Nous parlerons plus en détail des différentes manières de nommer les couleurs en HTML au chapitre 16. Pour l'heure, sachez simplement que les deux premiers caractères (après le #) spécifient la quantité de rouge, que les troisième et quatrième caractères spécifient la quantité de vert, et que les cinquième et sixième caractères spécifient la quantité de bleu. En combinant les différentes quantités de chaque couleur, vous pouvez créer exactement 16 777 216 couleurs différentes.

L'intérêt d'utiliser une feuille de style interne, c'est que c'est pratique. Vos règles de style se trouvent dans la même page que votre balisage, si bien que vous pouvez modifier l'un et l'autre rapidement. Si vous souhaitez que les mêmes règles de style contrôlent l'apparence de plus d'une page web, déplacez ces règles des pages où elles figurent vers une feuille de style externe.

Travailler avec des feuilles de style externes

Une feuille de style externe est un document texte qui contient toutes vos règles de style et à laquelle vous faites référence depuis n'importe quel fichier HTML sur votre site. Vous devez donc maintenir un fichier distinct pour feuille de style, mais une telle feuille de style externe procure des avantages pour maintenir le site. Si les pages de votre site utilisent la même feuille de style, vous pouvez modifier toute caractéristique de la mise en forme dans toutes les pages d'une seule modification dans la feuille de style.

Les fichiers CSS

Les feuilles de style externes adoptent le même format que les feuilles de style internes sauf qu'elles ne sont pas comprises dans un élément <style>. À la place, les feuilles de style externes se présentent sous la forme de fichiers dont l'extension est .css et qui contiennent une ou plusieurs règles CSS.

Dans les chapitres précédents, nous présentons une série d'exemples de feuilles de style externes. Par exemple, au chapitre 11, nous avons jeté un œil sur `normalize.css` et `main.css`.

Les attributs de l'élément link

Le listing 13-3 reprend le contenu de l'élément <head> d'une page du site du Café HTML5, qui fait référence aux feuilles de style `normalize.css` et `main.css`. Il est possible de créer autant de liens à des feuilles de style externes que vous le souhaitez dans le <head> d'un document.

Listing 13-3 : L'élément <head> dans une page du Café HTML5.

```
<head>
    <meta charset="utf-8">
    <title>Café HTML5 : Accueil</title>
    <meta name="description" content="Exemple de site pour 9781118657201">
    <meta name="viewport" content="width=device-width">
    <link rel="stylesheet" href="css/normalize.css">
    <link rel="stylesheet" href="css/main.css">
</head>
```

Notez la présence de deux éléments <link> dans ce balisage. L'élément <link> est généralement utilisé pour se relier à des feuilles de style. Deux attributs requis lorsque vous utilisez <link> à cette fin.

L'attribut `rel` indique le type de la relation entre le document et celui auquel il s'agit de le lier. Lorsque vous créez un lien à une feuille de style, l'attribut devrait toujours prendre la valeur `stylesheet`.

L'autre attribut requis est `href`. Tout comme l'élément <a>, l'élément `href` contient le chemin au fichier lié. L'attribut `href` dans l'élément <link> peut prendre les valeurs suivantes :

- un lien relatif (une feuille de style qui se trouve sur votre propre site) ;
- un lien absolu (une feuille de style qui ne se trouve pas sur votre propre site).

Pour ajouter rapidement un style à votre page web (ou pour tester la manière dont les navigateurs gèrent différents styles), utilisez une URL absolue pour vous lier aux feuilles Core Style du W3C. Pour en savoir plus, reportez-vous à `www.w3c.org/StyleSheets/Core`. Le chapitre 8 explique la différence entre les liens relatifs et absolus.

En général, vous n'utiliserez pas de feuille de style ne résidant pas sur votre site web, car vous souhaiterez avoir le contrôle sur l'apparence de votre site.

Nous vous recommandons d'utiliser une feuille de style pour chaque site web. Même si votre site web ne contient qu'une page, il est probable qu'il s'étoffe dans le futur, et vous serez bien content d'avoir anticipé cette évolution en faisant les bons choix dès le départ. Vous vous souviendrez alors que nous vous l'avions conseillé, et vous vous tournerez vers votre collègue pour lui dire « Il faut vraiment que je paie une bière à Ed et Chris, le conseil qu'ils m'ont donné était trop bon ! ». Bien entendu, nous n'allons pas nous contenter d'une seule bière, et c'est pourquoi nous allons vous donner au moins encore un conseil qui en vaut bien une dans ce livre – et peut-être plus, nous l'espérons.

Importer et quand utiliser @import

Une autre manière d'inclure CSS dans votre document HTML est d'utiliser l'instruction `@import`. Cette instruction indique au navigateur qu'il doit charger une feuille de style externe et en utiliser les styles. Vous l'utilisez dans l'élément `<style>`, mais avant toute règle de style, comme ceci :

```
<style>
    @import "http://www.unsite.edu/stylesheet.css";
</style>
```

Vous pouvez aussi utiliser l'instruction `@import` dans des feuilles de style externes pour créer une sorte de super feuille de style externe. Par exemple, vous pouvez ainsi disposer d'une feuille de style externe qui référence d'autres feuilles de style externes. Cependant, ce n'est pas parce que vous *pourriez* faire quelque chose que c'est la bonne chose à faire.

La vérité est que l'instruction `@import` est pratique, mais pas autrement intéressante. Vous pourriez organiser vos styles CSS dans plusieurs feuilles de style, puis les lier ou les importer dans l'élément `<style>` d'une page.

Malheureusement, cette complexité supplémentaire peut avoir un impact négatif sur les performances de vos pages web.

La plupart des experts estiment que le meilleur moyen d'utiliser des feuilles de style est d'en avoir aussi peu d'externes que possible et d'utiliser l'élément `<link>` pour les inclure dans le `<head>` de chaque page HTML de votre site.

Cinquième partie

Améliorer l'apparence de vos pages

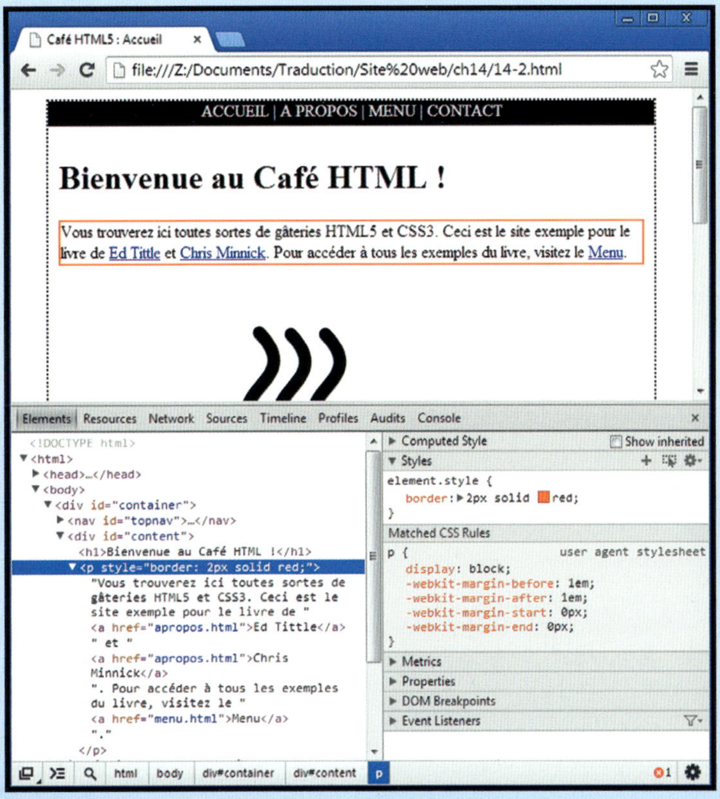

Pour accéder à de nombreuses ressources pour les boutons, les couleurs, les polices de caractères et les effets sur le texte allez à l'adresse www.dummies.com/extras/beginninghtml5css3.

Dans cette partie :

- Décomposer les modèles de boîtes CSS pour les éléments HTML
- Perfectionner le positionnement d'un élément HTML avec CSS
- Créer des éléments dans une page avec des boutons, des bords et des fonds en CSS
- Travailler avec la couleur en CSS pour ajouter du contraste, de l'intensité et améliorer la lisibilité de vos pages
- Gérer la typographie dans les pages web avec CSS
- Créer des effets de texte léchés et spectaculaires avec CSS
- Créer des animations avec CSS, notamment en utilisant des couleurs et des objets

Chapitre 14

Gérer l'agencement et le positionnement

Dans ce chapitre :

- Comprendre le modèle de la boîte
- Positionner des objets dans une page
- Les éléments flottants
- Utiliser un générateur d'agencements

Il est temps de rentrer dans les détails de la manière dont CSS peut vous aider pour mettre en forme une page web. Dans ce chapitre, nous traitons des possibilités offertes pour positionner des éléments dans une telle page. Nous présentons aussi les deux catégories d'éléments qu'il faut distinguer pour les manipuler avec CSS. Enfin, nous vous montrons un outil en ligne que vous pouvez utiliser pour créer facilement des agencements complexes pour site web.

Si vous souhaitez vous rafraîchir la mémoire sur les règles de style et les propriétés de CSS, reportez-vous au chapitre 12 (une présentation générale de CSS et de son fonctionnement). Revenez ensuite à ce chapitre pour mettre CSS en action.

Gérer l'agencement

Vous pouvez utiliser CSS pour agencer le contenu de vos pages afin que les blocs de texte et les images…

- apparaissent exactement aux endroits que vous souhaitez ;
- occupent exactement l'espace que vous souhaitez.

Comme c'est le cas pour toute modification que vous apportez à une page web via CSS, positionner des éléments revient à modifier le comportement par défaut des éléments HTML dans le navigateur.

Des petites boîtes

CSS traite chaque élément visible d'un document HTML comme un rectangle. Une ligne de texte est un rectangle. L'image d'un cercle est un rectangle. Une photo de votre chat est un rectangle. La figure 14-1 illustre cela en dessinant les rectangles sur une page web approximativement comme CSS les voit.

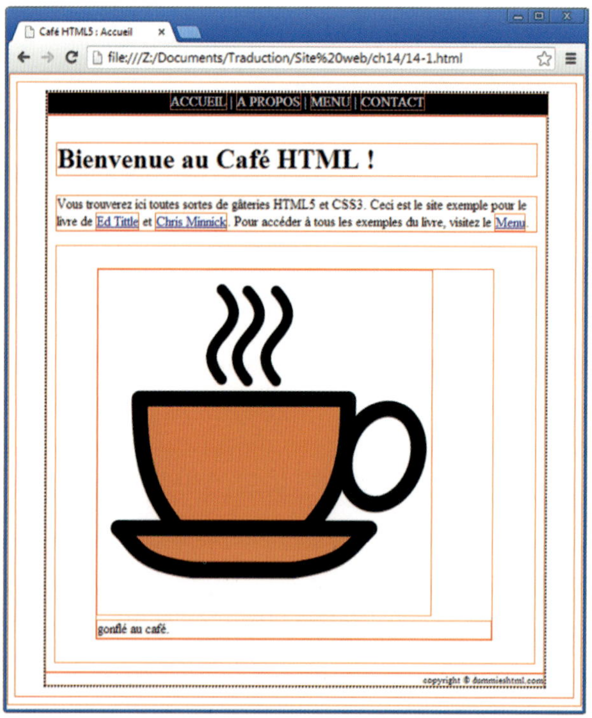

Figure 14-1 : CSS dessine des rectangles englobant chaque élément.

Si vous souhaitez visualiser la boîte dans laquelle vit un élément HTML, une solution consiste à rajouter une bordure avec CSS. La figure 14-2 représente un élément <p> doté d'un bord rouge de 2 pixels d'épaisseur. Pour que cela

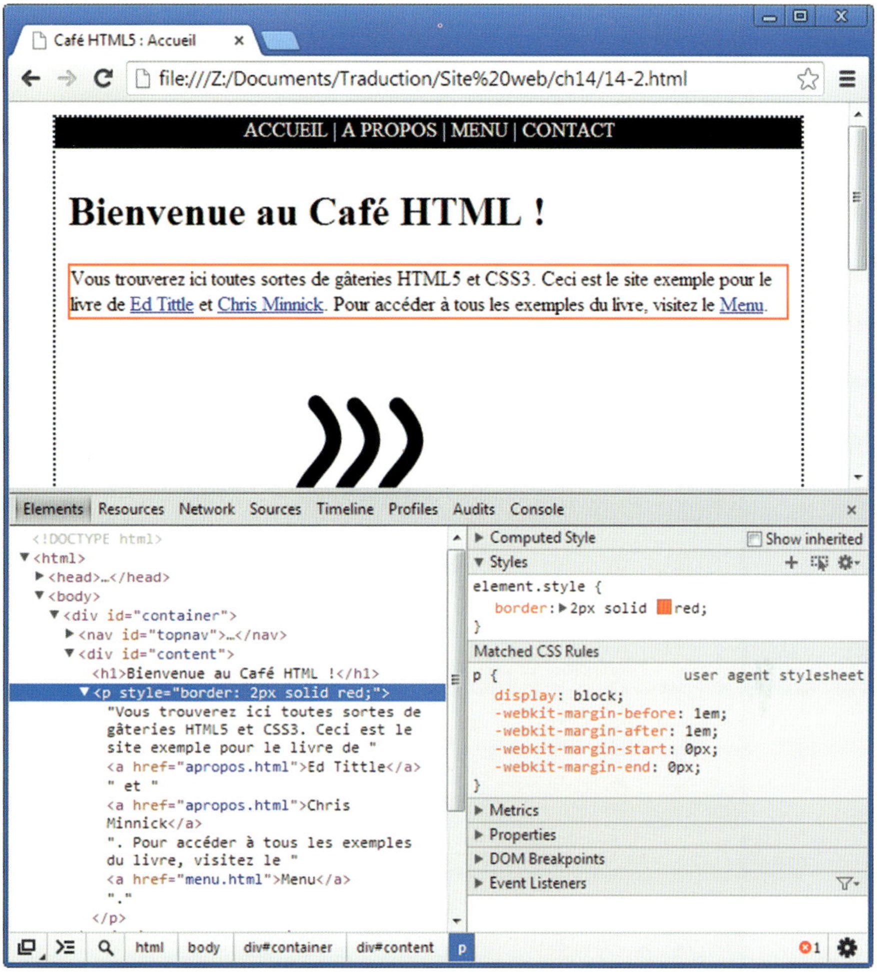

Figure 14-2 : Un élément paragraphe entouré d'une bordure.

soit pratique, et pour que nous puissions vous montrer tout sur le même écran, nous avons utilisé ici un style en ligne.

Dans les figures 14-2 et 14-3, nous utilisons Chrome DevTools, un ensemble d'outils qui sont intégrés au navigateur Web Chrome de Google, pour vous montrer le balisage et la fenêtre de navigateur simultanément. DevTools de Chrome est extrêmement utile pour tester, déboguer, analyser et créer des pages web. Si vous souhaitez regarder et travailler avec ces outils, vous pouvez presser Ctrl + Maj + I dans Windows ou Option + Control + I dans Mac OS lorsque la fenêtre de Chrome est active.

Figure 14-3 : Une bordure autour d'un élément.

La figure 14-3 vous montre une bordure rouge appliquée à un élément – un élément <a> autour du nom de Chris Minnick.

Pour comprendre ce qui s'est passé ici, nous devons expliquer la différence entre les éléments en ligne et les éléments bloc.

Les éléments bloc et les éléments en ligne

Pour les besoins de l'agencement d'une page web, les éléments HTML qui sont affichés dans un navigateur relèvent d'une de ces deux catégories :

- **Les éléments bloc**, tels que <p> et <div>, forment un bloc dans une page. Ils occupent toute la largeur disponible et commencent sur une nouvelle ligne. Les éléments bloc peuvent contenir d'autres éléments bloc ainsi que des éléments en ligne.
- **Les éléments en ligne**, tels que <span> et <a> ne commencent pas sur une nouvelle ligne. Ils sont utilisés dans des éléments bloc. En HTML valide, il ne faut pas placer d'éléments bloc dans des éléments en ligne.

Il existe un troisième type élémentaire d'éléments qui ne sont pas affichés. La liste comprend <meta>, <link> et d'autres éléments qui remplissent une fonction dans une page web, mais qui n'ont aucune représentation lorsque vous visualisez la page web.

Le listing 14-1 vous montre un élément bloc, <p>, contenant différents éléments en ligne.

Listing 14-1 : Les éléments bloc peuvent contenir des éléments en ligne.

```
<!DOCTYPE html>
<html lang="fr">
    <head>
        <meta charset="utf-8" />
        <title>HTML</title>
    </head>

    <body>
        <p>
        L'élément <a href="http://docs.webplotform.org/wiki/html/elements/p">p</a> est un
        élément bloc. Il commence sur une <em>nouvelle ligne</em>, il occupe toute la largeur
        disponible, et il peut contenir d'autres éléments bloc et éléments en ligne.
        </p>
    </body>
</html>
```

En HTML5, les termes bloc et en ligne ont été remplacés par des jeux plus complexes de catégories. Le terme équivalent en HTML5 pour bloc et *flow content*, et les éléments en ligne correspondent au *phrasing content* du HTML5. HTML5 dispose de plusieurs autres catégories de contenu qu'il n'est pas utile d'évoquer dans le cadre d'une discussion sur l'agencement CSS.

CSS utilise les termes bloc et en ligne. Même si ces termes ne sont plus utilisés en HTML, il est donc toujours utile de s'y référer pour bien comprendre comment classer les éléments HTML quand il s'agit de les agencer dans la fenêtre du navigateur.

Le tableau 14-1 dresse la liste de tous les éléments bloc du HTML.

Tableau 14-1 : Les éléments bloc du HTML.

<address>	<figure>	<hr>
<article>	<footer>	<noscript>
<aside>	<form>	<ol>
<audio>	<form>	<output>
<blockquote>	<h1>	<p>
 	<h2>	<pre>
<canvas>	<h3>	<section>
<dd>	<h4>	<table>
<div>	<h5>	<tfoot>
<dl>	<h6>	<ul>
<fieldset>	<header>	<video>
<figcaption>	<hrgroup>	

Le tableau 14-2 dresse la liste de tous les éléments en ligne.

Tableau 14-2 : Les éléments en ligne du HTML.

<a>	<em>	<small>
<abbr>	<i>	<span>
<b>	<kbd>	<strong>
<bdi>	<mark>	<sub>
<bdo>	<q>	<sup>
 	<rp>	<time>
<cite>	<rt>	<u>
<code>	<ruby>	<var>
<data>	<s>	<wbr>
<dfn>	<samp>	

SUR LE WEB

Pour plus de détails sur ce que fait chacun de ces éléments, consultez la référence du HTML sur `dev.w3.org/html5/html-author/`.

Par défaut, lorsque aucun CSS n'est appliqué dans la page web, les éléments HTML apparaissent à l'écran dans l'ordre dans lequel vous les avez saisis dans votre balisage. C'est le flot normal, dont nous allons maintenant parler.

Le flux normal

Le *flux normal* spécifie que les blocs sont empilés les uns au-dessus des autres verticalement, en commençant en haut du bloc qui les contient. Les éléments en ligne s'écoulent horizontalement, de gauche à droite.

La figure 14-4 illustre le flux normal.

Figure 14-4 : Un exemple de flux normal.

Si vous souhaitez que votre page soit agencée selon le flux normal, vous avez de la chance : vous n'aurez rien de plus à faire que d'écrire votre balisage HTML, puis reculer et admirer la logique et la simplicité du flux normal.

Toutefois, il arrive souvent que le flux normal ne fasse tout simplement pas l'affaire. Dans ce cas, CSS fournit plein d'outils pour modifier l'agencement des éléments dans la page HTML. Le reste de ce chapitre vise essentiellement à vous montrer comment utiliser des éléments *hors du flux*.

Comparez la section de la page d'accueil de `www.nasa.gov` représentée sur la figure 14-5 avec la même section, sauf le CSS représenté sur la figure 14-6. Voyez-vous comment les éléments de la version dépouillée correspondent aux éléments de la version stylisée ?

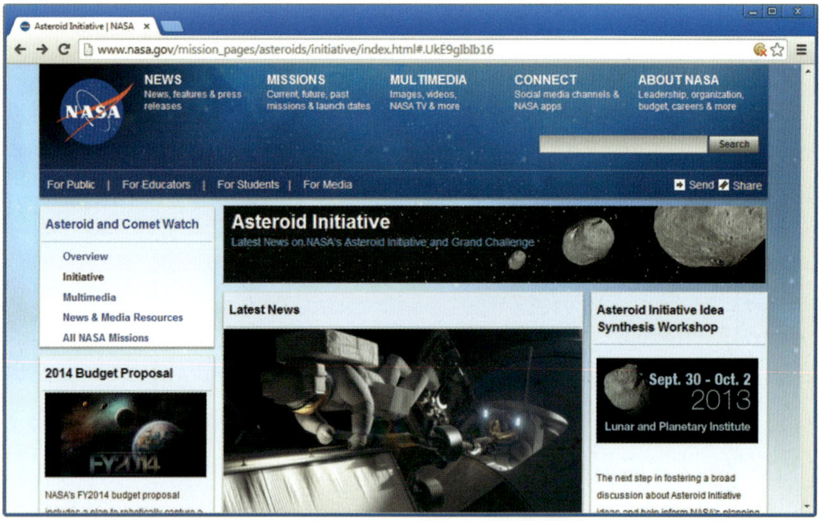

Figure 14-5 : Un exemple de ce qu'il est possible de réaliser en sortant un élément du flux.

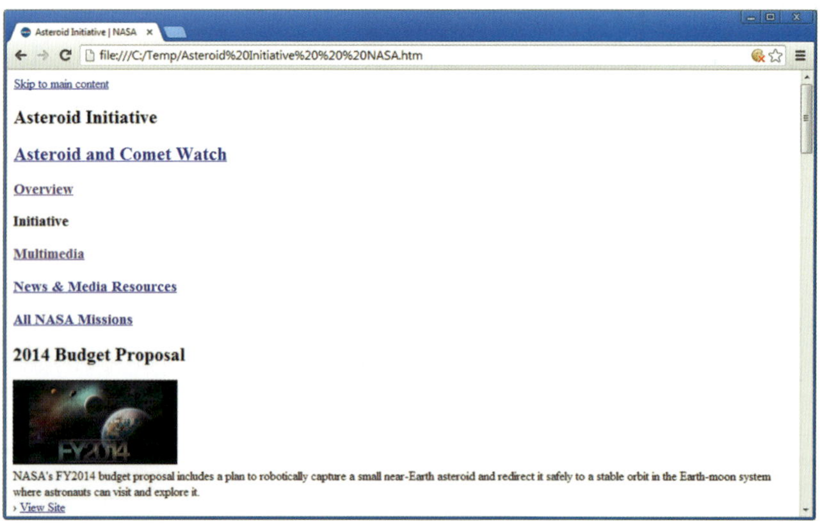

Figure 14-6 : Supprimez le CSS, et le flux reprend son cours normal, efficacement à défaut d'esthétiquement.

Mettre en perspective l'absolu et le relatif

Comment pourriez-vous répondre à la question « Où vous trouvez-vous ? » Il est possible de répondre de plusieurs manières (dont « Ce n'est pas vos affaires ! », bien entendu).

La première solution est d'indiquer votre position par rapport à quelque chose d'autre. Par exemple, vous pourriez dire :

« Je me balade avec mon chien. »

ou

« Dans ma voiture. »

Une telle information sur votre position est *relative* à quelque chose (votre chien ou votre voiture, dans ces exemples). Lorsque le chien ou la voiture se déplace, vous vous déplacez.

L'autre information que vous pourriez donner sur votre position est une adresse ou un emplacement fixe. Par exemple, vous pourriez dire :

« À San Jose. »

voire même

« Au 1313 Mockingbird Lane. »

Une telle information sur votre position est *absolue*. Vous vous trouvez à cet endroit, et cet endroit est un point déterminé et fixe sur la carte.

Bien entendu, nous pourrions rentrer dans des considérations philosophiques et vous rappeler que tout est relatif et qu'il n'existe rien d'absolu – la question est toujours de savoir à quoi c'est relatif. Dans le premier cas (« Je me balade avec mon chien »), votre position est relative au chien. Dans le second cas (« 1313 Mockingbird Lane »), votre position est relative à la ville. Dans un autre cas (« Californie »), votre position serait relative aux États-Unis.

Gardez cet exemple à l'esprit tandis que nous progresserons dans ce chapitre. Le positionnement CSS fonctionne beaucoup sur ce modèle.

Le site web du Café HTML5 est bien moins compliqué que le site web de la NASA, et il a été conçu pour fonctionner plutôt bien même sans feuille de styles externe, contrairement à ce que montre la figure 14-6.

Toutefois, si vous comparez la figure 14-7 avec la version stylisée de la page de la figure 14-8, vous pourrez constater clairement que nous avons travaillé quelques éléments pour les positionner juste où nous le souhaitions dans la page :

- Le bloc de contenu a été centré dans la fenêtre.
- La navigation a été centrée dans le bloc de contenu.
- L'image de la tasse de café et sa légende ont été centrées dans le bloc de contenu.

Figure 14-7 : La version du Café HTML5 agencée par le flux normal.

Figure 14-8 : La version stylisée du Café HTML5.

- La mention du copyright a été alignée à droite dans le bloc de contenu.

Avant de rentrer dans des explications sur la manière dont ces éléments ont été positionnés (ce que nous ferons au chapitre 15), nous devons expliquer comment le positionnement fonctionne dans CSS.

Gérer le positionnement

CSS propose plusieurs solutions pour spécifier exactement où un élément devrait apparaître dans une page. Les propriétés impliquées sont présentées dans les sections suivantes.

La manière dont un navigateur positionne un élément dans sa fenêtre est déterminée par la propriété `position`. Cette propriété peut prendre cinq valeurs :

- `static` : c'est la valeur par défaut. Lorsque la position prend la valeur `static`, l'élément est positionné selon les règles du flux normal.
- `inherit` : spécifie que l'élément devrait se positionner comme son élément parent.
- `fixed` : spécifie que l'élément devrait être fixé sur le fond et ne pas se déplacer, même si la page défile.
- `absolute` : l'élément est positionné relativement à son premier ancêtre lui-même positionné.
- `relative` : l'élément est positionné relativement à la position qu'il devrait normalement occuper.

Le positionnement CSS est un peu délicat à comprendre au début, mais une fois que vous l'avez compris, il s'avère très puissant. Nous allons donc passer un peu de temps pour vous expliquer l'élément `position`, et surtout ses deux valeurs les plus importantes : `relative` et `absolute`.

Au sujet des coordonnées et des décalages

Lorsque vous positionnez un objet en utilisant un positionnement fixe, absolu ou relatif, vous spécifiez un *décalage*. Le décalage indique au navigateur la distance dont il doit déplacer l'objet. Les quatre propriétés de décalage – `top`, `right`, `bottom` et `left` – correspondent aux quatre côtés de la boîte qui contient l'objet que vous positionnez – haut, droit, bas et gauche.

Le positionnement relatif

Lorsque vous positionnez un positionnement relatif, vous décalez l'élément de sa position courante relativement à celle de son élément parent. Pour démontrer ce type de positionnement, la figure 14-9 vous montre un document dont un élément `<div>` contenant du texte est positionné relativement à un autre `<div>`.

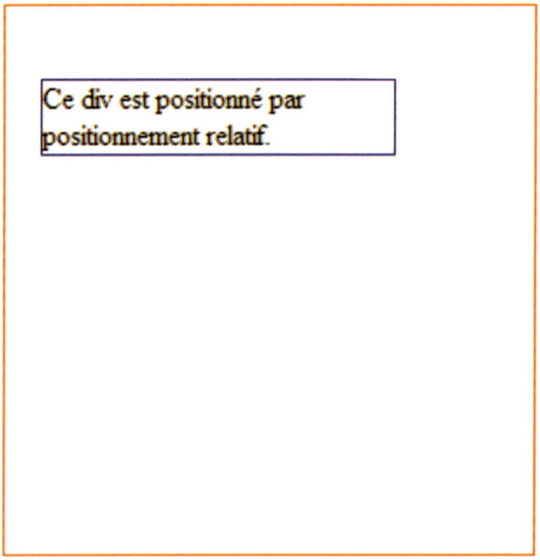

Figure 14-9 : Ce paragraphe est positionné relativement à son élément parent.

Le listing 14-2 montre le balisage HTML utilisé pour cette page.

Notez que la boîte qui contient le texte a été déplacée vers le bas et la droite de l'angle supérieur gauche de la boîte englobante (celle disposant de l'attribut `id="main-box"`).

Si vous deviez déplacer la boîte englobante dans cet exemple en modifiant la valeur de la propriété `margin` ou par tout autre moyen, la position de la boîte contenant le texte dans cette boîte resterait le même ; elle accompagnerait le mouvement. L'ensemble serait donc simplement déplacé dans la fenêtre du navigateur.

Listing 14-2 : le balisage HTML de la Figure 14.9.

```
<!DOCTYPE html>
<html>
    <head>
        <title>positionnement relatif</title>
        <style>
            #main-box {
                width: 300px;
                height: 300px;
                border: 1px solid red;
                margin-left: 40px;
            }
            #my-para {
                width: 200px;
                position: relative;
                top: 40px;
                left: 20px;
                border: 1px solid blue;
            }
        </style>
    </head>
    <body>
        <div id="main-box">
            <div id="my-para">Ce div est positionné par positionnement relatif.</div>
        </div>
    </body>
</html>
```

Le positionnement absolu

Parfois, vous souhaitez simplement positionner quelque chose à un endroit donné de votre page web, et non relativement à un autre élément. C'est la fonction de `position: absolute`.

Jetez un œil au CSS du listing 14-3. C'est le même balisage que sur le listing 14-2, sauf que la valeur de la propriété `position` a été passée à `absolute`.

Lorsque vous visualisez la page dans un navigateur, le résultat correspond à la figure 14-10. Note que la boîte intérieure est maintenant positionnée relativement à l'angle supérieur gauche de la fenêtre du navigateur, et non plus au `<div>` parent. En fait, le `<div>` parent n'a aucun effet sur le positionnement du `<div>` contenant le texte. Nous pourrions déplacer ce `<div>` parent dans la fenêtre, le `<div>` contenant le texte ne bougerait pas d'un pouce.

Listing 14-3 : le balisage HTML de la Figure 14.9 en positionnement absolu.

```
<style>
    #main-box {
        width: 300px;
        height: 300px;
        border: 1px solid red;
        margin-left: 40px;
    }
    #my-para {
        width: 200px;
        position: absolute;
        top: 40px;
        left: 20px;
        border: 1px solid blue;
    }
</style>
```

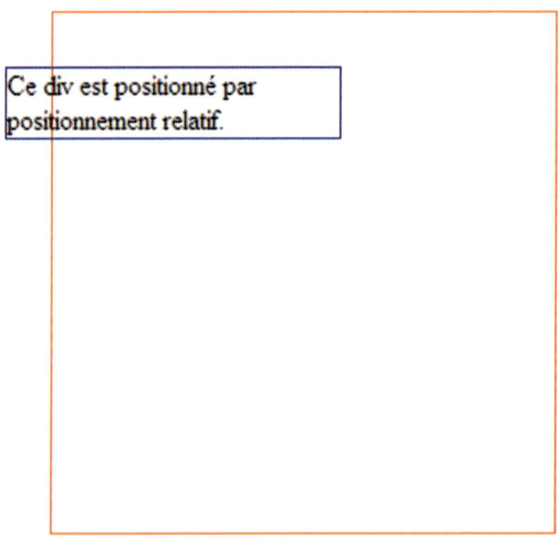

Figure 14-10 : La boîte intérieure est maintenant positionnée en absolu.

Faire flotter les éléments

Une autre manière de sortir des boîtes du flux normal de la page web pour les positionner autrement consiste à utiliser la propriété `float` (littéralement, flottement). Vous pouvez faire flotter une boîte sur la gauche ou sur la droite, ce qui extirpera la boîte du flux normal pour la déplacer d'autant dans la direction spécifiée. Comme elle ne se trouve plus dans le flux normal, les objets et le texte qui se trouvent dans le flux normal flotteront autour d'elle. La page A PROPOS sur le site web du Café HTML5 utilise la propriété `float` pour placer du texte autour des photos des auteurs, comme sur la figure 14-11.

Figure 14-11 : La propriété float peut être utilisée pour entourer des images avec du texte.

La propriété `float` peut prendre quatre valeurs :

- `float: left` : déplace l'élément sélectionné aussi loin que possible sur la gauche et force le reste du contenu à l'entourer par la droite.
- `float: right` : déplace l'élément sélectionné aussi loin que possible sur la droite et force le reste du contenu à l'entourer par la gauche.

- `float: none` : est la valeur par défaut qui spécifie que l'élément doit être positionné dans le flux normal.
- `float: inherit` : spécifie que l'élément devrait flotter comme son élément parent.

N'oubliez pas que les éléments bloc occupent horizontalement tout l'espace disponible, à moins que vous ne spécifiiez la valeur de leur propriété `width`. Parce qu'ils l'avaient oublié, nombre de développeurs web se sont arraché les cheveux durant des heures et des heures pour comprendre pourquoi un élément flottant ne fonctionnait pas comme ils l'espéraient. Rappelez-vous simplement de toujours spécifier une largeur lorsque vous souhaitez faire flotter un élément, et vous nous remercierez plus tard.

Utiliser un générateur de layout

En combinant le positionnement et le flottement, vous pouvez produire des agencements étonnants de pages web. Par exemple, vous pourriez créer un site web disposant d'une colonne à gauche ou à droite pour la navigation. Ou alors, vous pourriez produire un agencement sur trois colonnes, le contenu principal occupant celle du centre.

La figure 14-12 illustre chacune de ces possibilités.

Toutes ces solutions peuvent être mises en œuvre avec CSS, et le sont communément. Comme elles sont communes, des gens ont créé des outils, dits générateurs d'agencements, ou plus souvent *générateurs de layout*, pour générer automatiquement le CSS requis afin de créer différents agencements. Generate It! en a créé un, que vous trouverez sur `www.generateit.net/layout-generator`.

La figure 14-13 vous montre l'interface du générateur de Generate It!.

Ce générateur de layout utilise une série de formulaires pour vous permettre de spécifier différents attributs de l'agencement que vous souhaitez générer. Il comporte notamment les suivantes :

- Si l'agencement doit être fixe (toujours la même largeur) ou flexible (si la largeur doit changer en fonction de celle de la fenêtre du navigateur).
- Si l'agencement doit être aligné à gauche dans la fenêtre du navigateur ou s'il doit y être centré (s'il est de largeur fixe).
- La largeur par défaut de l'agencement.
- S'il faut inclure un en-tête, un menu horizontal, un pied de page, ainsi que les attributs de chacun de ces éléments.

Figure 14-12 : Les exemples des différents types d'agencements de pages web.

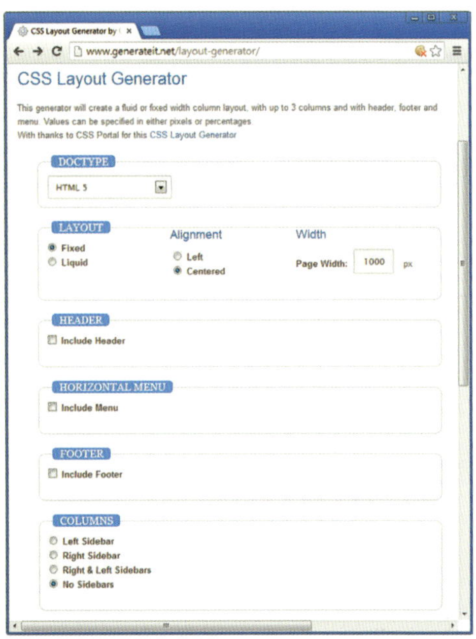

Figure 14-13 : Un exemple de générateur de layout.

- Le nombre de colonnes de l'agencement.
- La largeur de chacune des colonnes.
- Les couleurs de fond des colonnes et de la page toute entière.

Une fois que vous avez rempli le formulaire, cliquez sur le bouton Create Layout, et le CSS et le HTML de l'agencement apparaîtront, comme sur la figure 14-14.

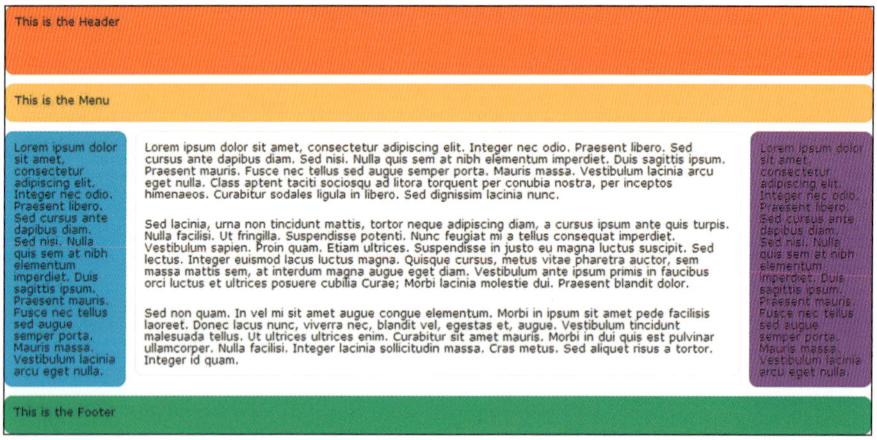

Figure 14-14 : Un agencement généré avec un générateur de layout.

Si vous êtes satisfait de cet agencement (et qui n'en serait pas satisfait, avec toutes ces couleurs pimpantes ?), cliquez sur le lien Download Layout et téléchargez le fichier `.zip` contenant les fichiers HTML et CSS de base. Personnalisez ces derniers et insérez-y votre propre contenu, et c'est parti !

Chapitre 15

Travailler avec les boîtes, les bordures et les boutons

Dans ce chapitre :

- Travailler avec le modèle de la boîte de CSS
- Positionner des blocs
- Aligner du texte
- Indenter du texte
- Créer des boutons avec CSS

Le chapitre 14 décrit la différence entre les éléments bloc et en ligne, et comment les agencer dans la fenêtre du navigateur. Dans ce chapitre, nous allons rentrer dans ces éléments pour vous montrer comment modifier l'espace qui les sépare, l'espace qui sépare leur contenu de leurs bords, leur rajouter une bordure, aligner le contenu des éléments, et bien plus encore !

Rencontre avec le modèle de la boîte

Comme nous vous l'avons montré au chapitre 14, tout élément d'un document HTML est représenté sous la forme d'une boîte rectangulaire. Vous avez aussi pu constater que ces boîtes s'empilent différemment selon qu'il s'agit d'éléments bloc ou en ligne. Dans cette section, nous allons vous parler de ces rectangles et de la manière dont vous pouvez les modifier en CSS.

La figure 15-1 vous montre ce qui est connu sous le nom de modèle de la boîte de CSS.

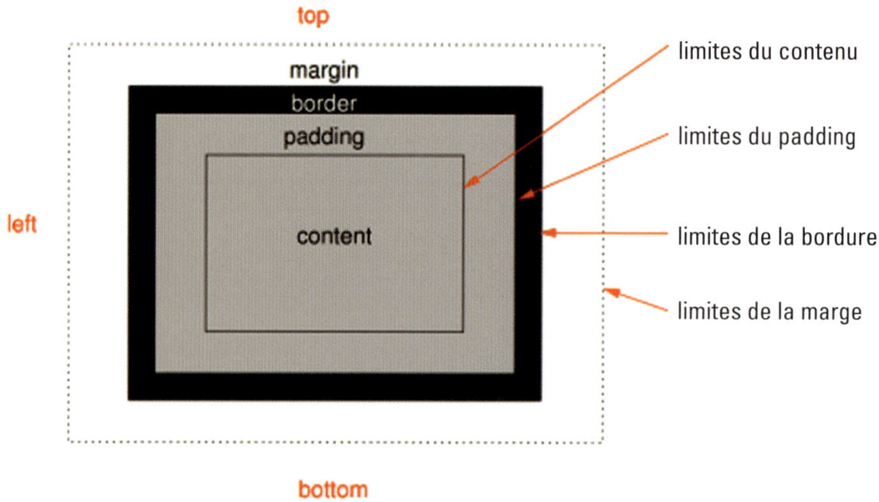

Figure 15-1 : Un diagramme du modèle de la boîte de CSS.

Le modèle de la boîte définit quatre espaces, ou une surface et trois bords si vous préférez. Ces quatre espaces sont les suivants :

- **Le contenu** : il s'agit du rectangle qui contient votre texte, votre image, votre vidéo ou quoi que ce soit d'autre.
- **Le padding** : le padding est l'espace entre les bords de votre contenu et le bord du rectangle précédent. Vous pouvez contrôler la largeur du padding en haut, à droite, à gauche et en bas à l'aide des propriétés `padding-top`, `padding-right`, `padding-left` et `padding-bottom` respectivement, ou dans toutes les directions simultanément à l'aide de la propriété `padding`.
- **La bordure** : la bordure s'étend tout autour du padding. Pour modifier la largeur de la bordure, utilisez la propriété `border-width` ou plus simplement la propriété `border`.
- **La marge** : la marge s'étend au-delà du bord et sépare la boîte de l'élément de celle d'un autre élément. Vous pouvez contrôler la largeur de la marge en haut, à droite, à gauche et en bas à l'aide des propriétés `margin-top`, `margin-right`, `margin-left` et `margin-bottom` respectivement, ou dans toutes les directions simultanément à l'aide de la propriété `margin`.

La figure 15-2 rend tout cela plus concret en vous permettant de visualiser comment ces propriétés s'appliquent à l'image d'un chat. Dans le reste de ce chapitre, nous vous montrerons comment manipuler chacun des composants du modèle de la boîte.

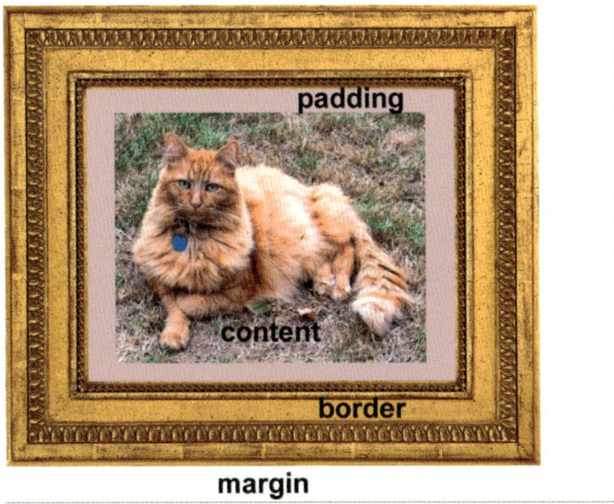

Figure 15-2 : Le modèle de la boîte de CSS en action.

Le modèle de la boîte en pratique

Pour démontrer le modèle de la boîte, nous allons encore une fois visiter le Café HTML5. Jetez encore un œil sur le balisage de la page d'accueil, repris dans le listing 15-1. Localisez l'élément `<figure>`, que nous avons surligné pour vous.

Comme vous vous en souvenez peut-être, nous avons précisé que l'élément `<figure>` est un élément bloc au chapitre 14.

L'image de la tasse de café et sa légende constituent le contenu de l'élément `<figure>`. Le contenu occupe autant d'espace que nécessaire pour qu'il soit possible de l'englober dans un rectangle. Dans notre cas, l'image fait 400 pixels de largeur et 400 pixels de hauteur. Sous l'image, la légende fait une certaine hauteur, déterminée par la longueur du texte et la valeur de la hauteur de ligne. La hauteur totale de l'élément `<figcaption>` est de 22 pixels. Les hauteurs combinées de l'image de la tasse de café et de la légende font donc 422 pixels. La largeur de la figure est toujours de 400 pixels.

Toutefois, l'élément `figure` occupe plus d'espace que 400 pixels. Souvenez-vous que `figure` est un élément bloc et que les éléments bloc occupent toute la largeur disponible si vous ne spécifiez pas leur largeur via la propriété `width`.

Par conséquent, la largeur de l'élément `figure` est déterminée par la largeur de l'élément `<div>` qui le contient.

La figure 15-3 vous montre votre bon ami, le panneau Elements de DevTools de Chrome, l'élément `<figure>` étant surligné. Notez que l'image de la tasse de

Listing 15-1 : Le balisage pour la page d'accueil du Café HTML5.

```
<!DOCTYPE html>
<html>
    <head>
        <meta charset="utf-8">
        <title>Café HTML : Accueil</title>
        <meta name="description" content="exemple de site pour 9781118657201">
        <meta name="viewport" content="width=device-width">
        <link rel="stylesheet" href="css/normalize.css">
        <link rel="stylesheet" href="css/main.css">
    </head>
    <body>
        <div id="container">
            <nav id="topnav">
                <a href="index.html">ACCUEIL</a> | <a href="about.html">A PROPOS</a> | <a
                href="menu.html">MENU</a> | <a href="contact.html">CONTACT</a>
            </nav>
            <div id="content">
                <h1>Bienvenue au Café HTML5 !</h1>
                <p>Vous trouverez ici toutes sortes de gâteries HTML5 et CSS3. C'est un
                exemple de site pour <a href=
                "http://www.amazon.com/Beginning-HTML5-CSS3-Dummies-Computer/dp/1118657209"
                >Débuter en HTML5 et CSS3 pour les nuls</a>, par <a href=
                "http://www.edtittel.com">Ed Tittel</a> et <a href=
                "http://www.chrisminnick.com">Chris Minnick</a>. Pour visualiser tous les
                exemples de code, rendez-vous dans le <a href="menu.html">menu</a>.
                </p>
                <figure id="home-image">
                    <img src="img/pitr_Coffee_cup_icon.png"
                    width="400" height="400" alt="café délicieux">
                    <figcaption class="warning">
                        gonflé au café.
                    </figcaption>
                </figure>
            </div>
            <footer>
                copyright &copy; dummieshtml.com
            </footer>
        </div>
    </body>
</html>
```

café a été surlignée pour mise en exergue avec deux couleurs, et qu'un petit diagramme du modèle de boîte apparaît dans l'angle inférieur droit de l'écran.

Si vous faites correspondre les couleurs ajoutées sur l'image de la tasse de café et celles du diagramme du modèle de la boîte, vous constaterez que l'image même de la tasse de café constitue la partie la plus intérieure du modèle de la boîte (le contenu), comme nous l'avons déjà précisé. L'espace tout autour de la tasse de café correspond à la marge dans le modèle de la boîte.

Les marges supérieure et inférieure de l'image sont fixées à 10px. C'est la conséquence directe de la règle de style appliquée à l'élément de la figure (via son ID) :

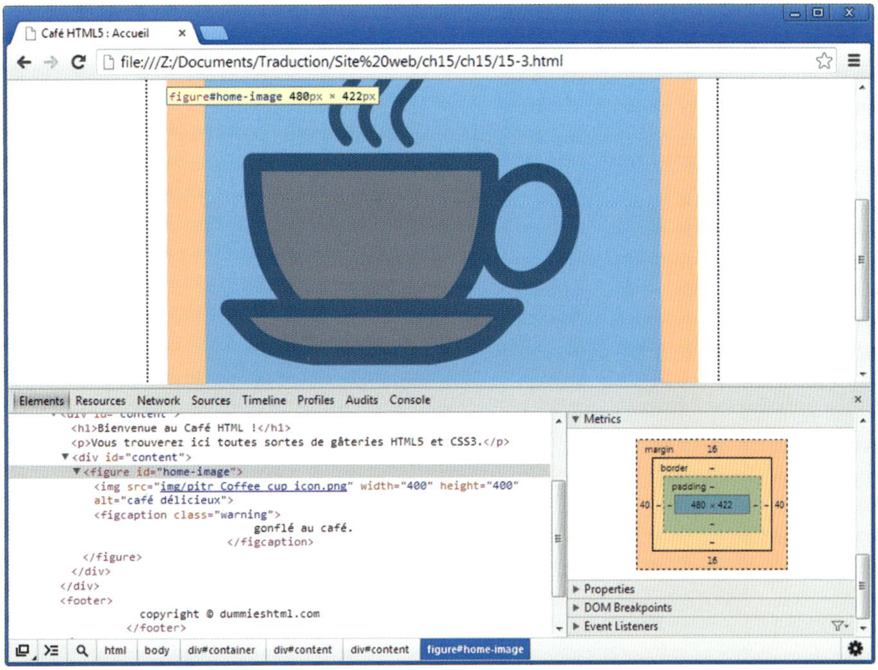

Figure 15-3 : L'élément <figure> dans DevTools de Chrome.

```
#home-image {width: 400px;
margin: 10px auto;}
```

Dans ce cas, nous avons choisi d'appliquer le style à la tasse de café en la sélectionnant via son ID, `home-image`. Nous aurions pu aussi sélectionner cette image en utilisant un sélecteur d'élément, `figure`. Toutefois, si nous avions procédé ainsi, ces styles auraient été appliqués à chaque élément `figure` du site, ce qui n'aurait pas produit exactement le résultat que nous souhaitions. Une combinaison d'un sélecteur d'élément et d'un sélecteur d'ID aurait sans doute été la manière la plus précise pour sélectionner cette image en particulier. Le sélecteur résultant aurait alors été `figure#home-image`.

Notez aussi que les couleurs du padding et de la bordure n'apparaissent pas autour de la tasse de café. C'est parce que nous n'avons pas spécifié de padding ni de bordure sur l'élément `figure` ; leur largeur est donc nulle.

Nous pouvons ajouter une bordure et un padding à la tasse de café en ajoutant quelques déclarations supplémentaires :

```
#home-image {width: 400px;
    margin: 10px auto;
```

```
    padding: 10px 10px 10px 10px;
  border: 10px solid black;}
```

La bordure et le padding étant rajoutés à la règle CSS #`home-image`, le modèle de la boîte de DevTools de Chome change, comme sur la figure 15-4.

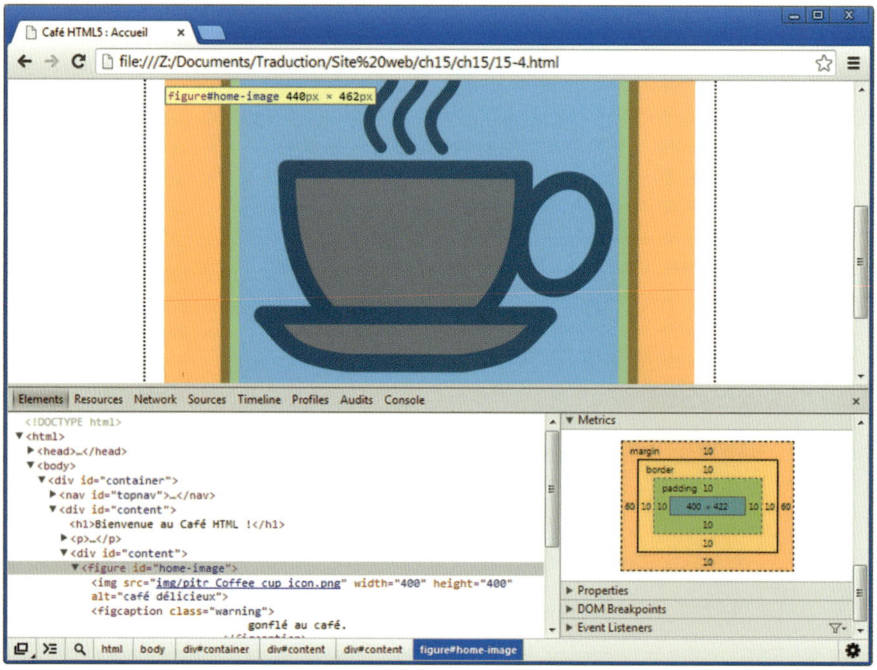

Figure 15-4 : L'élément <figure> avec un padding et une bordure.

Notez que plusieurs propriétés de la précédente règle CSS, nommées *propriétés raccourcies*, prennent plusieurs valeurs simultanément, telles que `margin` et `padding`. Les propriétés raccourcies rassemblent en fait des valeurs pour plusieurs propriétés CSS (telles que `margin-top`, `margin-right`, `margin-left`, et `margin-bottom`, par exemple). Du point de vue de CSS, il n'y a pas de différence entre écrire une déclaration pour chaque propriété en particulier ou utiliser la propriété raccourcie. Si vous apprenez à utiliser les propriétés raccourcies à bon escient, vous gagnerez du temps en saisie et vos fichiers CSS seront parfois moins lourds. Nous vous présenterons quelques propriétés raccourcies dans ce chapitre lorsque le cas se présentera.

Spécifier les largeurs du padding et de la marge

Le padding et la marge désignent de l'espace autour du contenu. `margin` génère un espace tout autour de la boîte (au-delà de sa bordure), tandis que `padding` génère un espace entre cette bordure et le contenu de la boîte.

La marge

La marge d'un élément correspond à l'espace entre l'élément et un autre élément. Sa largeur peut être une valeur fixe, un pourcentage ou *auto*. Voici ce qu'il faut savoir d'important au sujet de la marge :

- La marge n'a pas de couleur de fond.
- La marge se trouve au-delà de la bordure.
- Les marges « s'effondrent » dans certains cas.

L'effondrement des marges se produit lorsque deux éléments sont empilés l'un sur l'autre. Il en résulte qu'une seule des marges sera utilisée. Par exemple, si deux éléments `<div>`, chacun doté de marges supérieures et inférieures de 10px – sont empilées l'un sur l'autre, vous pourriez vous attendre à ce que la marge entre le bas du premier élément et le haut du second élément fasse 20px, comme sur la figure 15-5.

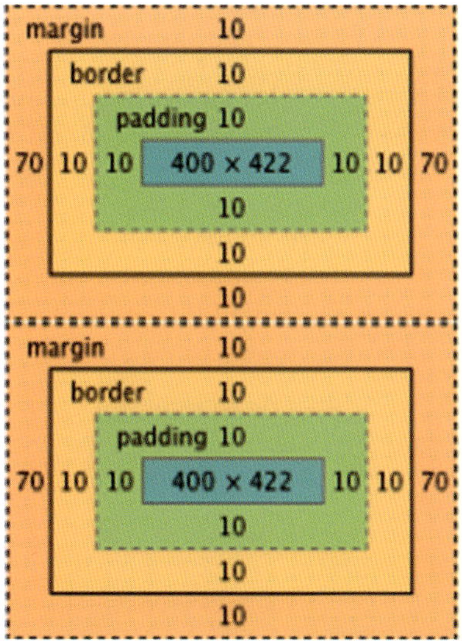

Figure 15-5 : Ce à quoi vous attendez, mais qui n'arrive pas !

En réalité, ce qui se produit par défaut, c'est que quand seule la marge la plus large est utilisée ; l'autre « s'effondre ». Dans ce cas précis, les marges font toutes deux 10px, si bien que la combinaison des marges fait 10px, comme représenté sur la figure 15-6.

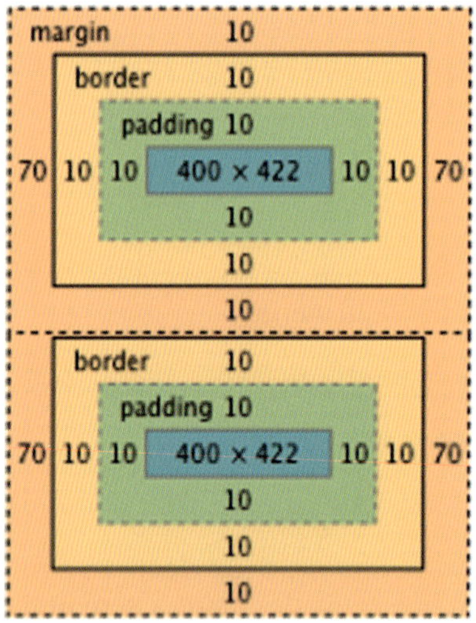

Figure 15-6 : Ce qui se passe vraiment. La plus petite des marges s'est effondrée.

Mais si le premier élément disposait d'une marge inférieure de 20px et que le second disposait d'une marge supérieure de 40px, la marge combinée ferait 40px de large.

L'effondrement des marges semble un concept assez simple. Mais comme toujours, il existe des exceptions à la règle et des scénarios complexes. Les marges ne s'effondrent que dans le cas d'éléments bloc qui demeurent dans le flux normal du document. Par conséquent, si un élément est positionné en absolu ou s'il flotte, l'effondrement des marges ne se produira pas. De plus, si un élément dispose d'une marge supérieure ou inférieure négative, cette marge sera additionnée pour produire la marge combinée. Vous vous sentez perdu ? Ne vous inquiétez pas. Tout cela fera sens pour vous aussitôt que vous aurez pratiqué un peu les marges.

Chaque élément dispose de quatre propriétés de marge, qui correspondent aux quatre côtés du modèle de la boîte de l'élément :

- `margin-top` spécifie la marge supérieure.
- `margin-right` spécifie la marge de droite.
- `margin-left` spécifie la marge de gauche.
- `margin-bottom` spécifie la marge inférieure.

Une valeur `auto` affectée à n'importe laquelle des propriétés de marge conduit le navigateur à calculer la largeur de la marge automatiquement en fonction de l'espace disponible.

Vous pouvez utiliser la valeur `auto` de la propriété de marge pour centrer les éléments horizontalement. L'astuce consiste à passer tout à la fois les marges gauche et droite de l'élément à `auto`. Le navigateur partage l'espace disponible entre elles, ce qui permet à l'élément de rester centré dans son conteneur. Sympathique astuce, non ?

Le padding

Le padding est l'espace entre le contenu de l'élément et sa bordure. Si une couleur ou une image de fond est affectée à un élément, le padding étend ce fond.

Vous pouvez spécifier l'importance du padding pour chaque côté d'un élément sous la forme d'une valeur fixe ou d'un pourcentage.

Tout comme pour la marge, il existe quatre propriétés qui correspondent à chacun des quatre côtés :

- `padding-top` contrôle le padding supérieur.
- `padding-right` contrôle le padding droit.
- `padding-bottom` contrôle le padding inférieur.
- `padding-left` contrôle le padding gauche.

Les propriétés raccourcies

Padding et marge disposent de propriétés raccourcies qui peuvent vous faire gagner un peu de temps de saisie. La propriété raccourcie pour contrôler les marges est tout simplement `margin`. Celle permettant de contrôler le padding est `padding`.

Les règles qui suivent expliquent comment spécifier les propriétés raccourcies pour le padding et la marge :

- Si tous les côtés ont la même valeur, une seule valeur suffira. Par exemple : `margin: 10px;` passe les marges `margin-top`, `margin-right`, `margin-left` et `margin-bottom` à 10px.
- Si les marges supérieure et inférieure sont les mêmes, et si le marges gauche et droite sont aussi les mêmes, vous pouvez n'utiliser que deux valeurs pour spécifier ces marges à l'aide de la propriété raccourcie. Par

exemple : `margin: 10px 20px;` passe les marges supérieure et inférieure à 10px et les marges droite et gauche à 20px.

- Si les marges supérieure et inférieure sont différentes, mais que les marges gauche et droite sont identiques, vous pouvez utiliser trois valeurs. Par exemple, `padding: 10px 20px 30px;` passe la marge supérieure à 10px, les marges gauche et droite à 20px et la marge inférieure à 20px.
- Dans tous les autres cas, vous devez affecter quatre valeurs à la propriété raccourcie. Par exemple, `padding: 3px 2px 18px 4px;` spécifie le padding pour chacun des côtés. Bien entendu, rien ne vous empêche d'écrire `padding: 3px 3px 3px 3px;`, même s'il serait tout de même plus simple d'écrire simplement `padding:3px;`.

TRUC

Pour vous souvenir de quoi fait quoi, représentez-vous les côtés de la boîte de l'élément dans le sens des aiguilles d'une montre en partant du côté supérieur : `top`, `right`, `bottom` puis `left`. Une manière de vous en souvenir serait de vous trouver un moyen mnémotechnique, comme par exemple : « j'ai si peur d'oublier l'ordre des côtés, que je m'en mets à TRemBLer ! ».

Voici quelques exemples de règles de padding et de marge et les effets qu'elles produisent dans le diagramme du modèle de la boîte de DevTools dans Chrome. Tout d'abord, passez les paddings supérieur et inférieur à 0px et les paddings gauche et droite à 10px :

```
padding: 0px 10px;
```

La figure 15-7 vous présente le diagramme résultant pour l'élément qui contient cette déclaration.

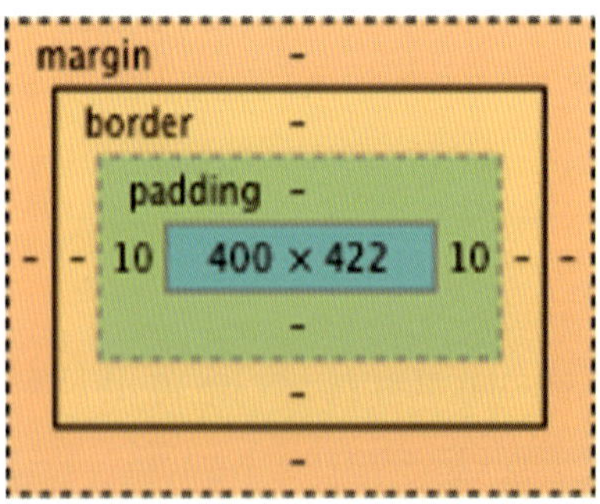

Figure 15-7 : Le résultat produit en utilisant la propriété raccourcie de padding avec deux valeurs.

Maintenant, voici comment vous pouvez passer les marges supérieure et inférieure à 20px et 40px respectivement, et passer les marges gauche et droite à 15px :

```
margin: 20px 15px 40px;
```

La figure 15-8 montre le diagramme résultant pour l'élément qui contient cette déclaration.

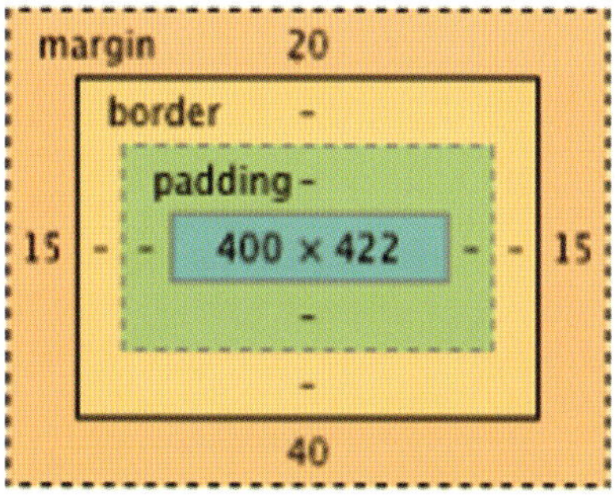

Figure 15-8 : Le résultat produit en utilisant la propriété raccourcie de la marge avec trois valeurs.

Et si jamais vous souhaitiez passer toutes les marges à 12px ? C'est facile :

```
margin: 12px;
```

La figure 15-9 présente le diagramme résultant pour l'élément qui contient cette déclaration.

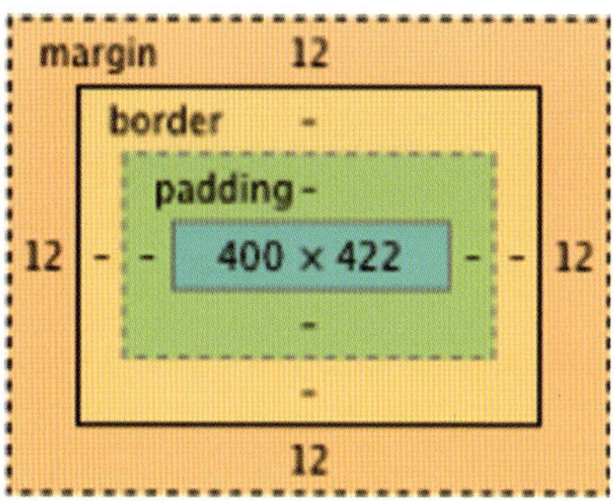

Figure 15-9 : Le résultat produit en utilisant la propriété raccourcie de la marge avec une seule valeur.

Ajouter des bordures

Entre le padding et la marge, on trouve la bordure. Les bordures sont comme le cadre qui entoure votre contenu. Elles peuvent être très simples – juste une fine ligne noire – ou alors plutôt ornementées. Avec CSS3, vous pouvez même utiliser des images pour les bordures et créer des angles arrondis pour ces derniers !

La manière la plus simple de créer une bordure et d'utiliser les trois propriétés de base de la bordure : `border-width`, `border-style`, et `border-color`.

border-width

`border-width` est une propriété raccourcie pour les quatre propriétés autrement plus longues à écrire qui déterminent la largeur de la bordure : `border-top-width`, `border-right-width`, `border-left-width` et `border-bottom-width`.

Vous pouvez spécifier la largeur de la bordure avec un mot-clé ou une valeur. Les trois mots-clés que vous pouvez utiliser sont les suivants :

- `thin` (fin).
- `medium` (moyen).
- `thick` (épais).

Si vous souhaitez contrôler avec plus de précision la largeur, mieux qu'en laissant au navigateur le soin d'interpréter ce qu'il faut entendre par `thin`, `medium` ou `thick`, vous pouvez affecter à la propriété `border-width` une valeur en pixels, en em ou dans une autre unité de mesure.

border-style

`border-style` est une propriété raccourcie pour les quatre propriétés utilisées pour spécifier les styles de bordures : `border-top-style`, `border-right-style`, `border-bottom-style` et `border-left-style`. En utilisant la propriété `border-style`, vous pouvez affecter une valeur à ces quatre propriétés simultanément, tout comme vous l'auriez fait avec les propriétés raccourcies `margin` et `padding`. La propriété `border-style` peut prendre neuf valeurs. La liste suivante décrit à quoi chaque bordure correspondante ressemble, comme sur la figure 15-10.

- `none` : la bordure n'a pas de style. Autrement dit, elle n'est pas affichée.
- `dotted` : la bordure est composée de points. C'est le style de bordure utilisé sur le site web du Café HTML5.
- `dashed` : la bordure est composée de tirets. Les tirets sont comme des points, mais allongés.
- `solid` : la bordure est un trait plein.

- `double` : la bordure est composée de deux traits dont les largeurs s'additionnent pour atteindre la largeur que vous avez spécifiée pour la bordure.
- `groove` : la bordure produit un effet 3D de profondeur. C'est l'inverse de l'effet de relief de `ridge`.
- `ridge` : la bordure produit un effet 3D de relief. C'est l'inverse de l'effet de profondeur de `groove`.
- `inset` : la bordure paraît enfoncée.
- `outset` : la bordure paraît ressortir.

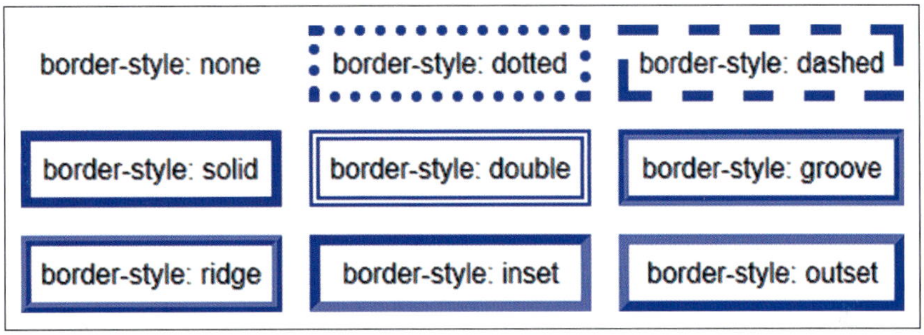

Figure 15-10 : Tous les styles de bordure.

TRUC

Tout comme avec les propriétés `padding` et `margin`, il est possible de spécifier des styles et des largeurs différentes pour chacun des quatre côtés de la boîte. Vous pouvez y parvenir en utilisant les propriétés aux noms à rallonge pour chaque bordure, ou alors en affectant plusieurs valeurs à une propriété raccourcie. Par exemple, `border-style: solide dotted;` rajoute une bordure solide sur les côtés inférieur et supérieur ainsi qu'une bordure composée de points sur les côtés gauche et droit de la boîte.

border-color

Comme dans le cas des deux précédentes propriétés, `border-color` est une propriété raccourcie pour quatre propriétés dont les noms sont à rallonge : `border-top-color`, `border-right-color`, `border-bottom-color` et `border-left-color`.

Vous pouvez spécifier une couleur en utilisant n'importe lequel des moyens par lesquels CSS nomme les couleurs (ce dont nous traiterons en détail au chapitre 16).

La pseudo-classes border

Si trois propriétés pour une bordure vous semblent trop lourdes à gérer, vous avez de la chance ! La propriété `border` est une super propriété raccourcie qui vous permet d'affecter des valeurs à `border-width`, `border-style` et `border-color` simultanément.

Voici le format de la propriété `border` :

```
border: width style color;
```

Par conséquent, si vous souhaitez une bordure solide, bleue et d'un pixel de large, vous utiliserez cette déclaration :

```
border: 1px solid blue;
```

C'est aussi simple que cela ! La propriété raccourcie `border` s'avère très pratique si vous n'avez besoin que d'une simple bordure.

Aligner le texte

Si vous examinez attentivement le CSS de la feuille de style du Café HTML5 qui spécifie le style pour le contenu centré dans la page, vous verrez émerger un motif récurrent. Voici le CSS pour la barre de navigation :

```
#topnav {width:100%;
     text-align: center;
     background-color: #000000;
     height: 24px;
color: #FFFFFF;}
```

Et voici le CSS pour l'image de la tasse de café :

```
#logo {font-size: 2em;
     text-transform: uppercase;
     font-weight: bold;
text-align: center;}
```

Et voici le CSS pour la mention du copyright :

```
footer {font-size: .7em;
text-align: right;}
```

Notez que dans chaque cas, la propriété `text-align` est présente et responsable du positionnement de l'élément.

La propriété `text-align` fait exactement ce que son nom suggère – elle aligne le texte dans l'élément. Toutefois, la vérité, c'est que CSS se soucie peu que le contenu soit du texte, des images, de la vidéo ou tout autre type de contenu quand on sait à la manière dont `text-align` fonctionne. Cette propriété ne fait qu'aligner le contenu dans un bloc, horizontalement, d'une des quatre manières que nous allons décrire, en fonction de la valeur que vous donnez à la propriété. Vous pouvez aussi indiquer à l'élément qu'il doit aligner son contenu comme son élément parent. Voici les valeurs possibles pour `text-align` :

- `left` permet d'aligner le contenu sur le côté gauche du bloc.
- `center` permet d'aligner le contenu dans le bloc.
- `right` permet d'aligner le contenu sur le côté droit du bloc.
- `justify` permet d'étirer des lignes de texte pour qu'elles soient alignées sur les côtés gauche et droit du bloc.
- `inherit` permet de spécifier que l'élément courant devrait adopter le même alignement que son élément parent.

Indenter le texte

Vous pouvez déterminer l'espace qui devrait précéder la première ligne d'un paragraphe en utilisant la propriété `text-indent`.

TRUC

La propriété `text-indent` n'indente pas tout le paragraphe, mais seulement sa première ligne. Pour indenter le paragraphe tout entier, il vous faudrait utiliser les propriétés CSS affectant la boîte, telles que `margin-left` ou `margin-right`.

La syntaxe pour indenter le texte

La déclaration de style que vous utilisez pour indenter le texte est :

```
selector {text-indent: valeur;}
```

Ici, `valeur` est l'une des valeurs de mesure standard (la liste figure au chapitre 11).

Le balisage pour indenter le texte

Pour créer une classe que vous pourriez utiliser pour indenter les citations de 2em, vous pourriez écrire une règle CSS telle que celle-ci :

```
.citation {font-style: italic; text-indent: 2em;}
```

Créer des boutons avec CSS

CSS, et tout particulièrement CSS3, est capable d'accomplir des tâches pour lesquelles vous deviez auparavant mobiliser des images. En particulier, CSS permet de créer des boutons dont l'apparence est vraiment réussie.

CSS3 dispose de plusieurs nouvelles propriétés pour arrondir les angles d'une boîte, pour créer des dégradés de couleurs, pour ajouter des ombres aux boîtes et au texte. Dans les chapitres qui suivent, nous allons vous montrer quelques-unes de ces excellentes innovations et comment elles fonctionnent. Pour l'heure, nous allons jeter un œil sur ce qu'elles peuvent permettre d'accomplir.

Comme nous l'avons montré avec le générateur de layout au chapitre 14, on trouve sur le web des services qui vous permettent de créer des effets en CSS très facilement. Le générateur de boutons sur lequel nous allons nous pencher est le CSS3 Button Generator sur `http://css3button.net`. Lorsque vous arrivez sur `http://css3button.net` pour la première fois, un bouton dont la couleur et le style sont aléatoires vous est présenté, comme sur la figure 15-11.

Aperçu du bouton

Propriétés du bouton ajustables

La vue CSS

Figure 15-11 : La page d'accueil de http://css3button.net.

La partie supérieure gauche de l'interface vous offre un aperçu de votre bouton. Le site présente le bouton sur un fond pour permettre de visualiser plus facilement ses bordures et ses ombres.

Sous l'aperçu, vous trouvez les diverses propriétés du bouton qu'il est possible d'ajuster. Lorsque vous modifiez l'une de ces propriétés, l'aperçu du bouton est automatiquement mis à jour. Lâchez-vous et tentez d'en modifier certaines !

La meilleure partie du générateur de boutons est une zone gris sombre dans le coin inférieur droit : la vue CSS. Lorsque l'apparence de votre bouton vous convient, vous pouvez copier le HTML et le CSS du bouton et les coller dans vos propres documents HTML et CSS. Comme ce n'est que du CSS, vous pouvez réutiliser ce style de bouton encore et encore dans votre site web pour différents boutons en limitant au minimum l'impact sur le temps de chargement de ses pages.

La figure 15-12 vous montre le balisage CSS pour un bouton personnalisé auquel nous sommes parvenus. La figure 15-13 vous montre plusieurs occurrences de ce bouton créées avec différents libellés.

```
button.css3button {
	font-family: Arial, Helvetica, sans-serif;
	font-size: 25px;
	color: #5e668f;
	padding: 10px 20px;
	background: -moz-linear-gradient(
		top,
		#4b7e80 0%,
		#ffffff 41%,
		#000000);
	background: -webkit-gradient(
		linear, left top, left bottom,
		from(#4b7e80),
		color-stop(0.41, #ffffff),
		to(#000000));
	-moz-border-radius: 30px;
	-webkit-border-radius: 30px;
	border-radius: 30px;
	border: 1px solid #d1db86;
	-moz-box-shadow:
		0px 1px 3px rgba(89,230,89,0.5),
		inset 0px 0px 1px rgba(255,255,255,0.7);
	-webkit-box-shadow:
		0px 1px 3px rgba(89,230,89,0.5),
		inset 0px 0px 1px rgba(255,255,255,0.7);
	box-shadow:
		0px 1px 3px rgba(89,230,89,0.5),
		inset 0px 0px 1px rgba(255,255,255,0.7);
	text-shadow:
		0px -1px 0px rgba(000,000,000,0.4),
		0px 1px 0px rgba(138,68,138,1);
}
```

Figure 15-12 : Le CSS pour notre bouton fou et sauvage.

Figure 15-13 : Notre bouton fou et sauvage en action.

Chapitre 16

Utiliser les couleurs et les fonds

Dans ce chapitre :

- Utiliser les mots-clés des couleurs
- Lire des codes hexadécimaux
- Travailler avec les fonds

Le web serait une place plutôt sinistre sans couleur. Imaginez-vous regarder vos vidéos favorites en noir et blanc. Le visionnage sur le web n'aurait définitivement rien de fun. De même, ce livre ne serait certainement pas aussi sympa si au lieu d'être imprimé en couleurs, il l'était en noir et blanc.

Fort heureusement, nous n'avons pas besoin de vivre dans un monde gris. Votre ordinateur, votre portable, votre tablette ou votre smartphone sont capables d'afficher des millions de couleurs différentes. CSS est capable de commander l'affichage de ces couleurs résultant d'une infinité de combinaisons de couleurs de base. Dans ce chapitre, nous vous présentons les différentes manières de spécifier des couleurs en CSS, comment les affecter à des éléments, et comment travailler avec pour réaliser des fonds.

Définir les valeurs des couleurs

CSS définit une couleur de deux manières :

- **Par son nom** : vous sélectionnez alors ce dernier dans une liste prédéfinie.

- **Par son nombre** : vous indiquez alors les quantités exactes de couleurs primaires que vous souhaitez combiner pour produire la couleur.

Les noms de couleurs

La spécification des CSS3 Color comprend 16 noms de couleurs de base que vous pouvez utiliser pour spécifier des couleurs dans vos pages. La figure 16-1 vous présente ces couleurs. Les nombres qui commencent par un signe dièse (#) sont en notation *hexadécimale*. La notation hexadécimale est un système de numérotation qui commence par 00 (ce qui est équivalent à 0 dans le système décimal avec lequel vous êtes familier) et se termine par FF (qui est équivalent à 255 dans le système décimal).

Nom	Code #RVB	Couleur	Nom	Code #RVB	Couleur
black	#000000		silver	#C0C0C0	
gray	#808080		white	#FFFFF	
maroon	#800000		red	#FF0000	
purple	#800080		fuchsia	#FF00FF	
green	#008000		lime	#00FF00	
olive	#808000		yellow	#FFFF00	
navy	#000080		blue	#0000FF	
teal	#008080		aqua	#00FFFF	

Figure 16-1 : Les noms des couleurs de base en CSS.

Vous pouvez utiliser sans crainte ces noms de couleurs dans votre balisage CSS : ils seront reconnus par tous les navigateurs, qui afficheront la bonne couleur correspondante dans vos pages web. Vous pouvez aussi comparer les couleurs à l'écran à celle de cette page imprimée pour noter combien l'affichage numérique et une impression peuvent parfois différer. Parfois, ce n'est qu'une question d'équilibrage des couleurs sur votre écran ; d'autres fois, la couleur que l'imprimante a utilisée ne correspond pas totalement à celle souhaitée, et que vous pourriez observer sur votre écran – reproduire une couleur, ce n'est pas aussi facile que vous pourriez le penser !

Rendez-vous sur http://stylescss.free.fr/couleurs.php pour voir comment votre navigateur affiche ces couleurs. Si vous le pouvez, visualisez la page sur deux ou trois ordinateurs différents pour observer comment des différences entre navigateurs, systèmes d'exploitation, cartes graphiques et écrans peuvent subtilement impacter l'affichage.

La déclaration de style CSS suivante dit que tout le texte qui se trouve dans des balises <p> devrait s'afficher en bleu :

```
p {color: blue;}
```

En plus de ces 16 couleurs de base, la spécification CSS3 Color définit une liste bien plus longue de mots-clés pour des couleurs *étendues* qui sont reconnues par les navigateurs web. Cette liste comprend de très jolies couleurs, comme bisque, burlywood, mintcream et thistle.

TRUC

Visitez `www.w3.org/wiki/CSS3/Color/Extended_color_keywords` pour visualiser la liste complète des couleurs étendues.

Les nombres des couleurs

La liste des couleurs étendues peut cependant s'avérer limitée. Pour vous permettre d'utiliser toute couleur que vous souhaiteriez, CSS fournit un moyen par lequel les concepteurs d'une page web peuvent spécifier leurs propres couleurs.

Les codes de couleurs hexadécimaux

Une manière de spécifier des couleurs en CSS consiste à utiliser un *triplet hexadécimal*. Un tel triplet (souvent appelé *code hex* pour faire plus court) est une série de trois nombres écrits en notation hexadécimale. Le premier nombre représente la couleur rouge. Le second représente la couleur verte. Le troisième représente la couleur bleue. La quantité de chacune de ces couleurs primaires qui entre dans le mélange est déterminée par l'importance du nombre correspondant, 00 indiquant que la couleur devrait en être absente et 255 indiquant qu'il devrait y en avoir autant que possible.

Par exemple, le triplet hexadécimal suivant correspond au bleu le plus pur :

```
#0000FF
```

Ce triplet hexadécimal est exactement équivalent au mot-clé CSS `blue` que vous avez vu plus tôt. Toutefois, un code hex permet de générer bien plus de couleurs que les seules couleurs de base. Par exemple, voici une teinte de bleu plus complexe, qui donne l'air plus sérieux, plus serein, sans pour autant être triste :

```
#386F96
```

Charmante couleur, n'est-ce pas ? Un petit jeu entre développeurs web qui ont pris trop de café consiste à deviner le nom d'une couleur à partir de son nombre, simplement en regardant ce dernier. Une fois que vous aurez travaillé avec les couleurs web un certain temps, vous pourriez vous révéler plutôt bon à ce petit jeu. Essayez avec un exemple facile, repris dans la figure 16-2.

Figure 16-2 : Essayez de deviner approximativement le code hex de cette couleur.

La réponse correcte est `#FF00FF`, ce qui correspond aussi au mot-clé `fuchsia`. Le fuchsia est le produit d'une combinaison de rouge et de bleu, sans vert.

Vous pouvez jouer au jeu des devinettes des couleurs chez vous comme au bureau en vous rendant sur `http://mallory.jemts.com`.

Si vous connaissez le code hex d'une couleur, vous disposez de tout ce qu'il faut pour utiliser la couleur dans votre page HTML.

Lorsque vous utilisez un code hex pour définir une couleur, vous devriez toujours le précéder d'un signe dièse (#). Autrement, certains navigateurs pourraient ne pas l'afficher correctement.

La déclaration de style CSS suivante passe en bleu tout le texte contenu par des balises `<p>` :

```
p {color: #0000FF;}
```

Les valeurs RGB

Si vous ne vous y retrouvez pas dans les codes hex, ne vous affolez pas ! Vous pouvez aussi utiliser des valeurs RVB (rouge, vert, bleu en français ou RGB pour red, green, blue en anglais) pour définir des couleurs. Ces valeurs ne se rencontrent pas aussi souvent que les valeurs hexadécimales, mais elles sont tout aussi efficaces, et vous n'avez pas besoin de vous faire pousser six doigts de plus pour parvenir à les compter sur vos mains :

- `rgb(r,g,b)` : `r`, `g` et `b` sont des entiers compris entre 0 et 255 qui représentent respectivement les niveaux de rouge, de vert et de bleu de la couleur.
- `rgb(%r,%g,%b)` : `r%`, `g%` et `b%` sont des pourcentages qui représentent respectivement les niveaux de rouge, de vert et de bleu de la couleur.

NOTE TECHNIQUE

Toute couleur peut être définie comme un mélange de rouge, vert et bleu (RVB, ou RGB en anglais). Vous pouvez utiliser soit une valeur RVB, soit le code hex équivalent pour décrire la valeur RVB d'une couleur à un navigateur Web. Pour plus d'informations sur la notation hexadécimale, rendez-vous sur `http://www.lopr.net/articles.php?n=2`.

Trouver le code hex de n'importe quelle couleur

Vous ne pouvez pas simplement remuer votre baguette magique pour sortir de votre chapeau le bon code hex de n'importe quelle couleur, mais cela ne veut pas dire que vous ne puissiez pas trouver ce code aussi facilement, mais plus conventionnellement. Les convertisseurs de couleurs appliquent une formule précise qui transforme la notation standard des couleurs RVB en notation hexadécimale. Comme vous avez bien mieux à faire que de calculer des codes hex, vous disposez de plusieurs options pour deviner le code hex de la couleur de votre choix, dont la liste des couleurs du web reprise dans la feuille d'astuces de ce livre (`www.dummies.com/cheatsheet/beginninghtml5css3`). Aucune de ces solutions ne vous demandera d'utiliser une calculatrice :

- **Sur le web** : quelques bons tableaux de codes hex sont les suivants :

  `www.webmonkey.com/2010/02/color_charts`

  `www.colorschemer.com/online.html`

  Cherchez la couleur que vous souhaitez et saisissez simplement le code hex qui figure à côté dans votre HTML.

- **Utiliser un outil de dessin** : nombre d'outils de dessin, tels que Photoshop ou Fireworks d'Adobe affichent la notation hexadécimale de toute couleur. Même la pipette de couleurs de Word vous montre le code hex des couleurs dans une image. Si vous disposez d'une image que vous souhaitez utiliser comme source des couleurs pour votre page web, ouvrez cette image dans votre éditeur favori et trouvez donc les codes hex de ses couleurs.

Définir les couleurs

Vous pouvez définir des couleurs particulières pour tout texte de la page web, ainsi qu'une couleur de fond pour toute cette dernière ou pour seulement une portion.

CSS utilise les propriétés suivantes pour définir les couleurs :

- `color` définit la couleur de la police et est aussi utilisé pour définir des couleurs pour les liens dans leurs différents états (`link`, `active`, `focus`, `visited` et `hover` ; reportez-vous à la section intitulée « Les liens »).
- `background` ou `background-color` définit la couleur de fond pour une page entière ou pour certains de ses éléments (par exemple, une couleur de fond pour tous les titres de premier niveau, comme on peut le faire dans un document Word pour mettre en exergue quelque chose).

Le texte

Vous pouvez modifier la couleur du texte de votre page web en trois étapes :

1. **Déterminez le sélecteur.**

   Par exemple, la couleur s'appliquera-t-elle à tous les titres de premier niveau, à tous les paragraphes ou à un paragraphe en particulier ?

2. **Utilisez la propriété `color`.**
3. **Identifiez le nom de la couleur ou sa valeur hexadécimale.**

La syntaxe de base pour une déclaration de style est :

```
sélecteur {color: valeur;}
```

Voici une liste de déclarations de styles où nous utilisons la propriété `color` pour affecter une couleur de texte à l'élément `body` (et ce faisant, à tous les éléments HTML qui peuvent se trouver dans le corps du document, sauf ceux dont les spécifications de styles surchargent ceux dont elles héritent du document, comme c'est le cas avec l'élément `h1`) :

```
body {color: olive; font-family: Verdana, sans-serif;
     background-color: #FFFFFF; font-size: 85%;}
hr {text-align: center;}
.navbar {font-size: 75%; text-align: center;}
h1 {color: #808000;}
p.chapternav {text-align: center;}
.footer {font-size: 80%;}
```

Notez que dans les règles de style précédentes, la couleur pour tout le texte de la page est définie en utilisant un sélecteur `body`. Il en résulte que la couleur est appliquée au texte dans le corps du document sauf s'il en a été spécifié autrement. Pour illustrer cela, le premier niveau de titre se voit affecter une couleur vert forêt en utilisant la notation hexadécimale.

Les liens

Les liens HTML prennent souvent des couleurs différentes en fonction de leur *état*. Par état, nous ne désignons pas un pays, mais le statut courant du lien pour un utilisateur donné – si l'utilisateur a visité le lien précédemment, pour prendre cet exemple.

Les sélecteurs CSS normaux ne peuvent pas styliser les éléments en fonction de leur état, et c'est pourquoi nous devons ici recourir à un type de sélecteurs particuliers.

Les *pseudo-classes* vous permettent de définir des règles de style en fonction d'informations qui ne se trouvent pas dans l'arborescence du document.

L'*arborescence du document* est une représentation hiérarchique de tous les éléments d'un document, un peu comme un arbre généalogique, où chaque élément a un parent et peut avoir des enfants. L'arborescence du document ne contient pas – et ne peut pas contenir – des informations précisant si l'utilisateur a déjà visité un certain lien (par exemple). C'est pourquoi nous disons que quelque chose se trouve *en dehors de l'arborescence du document*.

Les cinq pseudo-classes que vous pouvez utiliser avec les hyperliens sont :

- `:link` définit la mise en forme des liens qui n'ont pas été visités.
- `:visited` définit la mise en forme des liens qui ont été visités.
- `:focus` définit la mise en forme des liens qui sont sélectionnés au clavier (par exemple, en pressant Tab) ou qui sont sur le point d'être activés en pressant Entrée.
- `:hover` définit la mise en forme des liens que le pointeur de la souris survole.
- `:active` définit la mise en forme des liens qui ont été sélectionnés (cliqués à la souris ou activés en pressant Entrée).

N'OUBLIEZ PAS

Le nom d'une pseudo-classe est toujours précédé d'un deux-points (:).

Les pseudo-classes peuvent être utilisées avec :

- des éléments (tels que l'élément <a> qui définit les hyperliens) ;

- des classes ;
- des ID.

Par exemple, pour définir des règles de style pour les liens visités et non visités, utilisez la syntaxe suivante :

- La règle de style suivante spécifie la couleur de tout hyperlien pointant vers une URL non visitée à rouge en utilisant la valeur hexadécimale de cette couleur :

```
a:link {color: #FF0000;}
```

- La suivante spécifie que la couleur de tout hyperlien qui pointe vers une URL visitée doit apparaître dans la couleur nommée `green` (vert) :

```
a:visited {color: green;}
```

- La suivante sélectionne les liens non visités de la classe `internal` et spécifie qu'ils doivent apparaître dans la couleur nommée `yellow` (jaune) (reportez-vous au chapitre 12 pour une discussion sur les classes CSS) :

```
a.internal:link {color: yellow;}
```

Les liens peuvent prendre plusieurs états simultanément. Par exemple, un lien peut être visité et survolé à la fois. Définissez toujours les règles de style dans cet ordre : `:link`, `:visited`, `:visible`, `:focus`, `:hover`, `:active`.

CSS applique « la dernière règle lue » aux éléments de votre page. Par conséquent, si vous écrivez les sélecteurs de pseudo-classes dans le mauvais ordre, vous risquez de ne pas obtenir ce que vous souhaitez à l'écran. Par exemple, si la règle de `:visited` suit celle de `:hover` et que les deux pseudo-classes trouvent à s'appliquer, l'effet défini par la règle de `:hover` ne s'appliquera qu'aux liens qui n'ont pas été visités.

Les règles de style CSS suivantes affichent le document dans une couleur olive, ainsi que les liens qui n'ont pas été visités. Les liens qui ont été visités sont quant à eux affichés en jaune :

```
body {color: #808000; font-family: Verdana, sans-serif; font-size: 85%;}
a:link {color: olive;}
a:visited {color: yellow;}
```

La spécification de CSS définit `:link` et `:visited` comme mutuellement exclusives si bien qu'il revient au navigateur de déterminer quand un lien doit se trouver dans un de ces états ou dans l'autre (non visité ou visité). Par exemple, un navigateur peut considérer qu'un lien n'a pas été visité aussitôt que vous purgez votre historique de navigation.

Les fonds

Suivez ces étapes pour modifier la couleur du fond de votre page web, ou d'une section d'une page :

1. **Déterminez le sélecteur.**

   Par exemple la couleur s'appliquera-t-elle à tout le fond ou uniquement à une section spécifique ?

2. **Utilisez la propriété** background-color **ou** background**.**

3. **Identifiez le nom de la couleur ou sa valeur hexadécimale.**

La syntaxe de base pour une déclaration de style est :

```
sélecteur {background-color: valeur;}
```

Dans la suite suivante de déclarations, la première déclaration utilise la propriété background-color et lui affecte une couleur d'un vert léger en utilisant une notation hexadécimale :

```
body {color: #808000; font-family: Verdana, sans-serif;
   background-color: #EAF3DA; font-size: 85%;}
```

TRUC

Vous pouvez appliquer une couleur de fond à un bloc de texte – par exemple, un paragraphe – tout comme vous pourriez définir la couleur de fond de toute une page.

Les fonds élaborés

Il peut s'avérer difficile d'aligner plusieurs éléments de sorte que leurs fonds soient parfaitement alignés, tout comme il peut être délicat de mélanger et de faire correspondre plusieurs fonds. Cela peut requérir des lignes et des lignes de balisage, surtout si vous travaillez avec CCS1 ou CSS2. Toutefois, avec CSS3, vous pouvez appliquer plusieurs fonds à un seul élément facilement, puis l'utiliser pour doter d'un fond un élément ou un groupe d'éléments. Par exemple, dans la page d'exemple www.dummieshtml.com/html5cafe/ch16/backgrounds/index.html, nous avons combiné des images de fond puis nous les avons appliquées à un seul <div>.

Le balisage CSS3 correspondant ressemble à ceci :

```
.customBackground {
     margin: 0px auto;
     width: 400px;
     height: 200px;
     border-radius: 10px;
     background:
     url(images/top.gif) top left repeat-x,
     url(images/bottom.gif) bottom left repeat-x,
     url(images/middle.gif) center repeat;
}
```

L'astuce de ce balisage réside dans la spécification du fond, où nous faisons référence à plusieurs URL d'image composant différents fonds nommés `top.gif`, `bottom.gif` et `middle.gif`, respectivement. Nous utilisons l'attribut `repeat-x` pour répéter les images du haut et du bas horizontalement. L'usage de `repeat` signifie que `middle.gif` est répétée à la fois horizontalement et verticalement. Le fond `top.gif` rajoute un dégradé de couleurs du bleu sombre au bleu léger en haut de la fenêtre, tandis que le fond `bottom.gif` fait exactement l'inverse en bas. Quant au fond `middle.gif`, il contient les bulles. Le résultat final est reproduit sur la figure 16-3.

Figure 16-3 : Avec beaucoup de sens artistique, nous avons combiné trois fonds pour produire des bulles sur un fond dégradé.

Si vous souhaitez explorer les techniques avancées de réalisation de fonds, nous vous recommandons de vous rendre sur CSS3.info à l'URL `www.css3.info/preview/multiple-backgrounds`.

Chapitre 17

La typographie sur le web

Dans ce chapitre :

- Modifier les tailles de police
- Insister en mettant en gras
- Mettre exergue avec l'italique
- Modifier la casse
- Utiliser des polices web
- Travailler avec des bibliothèques de polices en ligne

La typographie est définie comme l'art et la technique d'agencer les caractères afin que ce qui est écrit soit lisible. Toutefois, bien au-delà de ce seul impératif, il est avéré que la typographie a un impact considérable sur le crédit et la valeur que le lecteur accorde au propos de l'auteur. En dépit de la multiplication de vidéos, d'images et d'audio sur Internet, la plupart des sites web se donnent toujours pour objectif de véhiculer de l'information via du texte. La manière dont ce texte est présenté a un impact essentiel sur l'apparence d'un site web et sur la facilité avec laquelle les gens peuvent en lire le contenu.

Une fois que vous avez pris le tour de main en travaillant à la mise en forme du texte, vous disposez d'options illimitées pour rendre un site web plus lisible et plus expressif !

En savoir plus sur les polices

Une police est un jeu de caractères qui partagent une conception similaire. Par exemple, Times New Roman, Helvetica, Arial et la redoutable Comic Sans.

CSS vous propose différentes techniques pour travailler avec les polices. Il s'agit de choisir la police, de la passer en gras ou en italique, de modifier la couleur et la taille du texte, et bien plus encore.

Comme vous l'avez constaté avec la bordure, la marge et le padding, vous pouvez définir les propriétés de la police de différents éléments HTML5 de deux manières :

- En modifiant des propriétés CSS spécifiques, comme `font-family`, `line-height`, et `font-size`.
- En modifiant un groupe de ces propriétés de police via la propriété raccourcie `font`.

Gardez cela à l'esprit tandis que vous progressez dans votre exploration quelque peu aventureuse des propriétés de police. Nous allons vous montrer la manière longue de faire les choses, mais les propriétés raccourcies sont le plus souvent utilisées pour atteindre de tels résultats.

La famille de polices

Pour définir la police à l'aide de la propriété `font-family` :

1. **Identifiez le sélecteur pour la déclaration de style.**

   Par exemple, le sélecteur `p` permet de définir la famille de polices pour toutes les balises `<p>`.

2. **Ajoutez le nom de la propriété `font-family`.**

   Les navigateurs n'ont par défaut accès qu'à un nombre limité de familles de polices. Différents navigateurs sur différents systèmes d'exploitation peuvent accéder à différentes familles de polices. Pour faire face à cette situation, CSS vous permet de spécifier plusieurs familles de polices pour le cas où un navigateur ne gérerait pas la police que vous souhaitez. Énumérez donc les noms des familles de polices, en les séparant pas des virgules. Par exemple, il est commun de tomber sur des déclarations de `font-family` semblables à ceci :

   ```
   font-family: Arial, Helvetica, sans-serif;
   ```

   Cette liste contient, dans l'ordre, les polices que le concepteur souhaiterait voir utiliser. Le navigateur parcourt la liste et utilise la première de ces polices dont dispose l'ordinateur sur lequel il fonctionne.

3. **Spécifiez la valeur de la propriété (le nom de la famille de polices).**

Utilisez des guillemets simples ou doubles autour des noms de familles de polices qui comprennent des espaces.

Pour mettre en forme tous les titres de premier niveau afin qu'ils utilisent la police Verdana, utilisez une règle de style telle que la suivante :

```
h1 {font-family: Verdana, Helvetica, sans-serif;}
```

Dans la précédente déclaration, deux familles de polices apparaissent pour le cas où le navigateur d'un visiteur ne gérerait pas la famille de polices Verdana.

TRUC

Nous vous recommandons d'inclure les familles de polices suivantes dans vos déclarations de styles :

- **Commun** : au moins une de ces familles de polices communes :

  Arial : ABCDEFGHIJKLMNOPQRSTUVWXYZ
  abcdefghijklmnopqrstuvwxyz
  Helvetica : ABCDEFGHIJKLMNOPQRSTUVWXYZ
  abcdefghijklmnopqrstuvwxyz
  Times New Roman : ABCDEFGHIJKLMNOPQRSTUVWXYZ
  abcdefghijklmnopqrstuvwxyz
  Verdana : ABCDEFGHIJKLMNOPQRSTUVWXYZ
  abcdefghijklmnopqrstuvwxyz

- **Générique** : au moins l'une de ces familles de polices génériques :

  Serif : ABCDEFGHIJKLMNOPQRSTUVWXYZ
  abcdefghijklmnopqrstuvwxyz
  Sans Serif : ABCDEFGHIJKLMNOPQRSTUVWXYZ
  abcdefghijklmnopqrstuvwxyz
  Cursive : ABCDEFGHIJKLMNOPQRSTUVWXYZ
  abcdefghijklmnopqrstuvwxyz
  Fantasy : ABCDEFGHIJKLMNOPQRSTUVWXYZ
  abcdefghijklmnopqrstuvwxyz
  Monospace : ABCDEFGHIJKLMNOPQRSTUVWXYZ
  abcdefghijklmnopqrstuvwxyz

Différents éléments peuvent être mis en forme à l'aide de différentes familles de polices. Ainsi, les règles suivantes définissent une famille de polices particulière pour les hyperliens (voir figure 17-1) :

```
body {color: #808000; font-family: Arial, sans-serif; font-size: 85%;}
hr {text-align: center;}
a {font-family: Courier, "Courier New", monospace;}
```

Figure 17-1 : La famille de polices pour les hyperliens diffère de la famille de polices utilisée pour le reste du texte.

La taille

Les propriétés suivantes vous permettent de contrôler les dimensions de votre texte.

La taille des caractères

La déclaration de style pour spécifier la taille du texte est :

```
sélecteur {font-size: valeur;}
```

La taille du texte en CSS

En plus des noms des familles de polices (`xx-small`, `x-small`, `small`, `medium`, `large`, `x-large` ou `xx-large`), vous pouvez aussi affecter des tailles de polices en utilisant les unités de mesure CSS suivantes : px (pixels), pt (points), % (pourcentage) ou em (la hauteur de m de la police, quelle qu'elle soit). Le pixel est une unité qualifiée de fixe par rapport à la taille courante du texte, car sa taille dépend de la résolution de l'écran de l'ordinateur. Les concepteurs adorent utiliser des pixels pour les tailles de polices, car le pixel est l'unité avec laquelle ils conçoivent les dessins. Cependant, l'utilisation du pixel pour spécifier une taille de polices peut avoir un impact négatif sur l'accessibilité de vos pages par les visiteurs souffrant de déficit visuel, et sur la mise à l'échelle sur les terminaux les plus petits.

Le point est une unité plus communément utilisée pour des mesures d'impression que d'affichage à l'écran. Toutefois, le point présente le même problème que le pixel, étant une unité elle aussi fixe par rapport à la taille courante du texte.

L'em est l'unité la plus généralement utilisée pour mesurer les polices de nos jours, car c'est considéré comme la meilleure pratique pour mesurer les polices en utilisant des feuilles de style. Lorsque vous utilisez l'unité em pour une taille de police, cette dernière n'est plus fixe, mais relative à la taille courante du texte. Dans ces conditions, il devient très facile et rapide de dimensionner votre texte. Référez-vous au chapitre 11 pour plus d'informations sur l'utilisation de ces unités qui prennent la forme de `font-size: 2em` (pour doubler la taille de la police), ou `font-size: 0.8em` (pour la réduire à 80 %).

L'unité pourcentage fonctionne beaucoup comme l'unité em. La taille courante du texte est 100 %, ce qui signifie que la valeur courante de `font-size` est `100%`. Si vous souhaitez que la taille de votre texte fasse la moitié de celle du texte courant, passez `font-size` à `50%` ; si vous souhaitez qu'elle soit un quart plus grande, passez-la à `125%` ; et ainsi de suite.

La `valeur` de la déclaration peut être :

- **Une valeur exprimée dans l'une des unités de mesure (listée au chapitre 11).**
- **Un de ces mots-clés :**

  `xx-small`, `x-small`, `small`, `medium`, `large`, `x-large` ou `xx-large`

  La taille de police correspondant à chaque mot-clé est déterminée par le navigateur et non pas la règle de style.

Les règles suivantes spécifient :

- Que la taille de la police de base pour tout le texte doit être 85 %.
- Une taille en em pour tous les titres de premier niveau.

```
body {color: #808000; font-family: Arial, sans-serif; font-size: 85%;}
h1 {font-family: "Trebuchet MS", Verdana, Geneva, Arial, Helvetica,
sans-serif; font-size: 2em; line-height: 2.5em; color: teal;}
```

Le résultat est repris sur la figure 17-2.

La hauteur de ligne

La *hauteur de ligne* désigne l'espace entre chaque ligne d'un paragraphe.

La hauteur de ligne correspond à l'espacement dans un traitement de texte.

Pour modifier l'espace entre les lignes d'un paragraphe, utilisez la propriété `line-height` :

```
sélecteur {line-height: valeur;}
```

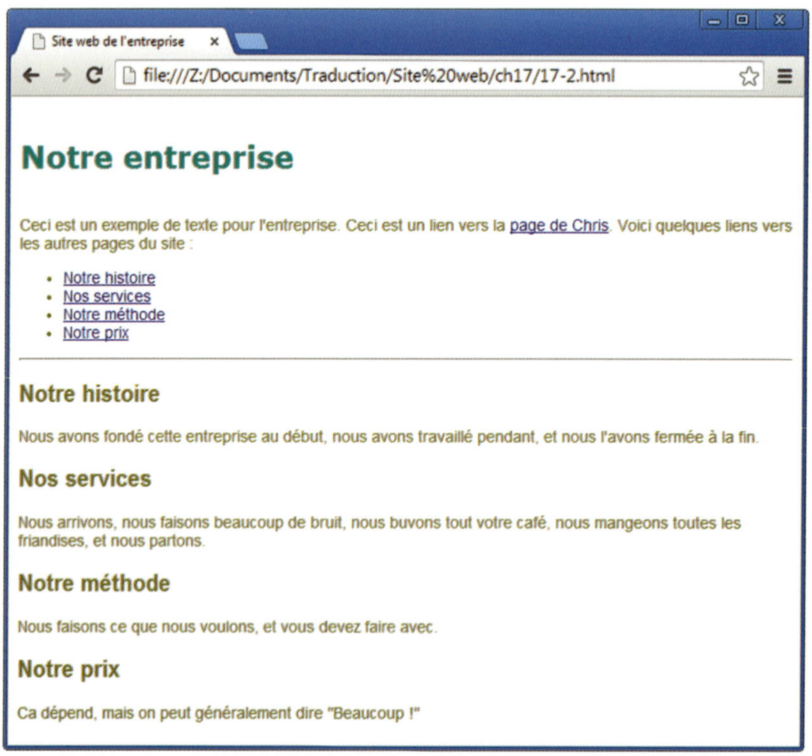

Figure 17-2 : La taille de la police du corps du texte est fixée à 85 % et celle des titres de premier niveau à 2em.

Nous affectons une classe `quotation` au premier paragraphe dans ce chapitre pour que vous puissiez visualiser les modifications. Cela nous permet d'appliquer ces styles au premier paragraphe en utilisant :

```
<p class="quotation">
```

dans le document HTML.

Les règles de style suivantes stylisent le premier paragraphe en italique, l'indentent et en augmentent la hauteur de ligne pour améliorer la lisibilité (voir figure 17-3) :

```
body {color: #808000; font-family: Arial, sans-serif; font-size: 85%;}
h1 {font-family: "trebuchet ms", verdana, geneva, arial, helvetica, sans-serif;
font-size: 2em; line-height: 2.5em; color: teal;}
.quotation {font-style: italic; text-indent: 2em; line-height: 150%;}
```

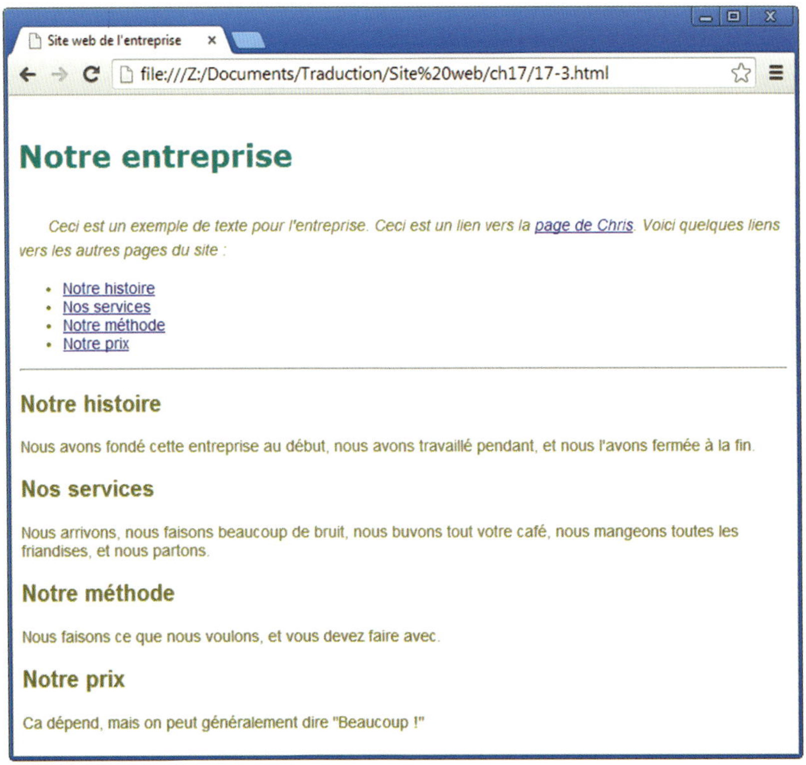

Figure 17-3 : Tous les éléments qui appartiennent à la classe quotation adoptent la même mise en forme.

L'espacement des caractères

Vous pouvez accroître ou réduire l'espace entre les lettres ou les mots en utilisant ces propriétés :

- `word-spacing` : la déclaration de style pour `word-spacing` est

```
sélecteur {word-spacing: valeur;}
```

- `letter-spacing` : la déclaration de style pour `letter-spacing` est

```
sélecteur {letter-spacing: valeur;}
```

  Les concepteurs désignent l'espace entre les lettres comme le crénage et l'*approche*.

La valeur de ces espaces doit être une longueur exprimée dans une des unités de mesure de police (listées au chapitre 11).

La règle suivante accroît l'espace entre les lettres (l'approche) du premier paragraphe (voir figure 17-4) :

```
.quotation {font-style: italic; text-indent: 10pt; line-height: 150%;
   letter-spacing: 0.2em;}
```

Essayer des traitements de texte

CSS vous permet de décorer votre texte en le graissant, en le passant en italique, en le soulignant ou en le barrant. CSS3 peut aussi appliquer des effets sur le texte comme une ombre tombée, un relief, et bien plus encore, ce dont nous parlerons au chapitre 18.

Graisser le texte

Graisser est le plus commun des embellissements qu'un concepteur puisse appliquer au texte. Pour graisser du texte en HTML, utilisez la balise `<b>` ou `<strong>`. Toutefois, CSS vous offre plus de contrôle sur l'importance de la graisse du texte.

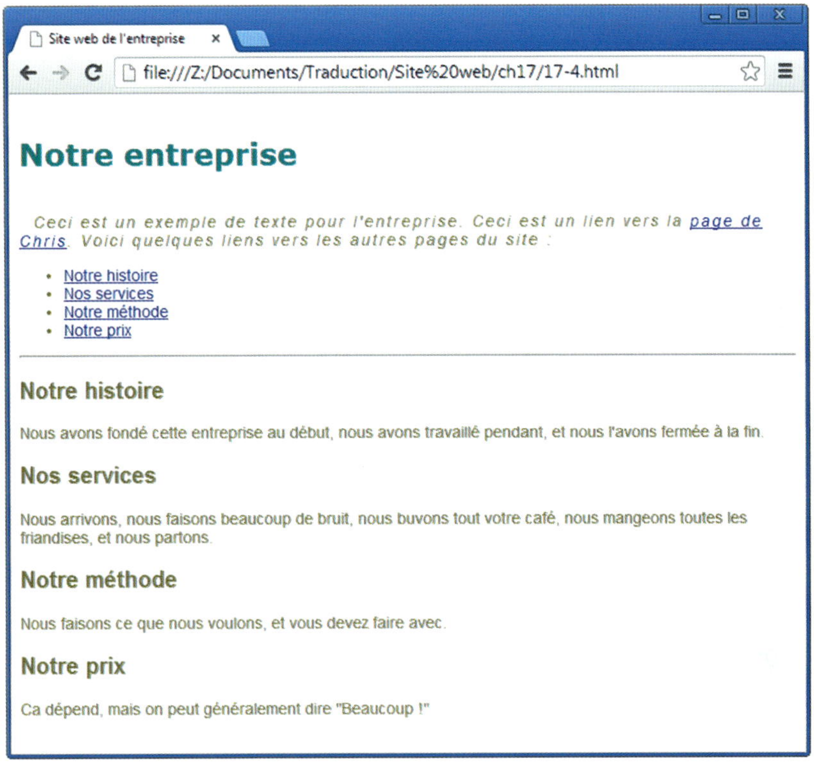

Figure 17-4 : L'approche peut être plus grande ou plus petite qu'elle ne l'est par défaut.

La syntaxe pour graisser

Cette déclaration de style utilise la propriété `font-weight` :

```
sélecteur {font-weight: valeur;}
```

La valeur de la propriété `font-weight` peut être l'une des suivantes :

- `bold` : graisse le texte moyennement.
- `bolder` : une valeur relative qui graisse le texte plus que le texte environnant ne l'est (comme a notamment été défini par un élément parent).
- `lighter` : une valeur relative qui graisse le texte moins que le texte environnant ne l'est (comme l'a notamment défini par un élément parent).
- `normal` : supprime toute graisse du texte.

- Une de ces valeurs entières : 1000 (le plus léger), 200, 300, 400 (normal), 500, 600, 700 (graisse standard), 800 ou 900 (le plus fort).

Le balisage pour graisser

L'exemple suivant graisse les hyperliens (voir figure 17-5), supprime le soulignement et passe la couleur d'un hyperlien en vert dès qu'il a été visité. Nous avons appliqué cette mise en forme à la page de Chris et aux éléments de l'Historique de l'entreprise pour vous montrer quel effet cela produit.

```
body {color: black; font-family: Arial, sans-serif; font-size: 85%;}
a {font-weight: bold;}
a:link {color: olive; text-decoration: underline;}
a:visited {color: green; text-decoration: none;}
```

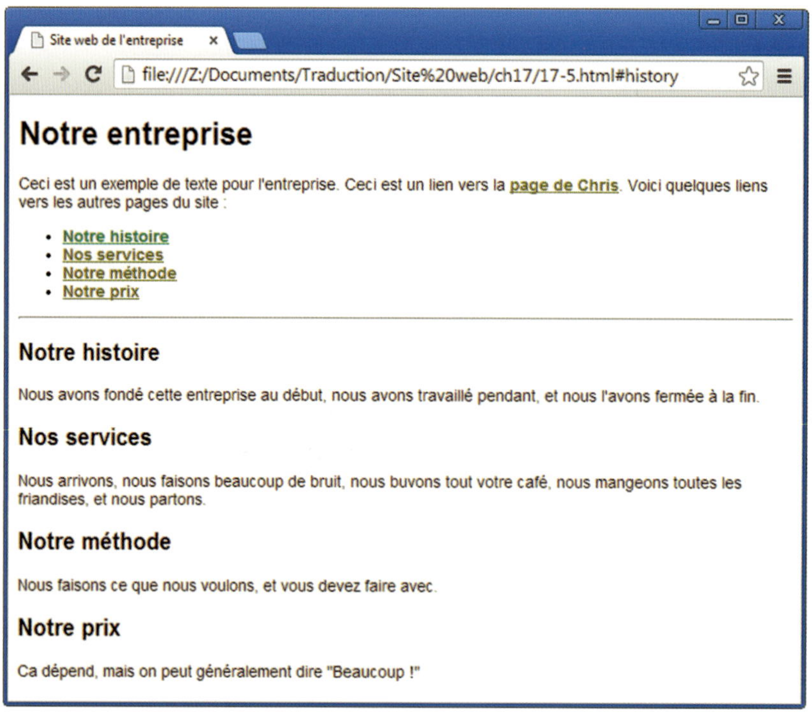

Figure 17-5 : Tous les hyperliens sont graissés.

Mettre en exergue avec l'italique

L'italique est souvent utilisé pour des citations ou pour mettre du texte en exergue. Pour appliquer l'italique en HTML5, utilisez les balises `<i>` ou `<em>`. Toutefois, CSS vous offre plus de contrôle sur le style de la police ou du texte grâce à la propriété `font-style`.

La syntaxe pour mettre en italique

Cette déclaration de style utilise la propriété `font-style` :

```
sélecteur {font-style: valeur;}
```

La propriété `font-style` peut prendre l'une des valeurs suivantes :

- `italic` : affiche le texte en *italique* (une police particulière penchée sur la droite).
- `oblique` : affiche le texte en *oblique* (une autre version inclinée de la police normale ; rarement utilisée pour modifier le style d'une police, voire jamais).
- `normal` : supprime toute mise en forme italique ou oblique.

Le balisage pour passer en italique

L'exemple suivant affecte une police en italique au premier niveau de titre :

```
body {color: #808000; font-family: Verdana, sans-serif; font-size: 85%;}
h1 {color: teal; font-family: "MS Trebuchet", Arial, Helvetica, sans-serif;
     text-transform: uppercase; font-style: italic; font-weight: 800;
   font-size: 2em; line-height: 30pt; text-align: center;}
```

Modifier la casse

Vous pouvez utiliser la propriété `text-transform` pour modifier la casse dans votre document.

La syntaxe pour modifier la casse

La déclaration de style utilise la propriété `text-transform` :

```
sélecteur {text-tranform: valeur;}
```

La propriété `text-transform` peut prendre l'une des valeurs suivantes :

- `capitalize` : passe en majuscule la première lettre de chaque mot.
- `uppercase` : passe en majuscules toutes les lettres du texte de l'élément spécifié.
- `lowercase` : passe en minuscules toutes les lettres du texte de l'élément spécifié.
- `none` : conserve la valeur héritée de l'élément parent.

Le balisage pour modifier la casse

L'exemple suivant affiche le premier niveau de titre en majuscules (représenté sur la figure 17-6) :

```
body {color: black; font-family: Arial, sans-serif; font-size: 85%;}
     a {font-weight: bold;}
     a:link {color: olive; text-decoration: underline;}
     a:visited {color: green; text-decoration: none;}
            h1 {font-family: "Trebuchet MS", verdana, geneva, arial, helvetica,
                sans serif; font-size: 2em; line-height: 2.5em; color: teal;
                texttransform: uppercase; text-align: center}
```

Figure 17-6 : Le premier niveau de titre est affiché tout en majuscules.

Décorer avec la propriété text-decoration

La propriété `text-decoration` est une propriété raccourcie pour trois nouvelles propriétés de CSS :

- `text-decoration-color`
- `text-decoration-line`
- `text-decoration-style`

Toutefois, le plus souvent, la propriété `text-decoration` est simplement utilisée pour ajouter ou supprimer un souligné, des bordures au texte, ou barrer ce dernier.

La syntaxe pour décorer le texte

Cette déclaration de style utilise la propriété `text-decoration` :

```
sélecteur {text-decoration: valeur;}
```

La valeur de la propriété `text-decoration` peut être l'une des suivantes :

- `underline` : souligne le texte.
- `overline` : rajoute une ligne au-dessus le texte.
- `line-through` : barre le texte.
- `none` : supprime toute décoration du texte.

NOTE TECHNIQUE

Il existe une autre valeur possible pour `text-decoration`, la valeur `blink` qui permet de faire clignoter le texte. Le clignotement du texte est sans doute la première forme d'animation ayant existé sur le web, et elle a été horriblement surutilisée dans les premiers temps des navigateurs web. Il en résulte que l'effet a une très mauvaise réputation. En fait, faire clignoter du texte est si impopulaire qu'on trouvait au moins un éditeur HTML qui supprimait votre document s'il y détectait du texte clignotant !

La valeur `blink` de `text-decoration` n'est plus reconnue par tous les navigateurs, et c'est pourquoi nous hésitons à la mentionner. Toutefois, vous êtes peut-être de ceux qui imagineront des utilisations ingénieuses du clignotement et qui le feront revenir en bonne grâce. Bonne chance tout de même !

N'oubliez pas que faire clignoter ou défiler du texte peut poser un problème aux personnes souffrant d'épilepsie, de vertige et autres problèmes de santé similaires ; une raison de plus pour s'en dispenser.

Le balisage pour décorer le texte

L'exemple suivant modifie le lien lorsque la souris le survole. Dans ce cas, il désactive tout soulignement du lien :

```
body {color: #808000; font-family: Verdana, sans-serif; font-size: 85%;}
a:link {color: olive; text-decoration: underline;}
a:visited {color: olive; text-decoration: underline;}
a:hover {color: olive; text-decoration: none;}
```

Évaluer la propriété attrape-tout font

Vous pouvez résumer les propriétés des polices dans une unique déclaration de style en utilisant la propriété raccourcie `font`. Lorsqu'elle est utilisée, seule une règle de style est requise pour définir une combinaison de propriétés de polices :

```
sélecteur {font: style variant weight size/line-height font-familiy;}
```

La valeur de la propriété `font` est une liste de valeurs qui correspondent aux diverses propriétés de polices :

- Quoiqu'elles ne soient pas obligatoires, les valeurs suivantes doivent être définies dans l'ordre suivant :

    - `font-size` (requis)
    - `line-height` (optionnel)

      Si la hauteur de ligne est spécifiée, elle doit être séparée de `font-style` par une barre de fraction.

    - `font-family` (requis)

      La liste des valeurs de `font-family` doit constituer la dernière des valeurs spécifiées dans la déclaration.

  Utilisez des virgules pour séparer plusieurs noms de familles de polices. Par exemple, vous pouvez utiliser la déclaration de style suivante pour créer un style spécifique pour le texte des paragraphes. Elle spécifie dans un même temps `font-style`, `line-height`, et `font-family`, dans l'ordre requis :

  ```
  p {font: 1.5em bold 150% Arial, Helvetica, sans-serif;}
  ```

- Les valeurs suivantes sont optionnelles et peuvent être mentionnées dans n'importe quel ordre dans la déclaration pour autant qu'elles viennent avant `font-style` et `font-family`. Les valeurs sont séparées par des espaces :

- `font-style`
- `font-variant`
- `font-weight`

Par exemple, vous pouvez utiliser la déclaration de style suivante pour créer un style particulier pour les titres de premier niveau qui utilisent toutes les propriétés requises et optionnelles de la propriété raccourcie `font` :

```
h1 {font: italic small-caps bold 2em/150% Arial, Helvetica, sans-serif;}
```

Expérimenter les polices du web

CSS2 a introduit la possibilité de télécharger des polices dans le navigateur web de l'utilisateur via la règle `@font-face`. Toutefois, `@font-face` n'a pas bien pris, et elle a été finalement retirée de la spécification de CSS 2.1. Ce n'est qu'à partir de CSS3 qu'elle a fait son retour.

De nos jours, `@font-face` est gérée par la plupart des navigateurs disponibles. Elle offre aux concepteurs web bien plus de choix pour polices qu'ils n'en avaient auparavant.

Les formats de fichiers de polices

Les polices se trouvent sous la forme de fichiers dans différents formats. Ces formats de fichiers de polices ressemblent aux formats de fichiers d'images en ceci que tout format présente des avantages et des inconvénients sur les autres.

Le choix du format à utiliser est souvent imposé par celui du fichier de la police que vous souhaitez utiliser. Les formats suivants sont les plus utilisés :

- **TrueType** existe depuis les années 1980· C'est le format standard pour les polices du système de Microsoft.
- **OpenType** est basé sur TrueType. Il a été développé par Microsoft et Adobe. Les polices OpenType ont des spécificités plus élaborées que les polices TrueType. Toutefois, quand il s'agit de polices sur le web, vous feriez mieux d'utiliser des polices TrueType, car la manière dont Windows affiche les polices OpenType souffre d'un bogue.
- **Embedded OpenType (EOT)** est un format de fichier pour Internet Explorer seulement. Les polices EOT sont les seules que vous pouvez utiliser dans les anciennes versions d'Internet Explorer (avant la 9).

- **Web Open Font Format (WOF)** n'est pas véritablement une nouvelle famille de polices, mais une manière de packager des polices TrueType et OpenType pour les utiliser plus facilement sur le web.

Trouver des polices

Grâce aux polices web, vous pouvez utiliser presque n'importe quelle police que vous trouvez dans vos pages web. Toutefois, en avoir la possibilité ne signifie pas pour autant que ce soit une bonne idée, ni que ce soit légal.

Nombre de polices appartiennent à des entreprises qui font payer aux concepteurs des frais de licence pour avoir le droit de les utiliser. Ces entreprises, aussi nommées *fonderies*, s'inquiètent que la règle `@font-face` permette à quiconque de distribuer leurs polices sans rien payer. Pour vous assurer que vous n'utilisez pas une police que vous n'auriez pas le droit de distribuer, vous devriez procéder d'une de ces manières ou d'une autre :

- Achetez la police sur le site de la fonderie, comme `www.fonts.com`, et assurez-vous que vous avez bien lu l'accord de licence.
- Payez un service qui vous permet de choisir des polices dans une base de données de polices commerciales afin de les utiliser sur votre site. Par exemple, rendez-vous sur `www.typekit.com`.
- Utilisez des polices open source. Ces polices sont proposées par leurs auteurs à des conditions bien moins restrictives. Les polices de Font Directory, le répertoire de polices de Google, que nous étudierons dans la section suivante, peut être utilisé gratuitement pour réaliser n'importe quel site web. Excellent, non ?

Se lier des polices

Une fois que vous avez trouvé une police que vous souhaitez utiliser, l'étape suivante et de vous la lier. C'est ici que la règle `@font-face` rentre en jeu. Cette règle adopte la structure suivante :

```
@font-face {
     font-family: value;
     src: value;
     font-variant: value;
     font-weight: value;
     font-style: value;
   }
```

TRUC

Notez que font-face ne ressemble pas aux autres propriétés de CSS que vous avez pu voir jusqu'alors. Pour commencer, elle commence par un symbole @. C'est une règle d'un type particulier, qui fournit des instructions à l'interprétateur CSS. Plus particulièrement, @font-face indique le type de famille de polices à utiliser et où elle peut être trouvée.

La valeur de la propriété font-family correspond au nom de la police. Évidemment, elle doit être différente de tout autre nom de police utilisé sur votre site web. À cette exception près, ce peut être approximativement tout ce que vous souhaitez.

Généralement, font-family prend pour valeur le nom que le créateur de la police a donné à cette dernière.

La valeur de la propriété src est l'endroit où se trouve le fichier de la police. Ce peut être une URL ou une référence à la police sur l'ordinateur de l'utilisateur. Vous pouvez spécifier plusieurs valeurs pour la propriété src, et le navigateur de l'utilisateur les essaiera les unes après les autres jusqu'à ce qu'il en trouve une qui fonctionne.

Dans l'exemple suivant, la police nommée Baskerville sera utilisée si l'utilisateur en dispose sur son ordinateur. Si cette police ne peut être trouvée, la police Buernard-Regular.ttf sera utilisée.

```
@font-face {
     Font-family: MyBaskerville;
     src: local("Baskerville"),
     url("Buenard-Regular.ttf");
}
```

Si vous utilisez une URL pour valeur de la propriété src, vous pourrez utiliser une URL absolue ou relative. Dans ce dernier cas, n'oubliez pas de télécharger le fichier de la police sur le même serveur web que celui qui héberge vos documents CSS et HTML.

Utiliser des polices Google

La bibliothèque de polices de Google, ou Google Fonts, est une base de données de centaines de polices de grande qualité disponibles gratuitement, que quiconque peut utiliser comme il le souhaite – notamment pour réaliser des sites web ou des documents imprimés.

Le site web de Google Fonts, représenté sur la figure 17-7, vous permet de faire le tri dans les différentes polices, de rechercher des polices, et d'avoir un aperçu du résultat produit par les polices avec des exemples de texte.

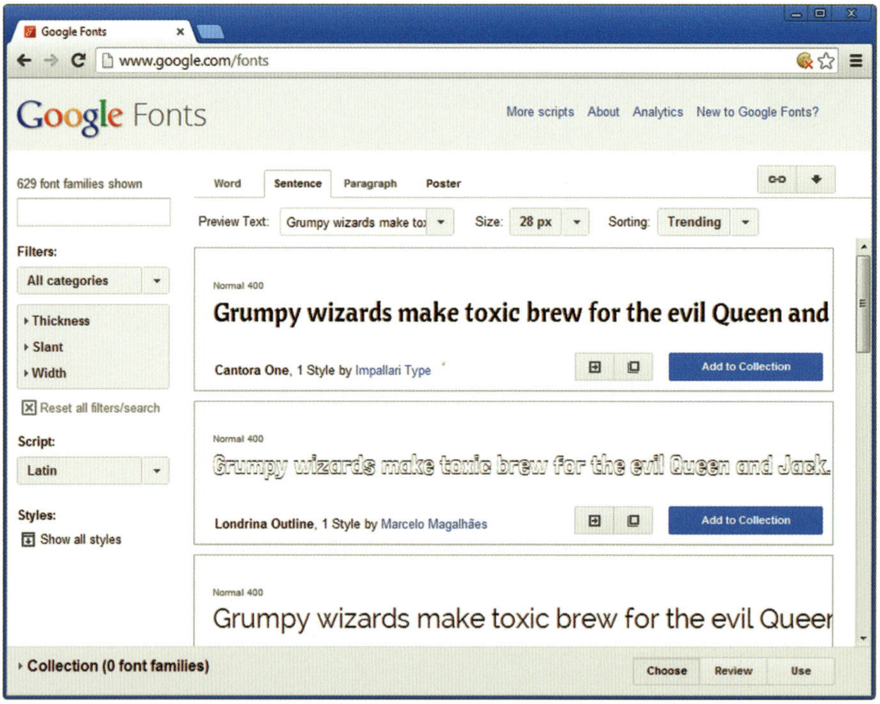

Figure 17-7 : L'interface de la bibliothèque de polices de Google.

Suivez simplement ces étapes pour utiliser une police de la bibliothèque sur votre site web :

1. **Localisez la police que vous souhaitez utiliser.**

   Pour les besoins de cette démonstration, nous allons jeter un œil à une famille de polices sans empattement nommée Roboto. La figure 17-8 montre un aperçu de Roboto dans Google Fonts.

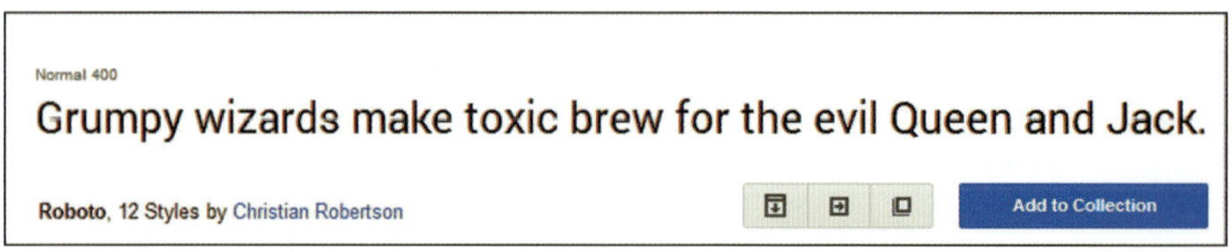

Figure 17-8 : La famille de polices Roboto, de Google.

2. **Cliquez sur le bouton d'utilisation rapide en bas à droite de l'aperçu de la police.**

Ce bouton ressemble à une boîte contenant une flèche qui pointe vers la droite.

3. **Sélectionnez les styles que vous souhaitez utiliser.**

   Un *style* est une variante de la police, comme une version avec bordures, ou une version en italique. La figure 17-9 vous montre l'interface de sélection de styles sur la page d'utilisation rapide.

4. **Sélectionnez le jeu de caractères que vous souhaitez.**

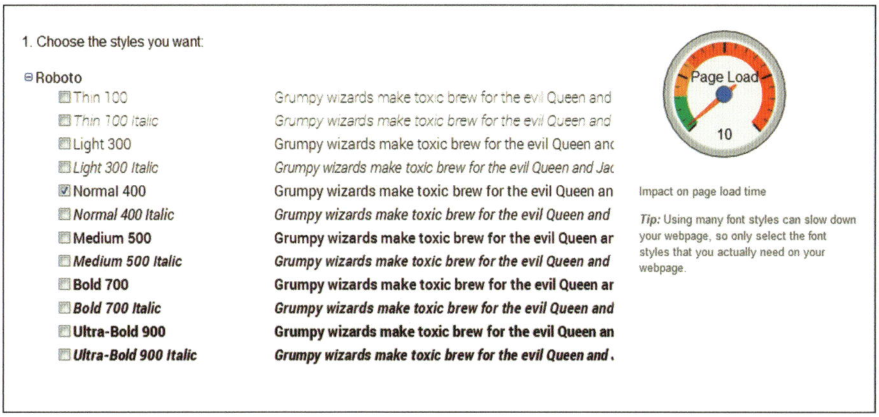

Figure 17-9 : Sélectionnez vos styles.

Un jeu de caractères est un ensemble de caractères pour une langue en particulier, ou une de ses variantes. Le jeu de caractères est généralement Latin, qui contient les caractères utilisés dans les langues d'Europe de l'Ouest, dont l'anglais, le français, l'allemand, l'italien, le portugais, l'islandais, le néerlandais, le danois, le suédois et le norvégien. La figure 17-10 présente la zone de sélection du jeu de caractères.

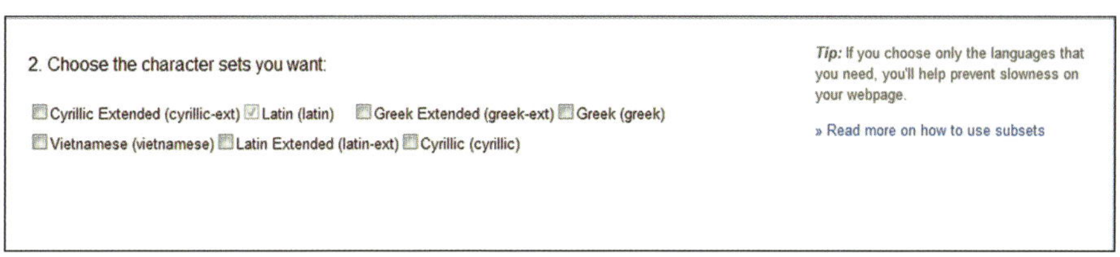

Figure 17-10 : Sélectionnez votre jeu de caractères.

Chaque style ou jeu de caractères supplémentaire que vous sélectionnez rallongera le temps de téléchargement de la page, car chaque jeu de caractères doit être téléchargé depuis Google avant d'être utilisé dans votre page. Par conséquent, si vous ne pensez utiliser qu'un jeu de caractères, ne sélectionnez que celui-là. Vous pourrez toujours revenir en arrière et modifier votre sélection au besoin.

5. **Copiez l'élément `<link>` standard dans la page d'utilisation rapide et collez-le dans la section `<head>` de chaque document HTML où vous souhaitez utiliser cette famille de polices.**

   La figure 17-1 montre la section de code de la page d'utilisation rapide de Google Fonts. Le listing 17-1 montre l'élément qui fait le lien, collé dans la page d'accueil du Café HTML5.

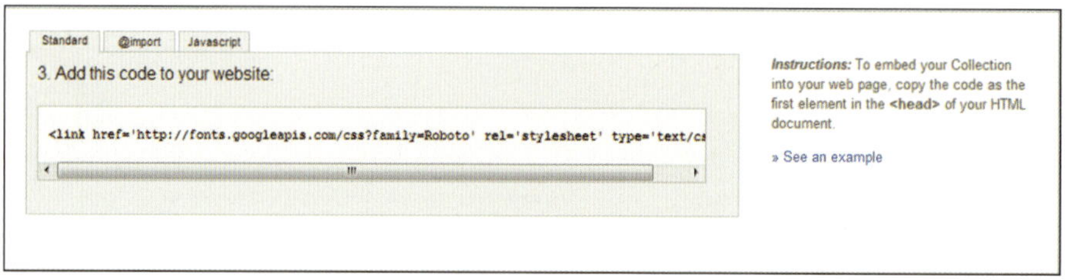

Figure 17-11 : Le code du lien vers la famille de polices généré par Google Fonts.

NOTE TECHNIQUE

Lorsque vous rajoutez le code du lien dans votre document HTML, vous incluez en fait une feuille de style de Google qui contient une règle `@font-face` pour les polices que vous avez sélectionnées.

6. **Utilisez la nouvelle famille de polices en ajoutant son nom aux règles CSS fixant la police.**

   Par exemple, pour que les éléments `<h1>` du Café HTML5 utilisent la famille de polices Roboto, saisissez cette règle CSS dans le fichier `main.css` :

```
h1 {font-family: Roboto, sans-serif;}
```

TRUC

Notez que nous utilisons la famille de polices `sans-serif` générique comme roue de secours dans la règle CSS précédente. C'est pour nous assurer qu'une police sans empattement sera utilisée à la place de Roboto si le navigateur ne gère pas les polices web, et ne peut donc pas la télécharger.

Lorsque vous testez la page d'accueil du Café HTML5 dans un navigateur avec la nouvelle règle de polices, vous devriez visualiser quelque chose qui ressemble à la figure 17-12.

La différence entre Roboto et la police par défaut sans-serif que le site utilisait est plutôt subtile. Pour démontrer avec plus d'éclat ce que nous venons de décrire, nous avons transformé le titre en utilisant une famille de polices nommée Rock Salt, sur la figure 17-13.

Listing 17-1 : Le code du lien placé dans l'élément <head>.

```
<!DOCTYPE html>
<html>
    <head>
        <meta charset="utf-8">
        <title>Café HTML : Accueil</title>
        <meta name="description" content="exemple de site pour 9781118657201">
        <meta name="viewport" content="width=device-width">
        <link rel="stylesheet" href="css/normalize.css">
        <link rel="stylesheet" href="css/main.css">
    </head>
    <body>
        <div id="container">
            <nav id="topnav">
                <a href="index.html">ACCUEIL</a> | <a href="about.html">A PROPOS</a> | <a href="menu.html">
                MENU</a> | <a href="contact.html">CONTACT</a>
            </nav>
            <div id="content">
                <h1>Bienvenue au Café HTML5 !</h1>
                <p>Vous trouverez ici toutes sortes de gâteries HTML5 et CSS3. C'est un exemple de site
                pour <a href="http://www.amazon.com/Beginning-HTML5-CSS3-Dummies-Computer/dp/1118657209">
                Débuter en HTML5 et CSS3 pour les nuls</a>, par <a href="http://www.edtittel.com">Ed Tittel
                </a> et <a href="http://www.chrisminnick.com">Chris Minnick</a>. Pour visualiser tous les
                exemples de code, rendez-vous dans le <a href="menu.html">menu</a>.
                </p>
                <figure id="home-image">
                    <img src="img/pitr_Coffee_cup_icon.png"
                    width="400" height="400" alt="café délicieux">
                    <figcaption class="warning">
                        gonflé au café.
                    </figcaption>
                </figure>
            </div>
            <footer>
                copyright &copy; dummieshtml.com
            </footer>
        </div>
    </body>
</html>
```

Figure 17-12 : La page d'accueil du Café HTML5 dont le texte de l'élément <h1> utilise Roboto.

Figure 17-13 : La page d'accueil du Café HTML5 où l'élément <h1> utilise Rock Salt.

Chapitre 18

Les effets de texte et d'ombre de CSS

Dans ce chapitre :

- Créer des ombres
- Créer du texte renfoncé
- Créer du texte en 3D
- Créer des caractères d'impression
- Ajouter des ombres portées
- Faire tourner le texte

CSS3 dispose de nombreuses nouvelles propriétés que les développeurs et concepteurs du web peuvent utiliser pour styliser, altérer, transformer, personnaliser, déformer et mettre en valeur le texte. La nécessité de recourir à des images pour parvenir à produire des effets avec du texte s'en trouve d'autant réduite.

Utiliser des effets de style plutôt que des images présente les intérêts suivants :

- Le texte occupe moins d'espace de stockage et se charge donc plus vite que les images.
- Le texte peut être lu par des lecteurs et autres navigateurs alternatifs utilisés par les personnes souffrant de déficiences. Les images ne le peuvent pas.

- Les moteurs de recherche peuvent lire et indexer le texte, ce qui permet aux gens de trouver plus facilement votre contenu. Le texte qui figure dans des images ne peut pas être indexé.

CSS3 et les dernières versions des navigateurs web font du web un vrai paradis pour les concepteurs de sites. Si vous savez comment utiliser les toutes nouvelles propriétés CSS des polices, vous pouvez produire des effets impressionnants !

La plupart des effets de texte de CSS reposent sur des jeux de lumière et d'ombre. Une fois que vous avez compris comment jouer des ombres, vous pouvez les utiliser pour produire des effets stupéfiants non seulement avec du texte, mais plus généralement avec n'importe quel objet dans vos pages web.

Créer des ombres

Les ombres constituent un excellent outil pour ajouter une illusion de profondeur à une page web. CSS3 a deux propriétés pour créer des ombres :

- `text-shadow` : ajoute une ombre à chaque lettre d'un bloc de texte.
- `box-shadow` : ajoute une ombre à tout élément bloc.

En appliquant des ombres de différentes manières, vous pouvez produire des effets tels que des ombres portées, des caractères d'impression, du texte en 3D. Nous les passerons en revue plus loin dans ce chapitre, mais nous allons tout d'abord vous présenter comment faire un usage élémentaire des propriétés évoquées à l'instant.

text-shadow

La forme la plus simple de la propriété `text-shadow` ressemble à la suivante :

```
h1 {text-shadow: 0.1em 0.1em #aaaaaa}
```

La syntaxe de cette forme élémentaire de `text-shadow` est la suivante :

```
text-shadow: offset-x offset-y color;
```

Les valeurs `offset-x` et `offset-y` spécifient de quelle amplitude il faut décaler horizontalement (axe x) et verticalement (axe y) l'ombre relativement au texte. Vous pouvez spécifier un décalage en utilisant l'une des unités de mesure standard de CSS. Quant à la valeur `color`, elle permet de spécifier la couleur de l'ombre ; vous pouvez ici utiliser n'importe laquelle des méthodes de CSS pour nommer des couleurs.

Dans l'exemple précédent, nous rajoutons une ombre grise (`#aaaaaa`) décalée de 0.1em tant sur la droite que vers le bas au texte du premier niveau de titre. Le résultat produit dans la page d'accueil du Café HTML5 est repris sur la figure 18-1.

Figure 18-1 : Une simple ombre appliquée sur le texte de l'élément h1.

La propriété `text-shadow` dispose d'un autre paramètre optionnel : `blur-radius`. Ce paramètre vous permet de flouter l'ombre et de la rendre plus légère. Plus la valeur de `blur-radius` est grande, plus l'ombre se diffusera. Tout comme les décalages, `blur-radius` prend une valeur exprimée dans une des unités de mesure standard de CSS.

Pour fixer `blur-radius`, ajoutez une espace et une valeur avant la couleur.

```
text-shadow: 0.1em 0.1em 0.2em #aaaaaa;
```

Lorsque l'effet est appliqué à l'élément `<h1>`, il produit le résultat repris sur la figure 18-2.

Figure 18-2 : Une ombre rajoutée au texte, avec un blur-radius de 0.2em.

box-shadow

La propriété `box-shadow` génère une ou plusieurs ombres pour un élément. Tout comme la propriété `text-shadow`, l'usage le plus trivial de `box-shadow` ne nécessite que trois valeurs : `offset-x`, `offset-y` et `color`.

```
.author img {
     margin-right: 10px;
     float: left;
   box-shadow: 4px 4px #777777;}
```

La figure 18-3 montre le résultat produit par `box-shadow` une fois appliquée à la photo d'Ed dans la page A propos du Café HTML5.

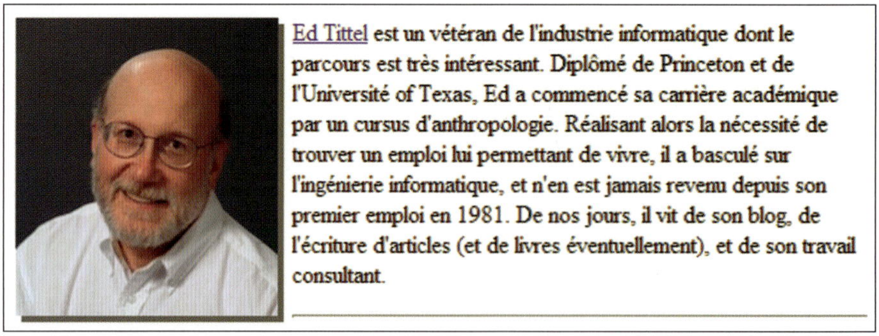

Figure 18-3 : Un exemple d'ombre sur la photo d'Ed.

Pour appliquer un flou à l'ombre, vous pouvez rajouter `blur-radius` après `offset-y` :

```
.author img {
     margin-right: 10px;
     float: left;
   box-shadow: 4px 4px 6px #777777;}
```

Il en résulte une ombre plus réaliste et plus subtile, comme sur la figure 18-4.

Créer du texte renfoncé

L'effet de renfoncement dont il est question fait croire que le texte s'enfonce dans le document. La technique consiste à utiliser une ombre plus légère que la couleur du fond. Le texte semble alors enfoncé et une ombre est portée sur

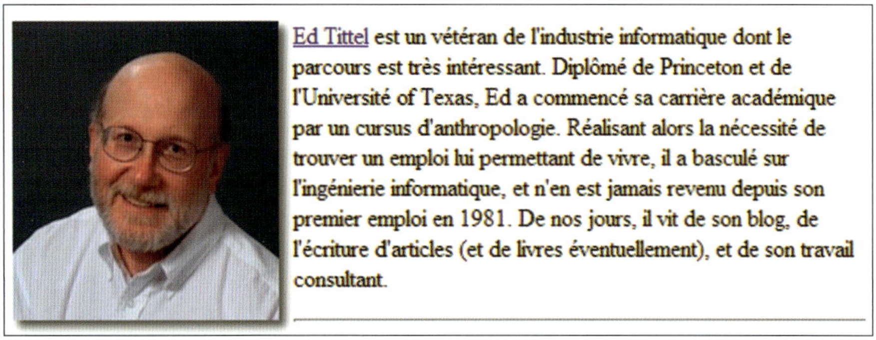

Figure 18-4 : Une ombre une fois blur-radius appliqué.

les caractères. Plus le contraste entre l'ombre et le texte et le fond est important, plus l'effet est prononcé.

Pour cet exemple, nous utiliserons le HTML suivant :

```
<h1 class="insetText">Bienvenue au Caf&eacute; HTML5 !</h1>
```

Pour créer du texte renfoncé, nous recommandons de créer un sélecteur de classe dans votre feuille de style externe. Par exemple :

```
.insetText {text-shadow: 0px 1px 0px #ffffff;}
```

Lorsqu'elle est appliquée au texte, cette règle crée une ombre blanche d'un pixel sous le texte en question. Pour que l'ombre blanche soit visible, le fond ne doit pas être blanc. En conséquence, nous le passons en bleu en créant et en appliquant une définition supplémentaire de classe. Voici la nouvelle classe :

```
.bgGray{background-color:#999999;padding:4px;}
```

Maintenant, jetons un œil sur le HTML où nous ajoutons une référence à la classe. Notez que vous pouvez ajouter plusieurs références à des classes au même élément, en séparant les noms des classes par des espaces.

```
<h2 class="insetText bgGray">Bienvenue au Caf&eacute; HTML5 !</h2>
```

Vous pouvez visualiser le résultat sur la figure 18-5.

Figure 18-5 : Le contraste entre les ombres légères et marquées fait croire que le texte est renfoncé.

Créer du texte en 3D

Le texte en trois dimensions produit un effet opposé à celui du texte renfoncé. Dans un texte en 3D, le texte semble sortir de la page, voir même flotter au-dessus !

L'astuce du texte en 3D, c'est de combiner plusieurs ombres. Nous vous présentons encore une nouvelle fonctionnalité de CSS3 pour vous aider à produire l'effet : `opacity`. Voici un exemple :

```
text-shadow: 0px 3px 0px #b2a98f,
     0px 7px 5px rgba(0,0,0,0.15),
     0px 12px 1px rgba(0,0,0,0.1),
   0px 17px 17px rgba(0,0,0,1);
```

Nous savons que cela peut vous sembler assez ésotérique pour l'heure, mais lorsque vous aurez compris ce que nous avons cherché à produire, ce balisage CSS vous apparaîtra des plus simples. Avant d'en venir à cela, jetez un œil sur la figure 18-6 qui montre le résultat produit en appliquant `opacity` à l'élément `<h1>` du Café HTML5.

Jetez maintenant un œil à ce qui se passe ici.

Figure 18-6 : Un effet 3D appliqué au <h1> du Café HTML5.

Tout d'abord, cette déclaration décrit quatre ombres. Chacune est séparée par une virgule, et le point-virgule qui termine la déclaration `text-shadow` vient tout à la fin. Chaque ombre a quatre propriétés. De la section précédente « Créer des ombres », vous aurez retenu qu'il s'agit de `offset-x`, `offset-y`, `blur-radius` et `color`.

Mais regardons de plus près la propriété `color` pour chacune des ombres. Voici quelque chose que vous n'avez jamais rencontré jusqu'alors : `RGBA`. Le « A » de `RGBA` signifie *alpha*. En matière de fonctionnement de la transparence dans les logiciels de création d'images, la *composition alpha* désigne le processus consistant à combiner une image avec le fond sur lequel elle est déposée pour créer l'illusion de la transparence. Dans une couleur `RGBA`, le `A` est une quatrième valeur comprise entre `0` et `1`. Une valeur de `0` est complètement transparente (vous ne voyez que le fond) et une valeur de `1` est complètement opaque (vous ne voyez que l'image ou l'ombre du texte).

Par conséquent, dans l'exemple de l'en-tête du Café HTML5, vous ajustez la transparence de plusieurs ombres floutées qui sont décalées pour donner au texte l'impression qu'il survole le fond. Plutôt sympa, non ?

Les effets d'ombre et de texte peuvent être plutôt complexes, comme vous commencez à le constater. Toutefois, une fois que vous aurez saisi les bases de leur fonctionnement, sachez que vous n'aurez pas toujours à les concevoir et à en écrire le balisage vous-même. On trouve des sites web tels que le générateur de texte CSS en 3D sur `www.3dcsstext.com` qui permettent de faire le plus dur du travail à votre place.

Créer un effet de caractères d'impression

Vous pouvez utiliser la transparence avec une nouvelle propriété nommée `background-clip` afin de produire un effet de renfoncement bien plus réaliste que ce nous avons réalisé plus tôt dans le chapitre.

Voici le CSS :

```
h1 {
     background-color: #666666;
     -webkit-background-clip: text;
     -moz-background-clip: text;
     background-clip: text;
     color: transparent;
   text-shadow: 0px 3px 3px rgba(255,255,255,0.5);}
```

Remarquez qu'une vieille connaissance, le préfixe du navigateur, est de retour. De fait, la propriété `background-clip` n'est pas totalement standardisée, si bien que les navigateurs en implémentent leurs propres versions.

ATTENTION

À l'heure où nous écrivons ces lignes, `background-clip: text` est expérimentale. Nous mentionnons cette technique pour montrer les résultats étonnants qu'elle vous permet de produire en CSS, mais n'oubliez pas de tester sur plusieurs navigateurs avant d'utiliser cette technique sur un site web en exploitation.

La propriété `background-clip` spécifie dans quelles limites le fond que vous rajoutez s'étend. En l'occurrence, nous lui avons affecté la valeur `text`, pour spécifier que le fond ne devait pas déborder le texte. Cette propriété est généralement utilisée pour ajouter une image de fond au texte, qui peut servir à créer des effets vraiment cool.

Ce que vous faites donc ici, c'est ajouter un fond à l'intérieur d'un texte transparent, par ailleurs doté d'une ombre. Vous n'obtenez donc que l'ombre produite à l'intérieur du texte. L'effet ressemble à la figure 18-7.

Figure 18-7 : Utilisez background-clip et la transparence pour créer des effets réalistes de caractères d'impression.

Pour mieux comprendre comment cela fonctionne, essayez de supprimer la propriété `background-clip` pour ne visualiser que l'ombre, comme sur la figure 18-8 (rappelez-vous que la couleur du texte est spécifiée comme `transparent`).

Figure 18-8 : Le texte transparent baignant dans une ombre sans background-clip.

Sans la propriété `background-clip`, il devient apparent que l'objectif de cette dernière est simplement de couper tout le fond qui dépasserait les limites de chaque caractère.

Les ombres portées

Le texte n'est pas le seul type d'élément auquel vous pouvez appliquer des ombres. Vous pouvez aussi créer des effets sur des boîtes. L'un des effets très connus est nommé *ombre portée*. Les ombres portées donnent plus de profondeur aux objets à l'écran (ou sur le papier).

La figure 18-9 montre une image à laquelle une ombre portée a été appliquée en utilisant la propriété `box-shadow`.

Figure 18-9 : Une image à laquelle une ombre portée a été appliquée avec box-shadow.

Il est hors du propos de ce livre d'expliquer comment cet effet CSS fonctionne, mais si vous souhaitez en savoir plus, reportez-vous donc à l'excellent didacticiel se trouvant sur ce site :

```
www.html5rocks.com/en/tutorials/filters/understanding-css
```

Faire tourner le texte

Vous pouvez utiliser la propriété `transform` de CSS3 pour appliquer une rotation à des objets et du texte afin de générer des effets intéressants.

Pour parvenir à faire tourner quelque chose, il faut qu'il s'agisse d'un élément bloc ou que sa propriété `display` soit fixée à `block`.

Voici la syntaxe pour faire tourner un élément avec la propriété `transform` :

```
sélecteur {transform: rotate(valeur);}
```

La valeur entre parenthèses après `rotate` doit être un nombre positif ou négatif de degrés dont l'élément devrait tourner. Par exemple :

```
tranform: rotate(-45deg);
```

Des préfixes sont encore aujourd'hui nécessaires pour que `transform` fonctionne dans la plupart des navigateurs. Par conséquent, n'oubliez pas de tester toute version expérimentale de cette propriété dans de multiples navigateurs – il y a une chance pour que certaines ne fonctionnent pas comme vous le souhaitez du fait de l'interprétation particulière qu'en donne le navigateur ou des évolutions de la spécification.

Pour appliquer une rotation à la légende qui figure sous l'image du Café HTML5, utilisez cette règle de style :

```
.warning {-webkit-transform: rotate(90deg);
     -moz-transform: rotate(90deg);
transform: rotate(90deg);}
```

Comme les lettres tournent autour de leur centre, il est souvent nécessaire d'ajuster la position de l'élément afin d'en placer le centre exactement où vous le souhaitez. Dans la figure suivante, nous avons ajouté un positionnement relatif à la classe `warning` :

```
.warning {-webkit-transform: rotate(90deg);
     -moz-transform: rotate(90deg);
     transform: rotate(90deg);
     position: relative;
     top: -30px;
   right: -215px;}
```

Le résultat est repris dans la figure 18-10.

Figure 18-10 : Le texte, une fois la rotation appliquée.

Chapitre 19

Multimédia et animation avec CSS

Dans ce chapitre :

- Créer une feuille de style pour l'impression
- Utiliser des styles de média paginé
- Changer de styles avec `@media`
- Comprendre les étapes clés
- Animer la couleur

Ce qu'il y a de bien avec HTML5 et CSS3, c'est qu'ils vous permettent de vous aventurer au-delà de l'écran de l'ordinateur. Avec HTML5 et CSS3, vous pouvez rendre vos pages web disponibles sur différents types de médias, et vous pouvez activer des fonctionnalités multimédias. Il n'y a pas si longtemps, il fallait du script et des plug-ins pour produire quoi que ce soit d'intéressant sur le web. Ce n'est plus le cas dorénavant !

Au chapitre 17, nous vous présentons la règle `@font-face` qui permet aux concepteurs d'utiliser presque n'importe quelle police qu'ils désirent. Au chapitre 18, nous vous présentons les ombres et les transformations, qui permettent aux concepteurs de gérer des effets complexes sans recourir à un outil de dessin ou de retouche de photos. Dans ce chapitre, nous jetons un œil sur deux fonctionnalités supplémentaires de CSS : les requêtes médias et l'animation, qui transforment rapidement la manière dont nous concevons et pensons les pages web.

Utiliser CSS avec du multimédia

CSS3 est utile pour bien plus que styliser du texte pour navigateurs web.

Les gens utilisent des pages web avec leurs téléphones, tablettes, projecteurs, TV, et même leurs montres et leurs lunettes. Certains impriment même les pages web pour les lire ultérieurement.

Avec différentes feuilles de style, vous pouvez styliser le même contenu pour le restituer sur différents terminaux. Il vous faut détecter le type – ou les dimensions – du terminal dont dispose l'utilisateur et lui faire parvenir la feuille de style adéquate. Malheureusement, détecter quel est le type du terminal en question risque de ne jamais déboucher que sur une hypothèse. La taille du viewport est la seule chose dont vous ne pourrez jamais être certain.

La règle `@media` vous permet de spécifier comment vous voulez que vos pages soient représentées ou se comportent sur différents types de médias.

Le tableau 19-1 dresse la liste de tous les types de médias que CSS peut reconnaître, ainsi que leurs usages.

CSS peut apporter des modifications à la manière dont une même page :

Tableau 19-1 : Les types de médias reconnus.

Type de média	Description
`all`	Convient à tous les terminaux.
`braille`	Pour les terminaux à interface tactile en braille.
`embossed`	Pour les imprimantes en braille.
`handheld`	Pour les terminaux portables (tels que ceux qui ont un petit écran et une bande passante limitée).
`print`	Pour des pages et pour des documents visualisés à l'écran, mais en mode Aperçu avant l'impression.
`projection`	Pour des présentations projetées, telles que les projecteurs ou les transparents.
`screen`	Pour les écrans en couleurs d'ordinateur.
`speech`	Pour les synthétiseurs vocaux.
`tty`	Pour les médias qui utilisent une grille de caractères de taille fixe, comme les télétypes, les terminaux, ou les terminaux portables dont les fonctionnalités d'affichage sont limitées.
`tv`	Pour les terminaux de type télévision (tels que les écrans en basse résolution, en couleurs, dont le contenu ne peut pas vraiment défiler, avec du son).

- **S'affiche à l'écran.**
- **S'imprime.**

  Un fond coloré sophistiqué peut faire que votre page ne ressemble à rien lorsque vous l'imprimez avec une imprimante laser en noir et blanc, et l'utilisation des styles idoines permet d'éviter que ce genre de situation ne se produise !
- **S'écoute lorsqu'elle est lue.**

Certaines propriétés CSS ne s'appliquent qu'à certains types de médias. Par exemple, la propriété `page-break-before`, qui spécifie quand doit survenir un saut de page, ne s'applique qu'aux médias imprimés. D'autres propriétés s'appliquent à différents médias. Par exemple, `width` et `height` et `font-family` sont importantes pour tous les médias visuels (tels que la projection, l'écran et l'impression), mais peuvent requérir différentes valeurs selon le type de média.

Les styles de médias visuels

Le tableau 19-2 dresse la liste des propriétés CSS qui sont le plus souvent utilisées dans une page web typique.

Tableau 19-2 : Les styles de médias visuels.

Propriété	Valeurs	Valeur par défaut	Description
`background-color`	Toute couleur, par son nom ou son code hexadécimal	`transparent`	Couleur de fond
`background-image`	URL	`none`	URL de l'image utilisée comme fond
`color`	Toute couleur, par son nom ou son code hexadécimal	A vous de choisir	Couleur du texte
`font-family`	Une police nommée : `cursive`, `fantasy`, `monospace`, `sans-serif`, `serif`	A vous de choisir (tenez-vous aux polices courantes)	Police du texte

Propriété	Valeurs	Valeur par défaut	Description
font-size	nombre + unité xx-small, x-small, small, smaller, medium, large, larger x, large xx, large %, longeur (px, em, cm)	medium	Taille de la police du texte
font-weight	normal, bold, bolder, lighter, 100, 200, 300, 400, 500, 600, 700, 800, 900	400 qui est le même que bold	La graisse de la police de caractères.
line-height	normal nombre + unité % longueur (px, em, cm)	normal	L'espace vertical entre les lignes de texte.
text-align	left, right, center, justify	none	L'alignement du texte
text-decoration	none, underline, overline, line-through, blink	none	Les effets spéciaux du texte.
list-style-image	URL	none	L'URL de l'image à utiliser comme puce d'une liste.
list-style-position	inside, outside	outside	Le positionnement des puces d'une liste dans le flot du texte.
list-style-type	disc, circle, square, decimal, decimalleading-zero, lower-alpha, upper-alpha, none, armenian, georgian, lower-greek, lower-latin, lower-roman, upper-latin, upper-roman	disc	Le type des puces d'une liste.
display	block, inline, none	inline	Formate une section définie d'un élément bloc.
top	nombre et unité auto	auto	Positionnement absolu : fixe l'ordonnée de l'angle supérieur gauche par rapport à l'angle homologue du document. Positionnement relatif : fixe l'ordonnée de l'angle supérieur gauche par rapport à l'angle homologue de l'élément parent.

Propriété	Valeurs	Valeur par défaut	Description
`right`	pourcentage nombre + unité `auto`	`auto`	Positionnement absolu : fixe l'abscisse de l'angle supérieur droit par rapport à l'angle homologue du document. Positionnement relatif : fixe l'abscisse de l'angle supérieur droit par rapport à l'angle homologue de l'élément parent.
`bottom`	pourcentage nombre + unité `auto`	`auto`	Positionnement absolu : fixe l'ordonnée de l'angle inférieur gauche par rapport à l'angle homologue du document. Positionnement relatif : fixe l'ordonnée de l'angle inférieur gauche par rapport à l'angle homologue de l'élément parent.
`left`	pourcentage nombre + unité `auto`	`auto`	Positionnement absolu : fixe l'abscisse de l'angle supérieur gauche par rapport à l'angle homologue du document. Positionnement relatif : fixe l'abscisse de l'angle supérieur gauche par rapport à l'angle homologue de l'élément parent.
`position`	`static, absolute, relative, fixed`	`static`	Méthode par laquelle l'élément est positionné.
`visibility`	`collapse, visible, idden, inherit`	`inherit`	Indique comment l'élément sera affiché dans la page.
`z-index`	Nombre `auto`	`auto`	La profondeur relative de l'élément. `-1` place l'élément en arrière-plan.
`border-style`	`none, dotted, dashed, solid, double, groove, ridge, inset, outset`	Non définie	Style pour les bords de l'élément. Peut être décomposée en `border-top-style`, `border-right-style`, `border-bottom-style`, et `border-left-style`.
`border-width`	`thin, medium, thick` Nombre	Non définie	Largeur de la bordure de l'élément. Peut être décomposée en `border-top-width`, `border-right-width`, `border-bottom-width` et `border -left-width`.
`border-color`	Toute couleur, par son nom ou son code hex `transparent`	Non définie	Couleur de la bordure de l'élément. Peut être décomposée en `border-top-color`, `border-right-color`, `border-bottom-color` et `border -left-color`.

Propriété	Valeurs	Valeur par défaut	Description
`border`	`border-width` + `border-style` + `border-style-color`	Non définie	Combine les attributs de la bordure de l'élément. Peut être décomposée en `border-top`, `border-right`, `border-bottom` et `border-left`.
`float`	`left`, `right`, `none`	`none`	Spécifie si l'élément devrait flotter sur un côté ou l'autre du document.
`height`	nombre + unité `auto`	`auto`	Hauteur de l'élément.
`width`	nombre + unité `auto`	`auto`	Largeur de l'élément.
`margin`	nombre + unité `auto`	Non définie	Affiche un espace blanc entre la bordure de l'élément et l'extérieur. Peut être décomposé en `margin-top`, `margin-right`, `margin-bottom` et `margin-left`.
`padding`	nombre + unité `auto`	Non définie	Affiche un espace blanc entre les bordures de l'élément et son contenu. Peut être décomposée en `padding-top`, `padding-right`, `padding-bottom` et `padding-left`.
`cursor`	`auto`, `cross hair`, `default`, `pointer`, `move`, `text`, `help`, `URL`, `e-resize`, `n-resize`, `ne-resize`, `nw-resize`, `progress`, `s-resize`, `se-resize`, `sw-resize`, `w-resize`, `inherit`	`auto`	Apparence du pointeur.

TRUC

Toutes les propriétés listées dans le tableau 19-2 peuvent être sans problème utilisées dans un navigateur classique. Si vous n'êtes pas certain que quelque chose fonctionnera dans n'importe quel navigateur, le mieux est évidemment de tester. Cependant, il existe un grand nombre de navigateurs, si bien qu'il est souvent difficile, voire impossible, de disposer de différentes versions d'un navigateur installées sur le même ordinateur. Les développeurs web professionnels se rendent sur http://caniuse.com pour savoir quelles astuces il faut mettre en œuvre afin qu'une propriété fonctionne dans un certain navigateur.

Les styles de médias paginés

CSS peut personnaliser l'apparence d'une page quand elle est imprimée. Nous vous recommandons de suivre ces lignes directrices :

- **Remplacez les polices sans empattement par des polices avec empattements.**

  Les polices avec empattement, qui font figurer de petites excroissances aux extrémités des courbes des caractères et des symboles (nommées *empattements*) sont plus faciles à lire que les polices sans empattement.

- **Insérez des publicités qui :**
  - Font sens lorsqu'elles ne sont pas animées.
  - Sont utiles sans qu'il soit besoin de les cliquer.

En général, les styles de médias paginés vous permettent de vous assurer que le texte a aussi bonne apparence lorsqu'il est imprimé que lorsqu'il est affiché dans un navigateur web. Les styles de médias paginés vous aident aussi à éliminer tout contenu qui n'est pas pertinent lorsque les pages web sont imprimées (les bannières, les publicités, et ainsi de suite), limitant de ce fait le gaspillage de papier et la frustration de l'utilisateur. Reportez-vous au tableau 19-3 pour une explication des propriétés de médias paginés en CSS.

Tableau 19-3 : Les styles de médias paginés.

Propriété	Valeurs	Valeur par défaut	Description
`orphans`	Nombre	2	Le nombre minimum de lignes du début d'un paragraphe affichées en bas d'une page. Si ce nombre n'est pas atteint, le paragraphe est renvoyé sur la page suivante.
`page-break-after`	`auto`, `always`, `avoid`, `left`, `right`	`auto`	Le comportement du saut de page après l'élément.
`page-break-before`	`auto`, `always`, `avoid`, `left`, `right`	`auto`	Le comportement du saut de page avant l'élément.
`page-break-inside`	`auto`, `avoid`	`auto`	Le comportement du saut de page dans l'élément.
`widows`	Nombre	2	Le nombre minimum de lignes de la fin d'un paragraphe affichées en haut d'une page. Si ce nombre n'est pas atteint, des lignes du paragraphe sont renvoyées de la page précédente à la page courante.

L'exemple du listing 19-1 utilise ces options pour les styles de médias paginés :

- Afficher le texte en noir sur fond blanc.
- Remplacer les polices sans empattement par des polices avec empattements.

Listing 19-1 : Ajouter une feuille de style d'impression.

```
<!DOCTYPE html>
<html>
<head>
<title>Voici ma page</title>
<style type="text/css">
     body {background-color: black; color: white; font-family: sans-serif;}
     @media print {
          body {background-color: white; color: black; font-family: serif}
     }
</style>
</head>
<body>
     Cette page aura une apparence différente lorsqu'elle sera imprimée.
</body>
</html>
```

Si vous vous demandez pourquoi aucune des propriétés du tableau 19-3 n'a été utilisée, c'est parce que (dans ce cas particulier) leurs valeurs par défaut convenaient parfaitement. Ce n'est pas parce que ces propriétés de page peuvent être spécifiées que vous ne pouvez pas en spécifier d'autres – leur usage n'est pas exclusif.

Animer

Les animations CSS constituent un moyen très simple pour animer des transitions entre des styles. Contrairement aux autres manières d'animer sur le web, une animation CSS ne requiert aucun script ni plug-in. Elle fonctionne aussi généralement mieux et consomme moins de ressources système (cycles CPU et mémoire) que les autres types d'animations.

Avant de rentrer dans les détails, nous allons prendre du recul et revoir certains concepts de base de l'animation.

Les animations fonctionnent en affichant une série d'images pour créer l'illusion du mouvement.

Les styles de synthèse vocale

Les synthétiseurs vocaux, qui convertissent le texte en parole, ne sont pas réservés aux personnes souffrant d'une déficience visuelle. Ils sont aussi utiles aux internautes qui :

- Ont des difficultés pour lire.
- Ont besoin d'informations alors qu'ils conduisent.

L'exemple suivant recommande de synthétiser une voix masculine et une voix féminine pour bien différencier celui qui parle :

```
<style>
@media speech {
     p.stanley {voice-family:
     male;}
     p.stella {voice-family:
     female;}
}
</style>
```

Généralement, vous n'avez pas à trop vous inquiéter lorsque vous ajoutez des styles de synthèse vocale à votre page. De nos jours, les synthétiseurs vocaux fonctionneront correctement si :

- Votre page comprend essentiellement du texte.
- Vous n'avez pas trop d'exigences sur la manière dont elle est lue, si bien qu'une voix claire masculine ou féminine fera l'affaire.

Note : La plupart des gens qui utilisent ces technologies soit ont spécifié leurs styles personnalisés, soit se sont accoutumé aux styles par défaut. L'utilisateur peut être perturbé si la synthèse vocale change par surprise. Prenez des précautions avant de changer les voix.

Si vous avez deux points, tout ce dont vous avez besoin pour animer quelque chose se déplaçant le long d'une ligne droite entre ces deux points est la durée que prendra ce mouvement. Dans cet exemple de base, les points de départ et d'arrivée sont connus et tout ce qui se passe entre les deux peut être inféré ou calculé. Les points connus de l'animation correspondent à des *étapes clés*.

En animation traditionnelle à la main, les étapes clés sont dessinées par un artiste senior et les étapes entre ces étapes clés sont dessinées par un assistant. Ces étapes sont dites *intermédiaires*.

En animation CSS, l'auteur du CSS crée les étapes clés, et le navigateur dessine les intermédiaires.

Si vous souhaitez qu'un élément se déplace autrement que le long d'une ligne droite, vous pouvez spécifier des étapes clés supplémentaires entre les points de départ et d'arrivée. La figure 19-1 vous présente une illustration du chemin d'animation impliquant des points de départ et d'arrivée et une étape clé entre les deux. Nous avons placé des étapes partiellement transparentes entre les étapes clés pour vous montrer les intermédiaires.

Les animations CSS peuvent être utilisées pour modifier en douceur la taille d'un élément, modifier sa couleur, le faire tourner, ou le déplacer d'un endroit à un autre, entre autres exemples.

Pour une liste des propriétés CSS qu'il est possible d'animer, rendez-vous sur :

```
https://developer.mozilla.org/en-US/docs/Web/CSS/CSS_animated_properties
```

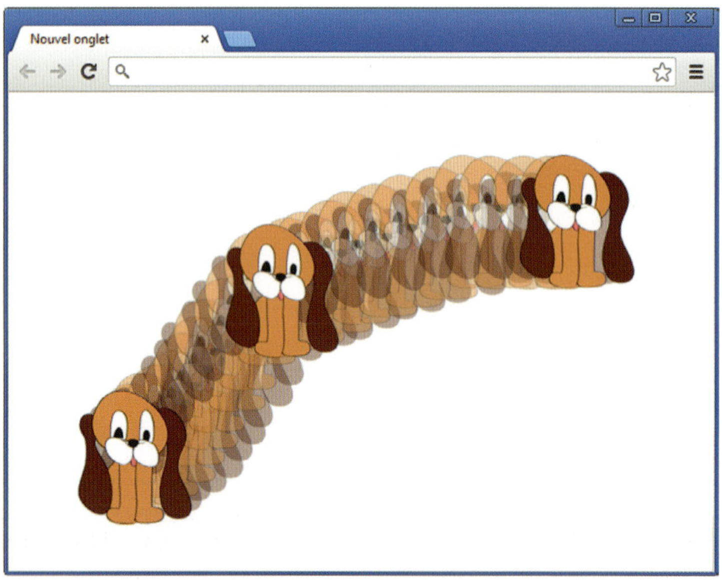

Figure 19-1 : Une animation à base d'étapes clés.

Utiliser les propriétés d'animation

Les propriétés CSS d'animation spécifient la manière dont l'animation doit fonctionner. Elles n'animent rien – c'est le travail de la règle `@keyframes`.

La propriété `animation` est une propriété raccourcie pour les propriétés suivantes :

- `animation-name` : utilisée pour affecter un nom aux étapes clés de l'animation.

- `animation-duration` : spécifie la durée de l'animation.
- `animation-timing-function` : utilisée pour spécifier les courbes d'accélération qui impactent la rapidité de la transition entre les étapes clés. Par exemple, une animation peut commencer lentement et s'accélérer à mi-chemin des étapes clés.
- `animation-delay` : spécifie le délai avant que l'animation ne démarre.
- `animation-iteration-count` : spécifie le nombre de fois qu'il faut jouer l'animation.
- `animation-direction` : peut être utilisée pour indiquer qu'une animation doit être rejouée à l'envers une fois qu'elle est arrivée à son terme.

L'exemple suivant configure une animation de l'élément `<figure>` sur la page d'accueil du Café HTML5 :

```
#home-image {animation-duration: 4s;
   animation-name: slideup;}
```

À ce point, il n'y a toujours pas d'animation. Toutefois, vous avez passé une étape en spécifiant qu'une animation nommée `slideup` devrait être appliquée et qu'elle devrait se dérouler sur quatre secondes.

L'animation `slideup` n'existe pas encore. Pour la créer, nous devons utiliser la règle `@keyframes`.

Créer des animations avec @keyframes

La manière la plus simple d'utiliser `@keyframes` est de spécifier le début, la fin et le nom de l'animation. Une fois que vous avez nommé l'animation, vous pouvez l'utiliser avec n'importe quel élément, via la propriété `animation-name`. Voici une animation simplissime qui anime la marge inférieure d'un élément en la faisant décroître de 200px à 0px.

```
@keyframes slideup {
     from {margin-top: 200px;}
     to {margin-top: 0px;}
}
```

Pour appliquer cette animation à un élément, ajoutez simplement `animation-name` et `animation-duration` (avec n'importe quelle autre sous-propriété d'animation que vous souhaiterez spécifier) à une règle de style, comme suit :

```
h1 {animation-name:redtoblue;
   animation-duration: 8s;}
```

Cette animation dure très exactement huit secondes. Lorsqu'elle est terminée, la couleur de l'élément <h1> revient à sa valeur initiale. Ainsi, si vous souhaitez que la couleur reste au bleu une fois l'animation terminée, ajoutez une déclaration de couleur à la règle de style.

La figure 19-2 montre, du mieux que nous pouvons le restituer pour l'impression, l'animation du rouge au bleu.

Figure 19-2 : Animer une couleur du rouge au bleu.

Sixième partie

Les dix commandements

Allez à l'adresse `www.dummies.com/extras/beginninghtml5css3` pour obtenir de nombreuses ressources supplémentaires. Tous les liens apparaissant dans les chapitres de cette partie sont accessibles à l'adresse `www.dummieshtml.com/html5cafe` dans les rubriques Ch20 à Ch23.

Dans cette partie :

- Élaborer de magnifiques sites web pour mobiles avec HTML5 et CSS3
- Ce qu'il faut et ce qu'il ne faut pas faire en HTML et CSS
- Exterminer les bogues en HTML et CSS
- Découvrir quelques technologies et outils HTML aussi étonnants que cool
- Réunir le meilleur des références et ressources en ligne

Chapitre 20

Dix clés pour la conception web pour mobiles

Dans ce chapitre :

- Comprendre les différents terminaux mobiles
- Optimiser pour de petits écrans
- Concevoir pour des utilisateurs distraits
- Tester sur différents terminaux

Nul doute que les terminaux mobiles sont devenus d'usage courant. Leur marché regorge de produits variés, de fabricants en compétition et pléthore de fonctionnalités innovantes. Nous parlerons donc ici du *web mobile*, destiné à des téléphones et autres engins portables à fonctions multiples (tels que l'iPad ou les GPS connectés au WiFi) qu'il est facile de trimbaler pour en faire un usage au quotidien.

Les terminaux mobiles sont imbattables pour trouver son chemin, consulter des revues de produits ou des comparatifs, trouver des contacts, ou simplement naviguer sur Internet en voyage. De ce fait, nous pensons qu'il est important de comprendre les enjeux de la conception web pour mobiles. Vous pourrez ainsi utiliser vos nouvelles compétences et connaissances pour relever les défis originaux que soulève l'accès mobile, et peut-être produire ainsi un meilleur site web.

Concevoir pour les différents terminaux mobiles

Malheureusement, plus vous regardez les différents types de terminaux mobiles disponibles, moins il semble possible de les classer ou de dégager une unique approche pour créer des pages web pour leur surface d'affichage limitée.

Par exemple, vous pouvez trouver des terminaux mobiles classés selon une ou plusieurs des caractéristiques suivantes :

- Interface de saisie (écran tactile, stylet, clavier ou touchpad).
- Système d'exploitation (Symbian, Windows Mobile, Apple iOS, Android).
- Processeur et mémoire.
- Taille d'écran.
- Accès Internet.
- Connectivité (Bluetooth, USB).
- Autres fonctionnalités sympas (appareil photo, vidéo, sonneries, jeux).

La liste pourrait être encore et encore étendue. À la base, vous comprenez qu'il existe presque autant de manières de classer les terminaux mobiles qu'il existe de terminaux mobiles.

La manière la plus simple de classer des terminaux mobiles se fonde sur trois catégories :

- **Les smartphones** : un smartphone est un téléphone qui intègre des fonctionnalités d'ordinateur, telles qu'un système d'exploitation intégré, un processeur plus puissant et de la mémoire, la capacité d'installer et de faire tourner des applications personnalisées, l'accès sans fil, l'affichage en couleurs, et des modalités de saisie élaborées. Du fait de toutes ces fonctionnalités, les smartphones sont plus onéreux – ils coûtent plus cher à fabriquer, et encore plus à utiliser. Représenté sur la figure 20-1, l'iPhone est l'un des smartphones les plus populaires.

- **Le téléphone à fonctionnalités (ou *feature phone*)** : les téléphones à fonctionnalités disposent de moins de puissance de calcul et de mémoire, fonctionnent avec un système d'exploitation propriétaire, ne proposent que des applications limitées (si tant est qu'ils en proposent) et coûtent moins cher que les smartphones (un téléphone à fonctionnalité coûte souvent moins de la moitié du prix d'un smartphone, ne disposent que de capacités limitées de gestion de données, et son usage coûte moins de la moitié du tarif mensuel). Un exemple typique de téléphone à fonctionnalités est le téléphone de Nokia montré sur la figure 20-2.

Figure 20-1 : Un iPhone d'Apple.

- **Les tablettes** : une tablette est généralement plus grande qu'un téléphone et ne dispose pas de fonctionnalités téléphoniques. Les tablettes les plus puissantes commencent à remplacer les ordinateurs portables et même les ordinateurs de bureau pour certains utilisateurs.

ATTENTION

Voici les mauvaises nouvelles : non seulement les téléphones ont des fonctionnalités et des prix différents, mais ils affichent aussi les sites web différemment. Les téléphones à fonctionnalités ne gèrent que très limitativement CSS et de JavaScript – quand encore ils les gèrent. Toutefois, avant de désespérer, nous vous recommandons d'en apprendre plus sur la conception de sites web mobiles dans les sections suivantes. Les téléphones à fonctionnalités ne sont pas si mauvais, et les smartphones ne sont pas si bons. S'agissant de sites web, tout type de terminal impose des compromis.

Figure 20-2 : Un téléphone à fonctionnalités standard de Nokia.

Concevoir pour vos utilisateurs

Avant de chercher à concevoir des versions mobiles de votre site web afin d'offrir le meilleur résultat possible aux visiteurs utilisant des terminaux mobiles, vous devez vous interroger sur les défis spécifiques que le web mobile pose à la conception et à la réalisation de votre site. Vous devez aussi avoir une idée claire de ceux qui utiliseront votre site web mobile.

N'OUBLIEZ PAS

Tout utilisateur de votre site web mobile sera humain, et les individus sont au moins aussi variés que les terminaux mobiles. Toutefois, contrairement aux terminaux mobiles, vous ne pouvez – et vous ne devriez pas – concevoir un site pour chaque utilisateur qui pourrait se présenter.

Méditez un peu sur qui sont les utilisateurs que vous ciblez. Sont-ils âgés ou jeunes ? Hommes ou femmes ? Vivent-ils dans des villes ? Tâchez d'être aussi spécifique que possible en définissant les profils de vos utilisateurs et songez aux scénarios de l'utilisation qu'ils feront de votre site web mobile.

Élaborer un profil de votre utilisateur cible et des scénarios d'usage, cela s'appelle faire de la *conception centrée sur l'utilisateur*.

Concevoir pour de petits écrans

Si tous les téléphones mobiles avaient des écrans de même taille, nous n'aurions peut-être pas à écrire ces pages sur la conception de sites web mobiles. Même si vous devez songer à bien d'autres choses lorsque vous créez vos sites ou pages web mobiles, les limitations de la surface d'affichage constituent l'une des contraintes les plus importantes à garder à l'esprit.

Vous ne pourrez pas vous contenter de concevoir des pages dont la largeur sera fixée si vous souhaitez tirer le meilleur parti de la surface limitée de chaque écran. De plus, souvenez-vous que nombre de smartphones peuvent être tournés, si bien que l'utilisateur peut visualiser vos pages tant en mode portrait qu'en mode paysage.

Concevoir pour une faible bande passante

La petite taille de l'écran n'est pas la seule chose qui limite les possibilités d'affichage d'images et de multimédia sur un téléphone mobile ; la faiblesse de la bande passante est aussi un facteur dont il est important de tenir compte lors de la conception d'un site web mobile. Quoique toujours plus d'utilisateurs peuvent tirer parti de la vitesse accrue des réseaux 3G et 4G, nombre d'utilisateurs de terminaux mobiles doivent se contenter de connexions qu'on qualifierait encore généreusement de douloureusement lentes.

Les mêmes défis que posait la limitation de la bande passante dans les premiers temps de la conception web vers le milieu des années 1990 se posent aujourd'hui sur l'Internet mobile. La bande passante est bien plus limitée que celle des connexions DSL et câble qu'il est possible d'établir depuis un ordinateur ou un portable.

TRUC

Suivez ces conseils lorsque vous concevez la version mobile de votre site pour que ce dernier fournisse un service acceptable aux visiteurs ne disposant que d'une bande passante limitée :

- **Soyez modeste sur les images et les fichiers multimédias**. Limitez-vous à quelques images pour vous aider à raconter votre histoire et rajouter un peu d'agrément. Pour le reste, demeurez humble et simple.

- **Remplacez les bannières et les images de boutons par des liens sous forme de texte**. Les liens sous forme de texte fonctionnent sur tout terminal et consomment un minimum d'espace et de bande passante.
- **Faites attention lorsque vous rajoutez du multimédia**. Par exemple, n'ajoutez pas des fichiers vidéo ou audio sur la page d'accueil d'un site web mobile. Ajoutez plutôt des liens vers les fichiers multimédias, de sorte qu'il soit optionnel de les charger. De plus, rajoutez des avertissements sur la taille des fichiers et sur la manière dont le média s'affiche sur différents terminaux.

Concevoir pour le tactile

La plupart des smartphones de nos jours sont dotés d'une interface tactile. En comparaison du pointeur d'une souris, le doigt d'un utilisateur apparaît comme un instrument plutôt maladroit.

TRUC

Cela signifie que vous devez faire les choses suivantes :

- **Faites que vos liens soient faciles à voir et à cliquer**. Les boutons et les liens devraient être assez gros et être assez espacés entre eux pour qu'il soit facile de les taper avec un gros doigt.
- **Limitez le nombre total de liens, surtout sur la version bas de gamme de votre site**. Aidez les gens à circuler sur votre site en les dirigeant d'une liste raccourcie de liens à une autre jusqu'à ce qu'ils atteignent le contenu qui correspond le mieux à vos attentes.
- **Organisez des niveaux de liens**. Limitez la profondeur de la hiérarchie de votre site. Veillez à ajouter des miettes de pain pour permettre à vos utilisateurs de revenir sur leurs pas dans le site. Les *miettes de pain* sont une liste de liens, figurant généralement en haut de la page, qui aide l'utilisateur à savoir où il se trouve dans la structure du site.
- **Utilisez un menu de navigation, et non la barre de navigation**. Même si la plupart des sites web comprennent une barre de navigation qui renvoie aux principales sections du site en haut de chaque page, ce n'est généralement pas une bonne solution sur un petit écran. Faites plutôt figurer un lien en haut de chaque page portant un nom tel que Menu, et reliez-le à la barre de navigation. La figure 20-3 vous montre le résultat produit par cette technique quand elle est utilisée sur la version mobile du site de ce livre, accessible sur `www.dummieshtml.com`.

  Faire figurer dans chaque page de votre site une liste de liens vers toutes ses pages principales ne présente peut-être pas d'intérêt au regard du délai de téléchargement engendré. À la place, vous pouvez proposer une

Figure 20-3 : La version mobile de www.dummieshtml.com avec un lien vers le menu dans la barre de navigation.

option similaire sans cet inconvénient en créant une petite carte de site et en faisant figurer dans ces pages un lien qui y renvoie.

- **Envisagez des boutons Précédent et Suivant**. Ces boutons aident les utilisateurs à circuler dans des séries de pages ou d'images.

Conception pour surfeurs distraits

L'une des différences les plus marquantes entre les gens qui utilisent des terminaux mobiles et ceux qui utilisent les ordinateurs de bureau, c'est que les premiers utilisent leurs terminaux alors que souvent ils font autre chose. Par exemple, un utilisateur de votre site web peut être en train de rechercher votre adresse alors qu'il est en chemin pour se rendre chez vous. Ou alors, il peut être en train de faire ses courses et de consulter des informations sur le web. Il peut même être en pleine discussion avec des amis et chercher à clarifier un débat sur l'âge de John Travolta (`celebrityagemachine.com` aide beaucoup à régler ce genre de dispute).

Ce qu'il faut retenir, c'est que les utilisateurs de terminaux mobiles ont tendance à être distraits. Voici quelques conseils pour leur permettre d'utiliser malgré tout facilement votre site web mobile :

- Permettez-leur de trouver facilement les informations essentielles, telles que votre adresse et votre numéro de téléphone.
- Affichez les liens en gros et rendez-les faciles à cliquer.
- Utilisez des couleurs de texte et de fond contrastées pour que le texte soit facile à lire, même lorsque la luminosité est faible (ou lorsqu'il est difficile de lire à l'écran, car il est en pleine lumière).

Testez sur de nombreux terminaux mobiles

Pour vous faire une idée des défis du web mobile, surfez sur votre propre site web avec un téléphone mobile. Toutefois, ne vous contentez pas d'un téléphone, surtout s'il s'agit d'un iPhone ou d'un Android. L'iPhone et l'Android occupent sans doute la une des journaux et des sites web consacrés aux mobiles, mais ce ne sont pas les seuls téléphones qui peuvent être utilisés pour visiter votre site. Consulté sur un BlackBerry ou un Windows Phone, votre site pourrait s'avérer illisible.

Même si vous pouvez tester votre site web mobile en utilisant des émulateurs en ligne, tels que sur le site haut de gamme de test DeviceAnywhere (`www.deviceanywhere.com`), la meilleure solution est de tenir le terminal dans votre main pour voir ce que donne votre site web lorsque vous le consultez.

TRUC

Faites un tour dans une boutique de téléphones mobiles et soyez gentils avec les vendeurs pour tester votre site avec leurs téléphones. Mieux encore, sollicitez les membres de votre famille et vos amis. Demandez aux gens de visiter votre site web avec différents téléphones et observez ce qu'ils font, comment ils trouvent leur chemin (où comment ils se perdent), et s'il est difficile pour eux d'accéder à l'information dont ils ont besoin en interagissant avec votre site.

Concevoir pour la simplicité

Même sur les meilleurs terminaux mobiles, taper et cliquer sur des liens peut être un défi. Créez toujours des liens gros et facile à cliquer pour les visiteurs mobiles et ne surchargez pas les pages de trop d'options.

La meilleure approche consiste à guider les utilisateurs à l'aide d'une série de choix simples, limitant leurs options à guère plus que cinq à sept gros liens à chaque étape. Il vaut mieux diriger les visiteurs vers des jeux de liens toujours plus spécifiques jusqu'à ce qu'ils puissent choisir l'information qu'ils souhaitent.

Lorsque c'est possible, évitez les listes déroulantes ou tout type de lien qui utilise AJAX ou JavaScript. Au minimum, prévoyez des alternatives lorsqu'il apparaît impossible d'éviter le recours à JavaScript. Comme les terminaux mobiles ne gèrent pas ce genre de technologies web, les liens qui les utilisent deviennent inexploitables.

Quelques informations, comme celles permettant de vous contacter, ne devraient jamais se trouver à plus d'un clic. Dans presque tous les cas, il est bon de faire figurer votre numéro de téléphone sur la page principale de votre site web mobile – après tout, vous savez que votre utilisateur a un téléphone à portée de main !

Mettre en place des adresses web mobiles

Créez de multiples adresses mobiles et faites-les toutes pointer sur la version mobile de votre site afin que tout utilisateur d'un téléphone mobile puisse facilement utiliser l'URL de votre site web mobile (en saisissant le minimum de caractères).

Tant qu'aucun standard n'aura émergé dans le domaine des URL mobiles, utilisez les adresses les plus communes pour accroître les chances que les visiteurs vous trouvent du premier coup.

Voici des URL mobiles typiquement utilisées sur le web mobile :

- `m.votredomaine.com` : recommandée pour une saisie facile.
- `wap.votredomaine.com` : c'est l'adresse commune pour les sites créés en WML (langage de balisage sans fil).
- `votredomaine.com/mobile` : alternative commune car facile à mettre en place sur le serveur web.
- `votredomaine.com/i` : pour les versions réalisées spécialement pour iPhone.
- `votredomaine.mobi` : nécessite d'enregistrer une version `.mobi` de votre nom de domaine, ce dont nombre de sites ne semblent pas vouloir s'embarrasser.

Dans tous les cas, laissez tomber le `www.` – personne ne devrait être contraint de saisir ces trois lettres et le point qui suit sur le web moderne.

Votre site web mobile n'a pas besoin de constituer un site à part. Une solution très répandue pour créer des sites distincts pour les utilisateurs de mobiles et d'ordinateurs consiste à utiliser des requêtes de média (comme évoqué au chapitre 19) pour basculer entre différentes feuilles de style selon les dimensions de la fenêtre du navigateur de l'utilisateur. Les concepteurs web appellent cette technique le *design réactif*.

Inclure un lien vers le site pour ordinateurs

Faites toujours figurer un lien vers la version complète pour ordinateur de votre site sur sa version mobile. Ce lien aide les gens qui sont familiers de votre version pour ordinateurs et qui préfèrent l'utiliser même si elle ne fonctionne pas aussi bien sur un smartphone.

De plus, il est toujours possible que quelqu'un disposant d'une tablette trouve qu'il est plus facile d'utiliser la version complète du site plutôt que la version mobile.

TRUC

Faciliter la vie de l'utilisateur mobile sur votre site web, c'est la clé de la conception web mobile.

Chapitre 21

Dix choses à faire et à ne pas faire

Dans ce chapitre :

- Se concentrer sur le contenu
- Ne pas surcharger le décorum
- Produire du HTML bien formulé, et tester, tester et tester
- Préserver l'intérêt une fois que la réalisation est terminée

Le HTML n'est pas particulièrement complexe ni extrêmement difficile en lui-même. Néanmoins, il convient de garder à l'esprit certaines pratiques faisant que les pages que vous réalisez en HTML et CSS fonctionneront ou non correctement. Considérez les quelques suggestions qui suivent comme des lignes directrices qui vous permettront de tirer le meilleur parti de ces technologies, sans pour autant risquer de perdre le contact avec vos utilisateurs.

Ce n'est pas par hasard que vous retrouverez ici des points sur lesquels nous avons attiré votre attention en d'autres endroits du livre – surtout quand il sera question du bon et du mauvais usage du HTML. Suivez les prescriptions et évitez les malédictions. Toutefois, il n'en demeure pas moins que ce sont vos pages. Vous pouvez faire ce que vous voulez. Mais au final, ce sont vos utilisateurs qui décideront. Dirons-nous que vous nous avions prévenu ?

Ne perdez pas de vue votre contenu

Tout site web vit et meurt par son contenu. Qu'un site soit pertinent, qu'il fournisse des informations directement, facilement et efficacement, et qu'un utilisateur puisse raisonnablement espérer trouver quelque chose de nouveau et d'intéressant à chaque visite – tout cela est bien. Mais tout cela repose avant tout sur un contenu solide et utile, qui donne aux utilisateurs une raison de venir (et de retourner) sur votre site.

Nous en revenons donc à la question fondamentale de la charge utile, c'est-à-dire du contenu des pages. Pourquoi ? Parce que si vous n'avez pas de contenu conséquent et informatif à fournir, les utilisateurs éprouveront vite ce sentiment d'un grand vide qui vous étreint chaque fois que vous tombez sur une page vierge. Ils partent alors chasser sur d'autres terres plus giboyeuses, à la recherche du contenu.

TRUC

Pour satisfaire l'appétit des utilisateurs, faites figurer votre meilleur contenu dans les pages principales de votre site. Réservez le matériau supplémentaire, voire superflu, pour les pages secondaires. La version raccourcie de ce principe s'appliquant à tout type de balisage est que « les balises sont importantes, mais c'est ce qu'elles contiennent qui compte vraiment ».

Structurez vos documents et votre site

Il est aussi essentiel d'offrir aux utilisateurs une cartographie claire du contenu que vous proposez sur la page d'accueil que sur celle d'une encyclopédie en ligne. Et plus votre site s'étoffe de documents, plus ce besoin se fait sentir. Dans l'idéal, cette carte prend la forme (comme vous l'aurez deviné) d'un diagramme figurant la hiérarchie des pages et renvoyant sur ces dernières via des liens. Si vous aimez utiliser des images, vous pouvez représenter cette carte par ce moyen.

Nous recommandons vivement de concevoir votre site de manière top-down : ne commencez pas à écrire ou à placer des balises avant de savoir ce que vous souhaitez dire et comment vous souhaitez organiser votre matériau. Commencez par créer un document ou des documents HTML avec du papier et un crayon (ou l'outil de modélisation de votre choix). Dessinez alors les relations à l'intérieur du contenu et entre les pages. En un mot, sachez ce que vous souhaitez construire avant de couler le béton.

N'OUBLIEZ PAS

Un bon contenu est le produit d'une bonne structure. Cette dernière vous aide à rester sur les rails durant la conception des pages, les tests, la livraison et la maintenance. Elle aide aussi les utilisateurs à trouver leur chemin sur votre site. Faut-il en rajouter ? Oui, encore : n'oubliez pas que *la structure évolue avec le temps*. Revisitez et critiquez votre structure régulièrement – et n'ayez pas peur de la modifier pour tenir compte de l'évolution du contenu de votre site web.

Tirez le meilleur du peu

Le balisage, le script et les feuilles de styles offrent bien des possibilités, mais toutes les possibilités ne doivent pas nécessairement être réalisées – les sites web ne vivent pas de graphismes, d'effets spéciaux et de balisages clinquants. C'est votre contenu qui doit dicter votre balisage, vos graphismes, la nature de l'interface. S'il est bien conçu et doté du contenu idoine, un site fera le travail sans embrouiller vos visiteurs.

TRUC

Les liens gratuits vers des informations inutiles n'aident personne. Si vous êtes tenté de vous relier à une webcam qui filme un robinet qui fuit – résistez, résistez et résistez !

Les images et la mise en forme n'ont d'intérêt que relativement au contenu. Plus vous rajouterez de décorum inutile, plus vous distrairez les utilisateurs de votre contenu. Utilisez donc les images et la mise en forme avec parcimonie, sagement et aussi sur les liens, les animations et les autres effets, car ils peuvent s'avérer tout aussi nuisibles.

Réalisez des pages attrayantes

Les utilisateurs qui visitent des pages dont la conception s'est focalisée sur le contenu ont toutes les chances de se sentir bien accueillis. Ce qu'il faut, c'est *compléter* votre contenu avec des images et des liens – et non inonder les utilisateurs sous un déluge d'images et de liens. Des pages élégantes où il est facile de naviguer renforcent l'attrait du site et la satisfaction de vos visiteurs.

TRUC

Si vous avez besoin d'inspiration, faites un tour sur le web à la recherche de mises en forme et d'images qui pourraient vous convenir. Si vous prenez le temps d'analyser ce que vous trouvez, vous pourrez travailler à partir des principes de la conception d'autrui sans avoir à en voler les détails de sa réalisation concrète (ce qui ne serait pas une bonne idée, soit dit en passant).

Lorsque vous concevez des documents web, partez d'une mise en page des plus standard. Sélectionnez un petit jeu de symboles graphiques ou d'icônes et adoptez un style de navigation consistant. Utilisez les images avec parcimonie (oui, nous vous l'avons déjà dit avant) : rendez-les aussi petites que possible – limitez les dimensions, le nombre de couleurs et ainsi de suite, tout en préservant l'attrait visuel. Une fois que vous aurez élaboré un système de navigation simple et consistant, utilisez des libellés clairs avec consistance.

Vos pages peuvent être simultanément attrayantes et informatives si vous y consacrez assez de temps et d'efforts.

Ne perdez pas la trace de toutes ces balises

Si vous commencez par un solide balisage et un bon contenu – et que vous vous y tenez contre vents et marées pour vous assurer que tout soit comme vous l'aviez prévu – vous serez sur le chemin pour créer un grand site web. Mais une fois que la construction sera terminée, le test commencera. Et ce n'est qu'après qu'il aura produit des résultats positifs que vous pourrez ouvrir vos portes virtuelles au public.

Lorsque vous créez des documents, il est facile d'oublier d'utiliser des balises fermantes, même lorsqu'elles sont requises (par exemple, le `</a>` qui termine la balise ouvrante `<a>`). Lorsque vous testez des pages web, quelques navigateurs peuvent corriger d'eux-mêmes ces erreurs, ce qui vous entretient dans un sentiment de fausse sécurité.

Le web n'est pas un endroit où l'on peut s'offrir le luxe de dépendre de la gentillesse d'autrui. Scrutez votre balisage pour anticiper les problèmes que pourraient poser des navigateurs moins conciliants (ou laxistes, pour être plus exact). Il est recommandé de procéder à une validation (en utilisant `http://validator.w3.org`).

Quant aux proclamations de certains éditeurs d'outils de conception HTML (« Vous n'avez pas à connaître le HTML ! »), tout ce que nous pouvons répondre, c'est « Bien sûûûûûr… ». HTML est à la base du fonctionnement des pages web ; si vous le comprenez, vous pourrez régler les difficultés qui se présenteront au prix d'un minimum d'efforts. De plus, vous êtes le seul en mesure de vérifier que le fonctionnement de vos pages est correct, que vous les produisiez vous-même ou que vous utilisiez un outil pour les produire à votre place.

Nous pourrions continuer longtemps sur ce sujet, mais faisons preuve de charité et limitons-nous à quelques remarques essentielles :

- **Suivez des balises à la trace tandis que vous écrivez ou modifiez du HTML manuellement**. Si vous ouvrez une balise – qu'il s'agisse d'une ancre, d'une zone de texte, ou quoi que ce soit – créez la balise fermante tout de suite, même si vous comptez ajouter du contenu. La plupart des éditeurs HTML le feront pour vous.
- **Utilisez un vérificateur syntaxique pour valider votre travail durant le test**. Les vérificateurs syntaxiques sont des outils automatiques qui trouvent les balises manquantes et les erreurs. Utilisez ces vérificateurs,

que vous écriviez des pages à la main ou à l'aide d'outils. Vous trouverez le validateur du W3C sur `http://validator.w3c.org`. Il est gratuit.

- **Testez les pages sur autant de navigateurs que vous pouvez**. Non seulement cela vous alerte sur les balises manquantes, mais cela peut aussi révéler des défauts de conceptions ou des problèmes liés au navigateur (ce dont il est question dans la section suivante, « Éviter les dépendances au navigateur »). Testez vos pages avec Lynx (un navigateur qui n'affiche que le texte). Demandez à des amis et des collègues de tester votre travail, et dites-leur d'utiliser autant de navigateurs qu'ils le peuvent. S'il vous plaît !
- **Suivez toujours les règles de syntaxe et d'agencement d'un document HTML**. Ce n'est pas parce que les navigateurs n'exigent pas la présence d'éléments tels que `html`, `head`, et `body` que vous devez les omettre. En effet, ce n'est pas aux navigateurs que vous vous adressez, mais à vos utilisateurs. Or, ces derniers pourraient s'en soucier, de même que de futurs navigateurs.

N'OUBLIEZ PAS

Même si HTML n'est pas à proprement parler un langage de programmation, cela fait sens de le considérer comme tel. En suivant les formats et la syntaxe, vous éviterez des problèmes. En testant et re-testant votre travail, vous assurerez un haut degré de qualité par la conformité aux standards.

Évitez les dépendances au navigateur

Lorsque vous créez des pages web, il est difficile de ne pas céder à la tentation de voir le web tel que le représente votre navigateur favori. C'est pourquoi vous devez sans cesse vous rappeler que les utilisateurs voient le web (et vos pages en particulier) d'autres manières – et via nombre d'autres navigateurs web.

Durant les phases de conception et d'écriture, vous sauterez sans doute de l'éditeur de HTML au navigateur pour visualiser votre travail. À cet instant, vous devriez basculer sur plusieurs navigateurs pour tester vos pages (dont au moins un navigateur en texte uniquement, comme Lynx). Cela vous permettra de mieux visualiser vos pages et de rester concentré sur le contenu. Utiliser un navigateur en texte uniquement est aussi un excellent moyen pour vous assurer que les déficients visuels pourront utiliser votre site.

Testez la page Spoon Browser Sandbox sur `www.spoon.net/browsers`. Elle vous permet d'émuler nombre de navigateurs sur un PC Windows, dont de multiples versions d'IE, Firefox, Chrome, Safari et Opera. De plus, vous pouvez utiliser les serveurs Telnet gratuits sur lesquels Lynx est installé. Vous pouvez trouver un plug-in Firefox pour visualiser dans une fenêtre un aperçu de votre page dans Lynx sur `https://addons.mozilla.org/en-US/firefox/addon/1944`.

Durant le test et la maintenance, visualisez vos pages sous différents points de vue. Travaillez sur de multiples plates-formes ; essayez chaque page avec des navigateurs graphiques ou en texte seulement. Tester prend du temps, mais vous obtiendrez en retour des pages qui sont faciles à lire et à suivre pour quiconque. Autrement dit, vous parviendrez ainsi à élaborer des pages qui sont véritablement indépendantes de tout point de vue. Dans ces conditions, pourquoi prendre le risque de limiter votre audience ?

TRUC

Si plusieurs pages de votre site utilisent le même HTML de base, créez un modèle pour ces dernières (procédez par inclusion d'un squelette HTML et d'une ou de plusieurs feuilles de style CSS). Testez un modèle avec autant de navigateurs que vous pouvez. Lorsque vous êtes certain que le modèle est indépendant du navigateur, utilisez-le pour créer d'autres pages. Cela vous aide à produire des pages qui sont bien représentées, quel que soit le navigateur utilisé par le visiteur.

Ne compliquez pas la navigation sur votre site

Les utilisateurs qui contemplent la splendeur de votre site ne veulent pas s'entendre dire *vous ne pouvez pas vous rendre là-bas d'ici*. Les aides à la navigation sont des aménités essentielles sur un site web de qualité. Une *barre de navigation* doit être judicieusement placée et dotée de contrôles pour aider les utilisateurs à se rendre de A à B. Pour les aider plus encore, limitez (et même, évitez) le défilement, utilisez des liens judicieusement, et n'oubliez pas de garder à l'esprit quel volume de texte suffit à remplir un écran. Les ancres dans le texte permettent de se rendre facilement à des écrans précédents ou suivants, ainsi que tout en haut et tout en bas dans le document. C'est aussi facile que cela – ou du moins, cela semble l'être pour l'utilisateur.

TRUC

Nous croyons dans l'utilité des pages à *faible défilement* : les utilisateurs ne devraient avoir à faire défiler une page sur plus d'un écran depuis un point d'intérêt pour accéder à une aide à la navigation leur permettant de sauter (sans défilement) au prochain point d'intérêt. Si les utilisateurs doivent faire défiler la page, le défilement vertical passe encore, mais il ne faut absolument pas recourir au défilement horizontal !

Nous ne croyons pas que les barres de navigation soient obligatoires ou que les noms des contrôles qu'elles comportent doivent toujours être les mêmes. Mais nous pensons que plus vous donnez aux utilisateurs du contrôle sur leur navigation, plus ils l'apprécient. Plus le document est long, plus il est important d'y faire figurer des contrôles pour naviguer à l'intérieur ; le mieux est de les faire figurer toutes les 30 lignes (ou alors d'utiliser des contrôles affichés en permanence dans la page).

Ne pensez pas révolution, mais évolution

La tendance à s'appuyer sur ses fondations, pour ne pas dire de s'endormir sur ses lauriers, est presque irrésistible une fois le site web lancé. Rien n'interdit de faire une pause, mais il ne faut pas laisser les choses en l'état trop longtemps par manque d'attention et de mise à jour. Si vous restez intéressé par ce qui se trouve sur votre site après qu'il a ouvert ses portes, son contenu ne sera probablement jamais périmé. Faites ce que vous pouvez (et ce que vous devez) pour rester à la pointe, et vos visiteurs vous resteront fidèles.

Avec le temps, les pages web évoluent et s'enrichissent. Gardez un œil neuf sur votre travail et recrutez des yeux neufs dans les rangs de ceux qui ne l'ont encore jamais encore vu pour éviter ce qu'on nomme l'*acceptation organique* (ou encore *indifférence*).

Ce concept s'explique bien par l'analogie du miroir. Comme vous y contemplez votre visage chaque matin, vous connaissez trop bien ce dernier, si bien que vous êtes moins sensible qu'autrui aux changements de votre visage dans le temps. Un jour, vous vous voyez sur une vidéo, ou sur une photo, ou par les yeux d'un vieil ami. À cet instant, les changements évidents pour le reste du monde se révèlent à vous et vous vous écriez « J'ai atrocement vieilli ! ».

Les changements des pages web relèvent de l'évolution et non de la révolution. Ils s'accumulent jour après jour ; les bouleversements sont rares. Néanmoins, vous devez rester sensible à la lisibilité du contenu tandis que vos pages évoluent. L'absence de liens renvoyant à chaque catégorie de produits de votre catalogue ne causait pas problème lorsque vous n'aviez que trois produits – mais maintenant que vous en proposez 25, cela devient indispensable. Vous avez sans doute déjà entendu dire que la forme suit la fonction ; sur le web, cela signifie que la structure de votre site doit s'adapter aux changements de son contenu. Si vous évaluez régulièrement l'efficacité de votre site pour communiquer, vous saurez quand il est temps d'apporter des changements, grands ou petits.

C'est pourquoi le retour de l'utilisateur est indispensable. Si vous n'avez pas de retour spontané via les formulaires ou autres, sollicitez-en directement de vos utilisateurs. Si vous n'êtes pas certain de la qualité de ce que vous faites, comment pourrez-vous l'être un jour si vous ne demandez pas son avis à autrui ?

Ne tombez pas dans le piège de la linéarité

Du fait de siècles passés à lire des textes imprimés de manière linéaire, nos esprits sont formatés. Le piège de la linéarité est le fruit d'une vie passée à lire ce type de matériau ; il nous interdit de penser qu'un document pourrait se présenter autrement que ceux que nous avons toujours lus. Toutefois, l'*hypermédia* donne un nouveau sens au terme *document*, surtout sur le web (l'hypermédia correspond au contenu numérique à base de texte, d'image, de vidéo, de son et ainsi de suite, ainsi que des hyperliens ; il offre bien des moyens d'échapper au piège de la linéarité). Dans ces conditions, il peut être tentant d'assembler des pages pleines de fonctionnalités, jusqu'à ce qu'elles en débordent. Mais faites attention : évaluez l'intérêt de l'hypermédia à l'aune de certains critères :

- l'attrait supplémentaire qu'il procure ;
- les possibilités qu'il offre d'accroître le contenu ;
- l'impact important – et pertinent – qu'il peut produire sur les utilisateurs.

Dans les limites de ces contraintes, un tel matériau peut grandement enrichir l'expérience que les utilisateurs font de votre site.

Sortir avec intelligence du schéma linéaire propre au texte imprimé peut être parfaitement bien accueilli par vos utilisateurs et rendre simultanément vos informations plus accessibles. C'est pourquoi nous vous encourageons à utiliser soigneusement des index de documents, des références croisées, des liens vers des documents et tout autre outil susceptible d'aider les utilisateurs à naviguer sur votre site.

Ne perdez pas de vue l'impact des liens ; c'est le moyen le plus rapide d'échapper au piège de la linéarité. Si vous recherchez un modèle de comportement pour un nouveau site web, ne vous référez pas à la brochure à trois volets que vous avez imprimée, aussi attrayante qu'elle soit. Pensez plutôt à la manière dont votre service commercial prend les appels des nouveaux clients : « Comment puis-je vous aider ? »

Ne laissez pas l'inertie vous gagner

Une fois que vous avez lancé votre site, il est seulement humain de se laisser gagner par la paresse comme après avoir terminé un gros travail. La maintenance d'un site n'est pas aussi héroïque ou inspirante que la création, mais elle mobilise presque autant de savoir-faire pour maintenir les choses en état de fonctionner – c'est-à-dire s'assurer que les liens fonctionnent, que les images apparaissent, que ce qui est interactif l'est encore, et ainsi de suite. Les sites qui ne sont pas maintenus deviennent souvent des sites fantômes : les utilisateurs cessent de venir les visiter quand les développeurs ont cessé d'y travailler. Ne craignez jamais d'apporter un peu d'attention au détail pour que les pages continuent de fonctionner et restent à jour. Si vous commencez avec un site qui a de la valeur et que vous ne cessez de lui en ajouter, la valeur de votre site s'appréciera avec le temps – tout comme n'importe quel bien. Commencez avec un site qui a de la valeur et abandonnez-le, et il ne vaudra bientôt plus rien.

Considérez votre site du point de vue d'un chef mécanicien dans l'aéronautique : la maintenance est essentielle, c'est un travail à toujours répéter, sans lequel vous risqueriez le crash. Un site web, c'est un véhicule pour de l'information. Il doit être l'objet d'attention ; sa maintenance requiert respect et discipline.

Faire évoluer votre site pour le tenir à jour, cela signifie que vous devez en planifier la maintenance. Faites en sorte que ce soit le travail de quelqu'un de passer du temps sur le site régulièrement ; et vérifiez derrière que le travail a été fait. Si quelqu'un se voit confier la responsabilité de gérer les mises à jour, les modifications et les améliorations du site, il harcèlera les autres contributeurs du site pour qu'ils lui donnent du travail à faire lorsque la maintenance du site se déroulera. Bientôt, chacun se sentira concerné par l'enjeu de maintenir le site en état de marche. C'est la condition pour faire revenir les visiteurs !

Chapitre 22

Dix manières d'éradiquer les bogues

Dans ce chapitre :

- Éviter les gaffes dans le balisage et l'orthographe
- Gardez les liens frais et chauds
- Réunir des bêta-testeurs pour vérifier, vérifier de nouveau et vérifier encore votre site
- Modifier votre site en fonction des retours des utilisateurs

Une fois que vous avez apporté les dernières touches à un jeu de pages, mais avant de les offrir à la contemplation du reste du monde, il est temps de les soumettre à rude épreuve. Le test demeure le moyen le plus efficace pour s'assurer de la qualité et de l'efficacité d'un site.

Un test en profondeur doit comprendre une revue du contenu, une analyse de la syntaxe et de la sémantique HTML et CSS, une vérification des liens, et diverses validations pour s'assurer que votre création est bien à la hauteur de vos espoirs. Lisez ce chapitre pour prendre connaissance de fruits de toute une expérience du test (appris au fil d'une vie d'aventures sur le web) visant à éradiquer les bogues, les erreurs et toutes les infestations dans les pages web.

Faites une liste et vérifiez-la – deux fois

L'envie que les choses fonctionnent bien et se présentent bien sur un site web doit vous pousser à procéder régulièrement à sa révision. Si vous travaillez à partir d'un diagramme de la manière dont votre site est (ou devrait être) organisé, vous pourrez sérieusement en tester la structure, l'organisation et la navigation. Et si vous passez vos pages au correcteur orthographique chaque fois que vous les modifiez, vous aurez toutes les chances de ne pas manquer de fautes.

Votre conception devrait prévoir l'existence d'une carte (souvent qualifiée de *carte de site*) qui vous indique où chaque document HTML et chaque feuille de style se trouvent dans votre site. Cette carte vous renseigne aussi sur les relations entre les pages de votre site. Mettez cette carte à jour lorsque vous passez de la conception à la réalisation (de notre expérience, les choses changent toujours en cours de route). N'oubliez pas d'y faire figurer tous les liens entre et à l'intérieur de documents.

Une carte de site constitue la base pour un plan de test. C'est exact, on ne teste pas au hasard. Utilisez votre carte de site pour :

- Passer en revue et tester chaque page et chaque lien systématiquement.
- Vous assurer que tout fonctionne comme cela devrait – et que ce que vous avez construit a quelque relation avec ce que vous aviez conçu (aussi étonnant que cela puisse être).
- Définir la liste des choses à vérifier tandis que vous avancez dans le processus de test.
- Vérifier tout au moins deux fois.

Vérifiez le texte

Avant de contempler une série de pages, rappelez-vous que vous contemplez des centaines de mots (voire plus). Or, nombre de pages sont publiées sans passer au correcteur orthographique, et c'est pour cette raison que nous suggérons – en fait, nous *demandons* – que vous fassiez de la correction orthographique une étape à part entière lorsque vous testez et vérifiez votre site (nous ne pouvons pas vous forcer, mais sachez que c'est vraiment pour votre bien). Nombre d'outils HTML, tels qu'Aptana, Kompozer et Dreamweaver intègrent un correcteur orthographique, le premier des outils de ce genre que vous devriez songer à utiliser. Ces éditeurs HTML savent ignorer le balisage pour ne vérifier que le texte.

Même si vous utilisez des outils HTML seulement occasionnellement et que vous écrivez la plupart de votre balisage à la main, procédez à une correction orthographique avant de poster vos documents sur le web. Pour comprendre par l'exemple pourquoi c'est important, dressez une liste des fautes de grammaire et d'orthographe que vous relevez durant vos voyages sur le web.

N'oubliez pas de noter comment ces gaffes vous semblent entacher l'image de ceux qui ont créé les pages impliquées. Vous saisissez le message ?

Vous pouvez utiliser votre traitement de texte favori pour vérifier l'orthographe de vos pages. Avant de les vérifier, ajoutez un balisage HTML et CSS à votre dictionnaire, et le correcteur orthographique devrait rapidement fonctionner sans heurt – il ne bloquera que sur les URL et les chaînes de caractères étranges qui peuvent se présenter occasionnellement dans les documents web.

Pour valider le HTML, essayez l'un des nombreux services de validation qu'on trouve sur le web. Nous apprécions l'édition Lite gratuite de CSE HTML Validator (`www.freehtmlvalidator.com`).

Si cet outil ne correspond pas à vos besoins, rendez visite à un moteur de recherche et saisissez *validateur HTML de pages web*. Vous devriez récupérer une liste de validateurs précisément conçus pour les pages web.

N'OUBLIEZ PAS

N'oubliez pas de relire votre copie vous-même. Aucun correcteur orthographique ne parviendra à détecter une erreur dans « J'écoute le champ des oiseaux », alors que cela saute aux yeux. Mieux encore, offrez-vous les services d'un professionnel pour vous aider durant les tests.

La chasse aux liens erronés

Un site web bien tenu propose du contenu à jour et des liens vers des ressources d'actualité. Vous ne pouvez pas parvenir à un tel résultat sans fournir d'efforts réguliers (parfois, constants), ce qui implique d'en planifier. Le retour sur investissement peut être énorme – à commencer par l'authentique excitation que vous susciterez chez le visiteur face aux nouvelles merveilles et aux nouveaux trésors que vous lui révélerez lors de sa prochaine visite sur le site. Impossible de simuler pour atteindre un tel résultat.

Nous avons procédé à un test aléatoire qui n'a rien de scientifique pour vérifier ce que nous soupçonnions ; les utilisateurs nous ont dit qu'un site leur fait d'autant meilleure impression que les liens qu'ils y trouvent fonctionnent. La morale de ce sondage : *vérifiez toujours vos liens*. Cette recommandation vaut autant une fois que vos pages sont publiées qu'avant qu'elles ne le soient. Rien n'irrite plus les utilisateurs que d'être confrontés à la redoutable erreur 404 Fichier non trouvé plutôt que les bonnes choses qu'ils étaient en droit d'attendre. N'oubliez pas – en matière de maintenance, il est aussi indispensable de vérifier les liens que de tester.

TRUC

Si vous êtes quelqu'un de votre siècle, louez les services d'un robot pour faire le travail à votre place. Les robots travaillent des heures durant (sans pause café), ne coûtent pas cher, et vérifient jusqu'au dernier lien sur votre site (et même au-delà, si vous les laissez faire). Le meilleur, c'est que vous pouvez les programmer pour qu'ils travaillent selon votre plaisir : ils arrivent tout le temps à l'heure, font tout le temps du bon travail, et ne se plaignent jamais (mais nous n'en avons pas encore trouvé qui rapportent des gâteaux faits maison ou qui se souviennent des anniversaires). Tout ce que vous avez à faire, c'est de lancer une recherche en ligne sur une phrase telle que *vérificateur de liens*. Vous n'aurez que l'embarras du choix ! Pour commencer, vous pourriez utiliser l'un de ceux-ci :

- **W3C Link Checker** (`http://validator.w3.org/checklink`) : il est facile à utiliser et se configure facilement.
- **Online Link Checker** (`www.2bone.com/links/linkchecker.shtml`) : c'est une autre bonne option gratuite.
- **REL Link Checker Light** (www.relsoftware.com/rlc/downloads) : c'est une version gratuite de Web Link Validator de REL Software, et il est assez efficace pour répondre à des besoins personnels ou à ceux de petites entreprises.
- **Xenu Link Sleuth** (`http://home.snafu.de/tilman/xenulink.html`) : un autre package que vous pouvez essayer.

TRUC

Si une URL pointe sur une page qui pointe simplement sur une autre (un pointeur), vous ne pouvez laisser ce lien subsister tout seul. Bien entendu, il fonctionne, mais pour combien de temps ? Et quel ennui ! Par conséquent, si votre exploration des liens vous révèle l'existence d'un pointeur, faites une faveur à vos utilisateurs en mettant à jour l'URL pour pointer directement sur la vraie destination. Vous leur ferez gagner du temps, limiterez le trafic sur Internet, et gagnerez des points de cyberkarma.

Conservez des liens pour l'éternité

Si vous devez conserver un lien qui n'est plus à jour afin de donner à vos utilisateurs le temps de modifier leurs favoris, indiquez aux navigateurs qu'ils doivent sauter directement de la vieille page à la nouvelle en rajoutant la commande HTML suivante dans le `<head>` du vieux document :

```
<meta http-equiv="refresh" content="0"; url="nouvelleURLici">
```

Cette ligne de code indique au navigateur qu'il doit rafraîchir la page. Le délai d'attente avant de basculer sur la nouvelle page est spécifié à l'aide de l'attribut `content`, et l'URL de destination l'est par l'attribut `url`. Si vous créez une telle page, faites-y aussi figurer un lien normal dans sa section `<body>`, de sorte que les utilisateurs dont les vieux navigateurs ne seraient pas capables de les rediriger automatiquement puissent cliquer eux-mêmes. Vous pourriez aussi rajouter du texte pour expliquer aux visiteurs qu'ils doivent mettre à jour leurs favoris avec la nouvelle URL. Ce n'est peut-être pas très amusant pour eux, mais c'est le résultat escompté.

Maintenez votre contenu en lien avec votre univers

Votre contenu doit rester frais, en relation avec ce qui se passe dans l'univers auquel votre site web se rapporte. Lorsque quelque chose change, disparaît ou apparaît dans cet univers, un évènement similaire devrait survenir sur votre site web. Comme il arrive toujours quelque chose de nouveau, donnez toujours aux visiteurs une raison de revenir. De plus, si vous parvenez à rendre compte fidèlement et honnêtement de ce qui se passe dans votre univers, vous gagnerez leur respect et leur loyauté.

Recherchez les problèmes partout

Le public exprime un besoin croissant de contrôle qualité du contenu, tout particulièrement sur le web, où chacun peut plus qu'ailleurs se contenter de voir en passant (et où le succès dépend souvent du nombre de ceux qui passent *et qui reviennent*). Vous devez contrôler votre travail lorsque vous créez un site, et persévérer dans le contrôle au-delà. Cette pratique vous force à revisiter votre matériau, ce qui vous permet de constater ce qui a pu changer dans l'univers tout autour de vous et d'en tenir compte. C'est pourquoi on n'en finit jamais vraiment de tester ; sans cesse, il faut se remettre à l'ouvrage – de préférence sur la base d'un agenda régulier !

Avec l'aide d'un petit nombre d'utilisateurs sélectionnés avec soin, vous devriez tester en profondeur votre site avant de le partager avec le reste du monde – et plus d'une fois ! Ce processus s'appelle *bêta-test*, et c'est un must pour tout site bien construit, tout particulièrement s'il a une vocation commerciale. Lorsque vous en arrivez au bêta-test, rassemblez une troupe de grincheux et de teigneux. Si vous avez des clients pointilleux ou des collègues exigeants, opiniâtres, toujours prêts à débattre, vous leur aurez trouvé une mission à la hauteur de leurs exigences : ces gens sont des bêta-testeurs idéaux – ce qui signifie qu'ils refusent toute concession.

TRUC

N'attendez pas la dernière minute pour tester votre site web. Corriger des problèmes détectés lors d'un bêta-test peut parfois prendre des semaines. Prenez-y vous à l'avance : testez tôt, et testez souvent ; vous nous remercierez finalement.

Les bêta-testeurs utiliseront vos pages de manières que vous n'auriez jamais pensées possibles. Ils interpréteront votre contenu en lui trouvant un sens que vous n'auriez jamais prétendu lui donner. Ils vous rendront fous et vous mettront à rude épreuve toutes vos croyances et vos principes. Ils trouveront aussi des moyens de vous avoir qui vous prendront totalement au dépourvu. Ils relèveront des fautes d'orthographe que les correcteurs orthographiques laisseraient passer. Ils vous diront toutes les choses que vous avez oubliées, et vous pointeront celles que vous feriez mieux de retirer. Bref, ils vous permettront de regarder vos pages sous d'autres angles, plutôt extrêmes. Et ils feront tout cela avant que vos utilisateurs ne le fassent ! Croyez-nous, c'est une bénédiction – même si ça n'en a pas les apparences.

N'OUBLIEZ PAS

Croyez-le ou non, les résultats de toutes ces souffrances seront positifs. Vos pages seront plus claires, plus directes, et plus correctes qu'elles ne l'auraient été si vous les aviez testées vous-même (si vous ne nous croyez pas, vous pouvez toujours vous passer de cette étape, mais excusez de ne pas regarder le spectacle lorsque les vrais utilisateurs commenceront à utiliser votre site).

Couvrez vos bases avec des revues par des pairs

Si vous créez une simple page d'accueil dont le contenu se rapporte à votre obsession personnelle, le conseil qui suit ne vous concernera sans doute pas. N'hésitez tout de même pas à en prendre connaissance – il pourrait s'avérer utile en cours de route.

Si vos pages expriment un point de vue qui est celui d'une organisation, il y a approximativement *100 %* de chance que vous devrez les faire contrôler par vos pairs avant de pouvoir les exposer à la face du monde. En fait, nous vous recommandons même de provoquer de telles revues à chaque étape de la construction de votre site – de la conception générale jusqu'à l'assemblage final de pages sous la forme d'un site fonctionnel, en passant par la rédaction de ces dernières. Ces revues vous aident à éviter des obstacles, comme la pratique d'un humour déplacé ou l'expression non intentionnelle d'opinions politiques. Aussi, si vous avez des doutes sur la possibilité d'utiliser librement des textes, des logos et autres, faites intervenir le service juridique (si vous n'en avez pas, vous pourriez vous adresser à un conseil ; cela coûte toujours moins cher de payer pour éviter un litige que pour s'en sortir).

TRUC

Mettez en œuvre un processus de validation lors de vos revues afin d'être en mesure de prouver que les parties responsables ont revu et approuvé ce que vous proposez. Nous espérons que vous n'aurez jamais à invoquer de tels arguments après avoir publié vos pages web, mais en matière de responsabilité, mieux vaut être sauf que désolé (ce processus s'appelle aussi *couvrir vos bases*).

Utilisez les meilleurs outils de test

Lorsque vous passez vos pages enfin terminées à la moulinette pour vérifier les liens et le HTML, rappelez-vous qu'il existe des outils pour vous aider. Passez sur le validateur du W3C sur `http://validator.w3c.org` qui vous fournira l'assistance requise pour faire que votre HTML soit pur comme l'air, blanc comme la neige, et conforme aux standards comme… du *HTML vraiment bien écrit* (nous manquons de métaphores pour ce point).

De même, utilisez les vérificateurs de liens dont il a été question plus tôt dans ce chapitre afin de tester régulièrement les liens dans vos pages. Ces serviteurs utiles vous diront si quelque chose est devenu obsolète, vous pointant les liens qui doivent être corrigés.

Planifiez des revues de site

Chaque fois que vous modifiez ou mettez à jour votre site, vous devriez tester ses fonctionnalités, le passer au correcteur orthographique, conduire un bêta-test pour repartir en ligne du bon pied. Toutefois, vous n'apportez parfois qu'une petite modification – un nouveau numéro de téléphone ou adresse, un seul produit, un nom ou un titre – et vous ne voudrez pas reprendre ainsi tout le processus de test.

C'est parfaitement compréhensible – mais une chose conduit inévitablement à une autre, et ainsi de suite. De plus, si vous sollicitez des retours, il y a des chances pour qu'on vous pointe un problème que vous n'aviez jamais remarqué ou que vous ne pensiez pas régler. Pour toutes ces raisons, programmez donc des revues de site régulières, même si vous n'avez pas effectué beaucoup de modifications ou de mises à jour depuis la dernière revue. Les choses changent et des petites erreurs ont toujours l'art d'apparaître lorsque les petits changements se succèdent.

Si votre site contient du code (JavaScript, Active Server Pages, Java Server Pages, ou autres), vous devrez aussi vous livrer à une inspection rigoureuse. Un de nos amis qui travaille au contrôle qualité dans une grande entreprise de technologie a récemment été chargé de passer en revue un site web créé pour fournir des informations sur la sécurité en temps réel et les erreurs aux développeurs qui utilisent ses produits. Il nous a dit qu'il était évident que les développeurs n'avaient pas tout essayé, de toutes les manières, simultanément. Lorsqu'il l'a fait, il a révélé des failles auxquelles ils ne s'attendaient pas. Mieux vaut vous infliger un tel traitement (ou louer les services de quelqu'un pour le faire à votre place) et régler les problèmes à l'avance que de payer le prix d'une humiliation publique.

Tout comme vous passez votre voiture au garage pour faire changer l'huile ou remplacer un filtre d'air conditionné, planifiez des visites de contrôle régulières de votre site. La plupart des grandes organisations avec lesquelles nous sommes en relation le font approximativement tous les trois mois ; certaines, plus souvent encore. Même si vous pensez ne pas trouver de bogues à exterminer, de fautes à corriger, d'informations obsolètes à rafraîchir, vous serez souvent surpris de ce qui ressortira de ces visites. Faites-en donc une routine, et vos surprises n'en seront que moins douloureuses – et il vous en coûtera moins pour y remédier !

Incitez les utilisateurs à vous faire des retours

Qui pourrait mieux vous dire ce qui fonctionne et ce qui ne fonctionne pas que ceux qui utilisent votre site ? Qui vous dira mieux ce qui est superflu et ce qui manque ? Mais si vous souhaitez des retours de vos utilisateurs pour booster la croissance et l'évolution du site, vous devez non seulement les demander clairement, vous devez même les encourager de la manière la plus honnête qui soit. Vous devez alors réagir à ces retours pour en susciter d'autres.

Même après sa publication, le test de votre site n'est pas achevé. En fait, vous n'en finirez jamais de tester. Vous n'avez peut-être pas songé à demander un retour à vos utilisateurs par formulaire pour tester, mais c'est la meilleure épreuve de réalité à laquelle vos pages seront jamais soumises. Aussi, devez-vous faire tout ce qui est possible – dont offrir des pizzas ou des gadgets – pour inciter vos utilisateurs à remplir des formulaires HTML sur votre site.

C'est aussi la raison pour laquelle vous devez lire tous les retours qui vous sont faits. Sollicitez donc autant de retours que vous le pouvez en gérer. Prenez-en connaissance soigneusement, et mettez en œuvre les idées qui peuvent améliorer ce que vous proposez sur votre site web. Par ailleurs, c'est une bonne idée que de répondre à un retour avec un courriel personnalisé pour faire savoir à vos utilisateurs que vous accordez de l'importance à ce qu'ils écrivent. Si vous n'avez pas le temps de le faire… trouvez-le !

N'OUBLIEZ PAS

Les utilisateurs les plus pointilleux et les plus pinailleurs constituent un vrai trésor : qui pourrait mieux qu'eux passer en revue vos nouvelles pages et pointer les petits défauts subtils dont elles souffrent ? Vos utilisateurs peuvent activement contribuer au succès de votre site. Travailler avec eux permet de les impliquer plus et vous aide à orienter le contenu de vos pages web. Que demander de plus ? Considérez les choses sous cet angle : vous pouvez toujours trouver des défauts, et il est très utile de les corriger.

Si vous leur donnez, ils vous le rendront bien !

Parfois, demander un retour ou proposer des sondages à vos utilisateurs ne produit pas les résultats escomptés – en qualité ou en volume. Vous vous souvenez des jours où vous remplissiez volontiers un sondage en échange d'un bon d'achat ? Avec un peu de créativité, vous devriez pouvoir offrir quelque chose de valeur à vos utilisateurs en échange de leur temps et de leurs remontées. Ce pourrait être un mois supplémentaire d'abonnement, des ristournes sur des produits ou des services, quelque gadget expédié gratuitement (vous pourrez éventuellement trouver là un moyen de vous débarrasser de ce tas de peluches monstrueuses que vous distribuiez sur votre stand l'année dernière).

Il existe une autre solution pour retourner la politesse à vos utilisateurs sans qu'il ne vous en coûte trop. Offrez de faire parvenir aux participants les résultats de votre sondage, ou de partager d'une manière ou d'une autre ce que vous avez appris. Cela peut suffire à motiver les participants pour qu'ils prennent le temps de vous faire un retour ou de répondre à vos questions. N'oubliez pas que vous demandez à vos utilisateurs de vous consacrer du temps et de l'énergie, alors soyez poli et offrez quelque chose en retour.

Chapitre 23

Dix technologies et outils HTML cool

Dans ce chapitre :

- Identifier vos besoins pour constituer votre boîte à outils HTML
- Trouver votre éditeur HTML favori
- Ajouter des applications graphiques à votre boîte à outils
- Les systèmes de création pour le web
- Comprendre les utilitaires indispensables pour publier sur le web

Les documents HTML sont faits de texte, ce qui signifie que vous pouvez les éditer en utilisant un éditeur de texte des plus dépouillés, tel que Bloc-notes (PC) ou TextEdit (Mac). Il était une fois, les auteurs du web utilisaient ces outils. Mais le web évolua, et avec les outils utilisés pour créer les pages web. De nos jours, la création sur le web est devenue assez complexe pour qu'un simple éditeur de texte ne suffise plus, à moins que :

- Vous ne vous souciez pas trop des graphismes et de la validation HTML.
- Vous soyez sur une intervention expresse pour apporter des modifications à un document HTML existant.

TRUC

Faites attention à ce que vous achetez quand vous entreprenez de constituer votre boîte à outils HTML. Les étudiants et les enseignants bénéficient souvent de grosses remises sur des logiciels de grandes marques – si vous en êtes, recherchez *offre logiciel étudiant enseignant* dans un moteur de recherche. Mais avant tout, sachez que chacun peut économiser de l'argent en faisant soigneusement son choix. Testez les sites de comparaison de prix tels que Priceminister (`www.priceminister.fr`) ou Rue Montgallet (`www.rue-montgallet.com`).

Les éditeurs HTML WYSIWYG

Les éditeurs WYSIWYG (abréviation d'une expression signifiant que ce que vous voyez correspond à ce que vous obtenez, à prononcer *oui-zi-vig*) font tout sauf votre ménage. Nombre d'éditeurs WYSIWYG proposent des vues sur le code comme les éditeurs assistants (voir la section suivante), et bien d'autres choses encore.

Un éditeur WYSIWYG génère le balisage tandis que vous créez et mettez en forme le contenu de la page web à l'écran, souvent en glissant-posant des éléments visuels ou en travaillant à l'aide de menus et d'options de l'interface. Durant ce travail, l'éditeur WYSIWYG vous dissimule le balisage sous-jacent. Ce sont des outils semblables à des traitements de texte ou de mise en page ; ils font beaucoup de travaux pour vous.

TRUC

Les éditeurs WYSIWYG vous facilitent la tâche et peuvent vous faire gagner des heures de codage inutiles – vous avez une vie à vivre, n'est-ce pas ? – mais vous ne devriez en utiliser que durant la phase de conception. Par exemple, vous pouvez utiliser un éditeur WYSIWYG pour créer un Tableau complexe en moins d'une minute aux premiers temps de votre conception. Plus tard, quand le site se précise, vous devez utiliser un éditeur assistant pour affiner et trafiquer votre balisage HTML directement.

Dreamweaver

Dreamweaver compte parmi les meilleurs outils de développement web WYSIWYG pour systèmes Mac et PC. Nombre de développeurs utilisent Dreamweaver, sinon tous. C'est un produit tout-en-un qui vous permet de :

- Créer un site web.
- Maintenir un site web.
- Gérer le contenu d'un site web.

La version actuelle, Dreamweaver CC, fait partie d'une suite de produits – Adobe Creative Cloud, dont l'abréviation est CC – qui fonctionnent ensemble pour couvrir un spectre entier des solutions Internet. Adobe CC est donc un gros package qui comprend des outils tels que InDesign, Photoshop, Illustrator, Acrobat Professional, Dreamweaver, AfterEffects, Premiere Pro, Soundbooth, Encore, et bien plus. Pour 62 euros par mois, vous pouvez vous offrir Adobe Creative Cloud Collection avec tous ces outils. Pour 25 euros par mois, vous pouvez simplement vous offrir Dreamweaver CC.

Dreamweaver dispose d'une interface graphique ergonomique pour styliser les pages en CSS sans même savoir ce qu'est une règle de style. C'est cette interface et sa capacité à générer du HTML propre qui font principalement l'intérêt de l'outil. Vous pouvez en apprendre plus sur Dreamweaver en visitant le site web d'Adobe sur `www.adobe.com/fr/products/dreamweaver.html`.

Les autres éditeurs WYSIWYG

Les éditeurs suivants ont de nombreux fans. Ils permettent tous deux de produire d'excellentes pages web :

- **KompoZer** est un éditeur de pages web qui permet d'éditer en mode texte ou WYSIWYG. Il colore le code, dispose d'une complétion automatique, valide le HTML, permet de gérer un site, et bien d'autres choses. En plus, il est gratuit. Vous pouvez le trouver sur `http://kompozer.net`.
- **Microsoft Expression Web 4** est un package web pour Windows qui dispose d'un éditeur de code (en texte) et d'un éditeur visuel (WYSIWYG), ainsi que d'outils de script, une excellente gestion des graphismes, des outils d'optimisation pour moteurs de recherche (SEO), et plus encore. L'outil n'est plus commercialisé par Microsoft qui propose désormais de le télécharger gratuitement. Pour en savoir plus, rendez-vous sur `www.microsoft.com/expression/fra/`.

Ce n'est qu'un petit exemple. Pour plus d'outils WYSIWYG, essayez de rechercher *éditeur HTML WYSIWYG* sur le web.

Les éditeurs HTML assistants

Un assistant HTML fonctionne comme son nom l'indique. Il vous aide à créer du HTML, mais il ne produit pas le balisage à votre place. Le HTML est affiché tel quel – les balises et tout le reste. Vous pouvez toucher directement au code et le trafiquer (à condition d'avoir lu ce livre). C'est ce qu'on appelle souvent une *vue code*.

Les bons assistants permettent de gagner du temps et d'alléger votre travail. Des fonctions telles que les suivantes rendent le développement HTML plus facile et plus drôle :

- Les balises sont d'une couleur différente que le contenu.

- Le correcteur orthographique reconnaît les balises comme des termes à ne pas contrôler.

TRUC

Utilisez un éditeur assistant lorsque vous créez des tableaux complexes ou des listes à plusieurs niveaux. Plus complexe est votre balisage, plus un éditeur assistant peut vous aider !

Aptana Studio

Aptana Studio est un outil de développement complet qui gère le JavaScript, PHP, CSS et HTML. Aptana comprend un éditeur HTML complet qui convient aussi bien aux débutants qu'aux professionnels. Il faut un peu connaître le HTML pour l'utiliser, mais il vous assiste à chaque étape.

Nous apprécions Aptana Studio pour toutes les facilités qu'il offre. En particulier, vous pouvez :

- Synchroniser automatiquement vos répertoires avec votre serveur FTP.
- Incorporer toutes sortes des plug-ins cool (Aptana s'appuie sur Eclipse, un environnement de développement intégré très utilisé).

  Aptana permet de travailler facilement avec d'autres langages tels que Ruby on Rails, jQuery, Python en utilisant les nombreux plug-ins disponibles.
- Créer, modifier et valider du CSS, du JavaScript, du HTML et du PHP.
- Utiliser les fonctionnalités de complétion automatique et de coloration du texte pour distinguer le HTML, le CSS, le JavaScript, et ainsi de suite.
- Tirer parti d'un vaste ensemble de documentations et de didacticiels et bénéficier du support d'une communauté d'utilisateurs active.

TRUC

Aptana est un projet open source, ce qui signifie qu'il est gratuit. Vous pouvez télécharger Aptana sur `www.aptana.com`. Si vous ne vous sentez pas trop de travailler dans un environnement de développement où vous faites l'essentiel du travail vous-même, jetez un œil sur les compétiteurs dans la section suivante.

Les autres éditeurs assistants

Vous pouvez trouver bien d'autres éditeurs HTML assistants excellents. Voici notre liste d'alternatives :

- **Komodo Edit** est un package logiciel classieux, très fonctionnel, très bien noté par ceux qui l'utilisent au quotidien et les experts. Il n'est pas

WYSIWYG, mais il fait le travail. Komodo comprend nombre d'excellentes fonctionnalités, dont des validateurs intégrés pour CSS, HTML et les fonctionnalités d'accessibilité ; la coloration du code ; la complétion des balises en HTML et XML ; la recherche et le remplacement dans plusieurs fichiers ; la gestion de plusieurs langages liés au web, tels que Perl, Python, Tcl, PHP et JavaScript ; et bien plus.

Komodo Edit est une version limitée et gratuite du produit Komodo IDE d'ActiveState.com, lequel coûte 295 dollars. À moins que vous ne développiez des logiciels, Komodo Edit devrait répondre à vos besoins complémentaires.

Téléchargez une version gratuite sur `www.activestate.com/komodo-edit/downloads`. Il en existe pour Windows, Mac OS X et Linux.

- **HTML-Kit** est un outil Windows compact comprenant :
  - Des menus pour baliser facilement en HTML et en CSS.
  - Une sympathique fenêtre d'aperçu pour visualiser ce que donne votre balisage vu d'un navigateur.

  Si vous souhaitez télécharger HTML-Kit, rendez-vous sur `www.chami.com/html-kit`. Vous pouvez télécharger une version gratuite ou vous enregistrer pour 59 dollars et obtenir un ensemble d'outils supplémentaires, donc un générateur de tableaux, un analyseur de fichiers de log, un éditeur HTML/XML doté d'une interface astucieuse qui vous permet de visualiser et de naviguer dans les arborescences syntaxiques des documents.

- **Open Source Notepad++** vous propose une aide fonctionnelle pour produire du HTML et du CSS, ainsi que dans d'autres langages. Référez-vous à `notepad-plus-plus.org`.

Les éditeurs graphiques abordables

Les applications graphiques sont des monstres. Elles peuvent faire des choses prodigieuses, mais il peut être décourageant d'apprendre à s'en servir au premier abord. Même leurs versions allégées (telles que Photoshop Elements) demandent du temps et des efforts pour parvenir à bien les comprendre et les utiliser.

Si vous n'avez pas l'âme d'un artiste, cherchez une autre solution pour travailler sur vos images. Les applications graphiques peuvent être onéreuses et complexes. Ce dont vous avez besoin, c'est d'un programme haut niveau (et non haut de gamme) pour retoucher les images ponctuellement. Nous apprécions beaucoup Adobe Photoshop, mais connaissant son coût et le budget du débutant moyen en HTML, nous évoquerons d'abord des alternatives meilleur marché.

Pour 82 euros, vous pouvez vous offrir Adobe Photoshop Elements, une version de démarrage bon marché pour PC et Mac de Photoshop (le standard par excellence en matière d'édition graphique). Avec Photoshop Elements, vous pouvez faire presque tout ce que vous souhaitez en matière d'édition graphique de niveau débutant ou intermédiaire.

Ce produit vous conviendra si vous souhaitez ajouter des images à votre site, sans en travailler en permanence ou leur appliquer des effets sophistiqués. Pour en savoir plus sur Photoshop Elements, reportez-vous à `www.adobe.com/fr/products/photoshop-elements.html`.

Si votre budget est vraiment restreint, jetez un œil sur ces éditeurs graphiques :

- **Paint Shop Pro Photo X5** : cet éditeur graphique pour PC uniquement est un bon investissement, car il fait presque tout ce que fait Photoshop pour un prix inférieur à celui de Photoshop Elements. Toutefois, vous devrez faire votre marché pour le trouver au meilleur prix (on le trouve aux alentours de 60 euros).
- **GIMP** : si votre budget est vraiment limité, reportez-vous sur le programme de manipulation d'images du GNU, aussi connu sous le nom de GIMP. C'est un package open source dont les fonctionnalités rivalisent avec celles de Photoshop sans coûter autant. GIMP dispose d'une interface utilisateur personnalisable, permet la retouche d'images et de photos, gère un vaste éventail de périphériques et des tonnes de formats de fichiers graphiques. Il fonctionne avec les systèmes d'exploitation Linux, Windows, Mac OS X, Sun OpenSolaris et FreeBSD. Rendez-vous sur `www.gimp.org` pour le télécharger !

Les éditeurs graphiques professionnels

Si vous travaillez avec des photographies ou des images en haute résolution, vous pourriez avoir besoin d'un de ces outils graphiques.

Adobe Photoshop

S'il n'était pas si diablement onéreux, nous ferions tous les honneurs à Photoshop CC. Malheureusement, 12 euros par mois, c'est trop pour le budget de nombreux novice. Vous vous demandez pourquoi évoluer depuis Photoshop Elements ? Adobe invoque entre autres les arguments suivants :

- **Navigateur de fichiers amélioré** : vous fournit plus d'informations sur les fichiers graphiques et vous donne accès à des outils de recherche puissants.
- **Correction ombre/reflet** : des outils intégrés puissants pour manipuler les ombres et les reflets dans les images.
- **Plus de contrôles sur la couleur** : des palettes de couleurs et des outils de correspondance de couleurs avec des contrôles détaillés qui manquent à Elements.
- **Texte curviligne** : Photoshop vous permet de définir n'importe quel type de chemin graphique puis de demander au texte de suivre ce chemin, fonctionnalité qui ne se retrouve pas dans Elements.

Si vous avez besoin d'utiliser des effets visuels sophistiqués, de modifier des images haute résolution telles que des photos, un Photoshop tout puissant est ce qu'il vous faut. Pour les sites web de base, Photoshop s'avère surpuissant – il permet d'appliquer presque n'importe quel traitement aux photos et images de toutes sortes, raison pour laquelle il est bien entendu l'outil graphique professionnel le plus populaire.

Tout comme son petit frère Photoshop Elements, un Photoshop tout puissant fonctionne sur les systèmes d'exploitation Mac et PC. La version actuelle est Photoshop CC. Il est inclus dans toutes les suites Adobe.

NOTE TECHNIQUE

Les modules externes de Photoshop CC rajoutent des fonctions spécialisées – comme la génération de textures complexes ou des effets graphiques spéciaux. Cette possibilité d'extension est intéressante car les graphistes professionnels qui en ont besoin peuvent les acheter (la plupart coûtent plus de 100 euros, 300 euros étant un prix courant) et les ajouter sans problème. Et ceux qui n'en ont pas besoin n'ont pas à payer un extra pour acquérir le logiciel de base.

Adobe Fireworks

Fireworks est un outil graphique conçu spécifiquement pour le web, qui propose donc beaucoup des fonctionnalités à cette fin. La version courante est Adobe Fireworks CC. Fireworks dispose notamment d'une fonctionnalité extrêmement intéressante – qui vous permet d'enregistrer des fichiers graphiques portables sur le réseau (PNG) avec des calques qui fonctionnent plus ou moins comme les fichiers de documents Photoshop (PSD).

Fireworks est étroitement intégré avec d'autres produits Adobe et présente de ce fait un grand intérêt si vous utilisez (ou comptez utiliser) Dreamweaver. Dit simplement, cette combinaison des produits Adobe permet très facilement d'ajouter du piment graphique aux pages web.

Pour plus d'information sur Fireworks et les produits Adobe, reportez-vous à www.adobe.com/fr/products/fireworks.

Le vérificateur de liens du W3C

Un lien cassé sur votre site peut être embarrassant. Pour épargner à vos utilisateurs le message d'erreur 404 Objet non trouvé, utilisez un vérificateur de liens qui s'assurera que les liens fonctionnent bien avant et après que vous avez publié vos pages sur le web. Nombre d'éditeurs HTML et de serveurs web intègrent des vérificateurs de liens internes, qui peuvent éventuellement même vérifier les liens externes.

ATTENTION

Des sites web peuvent se transformer ou disparaître tandis que vous publiez vos pages. Vérifiez régulièrement vos liens pour vous assurer qu'ils fonctionnent toujours. Le pire lien cassé, c'est celui qui pointe sur une page de *votre* propre site, laquelle n'existe plus.

L'outil de vérification des liens du W3C est gratuit, facile à utiliser et fonctionne à une vitesse étonnante (merci à HP pour avoir donné des serveurs au W3C afin de le soutenir). Voici comment il fonctionne : vous saisissez l'URL du document que vous souhaitez tester, et l'outil vous retourne des informations sur les liens qu'il a trouvés dans la page. Il procède même à une vérification récursive si vous cochez la case Check Linked Documents (vérifier les documents liés) dans le formulaire. Testez donc ce super vérificateur de liens vous-même sur `http://validator.w3.org/checklink`.

Vous pouvez aussi télécharger une version de cet outil pour le faire tourner sur votre machine sur `http://validator.w3.org/docs/checklink`. Plusieurs options de téléchargement vous sont proposées :

- Récupérer une version compilée pour votre système d'exploitation, directement utilisable.
- Récupérer le code source pour adapter l'outil à vos besoins, que vous devrez alors compiler.

Les autres vérificateurs de liens

Les programmes suivants sont de bons vérificateurs de liens. Simplement, il faut se donner un peu de mal pour apprendre à les utiliser. Leurs prix sont très intéressants : ils sont gratuits !

- **LinkScan/QuickCheck** : LinkScan propose un service permettant de vérifier en temps réel une simple page ainsi qu'une version d'évaluation d'un package logiciel qui peut gérer des sites comportant jusqu'à 500 000 documents. Il crée un listing coloré, annoté de chacun des documents HTML ou XML qu'il traite. Ce logiciel permet facilement de localiser un lien brisé ou suspect, les fichiers d'images qui manquent, et ainsi de suite.

Testez-le sur `www.elsop.com/quick`.

- **LinkChecker** : LinkChecker propose des services gratuits et sophistiqués de vérification de liens, qui génèrent un résultat codé à l'aide de couleurs, et capables de gérer plusieurs protocoles, proposant tous types de filtres d'URL, vérifiant les cookies, contrôlant la syntaxe HTML et CSS, et bien plus encore.

  Pour en savoir plus, jetez un œil sur `http://wummel.github.io/linkchecker/`.

Les validateurs HTML

La *validation* consiste à vérifier que le contenu d'un document respecte bien un ensemble de règles – une définition de type de document (DTD), un schéma XML ou toutes autres règles qui décrivent la syntaxe et la structure du document. Pour le dire plus simplement, la validation consiste à vérifier si le balisage et le contenu respectent les règles et à signaler tout écart.

En général, l'auteur d'un document qui souhaite le valider procède ainsi :

1. **Créez un document HTML dans un éditeur HTML.**

   Par exemple, supposons qu'il en résulte un document nommé `mapage.html`.

2. **Soumettez mapage.htm à un site de validation de HTML ou de XML pour validation.**

   Si des problèmes ou des erreurs de syntaxe sont détectés, le validateur signale ces erreurs dans une version annotée du document HTML qui lui a été soumis.

3. **Si le validateur rapporte des erreurs, l'auteur les corrige et soumet de nouveau le document pour validation.**

N'OUBLIEZ PAS

Il est parfois nécessaire d'enfreindre les règles du HTML pour que votre page présente bien dans d'anciens navigateurs web. Toutefois, les règles existent pour une bonne raison : le balisage incorrect produit souvent des résultats étranges ou inattendus.

Les navigateurs pardonnent généralement les erreurs de balisage. La plupart d'entre eux reconnaissent les pages HTML sans qu'elles comportent l'élément html. Toutefois, il se pourrait un jour que les langages de balisage deviennent si complexes et précis que les navigateurs ne pourront plus deviner si vous avez publié un document rédigé en HTML ou dans un autre langage. Procédez donc à un balisage rigoureux dès maintenant pour vous épargner des problèmes ultérieurement.

TRUC

Nombre d'éditeurs HTML intègrent une validation HTML, dont Dreamweaver et tous les autres outils WYSIWYG et assistants HTML que nous avons cités plus tôt dans ce chapitre. Vous pouvez aussi utiliser le validateur gratuit du W3C, disponible sur http:///validator.w3.org. Il présente de façon détaillée les erreurs et les inconsistances qu'il peut détecter dans votre document tant que vous ne l'avez pas corrigé. Il dispose aussi d'une option pour visualiser le code source annoté pour vous montrer exactement où il a trouvé des choses qu'il n'a pas appréciées. C'est un bel outil, qui vaut la peine d'être utilisé.

Les clients FTP

Une fois que vous avez créé votre site web sur votre ordinateur, vous devez le partager avec le reste du monde. Vous avez donc besoin d'un outil pour transférer des pages web sur votre serveur web. Une solution pratique pour accomplir cette tâche consiste à utiliser FTP (le protocole de transfert de fichiers). Nombre d'éditeurs HTML gèrent le FTP, mais vous pouvez tout aussi bien utiliser un client FTP distinct pour échanger des fichiers entre votre ordinateur et votre serveur web. FTP existe depuis les débuts de l'Internet (bien longtemps avant que le web n'apparaisse).

Tous les programmes FTP fonctionnent sur le même modèle. Nous vous recommandons les suivants :

- **FileZilla** est un programme FTP rapide, capable, gratuit et open source disposant d'une interface intuitive qui gère le glisser-poser. Vous pouvez le trouver sur http://filezilla-project.org.
- **Cyberduck** est un programme open source pour Mac, disponible sur http://cyberduck.ch.
- **Cute FTP Lite** est un shareware qui coûte 25 dollars, mais qui est doté d'excellentes fonctionnalités et qui est facile d'utilisation, disponible sur http://www.cuteftp.com.
- **Fetch** fonctionne sur Mac, et se trouve sur http://fetchsoftwarecom.

Divers outils web utiles

Ces outils divers peuvent vous aider à gérer et contrôler votre site web. Nous vous en présentons une liste pour que vous puissiez évaluer s'il vaut la peine de les télécharger, de les installer et d'apprendre à s'en servir (nous pensons qu'ils sont futés, mais au final, c'est à vous de décider) :

- **HTML-Kit** peut être enrichi de plug-ins pour lui ajouter des fonctionnalités telles que la vérification de liens et d'orthographe. La plupart de ces plug-ins sont gratuits ou très bon marché. Jetez un œil sur `www.chami.com/html-kit/plugins`.
- **Easy HTML Construction Kit** propose une série d'outils pour convertir, reformater et gérer des modèles pour la modique somme de 25 dollars sur `www.hermetic.ch/html.htm`.
- **Firebug** est un plug-in que vous pouvez utiliser pour déboguer des programmes et des pages web. Il vous permet de cliquer sur des parties d'une page pour examiner les propriétés et les comportements qui s'y rapportent. Trouvez-le sur `http://getfirebug.com`.
- **Browser Sandbox** provient de spoon.net ; c'est un outil qui vous permet de faire fonctionner de multiples versions d'IE, de Firefox, de Safari, de Chrome et d'Opera dans les navigateurs suivants : IE (6, 7, 8), Firefox (2, 3, 3.5), Safari (3, 4), Chrome (toutes les versions) et Opera (9, 10). Rendez-vous sur `http://spoon.net/browsers`.
- **Dropbox** permet facilement de synchroniser des fichiers et des répertoires entre différents ordinateurs n'importe où sur Internet. Il fonctionne avec Windows, Mac OS, Linux et divers systèmes d'exploitation de smartphones. Rendez-vous sur `http://www.dropbox.com`.
- **Google Analytics** fournit pléthore de statistiques sur les visiteurs de votre site web, dont le site d'origine, le système d'exploitation, le navigateur Web. Vous souhaitez savoir qui vous visite ? Utilisez gratuitement Google Analytics sur `www.google.com/analytics`.
- **Crazy Egg** et **ClickDensity** génèrent des cartes indiquant comment les gens utilisent (se déplacent dans) votre site. Vous pouvez toujours penser ce que vous voulez de la manière dont vos visiteurs se comportent sur votre site, ces outils vous diront ce qu'il en est vraiment. Trouvez-les sur `http://www.crazyegg.com` et `http://www.clickdensity.com`.
- **iPhone Tester** et **iPad Peek** fournissent des outils utiles pour visualiser l'apparence de votre site sur un iPhone ou un iPad sans avoir à acheter ou vous faire prêter aucun des deux. Testez-les sur `www.iphonetester.com` et `www.ipadpeek.com`.

Annexe

À propos du site HTML pour les nuls

Le site HTML pour les nuls (www.dummieshtml.com) contient tous les exemples donnés dans ce livre, ainsi que des liens vers d'excellentes ressources HTML et CSS.

Le site lui-même peut servir d'exemple de bonne conception et de bonnes pratiques de construction web. Dans cette annexe, nous présentons les idées, les outils et les techniques que la création de www.dummieshtml.com a impliqués.

À propos de WordPress

Comme lors de la précédente édition du site HTML pour les nuls, nous avons choisi d'utiliser WordPress comme système de gestion de contenu.

WordPress est un logiciel gratuit pour créer des sites web et des blogs. Il permet à tout un chacun de mettre en place et de gérer un site web qui contient toutes les fonctionnalités que vous seriez en droit d'attendre d'un blog, dont les suivantes :

- Des pages et des articles illimités.
- La possibilité de commenter un article.
- Une bibliothèque de médias pour conserver vos images, vos vidéos et vos fichiers sonores.
- Des menus personnalisables.

WordPress est aussi hautement personnalisable. Des milliers d'utilisateurs ont créé des thèmes pour personnaliser l'apparence d'un site, et des plug-ins pour en personnaliser le fonctionnement.

Le Tableau de bord

La figure A-1 présente le Tableau de bord de WordPress. Tout site WordPress dispose de son propre Tableau de bord, où vous pouvez accéder aux diverses fonctions du site et créer du nouveau contenu.

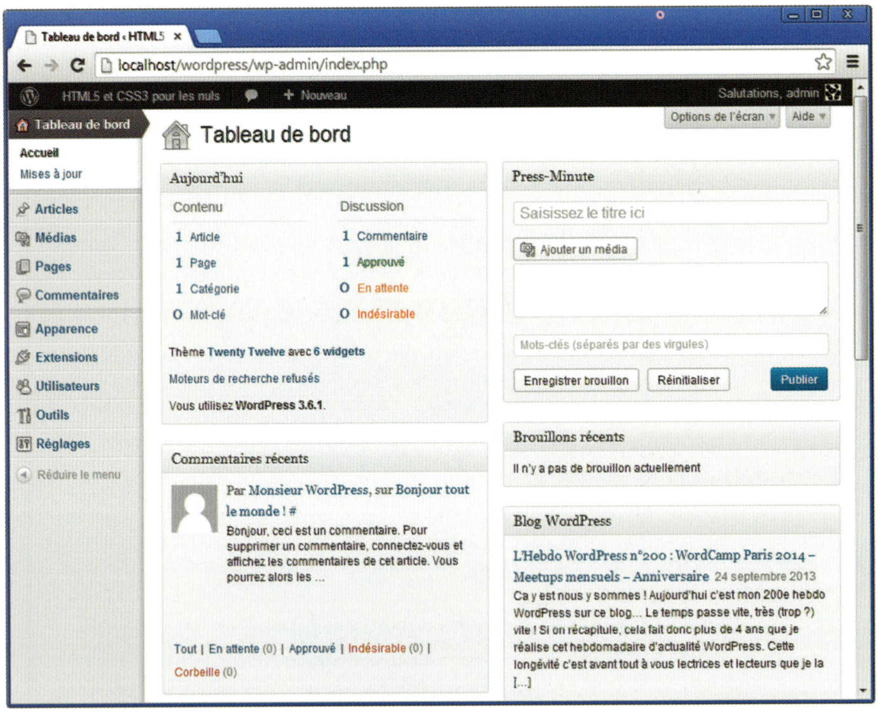

Figure A-1 : Le Tableau de bord de WordPress.

Les apparences et les thèmes

Depuis le Tableau de bord, vous pouvez accéder aux éléments permettant d'administrer les apparences et les thèmes. La figure A-2 vous montre l'écran de gestion des thèmes pour le site HTML5 et CSS3 pour les nuls.

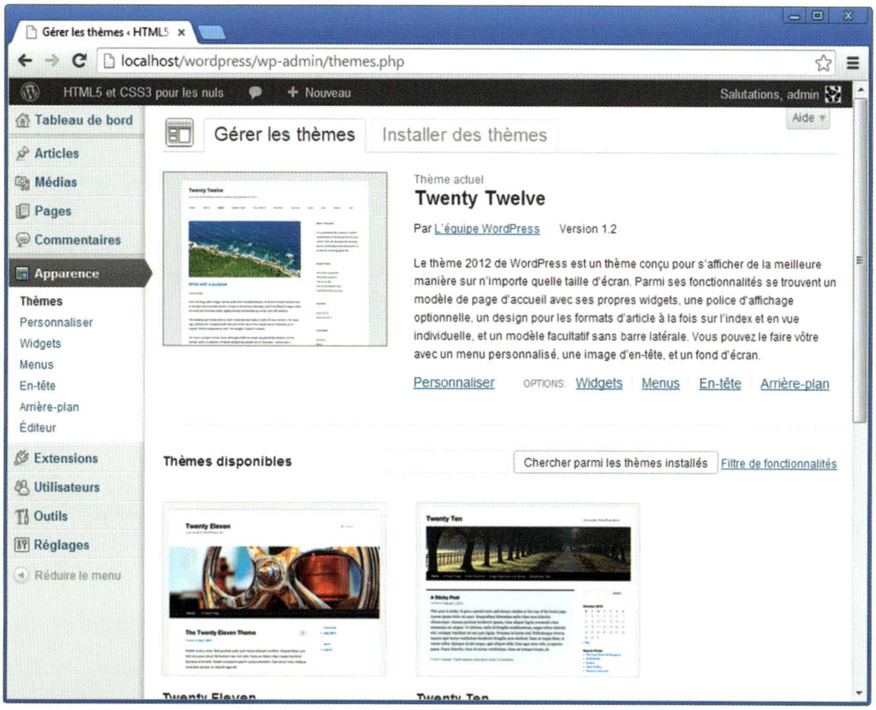

Figure A-2 : L'écran de gestion des thèmes de WordPress.

Nous avons choisi un thème nommé Twenty Twelve pour notre site. Toutefois, des centaines d'autres thèmes sont disponibles, et vous pourrez en trouver et en installer bon nombre grâce à l'écran d'installation des thèmes, représenté sur la figure A-3.

Les pages et les articles

Une fois que vous avez installé WordPress et sélectionné un thème, vous passerez le plus clair de votre temps à créer soit des articles soit des pages.

Les *articles* sont des unités de contenu, comme on en trouve sur les blogs, qui peuvent être taguées, catégorisées, mentionnées dans des listes, et commentées par les lecteurs. Vous pouvez accéder aux articles de HTML pour les nuls en cliquant sur le lien Blog dans le menu qui court horizontalement en haut de chaque page.

Les *pages* forment la structure du site WordPress. Votre page d'accueil, la page À propos, et le contenu que vous ne classeriez pas dans une catégorie particulière forment des pages. Sur le site HTML pour les nuls, Welcome, Downloads, Errata, Store, About Us, Links et Contact Us sont des pages.

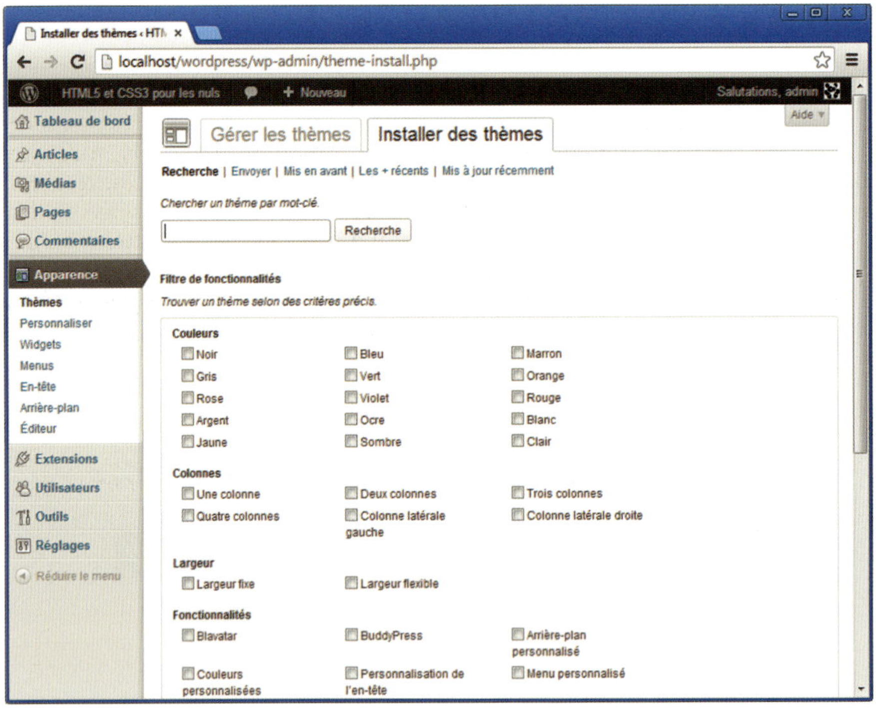

Figure A-3 : L'écran d'installation des thèmes de WordPress.

Les widgets

Si vous observez le site HTML pour les nuls, vous noterez qu'une colonne à la droite du contenu reste toujours identique, même quand vous changez de page. C'est une *barre latérale*. Les éléments qui la composent sont des *widgets*.

Pour l'heure, le site comporte trois widgets :

- **Search** : utilisez ce champ de saisie pour localiser du contenu spécifique sur le site.
- **Connect With Us** : cliquez sur les icônes de ce widget pour nous suivre sur Twitter, nous aimer sur Facebook ou vous abonner à notre flux RSS.
- **Recent Comments** : voyez ici les questions et les commentaires que les gens font sur nos articles !

Le design réactif

Le site web HTML pour les nuls utilise une conception réactive pour s'assurer qu'il se présentera correctement sur des écrans de n'importe quelle taille d'ordinateurs ou de terminaux mobiles. Toutefois, vous n'avez pas besoin d'ouvrir le site sur un téléphone mobile pour constater comment cette conception fonctionne. Pour le tester, réduisez simplement la fenêtre de votre navigateur progressivement et notez comment le contenu et les éléments du menu sont repositionnés pour s'adapter à la surface d'affichage. Lorsque la largeur de la fenêtre est réduite à celle de l'écran d'un smartphone, le menu prend la forme d'un simple lien qui se déroule pour gagner de l'espace.

La figure A-4 vous montre comment l'apparence du site évolue entre sa largeur maximale et sa largeur minimale.

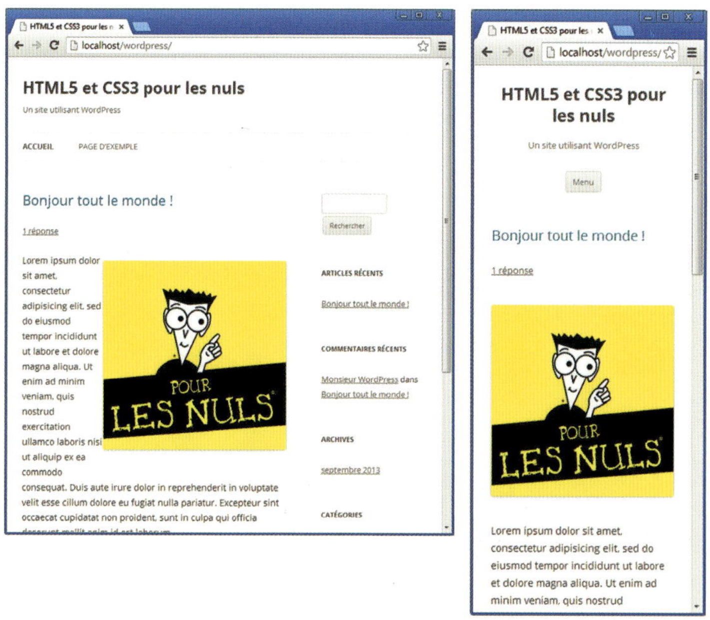

Figure A-4 : Une conception réactive permet d'adapter le site à la largeur de la fenêtre du navigateur.

Le café HTML5

Le café HTML5 est le site web que nous avons créé pour démontrer les fonctionnalités de HTML5 et de CSS3 dont il a été question tout au long de ce livre.

Vous pouvez y accéder sur `www.dummieshtml.com/html5cafe` ou en cliquant sur le lien HTML5 Café dans le menu du site HTML pour les nuls.

Le café HTML5 comporte quatre pages, deux feuilles de style, et trois images.

La page d'accueil

La page d'accueil du Café HTML5, représentée sur la figure A-5, indique l'objet du site, affiche une simple tasse de café et contient la mention « powered by coffee » (gonflé au café) (un mantra personnel élaboré par Chris vers 5 h 30 du matin).

Figure A-5 : La page d'accueil du Café HTML5.

Si vous visualisez le code source de la page d'accueil, vous devriez noter du code familier à tous ceux qui auront lu les chapitres de ce livre.

TRUC

Un raccourci rapide pour voir le balisage d'une page web dans la plupart des navigateurs est Ctrl + U (sur Windows) ou CMD + OPTION + U (sur Mac).

About Us

La page About Us du Café HTML5, représentée sur la figure A-6, contient les bios d'Ed et de Chris, les auteurs du livre que vous avez entre les mains. Comme toute page de ce genre sur laquelle nous avons pu tomber, les photos ont été conçues pour nous faire passer pour bien plus amicaux et élégants que nous ne le sommes en réalité. Nous avons presque l'air de gars à qui vous auriez envie de contacter pour dire « Hello » ou d'en savoir un peu plus sur eux. Au cas où vous céderiez à ces mouvements, nous avons relié nos noms à nos blogs respectifs.

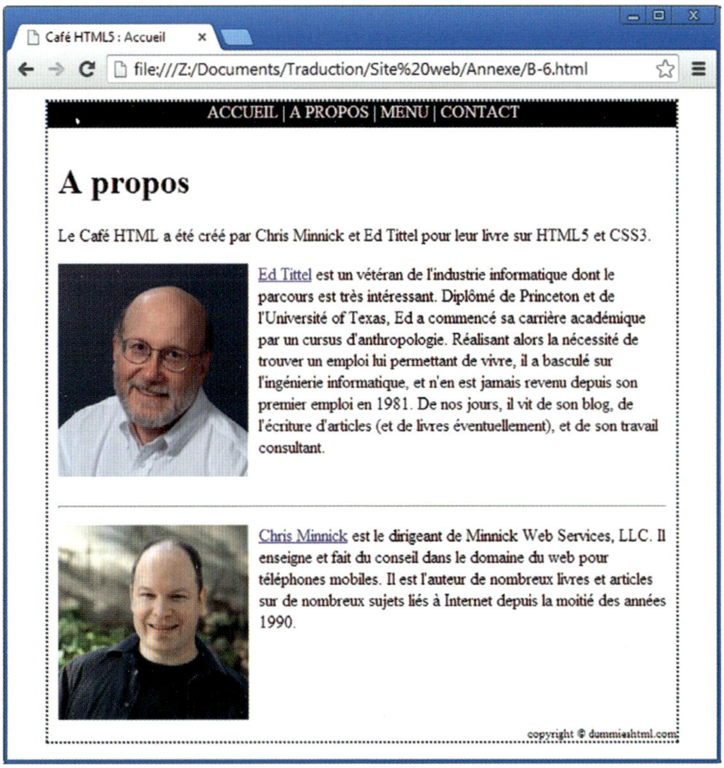

Figure A-6 : La page About Us du Café HTML5.

Menu

La page Menu, représentée sur la figure A-7, est l'endroit où nous avons entassé tous les exemples de chaque chapitre de ce livre. Les liens des chapitres renvoient à des fichiers `.zip` contenant le code HTML5 et CSS3 que vous pouvez essayer sur votre propre ordinateur. Si vous ne vous sentez pas de saisir tous les exemples du livre, téléchargez-les simplement au fil de votre lecture des chapitres.

Contact Us

La page Contact Us est une convention du web pour fournir des informations afin d'entrer en contact avec le créateur du site, localiser l'entreprise ou obtenir des indications pour s'y rendre et les horaires d'ouverture.

Dans notre page Contact Us, nous avons fait figurer un simple formulaire de contact à des fins de démonstration. Si vous souhaitez nous contacter (nous, les auteurs), vous pourriez utiliser ce formulaire pour nous envoyer un message.

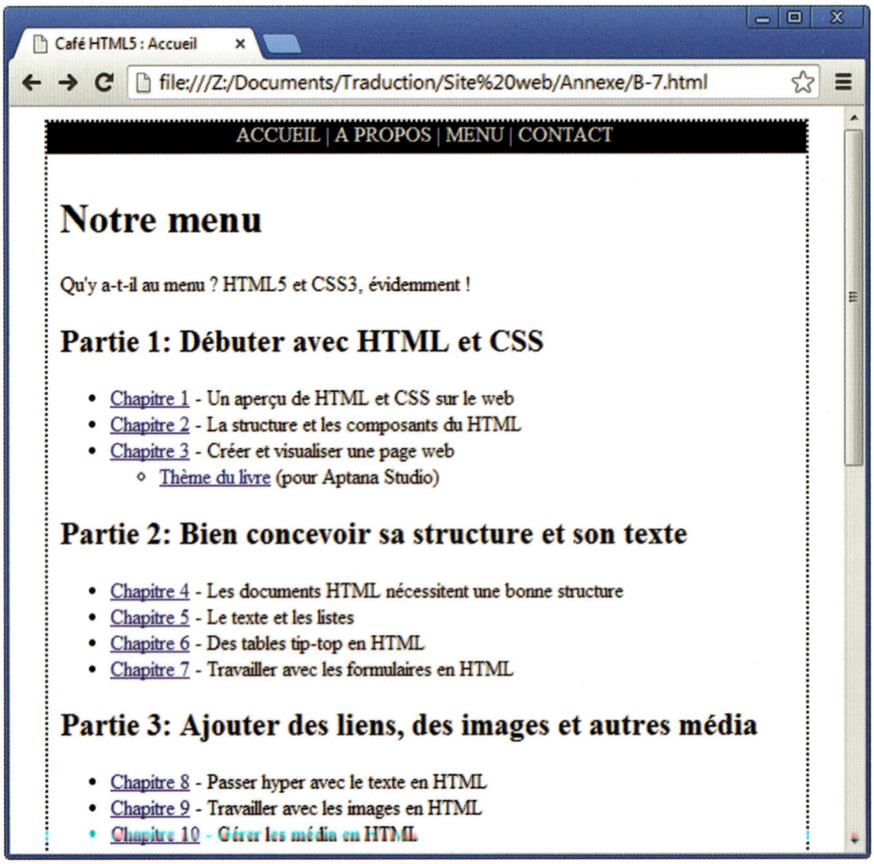

Figure A-7 : Le menu du Café HTML5.

HTML5 Boilerplate

Nous avons produit le CSS et le HTML du Café HTML5 en utilisant HTML5 Boilerplate. HTML5 Boilerplate est un modèle open source gratuit pour créer des sites web en HTML5.

Ce qui est formidable avec HTML5 Boilerplate, c'est que ses auteurs ont réuni le meilleur des bonnes pratiques et des astuces que les auteurs de sites web ont découvertes en écrivant des pages web en HTML5. Tout ce que vous avez à faire pour utiliser HTML5 Boilerplate et tirer parti de l'expérience accumulée au fil d'heures innombrables par des développeurs web professionnels, c'est de vous rendre sur `www.html5boilerplate.com` et de télécharger la dernière version.

HTML5 Boilerplate se présente sous la forme d'un simple fichier `.zip`. Une fois que vous l'avez désarchivé, vous trouverez un certain nombre de fichiers et de répertoires. Le plus important est `index.html`. Rédigez chaque page de votre site à partir d'une copie de ce fichier, et vous serez bientôt sur le point de passer d'une pratique de débutant à une pratique avancée de HTML5 et de CSS3.

Index

A

B

C

D

E

F

G

H

I

J

K

L

M

R

S

T

U

V

W

X

Z